Lothar Ulferts

Python mit ArcGIS

Lothar Ulferts

Python mit ArcGIS

Einstieg in die Automatisierung der Geoverarbeitung in ArcGIS

Wichmann

Alle in diesem Buch enthaltenen Angaben, Daten, Ergebnisse usw. wurden vom Autor nach bestem Wissen erstellt und von ihm und dem Verlag mit größtmöglicher Sorgfalt überprüft. Dennoch sind inhaltliche Fehler nicht völlig auszuschließen. Daher erfolgen die Angaben usw. ohne jegliche Verpflichtung oder Garantie des Verlags oder des Autors. Sie übernehmen deshalb keinerlei Verantwortung und Haftung für etwa vorhandene inhaltliche Unrichtigkeiten.

Die Wiedergabe von Gebrauchsnamen, Handelsnamen, Warenbeschreibungen etc. berechtigt auch ohne besondere Kennzeichnung nicht zu der Annahme, dass solche Namen im Sinne der Markenschutz-Gesetzgebung als frei zu betrachten wären und von jedermann benutzt werden dürfen. Aus der Veröffentlichung kann nicht geschlossen werden, dass die beschriebenen Lösungen frei von gewerblichen Schutzrechten (z. B. Patente, Gebrauchsmuster) sind.

Die deutschen Screenshots wurden mit freundlicher Unterstützung und Genehmigung von Esri Deutschland GmbH, Kranzberg, in das Buch eingefügt.

Bibliografische Information der Deutschen Nationalbibliothek
Die Deutsche Nationalbibliothek verzeichnet diese Publikation in der Deutschen Nationalbibliografie; detaillierte bibliografische Daten sind im Internet über http://dnb.dnb.de abrufbar.

ISBN 978-3-87907-592-8 (Buch)
ISBN 978-3-87907-601-7 (E-Book)

Bismarckstr. 33, 10625 Berlin
www.vde-verlag.de
www.wichmann-verlag.de

Druck und Bindung: druckhaus köthen GmbH & Co. KG, Köthen (Anhalt)
Printed in Germany 2016-12

Vorwort

Der Umgang mit räumlichen Daten nimmt einen immer größeren Platz in unserem (Arbeits-)Leben ein. Der Anteil sich wiederholender oder massenhafter Arbeiten mit ihnen nimmt weiter zu. Damit steigt die Forderung nach Automatisierungen exponentiell. Die Firma Esri ist mit ihrer Produktfamilie ArcGIS Desktop im Bereich der Geoinformationssysteme einer der Marktführer und bietet selbstverständlich Möglichkeiten der Automatisierung an.

Sie stehen vor der Aufgabe, solche Automatisierungen aufzubauen, zu erweitern oder umzustrukturieren. Die fachliche Anforderung ist klar, die methodische Umsetzung ist festgelegt oder hat in Ihrem Kopf schon konkrete Formen angenommen. Es fehlt nur noch der Schritt: „Wie sage ich es meinem ArcGIS?". Für Esri ist eine der Antworten: „Mit Python". Für mich ist es DIE Antwort!

Python ist eine Sprache, die sich durch gut lesbare Strukturen, schlanke Umsetzung, schnelle Anpassungs- und Entwicklungsfähigkeit und eine breite Palette von Funktionalitäten aus meist kostenfreien, offenen Quellen auszeichnet. Sie ist dynamisch im besten Sinne. In den zehn Jahren, in denen ich mit Python arbeite, hat diese Sprache immer eine Lösung für mich bereitgehalten – von der Geoverarbeitung über die Signalverarbeitung bis hin zur Verwaltung von Rechnern im Netz.

Beim Schreiben des Buchs hatte ich oft dieses Bild vor meinem geistigen Auge: In einem kleinen Büro sitzen ein, zwei Mitarbeiter der GIS-Abteilung. Sie suchen nach der nächsten Lösung für die Anforderungen ihrer vielen Kollegen und Kolleginnen in den Nebenräumen und denken: „Mit Python soll so etwas ja gehen…". Für sie habe ich dieses Buch geschrieben.

Mit diesem Werk möchte ich Ihnen den Einstieg zu Python für ArcGIS geben, nicht zum Spaß, aber durchaus mit Spaß: *Brain runs on fun*. Als Voraussetzung bringen Sie praktische Erfahrung in der manuellen Arbeit mit ArcGIS mit. Grundkenntnisse in der Automatisierung von Prozessen sind natürlich von Vorteil, aber keine Voraussetzung. Es ist ein Buch für Einsteiger, die schon viele Ideen im Kopf haben, was sie mit Python alles machen wollen. Wenn Sie dann in der Python-Welt Fuß gefasst haben, wird Ihnen dieses Buch hoffentlich auch zum Nachschlagen nützlich sein.

Aus meiner Arbeit mit Studierenden weiß ich, wie ermüdend zu lange Phasen der Theorie sind. Daher sind immer konkrete Beispiele eingestreut, welche durch die praktische Anwendung die Nützlichkeit des gerade Gelernten zeigen. Tippen und probieren Sie fleißig mit! Die Beispiele kommen manches Mal aus meiner fachlichen und räumlichen Heimat, der Landschaftsplanung und der Osnabrücker Region. Sie alle haben einen Bezug zur Realität, denn sie waren in der gleichen oder ähnlichen Form bereits einmal eine Anforderung an mich.

Ich wünsche Ihnen viel Spaß beim Lesen des Buchs und *„Happy Pythoning!"*

Vor dem Beginn des Buchs habe ich einige Stationen durchlaufen, die entscheidend waren, dieses überhaupt anzugehen. Ich möchte mich bei der Firma IP SYSCON und besonders bei ihrer Niederlassungsleiterin in Osnabrück, Frau Dr. Dorothea Ludwig, bedanken für die vielen interessanten, anspruchsvollen Projekte und die damit einhergehenden fachlichen Gespräche. Einen großen Teil meines Wissens um Python habe ich dort durch die mir gewährten Freiheiten entwickeln können. Mein Dank gilt auch Wolfgang Liebig, der mich in Ratzeburg ganz trocken aufforderte, doch mal ein deutsches Buch zu Python für ArcGIS zu schreiben und damit den Prozess eingeleitet hat. Den Studierenden, die als Beta-Tester und -Testerinnen in meinen ersten eigenen Python-Seminaren saßen, danke ich für ihre Anregungen und Erdung auf das wesentlich Wissenswerte.

Mein Arbeitgeber Stiftung Hochschule Osnabrück in Person meines Fachvorgesetzten Prof. Dr.-Ing. Stefan Taeger hat mir dankenswerterweise die Freiräume gewährt, dieses Buch zu schreiben. Eleia Riesterer möchte ich für seine inhaltlichen Korrekturen danken, die mir geholfen haben, verlorene rote Fäden wieder zu verknüpfen.

Herr Gerold Olbrich vom Wichmann Verlag hat mit seinen besonnenen, konstruktiven Interventionen das Buch auch durch schwierige Phasen sicher geleitet. Dafür danke ich ihm sehr.

Ganz besonders danke ich meiner Frau Heike, die es so lange ertragen hat, dass ich früh am Morgen und länger am PC gesessen habe, als es sonst schon üblich ist.

Osnabrück, im Oktober 2016 *Lothar Ulferts*

Inhalt

1 Einleitung

Es gibt verschiedene angloamerikanische Publikationen zum Thema Python & ArcGIS, nach unserem Kenntnisstand ist dies aber das erste deutschsprachige Handbuch.

Dieses Buch richtet sich sowohl an Einsteiger in die Welt von Python – und speziell Python im Zusammenspiel mit ArcGIS – als auch an in diesen Bereichen schon erfahrene Nutzer. Als Anfänger finden Sie immer einen theoretischen und praktischen Einstieg in einen Themenbereich. Als Fortgeschrittener können Sie die vielen Auflistungen zum Nachschlagen und die Beispielskripte als exemplarische Codeschnipsel verwenden.

1.1 Aufbau des Buchs

Sie befinden sich im ersten Kapitel *Einleitung* des Buchs, in dem Grundsätzliches zur Anwendung und zum Aufbau beschrieben wird.

Im zweiten Kapitel *Einstieg in Python* wird kurz beschrieben, an welchen Stellen in ArcGIS Sie Python einsetzen können. Zudem finden Sie hier zwei Einführungsbeispiele, die eine Aussicht auf den Umfang geben sollen, den dieses Buch vermitteln möchte. Sehen Sie diesen Abschnitt als „Appetizer“ an.

Im dritten Kapitel *Grundlagen der Programmiersprache Python* sind die von ArcGIS unabhängigen Funktionalitäten von Python beschrieben. Es umfasst die grundsätzlichen Eigenschaften, die Erweiterung der Funktionalität durch Module, Datentypen, die Arbeit mit Zeichenfolgen, den Umgang mit Kontrollstrukturen und Ausnahmen (Fehlern) sowie das Lesen und Schreiben von Dateien. Am Ende finden Sie auch einen Abschnitt mit einer sehr kurzen, simplifizierten Darstellung der Grundgedanken einer objektorientierten Programmierung. Anwender, die mit Python selbst vertraut sind, können dieses Kapitel im Schnelldurchgang anschauen und nur bei Interessantem oder Neuem intensiver lesen.

Alle Funktionalitäten der nun folgenden Kapitel können Sie nur im Zusammenhang mit ArcGIS nutzen.

Im vierten Kapitel *Daten untersuchen* erhalten Sie das notwendige Wissen, um den Zustand Ihrer (Geo-)Daten beschreiben zu können. Hierbei wird vom Großen ins Kleine vorgegangen: angefangen bei der Untersuchung von Verzeichnissen, über den einzelnen Datensatz, den Inhalt der Tabelle eines Datensatzes und das einzelne Feature mit seinen Attributen, bis hin zu den Eigenschaften der Geometrien in einem Feature. Auf Basis der Beschreibung der Daten können Sie die Entscheidung fällen, wie mit ihnen verfahren werden soll.

Verarbeitung von Geodaten heißt, sie zu verändern und/oder neu zu erzeugen. Dieses wird im fünften Kapitel *Daten erzeugen* beschrieben. Neben dem eigentlichen Schreiben geht es hier auch viel um die korrekte Definition von Neuem. Sie werden feststellen: „Nichts ist selbstverständlich, außer es ist definiert."

Das sechste Kapitel *ArcGIS-Werkzeuge mit Python* behandelt die Verwendung der ArcGIS-Werkzeuge in Python-Skripten. Neben dem Laden von Werkzeugkisten und der eleganten Übergabe von Parametern geht es auch um die Steuerung der Umgebungseinstellungen und die Generierung von SQL-Statements.

Wie Sie die parametrisierten Prozesse Ihrer Skripte durch eine grafische Eingabeoberfläche zu richtigen ArcGIS-Werkzeugen machen und dabei auch noch viele Eingabefehler abfangen können, erfahren Sie im letzten, dem siebenten Kapitel *Vom Skript zum Werkzeug*.

In den folgenden *Anhängen* finden Sie zum einen Auflistungen, die durch ihre schlichte Größe den Fluss des Buchs gestört hätten, wie zum Beispiel die grafische Darstellung aller Parameterdatentypen. Zum anderen sind dort Beschreibungen für Tätigkeiten zu finden, die nur äußerst sporadisch auftreten und in die Administration des Rechnerarbeitsplatzes fallen. Beispiele sind die Installation von Python oder einer Entwicklungsumgebung. Dort finden Sie auch den *Zen of Python*, der tatsächlich oft eine Orientierung bei grundlegenden Problemen bieten kann.

1.2 Verwendete Datensätze und Skripte

Alle in diesem Buch verwendeten Beispieldaten und Skripte sind unter der URL https://netcase.hs-osnabrueck.de/index.php/s/3LgLCne70Z7uS30 erhältlich. Sie sind nach Kapiteln aufgeteilt. Im Wurzelverzeichnis eines jeden Kapitelordners finden Sie die Routine *Dieses Verzeichnis als Laufwerk A substituieren.cmd.* Diese Routine stellt Ihnen diesen Ordner als Laufwerk A durch Substitution zu Verfügung. Nach dem Aktivieren steht Ihnen die gleiche Datenstruktur wie im Buch zur Verfügung.

Die Verbindung gilt nur für die Sitzung. Für Ihren lokalen Administrator hier der Inhalt der Batch-Datei:

```
@echo off
echo Folgendes Laufwerk wird unter dem Buchstaben A: verfuegbar:
echo %cd%
echo.
echo Vorherige Zuordnungen werden dadurch getrennt.
echo Brechen Sie mit CTRL-C oder durch Schliessen dieses Fensters ab. Zum Fortfahren
pause
@echo on
subst A: /D
subst A: "%cd%"
pause
```

Die in diesem Buch verwendeten Daten sind zum Teil Auszüge aus größeren Datenbeständen. Diese Daten und ihre Quellen sind, soweit sie nicht vom Autor selbst generiert wurden:

- Administrative Grenzen Deutschlands: GeoBasis-DE, © BKG 2016
  https://www.bkg.bund.de/DE/Home/home.html
- Statistische Daten: Zensus 2011, © Statistisches Bundesamt 2014
  https://www.destatis.de/zensuskontakt
- CORINE Land Cover (CLC2006): Umweltbundesamt, DLR-DFD 2009
  http://www.corine.dfd.dlr.de/termsofuse_de.html
- SRTM-Daten: Jarvis A., Reuter, H. I., Nelson, A. & Guevara, E. (2008): Hole-filled seamless SRTM data V4. International Centre for Tropical Agriculture (CIAT)
  http://srtm.csi.cgiar.org
- Projekt Kettenkamp: Stiftung Hochschule Osnabrück, Fakultät Agrarwissenschaften & Landschaftsarchitektur, Osnabrück 2005
  https://www.hs-osnabrueck.de/de/aul/

1.3 Python- und ArcGIS-Version

Grundlagen für dieses Buch sind die ArcGIS-Version 10.3 und die Python 32-bit-Version 2.7.8. Wurde eine *ArcPy*-Klasse, -Funktion oder -Methode erst in dieser Version eingeführt, so ist dies vermerkt. Der allergrößte Teil der im Buch dargestellten Inhalte lässt sich auch auf ältere Versionen anwenden.

1.4 Typografische Konventionen

Eigennamen werden *kursiv* dargestellt, ebenso angloamerikanische Worte. Aus dem Skript entnommene `Passagen` oder `Wörter` erscheinen im laufenden Text in derselben Schriftart. Längere Passagen sind zudem syntaktisch eingefärbt. Sie sind meist Teil eines Beispiels, dessen Titel durch Fettdruck hervorgehoben ist.

Beispiel: Schreib-Konventionen

```
#---------------------------------------------------------------
def dec2bin(n, digits=8):
    """Wandelt die Dezimalzahl 'n' in binaer mit 'digit' Stellen"""
    return "{0:0>{1}}".format(bin(n)[2:], digits
```

Ist der Code, wie oben dargestellt, Inhalt einer Datei, so beginnt jede Zeile mit der Zeilennummer. Beginnen hingegen die Zeilen mit drei Größer-Zeichen `>>>` (Python-Prompt), so handelt es sich um interaktive Eingaben in eine Python-Interpreter-Konsole. Bei längeren Passagen kann auch hier eine Zeilennummerierung voranstehen.

```
>>> import arcpy as ap
>>> print 7 * 'Python4ArcGIS'
 Python4ArcGISPython4ArcGISPython4ArcGISPython4ArcGISPython4ArcGIS
                                          Python4ArcGISPython4ArcGIS
```

Passt der Text aufgrund des Buchlayouts nicht in eine Zeile, wird der verbleibende Text in der nächsten Zeile rechtsbündig angeordnet. Ausgesparte Zeilen werden durch `[...]` gekennzeichnet.

Der erläuternde Text zu längeren Passagen erfolgt als rahmenloser, zweispaltiger Text mit den entsprechenden Zeilennummern.

Prompt-Zeile	**Erläuterung**
357	Die Funktionsdefinitionszeile von `dec2bin` endet mit einem Doppelpunkt.

Bei Auflistungen von Erklärungen zu einem Sachverhalt wird eine zweispaltige Tabelle mit Rahmen verwendet.

Eigenschaft	Erklärung
`isEditing`	Ist in der Editor-Sitzung der Editiermodus aktiviert? Rückgabewert ist `True`.

Die Bildschirmabbildungen sind unter Windows 7 erzeugt worden. Zum Teil wurden sie aus Platzgründen oder zum besseren Verständnis grafisch bearbeitet.

Die Abbildungen entsprechen inhaltlich den Originalen. Einige Werkzeugabbildungen wurden aus Platzgründen grafisch nachbearbeitet. Bei Abbildungen von Hilfe-Seiten wurden die für den Sachverhalt nicht relevanten Elemente teilweise ausgeschnitten.

1.5 Parameter-Konventionen

Parameter, auch Übergabewerte, Argument oder Variable genannt, werden verwendet, um den Verlauf einer Programmierung zu beeinflussen.

Nicht unbedingt erforderliche Parameter oder Eingaben werden als optional bezeichnet und in geschweiften Klammern „{ }“ dargestellt. Erforderliche Parameter oder Eingaben haben keine Klammern. Stehen für einen Parameter vordefinierte Eingaben alternativ zur Verfügung (Schlüsselwörter), so werden diese durch einen senkrechten Strich („Pipe-Symbol“) „ | “ voneinander getrennt:

```
eineFunktion(notwendig_1, not2a|not2b, {optional_1}, {opt2a | opt2b}).
```

Besteht der Teil einer Beschreibung aus einem variablen Element mit bestimmtem Inhalt, wird dies durch spitze Klammern markiert:

```
A:\<ihr_Verzeichnisname>\Daten\Test.gdb.
```

2 Einstieg in Python

2.1 Eingabemöglichkeiten in ArcGIS

Als ArcGIS-Nutzer kann Ihnen Python in verschiedenen Situationen begegnen:

- im Python-Fenster einer ArcGIS-Anwendung,
- in der Formelerstellung bei der Feldwertberechnung,
- in der Generierung von Beschriftungsanweisungen,
- im Werkzeug *Berechnen* des ModelBuilder.

> **Hinweis:**
> Die Grundlagen von Python werden im nächsten Kapitel behandelt. Zu diesem Zeitpunkt brauchen Sie den in den Beispielen verwendeten Code nicht zu verstehen.

In all diesen Eingabeoberflächen gelten die Syntaxregeln von Python. Bis auf das Python-Fenster haben alle Eingabeoberflächen leider keinerlei Unterstützung in der Eingabe, wie sie von gängigen Python-Entwicklungsumgebungen angeboten wird. In den Anhängen finden Sie unter IDE mit PyScripter eine Darstellung dieser Unterstützungen und des PyScripter selbst. Bitte machen Sie sich gegebenenfalls kurz damit vertraut.

Für einfachen Code wird ein kleiner, schneller Editor mit Python-Unterstützung wie *Notepad++* verwendet, für komplexeren Code eine Python-Entwicklungsumgebung wie *PyScripter*. Damit Sie in *Notepad++*, wie unten zu sehen, eine farbige Darstellung mit entsprechenden Einrückungen erhalten, müssen Sie unter *Sprachen* → *P* → *Python* auswählen. Beim Laden einer *.py-Datei geschieht dies automatisch.

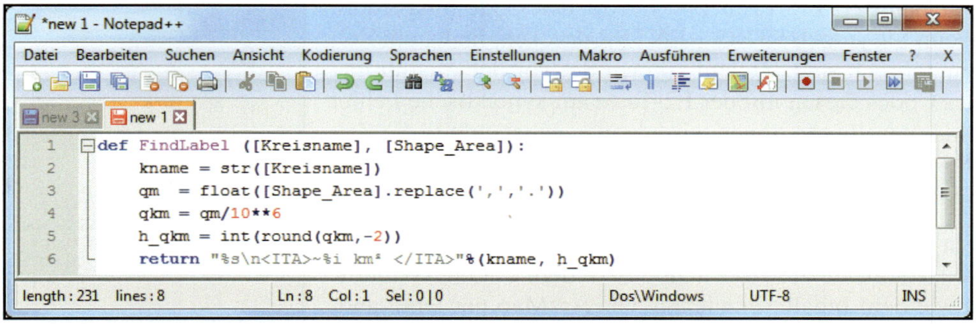

Wenn der Code vollständig erzeugt ist, kann er über die Zwischenablage in die ArcGIS-Eingabeoberfläche kopiert werden.

2.1.1 ArcGIS Python-Fenster

Das Python-Fenster ist eine Eingabeoberfläche, um Geoverarbeitungswerkzeuge und Python-Funktionen aus ArcGIS heraus zu verwenden. Das Python-Fenster kann innerhalb einer ArcGIS-Anwendung wie ArcCatalog oder ArcMap über den Button aus der Standard-Werkzeugleiste gestartet werden. Das Python-Fenster besteht aus den beiden Teilen *Python-Bereich* (in der Abbildung oben) und dem *Hilfebereich.*

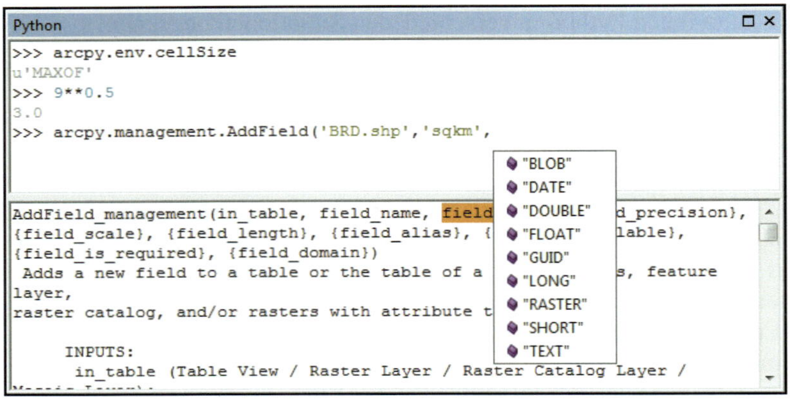

Der Code wird im Python-Bereich eingegeben. Das Paket *ArcPy* ist in dieser Umgebung bereits als `arcpy` geladen. *Syntax Highlighting* und *Autocompletion* stehen Ihnen in diesem Interpreter zur Verfügung. Bei dem Aufruf von Geoverarbeitungswerkzeugen werden Schlüsselwörter als Dropdown-Liste angeboten. Wenn Sie ein solches Werkzeug ausführen, verhält sich die ArcGIS-Anwendung, als wäre die Eingabe über die übliche Werkzeugoberfläche der Toolbox erfolgt.

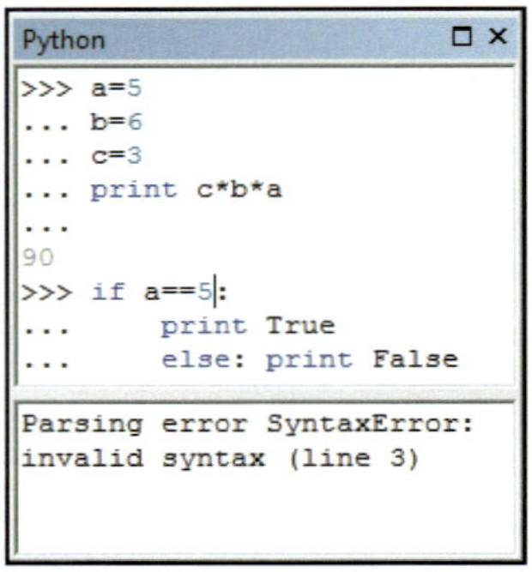

Mit der ENTER-Taste (↵) wird der Code ausgeführt. Wenn Sie jedoch STRG + ENTER drücken, findet ein Zeilenumbruch statt. Zudem können Sie vor der Ausführung des Codes diesen mit der F2-Taste auf syntaktische Fehler hin kontrollieren. Ihnen wird dann gegebenenfalls die Zeile mit dem Fehler mitgeteilt. Leider wird der Grund des Fehlers nicht mitgeteilt.

Ein großes Plus des ArcGIS Python-Fensters ist die Fähigkeit, Elemente aus ArcCatalog bzw. dem Catalog-Window sowie dem Inhaltsverzeichnis von ArcMap per Drag-and-drop direkt einzufügen. Dies umfasst sowohl Datensätze und Werkzeuge als auch beispielsweise die GIS-Server. ArcGIS schreibt bei dieser Methode den Pfad zu dem Objekt in die Konsole, sodass Sie es an eine Variable binden oder in eine Anweisung einfügen können.

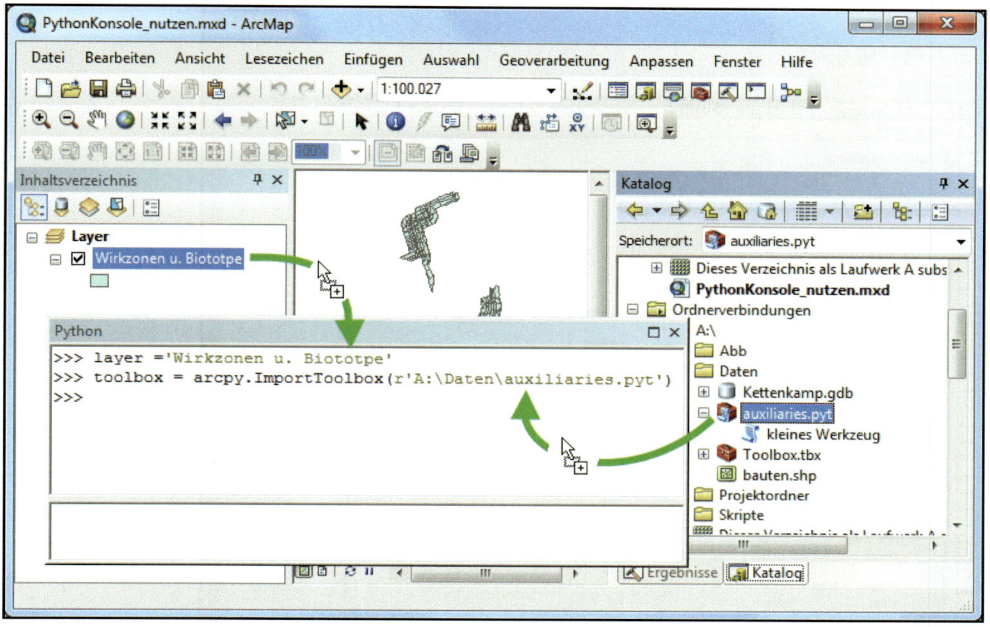

Das Python-Fenster erscheint wie die Reinkarnation des *shelltool* aus den Zeiten der *ArcInfo-Workstation*. Es ist sehr gut geeignet, „mal eben schnell" ein Werkzeug oder eine Sequenz an Werkzeugen in einer Stapelverarbeitung an vielen Datensätzen durchführen zu lassen.

2.1.2 ArcGIS-Feldwertberechnung

Bei der Feldwertberechnung müssen Sie lediglich den Parser von VB Script auf Python umstellen. Ein nachträgliches Umstellen führt nicht die notwendigen syntaktischen Änderungen durch!

Die Felder werden im Gegensatz zu VB Script nicht in eckigen Klammern `[<Feldname>]`, sondern von Ausrufezeichen `!<Feldname>!` eingerahmt.

Mit Python sind selbst komplexe Berechnungen mit Schleifen, Verzweigungen usw. möglich. Das erste Einführungsbeispiel geht näher darauf ein.

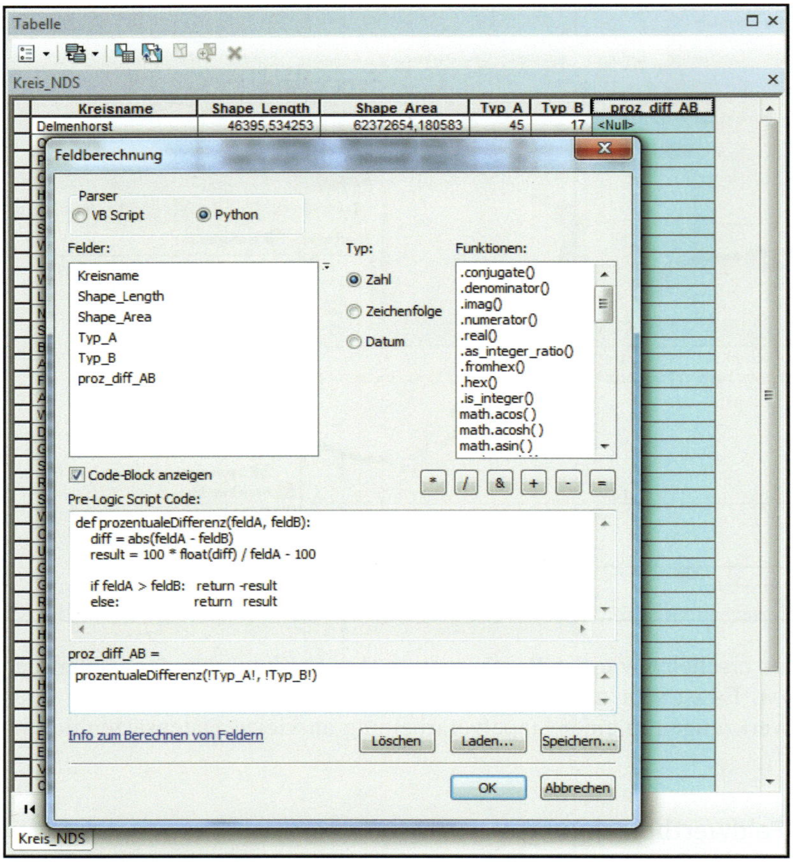

Sie können Geometrieeigenschaften, darunter `type`, `extent`, `centroid`, `firstPoint`, `lastPoint`, `area`, `length`, `isMultipart` und `partCount` direkt aus dem Geometrie-Objekt abrufen. Für die Flächen und linearen Maße stehen Ihnen zudem Schlüsselwörter zur Verfügung, welche die Maßzahlen aus dem Koordinatensystem direkt in die gewünschte Einheit umrechnen.

Auch wenn das Geometriefeld, in den meisten Fällen heißt es *Shape*, nicht angezeigt wird, steht es Ihnen dennoch zur Verfügung. Dies ist gerade bei *Shape*-Dateien sehr schön, da man sich ja nie ganz sicher sein kann, ob der Wert in einem Feld *Shape_Area* oder *Shape:Length* tatsächlich der derzeitigen Geometrie entspricht.

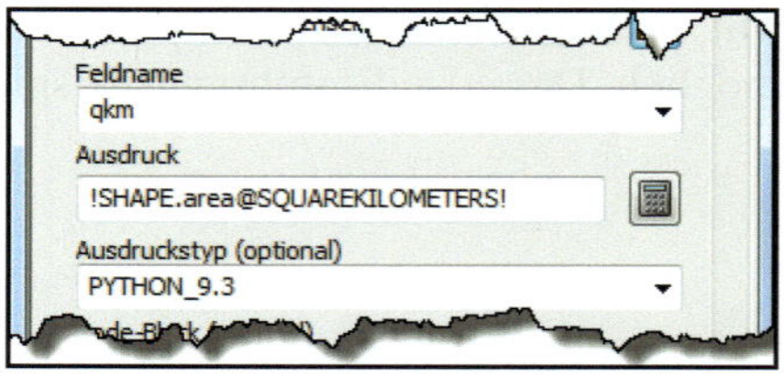

Die Feldwertberechnung mit Python stellt unseres Erachtens keine Alternative zu der Berechnung mit VB Script dar, sondern ersetzt sie. Lediglich aus Kompatibilitätsgründen wird immer noch VB Script als Standard-Parser verwendet. In ArcGIS Pro ist Python der einzige Parser.

2.1.3 ArcGIS-Beschriftung

Die Beschriftung ist mit der Einführung in ArcGIS 10.1 das jüngste Mitglied in der Familie der Python-Eingabeoberflächen. Um zur Python-Eingabeoberfläche für eine Beschriftung zu gelangen und sie zu kontrollieren, sind folgende Schritte notwendig:

1. In den Eigenschaften des Layer zum Register *Beschriftungen* gehen.
2. In dem Register den Schalter *Ausdruck…* betätigen.
3. Den Parser auf *Python* umstellen.
4. Die Option *Erweitert* aktivieren.
5. Den Ausdruck in Python erzeugen.
6. Das Resultat sich mit *Überprüfen* anzeigen lassen.

In der ArcGIS-Beschriftung steht Ihnen das Geometriefeld nicht zur Verfügung. Ein direktes Auslesen von Fläche, Umfang, Zentroid usw. ist daher leider nicht möglich. Alle übergebenen Werte werden zudem in Text umgewandelt. Sollen Gleitkommazahlen berechnet werden, ist somit eine Umwandlung des Dezimaltrennzeichens notwendig.

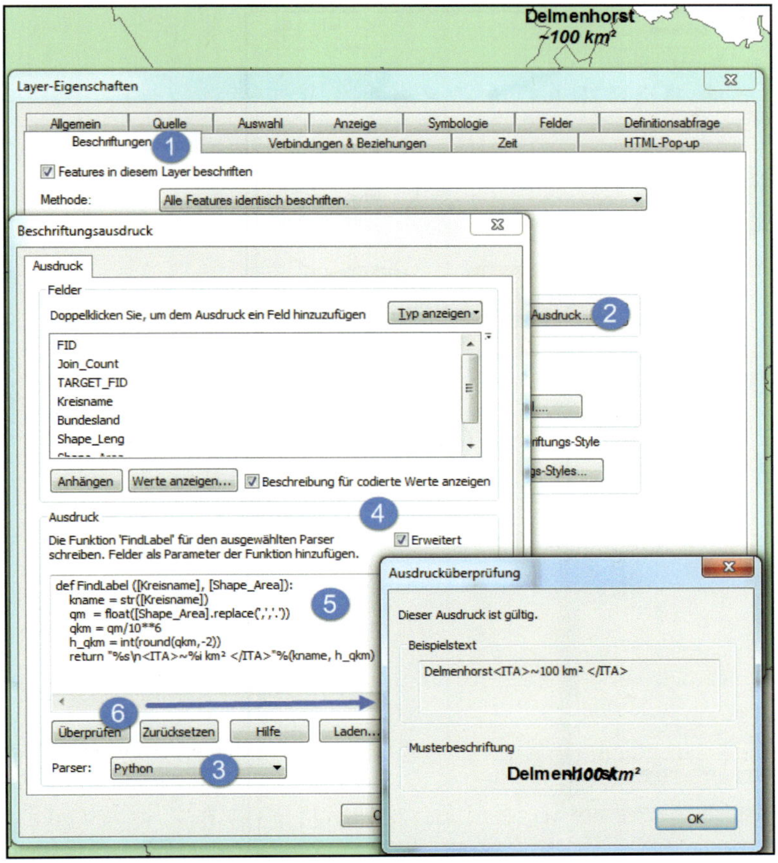

Dafür haben Sie die Möglichkeit, die Formatierung über so genannte Tags zu steuern. Diese werden in der grafischen Darstellung der Ausdrucküberprüfung allerdings bei gleichzeitiger Verwendung eines Zeilenumbruchs nicht richtig angezeigt. Da dieses Buch die Geoverarbeitung mit Python behandelt, werden die Tags lediglich in den Anhängen aufgelistet und die Funktionalität der Beschriftung mittels Python nicht weiter behandelt.

2.1.4 ArcGIS ModelBuilder

Im ModelBuilder finden Sie unter *Einfügen → Nur Modellwerkzeuge* das Werkzeug *Wert berechnen*. Dies gibt einen auf einem angegebenen Python-Ausdruck basierenden Wert zurück. In den meisten Fällen steht dieses Werkzeug im Zusammenhang mit einem Modellparameter.

In der Abbildung unten ist der Ausschnitt aus einem Modell zu sehen. Der Benutzer kann bei Anwendung des Modells im Parameter `Monat` aus einer Liste den Namen des Monats auswählen. Das Werkzeug *Wert berechnen* wurde in *Anzahl der Tage im Monat* umbenannt. Darin wird auf Basis des Monatsnamens eine Zahl berechnet und als Ganzzahl an das Modell zurückgegeben, wo der Wert unter dem Namen *MonatsTage* weiterverarbeitet werden kann.

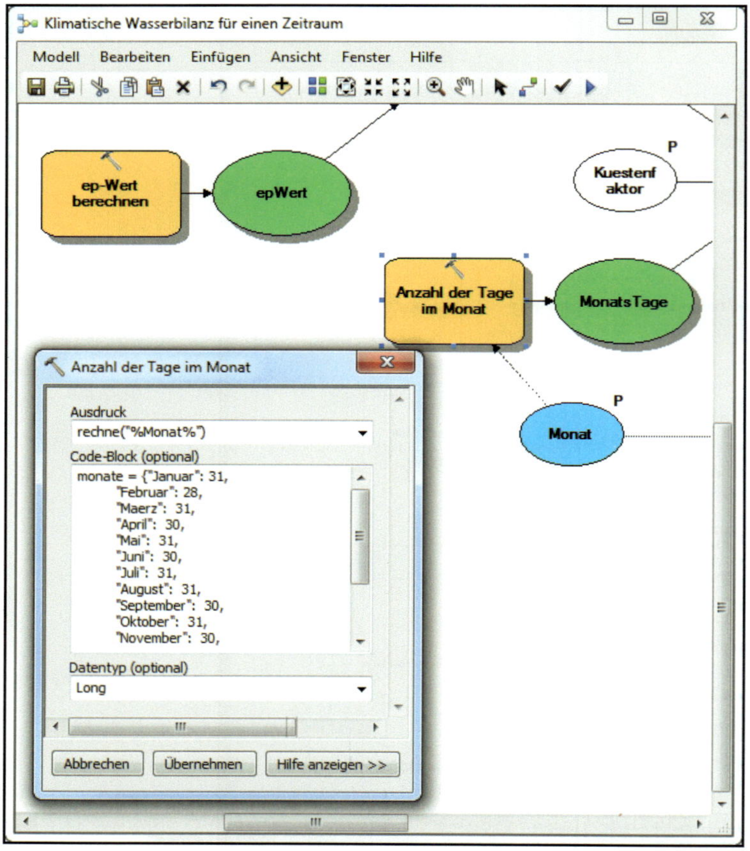

Sie haben mit diesem Werkzeug die Möglichkeit, einen Schnipsel an Python-Code im ModelBuilder einzubinden. Das ArcGIS-Modell verwendet Python-Code. Es gibt auch den umgekehrten Fall: In einem Python-Code wird ein ArcGIS-Modell aufgerufen. Auf die Verwendung des Werkzeugs *Wert berechnen* wird nicht weiter eingegangen. In dem im selben Verlag erschienenen Buch „ArcGIS Geoverarbeitung" finden Sie im 3. Kapitel ausführliche Informationen, wie Sie mit dem ModelBuilder arbeiten können.

2.1.5 Weitere Möglichkeiten

Da Python natürlich auch unabhängig von ArcGIS funktioniert, sei kurz auf zwei wichtige Berührungspunkte zu Python außerhalb von ArcGIS eingegangen, die für Sie interessant sind. Wenn Sie Python-Code außerhalb von ArcGIS ausführen und trotzdem Funktionalitäten von *arcpy* nutzen wollen, müssen Sie das *ArcPy* importieren.

2.1.5.1 DOS-Oberfläche

In der DOS-Oberfläche können Sie die Python.exe starten und öffnen damit den Python-Interpreter. Die Unterstützung in dieser Umgebung ist so gering, dass Sie dies sicherlich sehr selten machen werden.

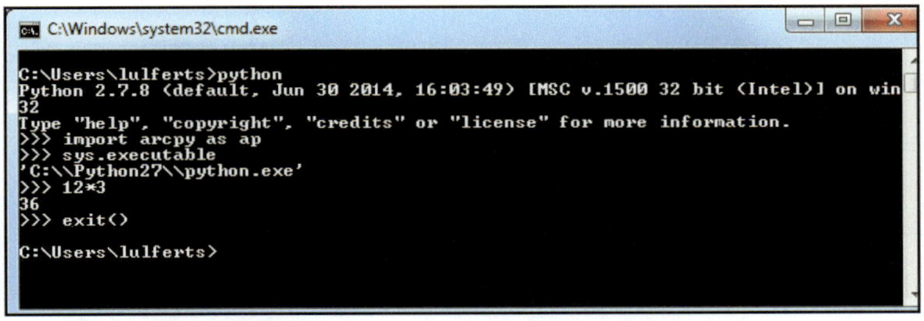

Häufiger wird es vorkommen, dass Sie von hier aus ein Python-Skript starten.

Die DOS-Oberfläche ist von daher interessant, da sie dem Anfänger eine einfache Möglichkeit bietet, die Verarbeitung in ArcGIS zu beschleunigen. Jede ArcGIS-Sitzung verwendet nur eine CPU Ihres Rechners. Jedes geöffnete DOS-Fenster, in dem Sie ein Python-Skript unter Verwendung von ArcPy starten, entspricht einer geöffneten ArcGIS-Sitzung. Wenn Sie also einen großen Datensatz in viele Kacheln aufteilen, können Sie mit einem Skript auf mehreren CPUs parallel arbeiten.

Unsere Erfahrung ist zudem, dass die Bearbeitung mit der Größe der Datensätze nicht linear, sondern exponentiell steigt. Die Verarbeitung in Kacheln beschleunigt sich also nicht nur durch die parallelen Prozesse, sondern auch durch die schnellere Verarbeitung der kleinen Portionen.

2.1.5.2 Entwicklungsumgebung PyScripter

Wenn Sie mehr als nur ein paar Zeilen Code schreiben wollen, empfiehlt es sich, in einer eigenen Entwicklungsumgebung (engl. *Integrated Development Environment* (*IDE*)) zu arbeiten. Für Python gibt es diverse IDEs, welche alle ihre Vor- und Nachteile haben.

Minimale Anforderungen sind für uns:

1. Hervorheben der Syntax (*Syntax Highlighting*)
2. Automatisches Einrücken & Formatieren (*Indent & Formatting*)
3. Automatische Vervollständigung (*Autocomplete*)
4. Tipps zur Funktion (*Tool Tip*)
5. Meldungen zu und Hilfe bei der Suche nach Fehlern (*Exceptions & Debugging*)
6. Zeilennummern
7. Eigene Konsole

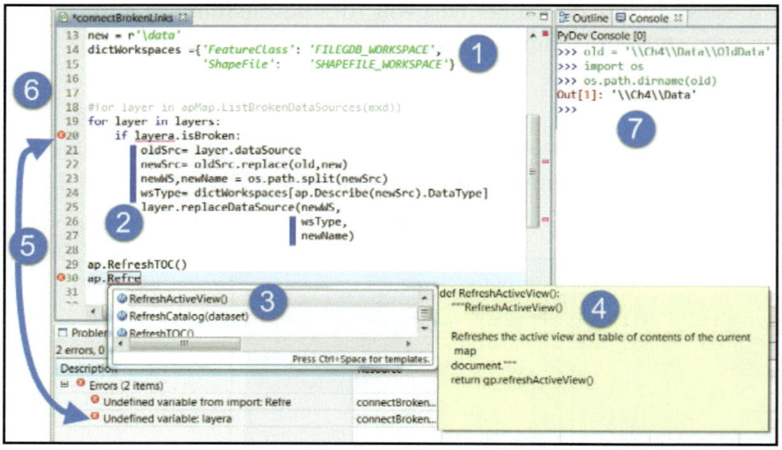

Wir haben uns zur Erstellung des Buchs für das Programm PyScripter entschieden, da es zum einen die obigen Eigenschaften besitzt. Zum anderen ist es kostenfrei und kann als portable Version (also ohne Installation) genutzt werden. Zudem wird PyScripter von Esri selbst in Beispielen genutzt.

Wenn Sie sich bereits an eine IDE gewöhnt haben, nutzen Sie diese weiter.

2.2 Zwei Einführungsbeispiele mit Python

In zwei Einführungsbeispielen möchten wir mit Ihnen einen kurzen Trip in die Welt von ArcGIS-Python unternehmen und Ihnen gerne zeigen, welches Potenzial in dieser Kombination von ArcGIS und Python steckt. Lassen Sie sich von manchen, Ihnen kryptisch erscheinenden, Codezeilen nicht erschrecken. Freuen Sie sich vielmehr darauf, diese später nochmals intensiver betrachten und verstehen zu können. Wenn Sie diese Übung später einmal nachvollziehen wollen, stehen die Daten für Sie bereit. Wie Sie an die Daten zu den Einführungsbeispielen wie auch den anderen Beispielen in diesem Buch gelangen, wird in den Anhängen im Abschnitt „Beispieldatensätze“ erläutert.

2.2.1 Beispiel „Feldwertberechnung"

Zunächst möchten wir Ihnen zeigen, wie Sie mit Python die Feldwertberechnung zu einem vielseitigen Werkzeug erweitern können. Als Beispiel nehmen wir die Berechnung über eine Matrix.

In einem Gewässersystem wird eine Maßnahme geplant. Es ist dazu eine Analyse der Beeinträchtigungen notwendig. Unter anderem soll dabei auf Basis einer Matrix aus *Wirkung* der Maßnahme und *Empfindlichkeit* der betroffenen Flächen eine Abschätzung der *Beeinträchtigung* gerechnet werden. Die nachfolgende Abbildung zeigt einen Ausschnitt aus den Datengrundlagen.

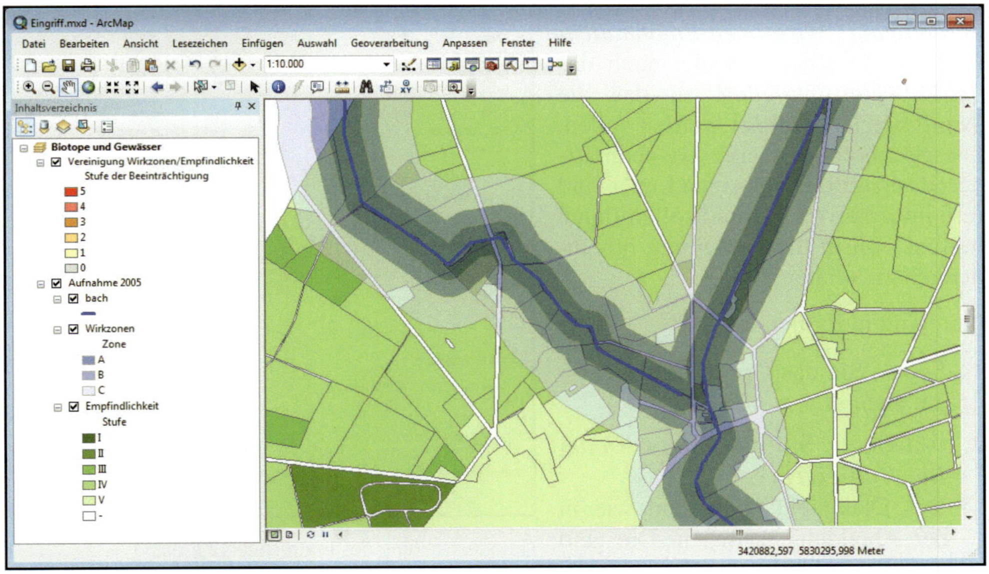

Aufgabe

Die Biotoptypen des Untersuchungsgebiets haben verschiedene Stufen der Empfindlichkeit. *'I'* ist sehr empfindlich, *'V '* ist wenig empfindlich, *'-'* bedeutet keine Empfindlichkeit.

Von der Maßnahme am Fließgewässersystem gehen mit der Entfernung abnehmende Auswirkungen auf die Flächen aus. Die Wirkzone *'A'* ist intensiv, die Wirkzone *'B'* ist moderat und die Wirkzone *'C'* nur noch gering in ihrer Auswirkung. Außerhalb dieser Entfernung sind keine Wirkungen mehr vorhanden. Die hier abgebildete Matrix zeigt die aus Wirkzone und Empfindlichkeit gebildeten Stufen der Beeinträchtigung.

	Wirkzone		
Empfindlichkeit	A	B	C
I	5	4	3
II	4	3	2
III	3	2	1
IV	2	1	0
V	1	0	0
-	0	0	0

Methode

Die Themen der Wirkzonen und der Empfindlichkeit werden vereinigt. Mittels der Matrix kann für jede Fläche aus der Kombination von Wirkung und Empfindlichkeit eine entsprechende Stufe der Beeinträchtigung zugeordnet werden. Diese Stufe wird in ein neues Feld für jede Fläche geschrieben.

Verfahren mit ArcGIS

Öffnen Sie das Kartendokument ‚Eingriff.mxd'. Sie finden dort die bereits vereinigten Themen von Wirkzone und Empfindlichkeit in dem Layer *Vereinigung Wirkzonen/Empfindlichkeit*. Der Datensatz besitzt auch das Feld *Beeinträchtigung*, in das die Werte hineingerechnet werden sollen. Die Symbologie hierzu ist ebenfalls bereits erstellt. Die übrigen Layer sind rein informativer Art und sollen Ihnen helfen, sich in die Herleitung hineindenken zu können.

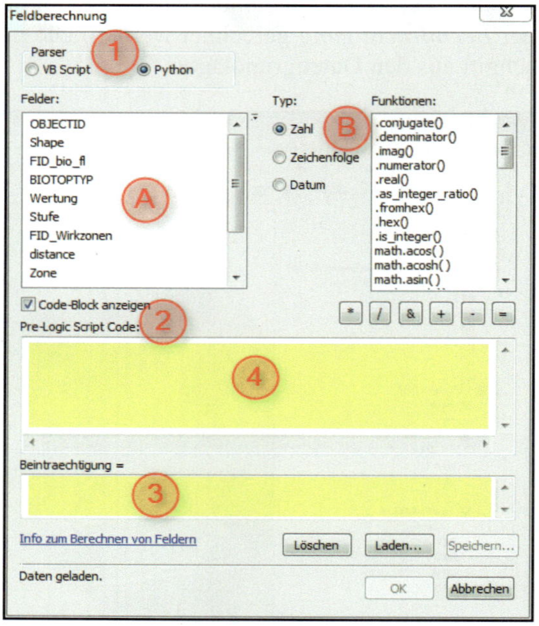

Grundeinstellung des Feldrechners für das Einführungsbeispiel

Nun kommt Python ins Spiel:

1. Setzen Sie das Optionsfeld *Parser* auf *Python*.
2. Aktivieren Sie die Option *Code-Block anzeigen*.
   Das Dialogfeld sollte nun wie in der Abbildung aussehen. Die gelb markierten Felder des Code-Blocks oben sowie des Ausdruckfelds unten werden jetzt mit Python-Code gefüllt.
3. In Ausdruckfeld (3) tragen Sie einen Funktionsaufruf mit passenden Parametern ein. Die Listenfelder (A) und (B) können Sie wie gewohnt dazu nutzen, per Doppelklick die Begriffe mit der korrekten Syntax in den Code-Block oder das Ausdruckfeld einzufügen.

   Was diese Funktion `rechneMatrix` eigentlich macht, wird später im Code-Block (4) festgelegt.

In diesem Fall benötigen wir eine Funktion, welche die Werte aus der Matrix auf Basis der Felder `Stufe` und `Zone` für uns zuordnet. Diese beiden Felder sind die bestimmenden Elemente (*Parameter*) für die Funktion.

Eine Funktion wird über ihren Namen aufgerufen; ihre Parameter stehen in runden Klammern durch Kommata getrennt dahinter. Im Python-Parser werden die Feldbezeichner immer von zwei Ausrufezeichen eingerahmt.

Die Feldwertberechnung wandert in jede Zeile der Feature-Class und führt die Anweisung `matrixRechner` aus. Was ist nun aber der Inhalt der Funktion? Das legen wir im Code-Block fest!

Das Arbeiten im Code-Block-Editor von ArcGIS ist sehr spartanisch bis unangenehm. Sie können dort den Code zwar direkt eintippen, wir würden Ihnen aber ab mehr als drei Zeilen davon abraten. Sämtliche Vorteile einer Entwicklungsumgebung werden Ihnen dort verweigert, eine intelligente Codegenerierung ist eigentlich unmöglich. Verwenden Sie daher den PyScripter, um den Code zu erzeugen, kopieren Sie ihn in die Zwischenablage und fügen ihn in den Code-Block ein.

Wir zeigen Ihnen jetzt den fertigen Code, wie wir ihn in einer neuen, leeren Datei mit PyScripter erzeugt haben. In den Zeilen darunter werden wir den Code erläutern. Dieses Vorgehen werden Sie im gesamten Buch vorfinden. Den geschriebenen Code selbst finden Sie bei den Beispieldatensätzen unter *Kapitel_2\Skripte\matrixRechner.py.*

```
1 stufen= ['I','II','III','IV','V','-']
2 zonen=  ['A', 'B', 'C']
3 matrix= [[5,4,3],
4          [4,3,2],
5          [3,2,1],
6          [2,1,0],
7          [1,0,0],
8          [0,0,0]]
9
10 def rechneMatrix(st,zo):
11     zeilenIdx = stufen.index(st)
12     spaltenIdx= zonen.index(zo)
13     wert = matrix[zeilenIdx][spaltenIdx]
14     return wert
15
16 # Eingabe im Ausdruckfeld:
17 return matrix[stufen.index(st)][zonen.index(zo)]
```

Codezeile	**Erläuterung**
1-17	Der Code-Block besteht aus zwei inhaltlichen Bereichen: dem Basisteil in den Zeilen 1 bis 8 und der Definition der Funktion in den Zeilen 10 bis 14. Ab Zeile 16 haben wir zusätzlich die Anweisung für das Ausdruckfeld hinterlegt.
1-8	Im Basisteil werden drei Variablen definiert.

Ab der Zeile 10 steht dann die Definition der Funktion von `rechneMatrix`. Die Variablen haben Sie sicherlich schon erkannt. Es sind die Spalten- bzw. Zeilenüberschriften sowie die Werte der Beeinträchtigungsmatrix. Alle drei stehen außerhalb der Funktion `rechneMatrix`, die ja eigentlich aufgerufen wird. Daher werden sie bei der Feldwertberechnung nur einmal am Anfang aufgerufen. Somit sind sie Feature-übergreifend gültig.

Der Kniff der Berechnung besteht aus der Arbeit mit Listen. Eine Liste steht in eckigen Klammern, die einzelnen Elemente werden durch Kommata getrennt. Listen haben in Python eine zentrale Bedeutung. Sie sind eine Reihe von Elementen, die über ihre Position, den Listenindex, angesprochen werden können. Hierbei können die einzelnen Elemente alles Mögliche sein: Zahlen, Texte, Objekte oder selbst Listen. Für dieses Beispiel soll diese Beschreibung reichen. Mit Listen kann man natürlich viel mehr als in diesem Beispiel machen, wie Sie im Abschnitt 3.1.3 „Datentypen" feststellen werden.

Arbeiten mit Listen

Die drei Variablen `matrix`, `stufen` und `zonen` sind Listen. Die `stufen` und `zonen` bestehen aus einer Reihe von Elementen vom *string* (Text). Texte werden in Python durch Hochkommata (oder alternativ Anführungsstriche) begrenzt. Wollen wir auf ein Element in einer Liste zugreifen, so müssen wir die Position benennen. Listen sind nullbasiert, das Zählen der Positionen beginnt immer mit „0". In der Liste ‚stufen' ist somit das zweite Element jenes mit dem Wert ‚III'.

```
stufen= ['I','II','III','IV','V','-']
zonen=  ['A', 'B', 'C']
          0    1    2    3    4    5
```

Geben Sie bitte im PyScripter im Editor die beiden ersten Zeilen ein. Kopieren Sie diese in die Zwischenablage und fügen Sie sie mit <Strg><Shift><V> (Einfügen & Code ausführen) im Python-Interpreter ein.

```
Python Interpreter
*** Python 2.7.5 (default, May 15 2013, 22:43:36) [MSC v.1500 32 bit (Intel)] on win3
>>> stufen= ['I','II','III','IV','V','-']
>>> zonen=  ['A','B','C']
```

Lassen Sie sich vom Interpreter die Werte `'III'` und `'-'` der ‚stufen' und die Werte `'A'` sowie `'C'` der `'zonen'` ausgeben.

Wenn Sie jedoch einen Wert haben und wissen möchten, wo dieser in der Liste steht, so nutzen Sie die Methode `index`. Dazu geben Sie den Namen der Liste gefolgt von `.index(wert)` sowie dem gesuchten Wert ein.

```
>>> zonen.index('B')
1
>>> stufen.index('-')
4
>>> stufen.index('X')
Traceback (most recent call last):
  File "<interactive input>", line 1, in <module>
ValueError: 'X' is not in list
```

Hier zeigt sich die Objektorientierung von Python. `index` ist eine Methode für Objekte der Klasse `list`. PyScripter und andere IDEs zeigen Ihnen die Eigenschaften und Methoden von Objekten. Nutzen Sie diese Vorschläge zum *Autocomplete*. Sie sind dadurch schneller und vermeiden Tippfehler.

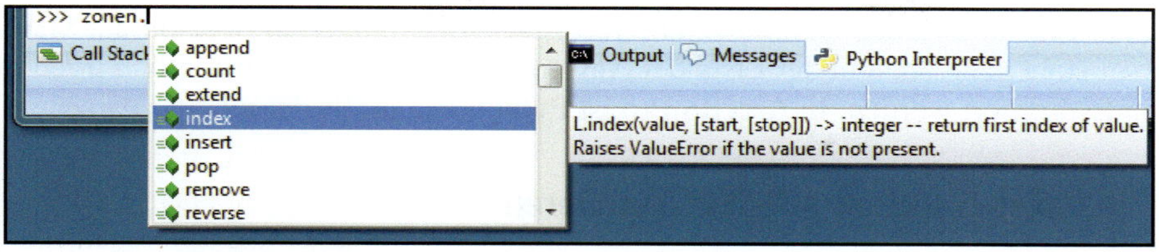

Die dritte definierte Liste `matrix` ist etwas anders. Sie besteht zum einen nur aus Ganzzahlen. Vor allem jedoch ist sie zum anderen eine geschachtelte Liste. Jedes Teil der Liste ist selbst eine Liste. Wir hoffen, dass die Schreibweise im Skript oben dies deutlich macht.

Um an eine einzelne Zahl zu kommen, müssen Sie also zunächst die Position „Unterliste" benennen und dann daraus die Position der Zahl. Die Zahl 0 ganz unten rechts wäre somit in der fünften Liste das zweite Element. In Python-Schreibweise ist dies `Matrix[5][2]`.

Erzeugen Sie die Liste *matrix* im PyScripter-Editor und fügen Sie sie in den Interpreter ein. Sie können sich die Zahl 5 vom Interpreter ausgeben lassen, indem Sie `matrix[0][0]` eingeben.

Wie nun diese drei Listen mit ihren Eigenschaften und Methoden zusammenwirken, wird in der Funktion `rechneMatrix` deutlich.

Beim Funktionsaufruf in Zeile 10 wird der jeweilige Wert der Spalten Stufe und Zone an Variablen mit den Namen *st* und *zo* gebunden. So ist der Code besser lesbar.

In den Zeilen 11 und 12 wird ermittelt, an welcher Stelle in den Listen dieser Wert eigentlich steht. Das Ergebnis wird dann wiederum an die Variablen *ZeilenIdx* und *SpaltenIdx* gebunden.

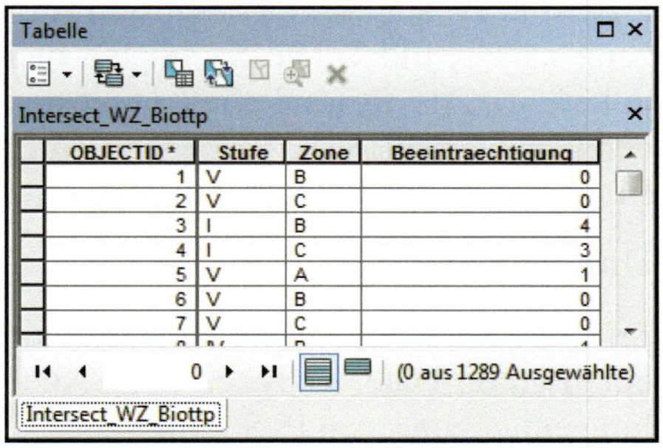

OBJECTID *	Stufe	Zone	Beeintraechtigung
1	V	B	0
2	V	C	0
3	I	B	4
4	I	C	3
5	V	A	1
6	V	B	0
7	V	C	0

Attributtabelle des Layers `'Intersect_WZ_Biottp'` mit berechneter Beeinträchtigung

Mit diesen beiden Indexzahlen picken wir den Wert aus der geschachtelten Liste *matrix* heraus und binden ihn ebenfalls an die neue Variable *wert*.

In der letzten Zeile wird nun mit dem Schlüsselwort *return* dieser Wert von der Funktion zurückgegeben.

Für Anfänger ist es einfacher, mit Zwischenschritten zu arbeiten und somit die einzelnen Zustände innerhalb des Codes gut kontrollieren zu können. Später kann ein solcher Code komprimierter geschrieben werden. Wichtig ist jedoch immer, dass Sie den Code gut lesen können.

```
10 def rechneMatrix(st,zo):
11     return matrix[stufen.index(st)][zonen.index(zo)]
```

Sie können diese Berechnung in ArcGIS-Format als **.cal* abspeichern. Sollten Sie den Code allerdings erneut aufrufen, müssen Sie zuvor erneut den Python-Parser als aktuellen Parser einstellen; Esri stellt immer wieder auf VBS-Parser zurück. Dies ist leider durch keine Einstellung oder irgendwelche Registry-Tricks änderbar. Python als Standard-Parser steht ganz oben in der Liste der Anwender-Wünsche, die hoffentlich irgendwann von Esri erhört werden. In ArcGIS Pro ist Python jedenfalls der einzige Parser.

2.2.2 Beispiel: Funktion „ERASE" emulieren

Im zweiten Beispiel geht es um den Nachbau eines Werkzeugs von ArcGIS.

Aufgabe

Erase ist eines der Werkzeuge, das Anwendern der *Advanced Edition* vorbehalten ist. Ziel ist es, dieses Werkzeug nachzubilden.

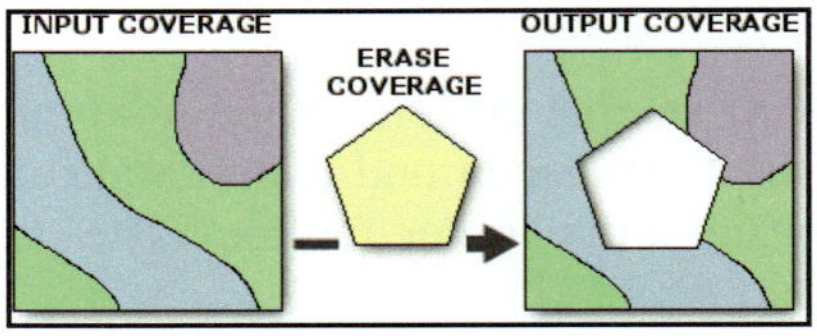

Verhalten von ERASE

Methode

Für die Geometrie-Objekte von *ArcPy* steht als Methode `Difference` bereit. Hier wird von einer einzelnen Geometrie eine andere abgezogen. Wenn dieses Verfahren auf alle Features des Eingangsdatensatzes mit allen Features des *Erase*-Datensatzes angewendet wird, wäre das Werkzeug nachgebildet. Die Sachdaten bleiben davon unberührt. Als Besonderheit muss darüber nachgedacht werden, was geschehen soll, wenn alle Eingangs-Features vollständig entfernt werden.

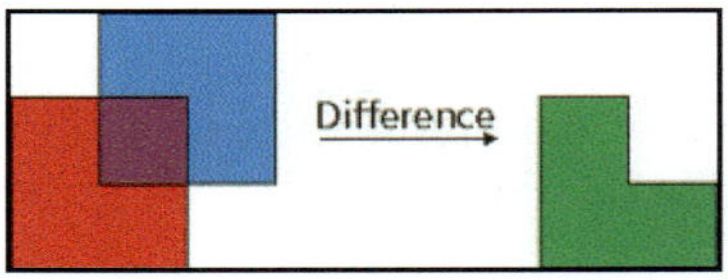

Methode Difference
(Quelle: ArcGIS Desktop 10.2 Online-Hilfe)

Umsetzen in Python-Code

Im Gegensatz zum vorherigen Beispiel wird nun ein „richtiges" Skript geschrieben, also eine Python-Datei (*.py) erzeugt. Auch hier geschieht dies alles innerhalb der Entwicklungsumgebung von PyScripter.

- Erzeugen Sie für diese Übung (und für die anderen Übungen in diesem Buch) einen eigenen Ordner.
- Öffnen Sie PyScripter und wechseln in das Verzeichnis. Legen Sie dort eine Datei *Erase.py* an.

Wenn Sie ein solches Skript erzeugen wollen, ist es hilfreich, zunächst einen Pseudocode zu schreiben. Dies sind Kommentarzeilen mit dem Ziel, die Arbeitsschritte kurz zu beschreiben, mögliche Randbedingungen aufzulisten oder kleine Erinnerungsschnipsel zu platzieren. Die Texte stehen dabei schon an den Stellen, wo später der entsprechende Code auch stehen wird.

Vielfach unterschätzt, stellt die Erstellung des Pseudocodes bereits einen großen Teil der Arbeit zum Script dar. Dennoch ist der Pseudocode nicht in Stein gemeißelt, Änderungen im eigentlichen Code sind natürlich erlaubt. Der Rahmen steht dann aber bereits.

Kommentare (hier in Grün) beginnen immer mit dem Sharp-Symbol #. Der Pseudocode für dieses Skript könnte wie folgt aussehen:

```
# -- coding: UTF-8 -*-

#-------------------------------------------------------------------
# Name:          Erase
# Purpose:       Emulation des ArcInfo Erase
#
# Author:        lulferts
#
# Usage:         erase.py <inFs> <eraseFs> {<resultFC>}
# Praeconditons: inFs-> points,lines, polygons
#                  eraseFs -> polygons
#                  resultFC ->
# Return:        pfad zur Ergebnis-FC, sonst: False
#
# Created:       04.11.2014
# Copyright:     (c) lulferts 2014
#-------------------------------------------------------------------

# Module laden (arcpy,os , weitere?) & Standarddatensätze für die Übung
#-------------------------------------------------------------------
# Das eigentliche Werkzeug als Funktion: Damit es in Skripten direkt nutzbar
def erase(inFs, eraseFs, outFC=None):
    u'''
    Emulieren des Advanced-Werkzeugs mit arcpy geometry
    inFs = EingabeFeatures (Pkt, Line, Polygone)
    eraseFs = SubtrahendenFeatures (Polygon)
    outFC = Differenz aus 1.Param - 2.Param
    Wenn kein outFC: Temporäre Feature-Class vom ArcGIS-System
    '''
    # Was, wenn outFC nicht übergeben wird? -> Pfad zur Temp-Datei generieren
    # Was wird von den Eingangsdaten an Eigenschaften gebraucht?
    # Ist es Punkt, Linie, Fläche?
    # Raumbezugssystem -
    # Namen für Systemfelder (OID/FID & Geometrie) -
    # Gibt es Z und M-Werte (TODO: teste: ERASE auch mit Z-Feature-Classes?)
    # -> Lässt sich alles mit dem Describe-Objekt erledigen?
```

```

    # Einlesen der Ausgangsdaten
    # Ziel: Die Features als Liste,
    #       die benötigten Attribute darin auch als Liste
        # Abziehende Features: Nur die Geometrie, unverschachtelte
                                                           Liste!
        # zu löschende Features: Alle Felder bis auf OID/FID.
        # Überlegen: alte Fläche und alten Umfang auch entfernen?

    # Die schematische Hülle für das Ergebnis erzeugen
    # Vorlage sind die inputFeatures

    # Der eigentliche Geometrische Vorgang
    # Ziel-Feature-Class wird schreibend geöffnet
    # Die einzelnen inputFeatures sind eine Liste aus Geometrie &
                                                      Eigenschaften
        # Die Geometrie aus dem input-Features herausholen
                                                 (inputGeometrie)
        # An diesem inputGeom alle löschGeometrien arbeiten
            # Effektivität: Erst schauen ...
                # ... ob sie sich überlagern
                    # nein: nächstes Feature
               # ... ob nicht schon die Ganze Fläche wegradiert ist
                  # dann: Schleife für das inputGeom abbrechen und...
                            # ... kein Ergebnis für die Ausgabe
            # Ziehe von inputGeom die löschGeometrie ab.
            # Das ist die neue inputGeom
        # Alle löschGeoms abgearbeitet, es gibt noch eine
                                                 input-Geometrie
        # Schreibe die Geometrie mit den unveränderten Sachdaten
                                                   in den Output
        # input-Feature ist abgearbeitet. Nächstes nehmen
    # Alle Features sind abgearbeitet.
    # Meldung über Ergebnis senden(?). Was wären das für Infos?
    # Alles abgearbeitet. Gebe den Namen der Datei zurück
    return
#-------------------------------------------------------------
# Nur wenn Datei selbst ausgefuehrt wird
if __name__ == '__main__':
    # Im Skript keine Validierung der Daten, dies erledigt das Werkzeug
    # Vorbedingungen -> 'praeconditions' im  Kopfkommentar dieser Datei

    # Parameter abrufen und aufbereiten; z.B. Layer ->
                                            Pfad der Datenquelle
    # Features die abgezogen werden (Subtrahend): Alle Typen,
    # Features die abziehen (Minuend): Polygon oder alle Typen?
```

```
    # Ergebnis aus der geometrischen Operation (Differenz)

    # Hauptroutine aufrufen
    result = erase(inFs, eraseFs, outFC)

    # Rückgabe für das Werkzeug
    ap.SetParameter(0, result)
```

Der Pseudocode soll den Inhalt des Skripts selbst erläutern. Daher erscheint hier keine Erklärung der Zeilen. Nun erfolgt die Umsetzung in Python-Code. Es wird hierbei darauf verzichtet, die Kommentare des Pseudocodes erneut auftauchen zu lassen.

```
# -- coding: UTF-8 -*-

#-------------------------------------------------------------------------------
# Name:          Erase
# Purpose:       Emulation des ArcInfo Erase
#
# Author:        lulferts
#
# Usage:         erase.py <inFs> <eraseFs> {<resultFC>}
# Praeconditons: inFs-> points,lines, polygons
#                 eraseFs -> polygons
#                 resultFC ->
# Return:        pfad zur Ergebnis-FC, sonst: False
#
# Created:       04.11.2014
# Copyright:     (c) lulferts 2014
#-------------------------------------------------------------------------------

# Module laden
import arcpy as ap
import os
# inFs =r'A:\Daten\EinleitungsBeispiel_2.gdb\Kreise'
# eraseFs = r'A:\Daten\EinleitungsBeispiel_2.gdb\Gemeindefreie_Gebiete'
# outFC = ''
#-------------------------------------------------------------------------------
def erase(inFs, eraseFs, outFC=None):
    '''
    Emulieren des ArcInfo-Werkzeugs mit arcpy geometry
    inFs = EingabeFeatures (Pkt, Line, Polygone)
    eraseFs = SubtrahendenFeatures (Polygon)
    outFC = Differenz aus 1.Param - 2.Param
    Wenn kein outFC: Funktion erzeugt eine eigene
    '''
    if not outFC:
```

```
        scratchGDB = ap.env.scratchGDB
        outFC = ap.CreateScratchName('erase', 'out',
                                     'FeatureClass',
                                     scratchGDB)
    outFC_Verzeichnis, outFC_BasisName = os.path.split(outFC)
    desc = ap.Describe(inFs)
    geometrieType = desc.ShapeType.upper()
    raumbezug = desc.SpatialReference
    hatM = 'ENABLED' if desc.hasM else 'DISABLED'
    hatZ = 'ENABLED' if desc.hasZ else 'DISABLED'
    geomField = desc.ShapeFieldName.upper()
    oidField = desc.OIDFieldName.upper()

ap.AddMessage(u'Lese die Features ein')
# Nur die Geometrie der Minuenden
with ap.da.SearchCursor(eraseFs,['SHAPE@']) as cursor:
    eraserGeoms = [i[0] for i in cursor]
# Alle Felder von den Subtrahenden bis auf

    # die Systemfelder ObjektID, Fläche und Umfang
    fields = ['SHAPE@' if f.type == 'Geometry' else f.name
              for f in ap.ListFields(inFs)
              if f.name not in ('Shape_Length', 'Shape_Area',
                                                   oidField)]
    with ap.da.SearchCursor(inFs,fields) as cursor:
        geomIdx = cursor.fields.index(geomField+'@')
        inFsRows = [list(i) for i in cursor]
    # Die Feature-Class für das Ergebnis wird erzeugt
    ap.management.CreateFeatureclass(outFC_Verzeichnis,
       outFC_BasisName, geometrieType, inFs, hatM, hatZ,
                                             raumbezug)
    with ap.da.InsertCursor(outFC,fields) as cursor:
        for neues_Feature in inFsRows:
            neue_Geometrie = neues_Feature[geomIdx]
            for eraseGeom in eraserGeoms:
                # Geometrie ist leer: Abbbruch der Schleife
                if not neue_Geometrie:
                    break
                # Geometrien treffen sich nicht: Weiter nicht
                                                   übereinander
                elif  neue_Geometrie.disjoint(eraseGeom):
                    next
                # Ziehe die eine Fläche von der anderen ab
                else:
                    neue_Geometrie = neue_Geometrie.difference
                                                   (eraseGeom)
```

```
77             # Von der Geometrie ist etwas übriggeblieben
78             if neue_Geometrie:
79                 neues_Feature[geomIdx]= neue_Geometrie
80                 cursor.insertRow(neues_Feature)
81     # Alles abgearbeitet. Gebe den Namen der Datei zurück
82     return outFC
83 #-------------------------------------------------------------------
84 # Nur wenn Datei selbst ausgefuehrt wird
85 if __name__ == '__main__':
86     # Im Skript keine Validierung der Daten, das erledigt das Werkzeug
87     # Vorbedingungen -> 'preconditions' im  Kopfkommentar dieser Datei
88
89     # Parameter abrufen und aufbereiten; z.B. Layer ->
                                                       Pfad der Datenquelle
90     inFs = ap.GetParameter(0)     # Subtrahend
91     eraseFs = ap.GetParameter(1) # Minuend
92     outFC = ap.GetParameter(2)    # Differenz
93
94     # Hauptroutine aufrufen
95     result = erase(inFs, eraseFs, outFC)
96
97     # Rückgabe für das Werkzeug
98     ap.SetParameter(0, result)
```

Kommentare zu den einzelnen Zeilen:

1 — `# -- coding: UTF-8 -*-` teilt den Programmen, die dieses Skript benutzen, mit, welcher Zeichensatz genutzt wird. UTF8 erlaubt auch den Einsatz von Umlauten oder dem 'ß'. Im internationalen Austausch sieht man jedoch diese Sonderzeichen durch 'ae' usw. ersetzt.

2-16 — Kommentare zur Datei selbst. Oft wird dies anfänglich als brotlose Kunst empfunden. Schaut man sich nach geraumer Zeit jedoch wieder einmal ein Skript an, ist man um diese Zeilen sehr dankbar!

18-21 — In Python lassen sich Module, so etwas wie ‚Pakete' mit weiteren Funktionalitäten, in den eigenen Code einfügen. Dabei kann man diesen Paketen in dem Code eigene Namen geben. Uns erscheint zum Beispiel arcpy immer zu lang, daher nutzen wir es unter ap.

22-24 — Für die Entwicklung des Skripts sind hier die Testdatensätze hinterlegt.

26-82 — Wer kennt nicht die Sinus-Funktion? Sie wird durch *sin* aufgerufen, gefolgt von Klammern, in denen die nötige Angabe, der Winkel, steht. Diese Sinus-Funktion gibt dann einen Wert zurück, der kein Winkel, sondern der Quotient aus Gegenkathete und Hypotenuse ist.

Genauso funktioniert es bei Python in diesen Zeilen:
`def` definiert eine Funktion, die über ihren ‚Rufnamen' mit den benötigten wechselnden Angaben, Parameter genannt, angesprochen wird. Die Parameter stehen in runden Klammern, getrennt durch Kommata. Inhalt der Funktion ist der gesamte nachfolgende eingerückte Text.

28-32 Direkt im Kopf der Funktion steht der *docstring*.
Er ist von jeweils drei Hochzeichen eingerahmt. Beim Aufruf der Funktion wird dieser Text als Hilfe angezeigt. Dies ist sehr nützlich!

34-38 Wenn es keinen Pfad für die outFC gibt, wird hier einer erzeugt.

39-46 Die Eigenschaften der Eingangsdaten werden analysiert.

50-51 Die Geometrien der abzuziehenden Features werden gesammelt.

53-59 Von den abzuziehenden Features werden neben der Geometrie alle Felder benötigt und hier gesammelt.

61-63 Mit einem ArcGIS-Werkzeug wird die Hülle für das Ergebnis erzeugt.

64-80 In zwei verschachtelten Schleifen wird jedes „inFeature" mit jedem „eraseFeature" abgeglichen. Das Ergebnis kommt in die Hülle der Ausgabe-Feature-Class.

82 Der Pfad zu dem Ergebnis wird an die Ebene, die diese Funktion aufgerufen hat, zurückgegeben.

85 Dem `if __name__ == '__main__':` folgt ein eingerückter Code. Dieser Teil wird nur ausgeführt, wenn das Skript selbst ausgeführt wird. Bei einem Import der Datei in ein anderes Python-Skript wird er nicht ausgeführt. Mit diesem Konstrukt lässt sich diese Python-Datei zweifach nutzen:
Entweder man importiert sie in ein anderes Python-Skript. Dann steht die Funktion `erase` mit den Unterfunktionen `uncoveredFeatures`, `countRecords` sowie `extentToFc` zur Verfügung.
Wenn man aber die Datei direkt aufruft, wird zudem auch der eingerückte Code von `if __name__ == '__main__':` ausgeführt.

Werkzeugoberfläche

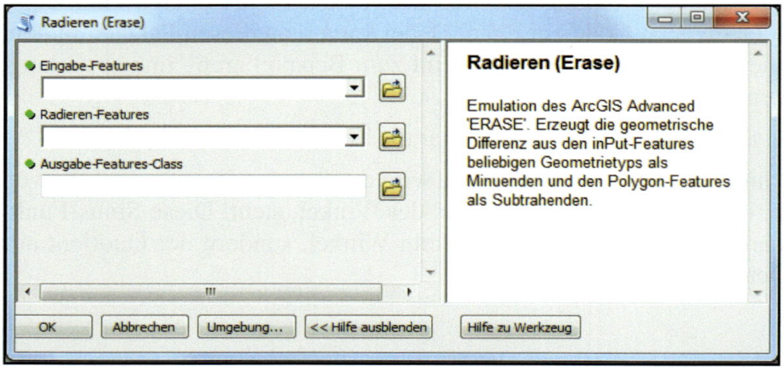

Mit der grafischen Eingabe wird aus dem Skript ein richtiges ArcGIS-Werkzeug. Es braucht nun nicht mehr über eine DOS-Kommandozeile angesteuert zu werden, sondern hat das *Look & Feel* der anderen ArcGIS-Werkzeuge.

Komfortable Eingabemasken wie die Auswahl einer Feature-Class oder die Wahl aus der Liste der Felder mit Text aus einer Tabelle werden bereitgestellt. Zudem werden im Hintergrund die Eingaben validiert, also auf ihre Korrektheit geprüft. Ist es der richtige Datentyp? Ist er bereits vorhanden? Hat er den richtigen Geometrietyp usw.?

Gerade die Validierung der Eingabeparameter entlastet das Python-Skript von einer Unzahl von Prüfungen. Zudem ermöglichen Fehleingaben in der grafischen Oberfläche einen Dialog zwischen Benutzer und Programm. Fehler werden angezeigt und können behoben werden. Mit dem Start des Skripts sind die Möglichkeiten des nachträglichen Eingreifens nicht mehr vorhanden.

Legen Sie im Verzeichnis ArcGISPythonBook eine neue „klassische" Toolbox mit dem Namen *Book-Tools* an.
ArcCatalog-Window → *Verzeichnis ansteuern* → *Kontextmenü: Neu* → *Toolbox*

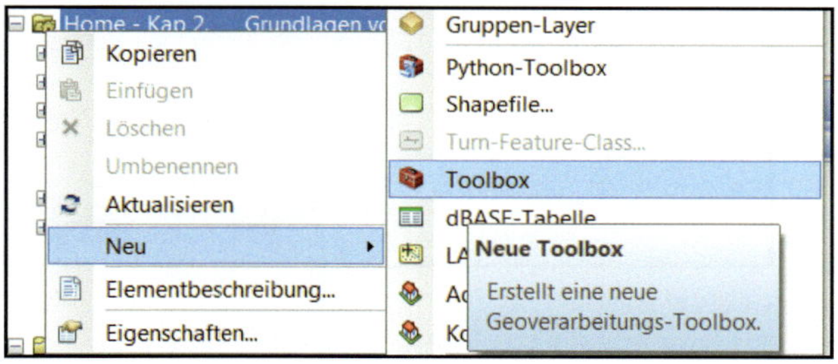

Erzeugen Sie ein neues Skript-Werkzeug „Erase":
Book-Toolset markieren → *Kontextmenü* → *Hinzufügen* → *Skript*

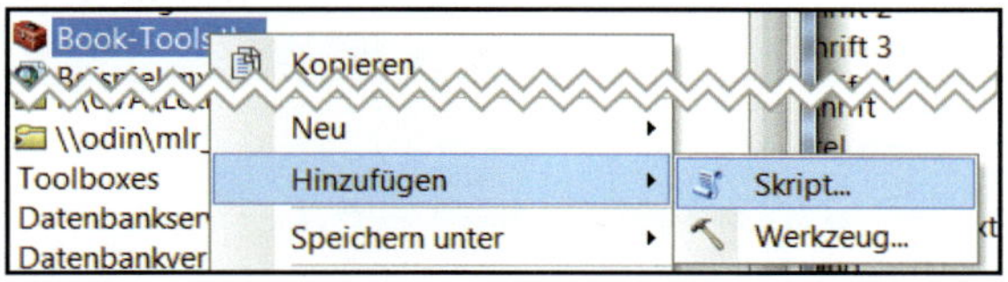

Nun wird ein Assistent gestartet, in dem Sie schrittweise die Grundangaben zum Werkzeug machen. Diese Angaben können Sie später über die Eigenschaften im Kontextmenü des Werkzeugs jederzeit erneut verändern.

Im ersten Schritt geht es um die Bezeichnungen für das Werkzeug.

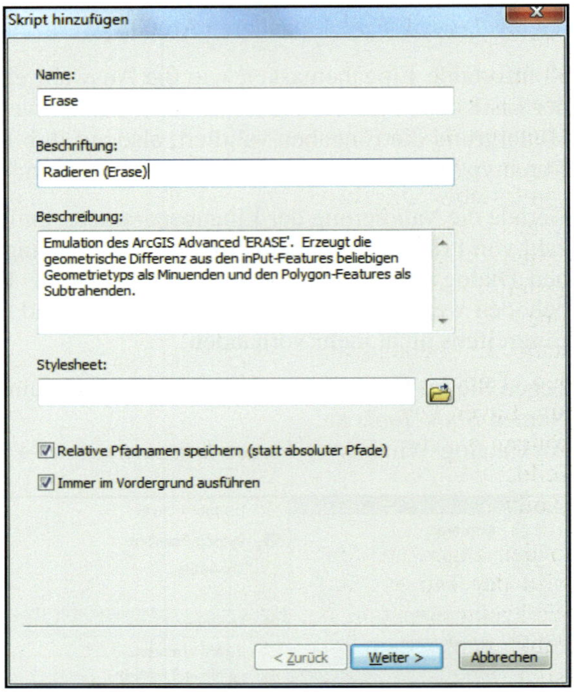

Mit dem **Namen** ‚Erase‘ legen Sie fest, wie Sie das Werkzeug aufrufen können. Da die Toolbar selbst *Book-Tools* heißt, kann dieses Werkzeug in ArcPy mit *ap.Book-Tools.Erase* bzw. *ap.Erase_Book-Tools* aufgerufen werden. Hierbei sind keine Leerzeichen, Umlaute und Ähnliches erlaubt. Groß- und Kleinschreibung hat keine Bedeutung.

Die **Beschriftung** erscheint in der Toolbar als Bezeichnung für das Werkzeug.

Die beiden unten markierten Optionen sorgen dafür, dass der Pfad von der Toolbox zum Python-Skript als relativer Pfad gesetzt wird. Das Gesamtkonstrukt ist somit mobiler.

Mit der zweiten Option bestimmen Sie, ob das Werkzeug im Hintergrund läuft oder ob ArcMap/ArcCatalog währenddessen gesperrt ist. Für die Testphase scheint uns die alte Variante besser geeignet.

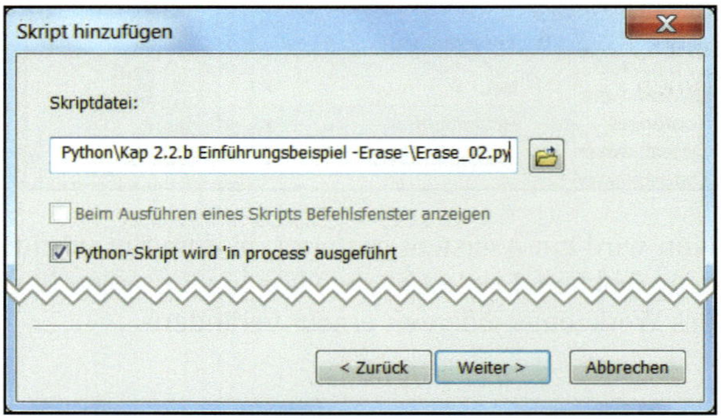

Im zweiten Schritt bestimmen Sie die Quelle des Skripts. Die Datei muss zwar vorhanden sein, sie wird jedoch nicht untersucht. Es können leere Dateien als Dummy genutzt werden.

Ist die Option *in process* aktiviert, wird das Modul `arcpy` nicht nochmals geladen, sondern das der Anwendung verwendet. Dies soll Ladezeiten sparen. Inzwischen gibt es andere Empfehlungen von Esri.

Im letzten Schritt legen Sie die Parameter, ihre Anzeigenamen, die Reihenfolge und die Eigenschaften fest.

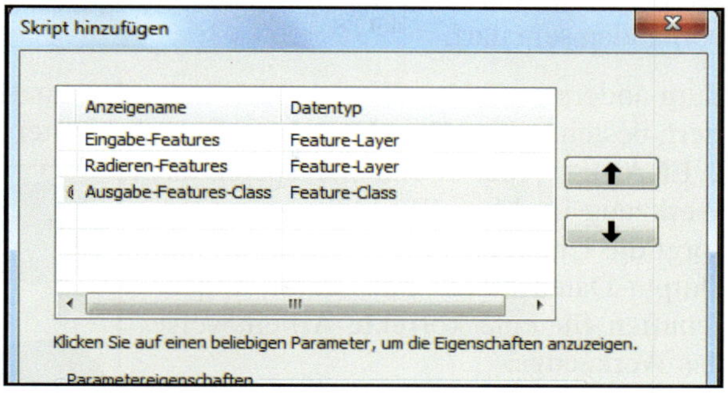

Die Anzeigenamen tauchen später beim Werkzeug auf. Die Eigenschaften sind das Vehikel, um Eingaben des jeweiligen Parameters zu steuern. Dadurch werden komfortable Eingabemasken wie Datei- oder Verzeichnisauswahl, Listen für Feldnamen usw. bereitgestellt. Außerdem findet hier eine so genannte Validierung statt, die Fehleingaben verhindert. Daher sind auch die Datentypen unterschiedlich. Die Eingangsdaten sind Feature-Layer. Dies sind also nicht nur ganze Feature-Classes wie in ArcCatalog, sondern können auch Layer in ArcMap sein. Letztere können ja nur aus einem ausgewählten Teildatensatz bestehen. Der Ausgabe-Datensatz selbst ist dann natürlich schon eine „vollwertige“ Feature-Class.

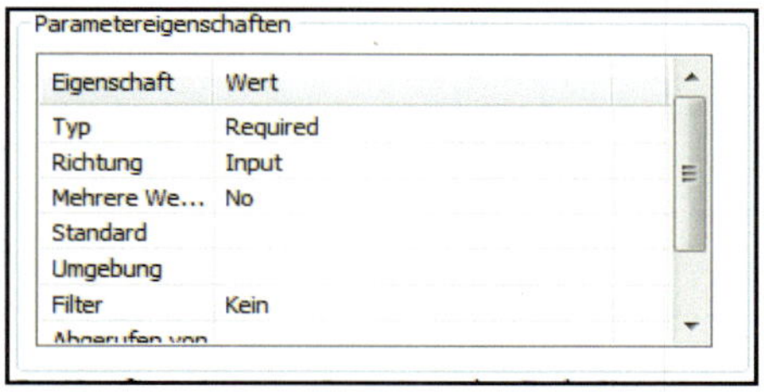

In den Eigenschaften des ersten Parameters wird der Typ auf „erforderlich“ gesetzt. Im Werkzeug erscheint daher später ein grüner Punkt neben dem Parameter. Die Richtung ist „Eingabe“. Somit muss er beim Start vorhanden sein. Zudem darf es nur ein Datensatz sein, keine Liste von Datensätzen (wie bei MERGE).

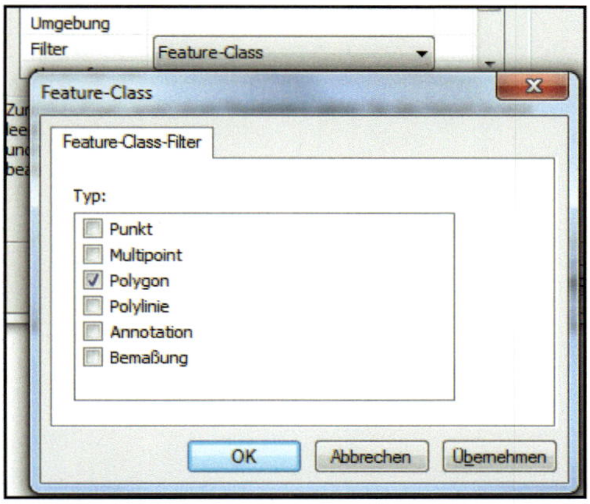

Im zweiten Parameter, den Radieren-Features, muss sichergestellt werden, dass der Geometrietyp „Polygon“ ist. Daher werden unter Filter -> Feature-Class alle anderen Typen abgehakt.

Der letzte Parameter wird auf *Output* gesetzt. Damit wird zum einen sichergestellt, dass dieser Datensatz bei Start des Werkzeugs nicht vorhanden sein darf.

Zum anderen wird bei Eingabe des ersten Parameters ein vorläufiger Pfadname generiert, bestehend aus dem Eingabenamen plus Unterstrich und Werkzeugname, hier also „_ERASE“. Auch wenn Sie später das Werkzeug im ModelBuilder verwenden, sorgt die Unterscheidung von Input- und Output-Datensätzen mit ihren Eigenschaften für eine korrekte Arbeitsweise des Werkzeugs.

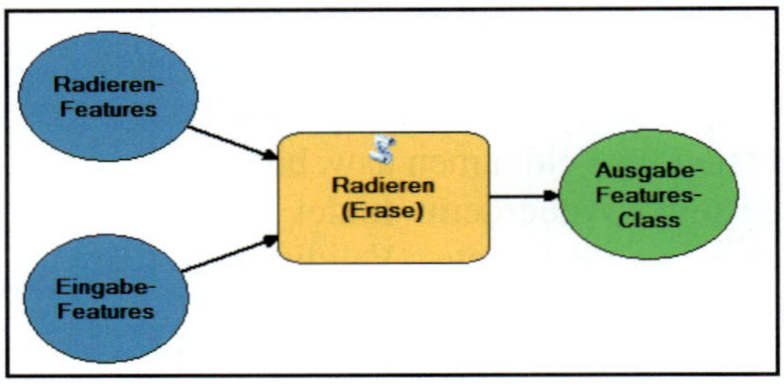

Die klassische Toolbox ist für den Anfang sicherlich ein geeignetes Mittel, um die Skripte in ArcGIS verfügbar zu machen. Mit der neuen Python-Toolbox gibt es allerdings eine weitaus mächtigere und nach unserem Empfinden auch auf Dauer stabilere und leichter zu pflegende Hülle zur Erzeugung der grafischen Oberflächen von Python-Skripten in ArcGIS.

3 Grundlagen der Programmiersprache Python

Dieses Kapitel vermittelt Ihnen die aus unserer Sicht allgemeinen und relevanten Grundlagen der Programmiersprache Python, um Python in ArcGIS nutzen zu können.

3.1 Eigenschaften der Programmiersprache Python

Die Python-Entwickler behaupten sinngemäß, dass diese Programmiersprache die guten Eigenschaften aus anderen Sprachen übernommen und die schlechten weggelassen habe. Was sind diese Eigenschaften? Jede Programmiersprache kennt Variablen. Variablen sind Bezeichner für einen Inhalt. Über ihren Namen wird ihr Inhalt abgerufen. Python benötigt **keine Variablendeklaration** – es muss nicht vorher mitgeteilt bekommen, welchen Datentyp die Variable haben soll. Aufgrund der **dynamischen Typisierung** kann eine Variable ihren Datentyp während der Laufzeit sogar ändern. Hierbei rümpfen viele Programmierer despektierlich die Nase. Für den Python-Anwender sind dies aber sehr vereinfachende Eigenschaften. Zudem beherrscht Python mit der **Methodenüberladung** eine Fähigkeit, die den Code oft sehr gut lesbar macht.

Beispiel: Verwendung von Variablen

```
1 >>> x = 2
2 >>> type(x)
  <type 'int'>
3 >>> y= 'hallo'
4 >>> type(y)
  <type 'str'>
5 >>> x = x * y
6 >>> x
  'hallohallo'
7 >>> type(x)
  <type 'str'>
```

Codezeile	Erläuterung
1	Die Variable `x` wird direkt an den Wert 2 gebunden. Dass `X` eine Ganzzahl beherbergen soll, muss nicht vorher festgelegt werden.
2	Mit `type()` können Sie erfahren, welchen Datentyp die Variable beherbergt. Hier ist der Typ `int`, also eine Ganzzahl.
3	`y` wird an die Textfolge `hallo` gebunden.
4	Auch hier können Sie den Typ abfragen. `str` steht für *string*, also Textfolge.

5 Nun wird `x` auf eigener Basis neu berechnet: `x*y` bedeutet in diesem Moment zweimal `hallo`. Wäre y eine 3 gewesen, so wäre x nun 6. Diese Fähigkeit von Anweisungen, sich den Datentypen angepasst zu verhalten, wird Methodenüberladung genannt.

6 Da `y` aber ein Text ist, ergibt x nun `'hallohallo'`.

7 Die Variable `x` hat nun ihren Datentyp geändert und ist eine Textfolge.

Die **Strukturierung** in Programmblöcke geschieht in Python **durch** das **Einrücken** des Codes. Es gibt somit keine „begin"- oder „end"-Anweisungen wie in C oder Klammerungen wie in Perl oder LISP. Üblich ist das Einrücken (engl.: *indent*) um vier Leerzeichen. Tabulatoren dürfen nicht verwendet werden. Fehler beim Einrücken werden als *IndentationError* ausgegeben.

```
def bsp(vals):
    for val in vals:
        print 'Teste Wert'
        if type(val) is str:
            print 'Es ist ein Text:'
            for v in val:
                print 'Buchstabe:', v
            print 'Textende'
    print 'Ende Wertetest'
```

Die **Objektorientierung** (siehe auch Kapitel 3.9 „Objektorientierte Programmierung") ist für Anfänger nur Hintergrundwissen dazu, dass sich hinter Punktnotationen im Code oftmals eine Struktur von Klassen befindet. So besitzt das Modul `arcpy` eine Funktion `Describe`, die entsprechende Objekte erzeugen kann. Das so erzeugte `Describe`-Objekt hat wiederum ein Objekt `extent`, welches die Eigenschaft `YMin` hat. In Python wird dies dann als `arcpy.Describe(fc).extent.YMin` dargestellt.

Python unterscheidet Groß- und Kleinschreibung (engl. case sensitivity). Dies wird innerhalb von ArcGIS leider nicht konsequent fortgeführt. Wenn Sie sich aber an die Zeichenfolgen aus den Dokumentationen halten, sollte Ihnen nichts geschehen.

Folgende **reservierte Wörter** werden von Python genutzt und dürfen nicht von Ihnen für eigene Definitionen genutzt werden: `and, assert, break, class, continue, def, del, elif, else, except, exec, finally, for, from, global, if, import, in, is, lambda, not, or, pass, print, raise, return, try, while.`

3.2 Module

Wenn Sie mit Python arbeiten, haben Sie auf verschiedene Weise Zugriff auf Komponenten. Einige, wie z. B. die Funktion `round` zum mathematischen Runden, stehen Ihnen direkt zur Verfügung. Andere müssen erst importiert werden. Soll beispielsweise immer abgerundet werden, so wäre die Funktion `floor` aus dem Modul `math` das Richtige.

Beispiel: Modul laden und verwenden

```
1 >>> round(4.5)
      5.0
2 >>> import math
3 >>> math.floor(4.5)
      4.0
```

Codezeile	Erläuterung
1	`round` rundet eine Zahl auf oder ab.
2	Sie laden das Modul `math` in Ihre Python-Umgebung.
3	Nun steht Ihnen aus diesem Modul die Funktion `floor` zum ausschließlichen Abrunden zur Verfügung.

Mehr als 200 Module stehen mit ihren Komponenten ohne weitere Installation zur Verfügung. Sie werden als „Standardbibliothek" bezeichnet. Für andere Aufgaben wie z. B. der räumlichen Analyse stehen weitere Lösungen entweder zum Download bereit, oder sie sind Teil einer Softwarelösung wie ArcPy als Teil von ArcGIS. Häufig handelt es sich bei den angebotenen Lösungen nicht nur um Module, sondern um ganze Pakete. Während ein Modul aus einer einzelnen Python-Programmdatei besteht, ist ein Paket (engl. *site package*) eine Verzeichnisstruktur mit einer beliebigen Anzahl von Modulen. Das ArcPy von Esri ist ein solches Paket. Starten Sie die Python-Konsole in einer ArcGIS-Anwendung, so ist *arcpy* bereits geladen.

Unabhängig davon, ob es sich um ein Paket oder ein Modul handelt: In Python wird es über die Anweisung `import <modul>` zur Verfügung gestellt. Benötigen Sie nur eine Komponente, laden Sie diese durch ein `from <modul> import <komponente>`. Dabei hat man die Möglichkeit, dem Modul oder der Komponente innerhalb des Skripts einen eigenen Namen zu geben: `import <module> as <name_im_modul>`.

Die größte Schwierigkeit besteht darin, das passende Modul für eine gesuchte Funktionalität zu finden. Gute Hilfe leisten hierbei die Dokumentation der Python-Standardbibliothek sowie eine Sammlung der frei verfügbaren Module bei *PyPi*. In den Anhängen finden Sie weitere Informationen dazu. Die in diesem Buch verwendeten Module und eine Auswahl der für Anfänger interessanten Pakete finden Sie zudem im Kapitel 3.8 „Weitere Module".

Für eigene, immer wieder genutzte Funktionen bietet es sich an, selbst ein Modul zu erzeugen. Das Modul muss dazu im aktuellen Verzeichnis oder in einem der Python-Suchpfade liegen. Eine Behandlung dieses Themas finden Sie im Kapitel 3.7 „Dateien lesen und schreiben".

3.3 Datentypen

Der nachfolgende Graph zeigt die Struktur der vorzustellenden Datentypen, die Bezeichnung des Typs in Python sowie ein Beispiel für die Anwendung des Formats.

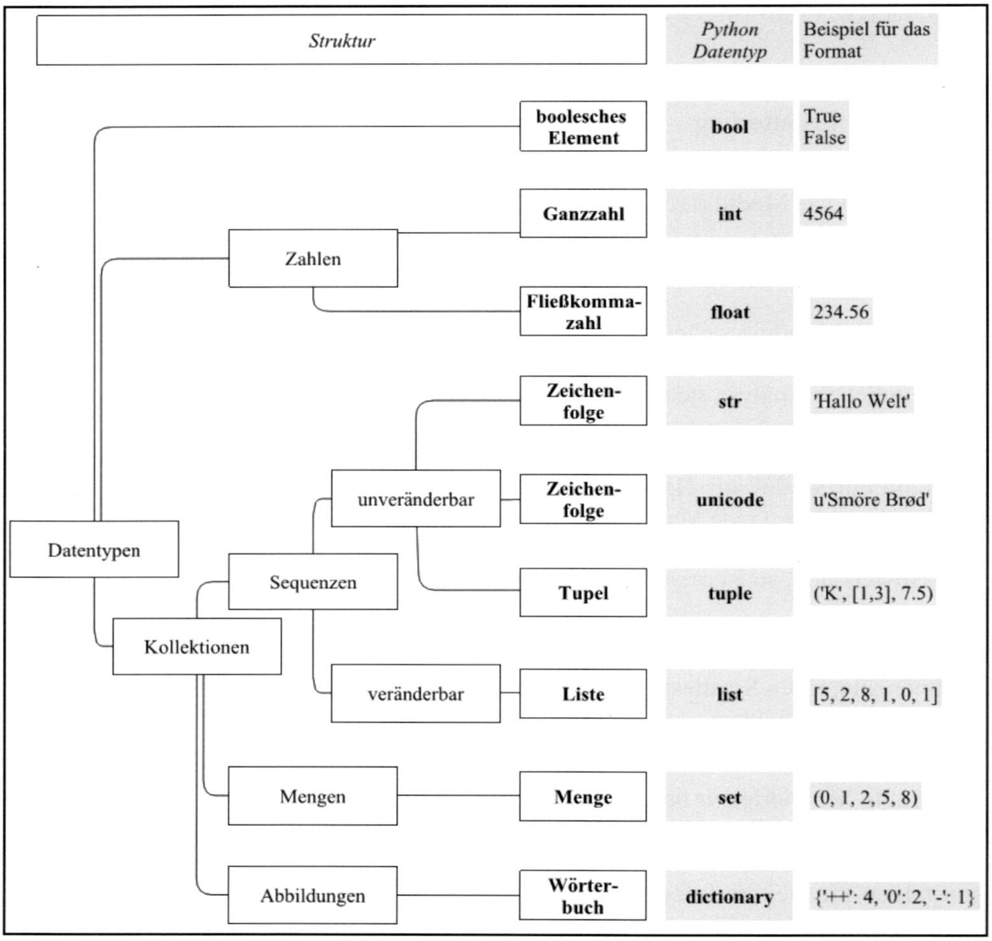

3.3.1 Operatoren

Operatoren sind zwar keine Datentypen, jedoch sind sie von so grundsätzlicher Bedeutung für die Arbeit mit vielen Datentypen, dass wir sie hier aus pragmatischen Gründen als Erstes behandeln werden.

Operatoren stehen zwischen zwei Ausdrücken und werten diese aus. In erster Linie sind sie uns in Verbindung mit Zahlen geläufig. Durch die so genannte Methodenüberladung können sie in Python aber auch für andere Datentypen genutzt werden (siehe dazu Kapitel

3.9 „Objektorientierte Programmierung und Objekte"). Wichtige Operatoren sind nachfolgend dargestellt. In den Beispielen steht das Ergebnis im Kommentar (nach dem Hash: #).

Folgende Variablendefinitionen werden in den anschließenden Beispielen verwendet:

```
i1 = 2      # Ganzzahl
i2 = 3      # Ganzzahl
f1 = 5.0    # Fliesskommazahl
f2 = -2.5   # Fliesskommazahl
t1 = 'llo'  # Zeichenfolge
t2 = 'Ha'   # Zeichenfolge
lst1 = [1.2,3.2,4.0,-2.2,1.0] # Liste
lst2 = ['a','h','o','s','k']  # Liste
s1 = set([1,2,4,5])           # Menge
s2 = set([1,2,3,5,6])         # Menge
dct1 = {'a': [1,2,3],
        'b': [4,2,6],
        'k': [1,6,2]}         # Woerterbuch
tpl1 = ('c','k','m','a')      # Tupel
```

Symbol	Bezeichnung	Beispiel(e)	
		Numerisch	**Methodenüberladung**
+	Addition	`i2+i1 # ergibt 5`	`t2 + t1 # 'Hallo'`
-	Subtraktion	`f1-i2 # ergibt 2.0`	`s1-s2 # set([4])`
*	Multiplikation	`3.5*5 # 17.5`	`3*t2 # 'HaHaHa'`

/	Division	`f2/f1 # 1.5`
		`f1/i1 # 2.5`
		`i2/i1 # 1`	

%	Modulo (Rest)	`13%6 # 1` `15%5.5 # 4.0`	`'Preis: %.2f€' %23.436` `# 'Preis:23.44€'`
**	Potenzen	`4**2 # 16` `9**0.5 # 3.0`	

Bis auf den letzten Operator stehen für alle *erweiterte Zuweisungen* der Form `x` *<Operator>*`= y` als kürzere Form für `x = x`*<Operator>*`y` zur Verfügung.

Beispiel: Erweiterte Zuweisung mit Zahlen

```
>>> x = 5
>>> x *= 2.5
>>> x
12.5
```

Daher sind keine weiteren Operatoren für das Inkrementieren (Hochzählen) und Dekrementieren (Runterzählen) nötig. Sie werden durch `x += 1` bzw. `x -= 1` realisiert.

Wichtig sind zudem die Vergleichsoperatoren, die zur Steuerung des Programmablaufs benötigt werden (siehe auch Abschnitt 3.3.7 „Umwandlung von Datentypen").

Symbol	Bezeichnung	Beispiel(e)	
		Numerisch	**Methodenüberladung**
>, >= <, <=	größer, größer gleich; kleiner, kleiner gleich	x < 2.0 # False x <= 2.0 # True	t2 > 'h' → False t2 >= 'H' → True s2!=s1 # True s2>s1 # False
in	enthalten in	i1 in (-3,i2, 2) # True i1 in (2.1,i2) # False	t in 'hallo' # True t in 'Hamm' # False i2 in s2 # True f1 in s1 # True
or	oder	True or False # True False or False # False	
and	und	True and True # True False and True # False	
not	nicht (Umkehrung)	not False # True not True # False	t not x # True t not 'h' # True

Für den Datentyp Zeichenfolge steht Ihnen mit dem *regular*-Modul das ganze System der *regulären Ausdrücke* zur Verfügung. Die Vorstellung dieses Moduls wäre zu umfangreich für die Einführung in Python. Bitte denken Sie einfach daran, dass die Vergleichsoperatoren bei Zeichenfolgen eher als minimalistische Lösungen zu verstehen sind.

Alle Operatoren stehen Ihnen mit dem Modul `operator` auch als Funktionen zur Verfügung. Nutzen Sie für den konkreten Fall die Python-Dokumentation.

Beispiel: Addition als Funktion

```
>>> import operator as op
>>> op.add(f1,f2)
2.5
```

3.3.2 Ganzzahlen (*integers*) & Gleitkommazahlen (*floats*)

Am Anfang sind die wichtigsten Datentypen sicherlich die numerischen Datentypen mit *int* (Ganzzahlen) und *float* (Gleitkommazahlen). Die Notation folgt beim Rechnen mit Zahlen den üblichen Regeln der Mathematik.

Es gibt eine Einschränkung durch die Datentypen: Nur wenn beide Werte einer Operation Ganzzahlen sind, besteht das Ergebnis ebenfalls aus einer Ganzzahl, ansonsten ist es eine Gleitkommazahl. Bei der Division zweier Ganzzahlen führt dies zum Entfernen der Nachkommastellen. Es findet kein Runden statt!

Beispiel: Rechnen mit Gleitkommazahlen und Ganzzahlen

```
>>> 8+3
11
>>> 8+3.0
11.0
>>> 8/3.0
2.6666666666665
>>> 8/3
2
```

Bei den Ganzzahlen kann neben dem klassischen System zur Basis 10 auch das binäre (Basis 2) oder das Hexadezimal (Basis 16) gefordert sein. Die Umwandlung erfolgt durch die Funktion `int()`.

Beispiel: Umwandlung ins Dezimalsystem

```
>>> (3+2)*3**2
45
>>> int('0101',2)
5
>>> int('FFF',16)
4095
```

3.3.3 Listen (*lists*) & Tupel (*tuples*)

Beinhaltet ein Datentyp eine Folge von Elementen, so bezeichnet man ihn als sequenziell. Die Elemente eines sequenziellen Datentyps haben eine definierte Reihenfolge, durch die man auf sie zugreifen kann. Python kennt drei sequenzielle Datentypen: Listen (engl. *lists*), Tupel (engl. *tuples*) und Zeichenketten (engl. *strings*).

Listen und Tupel unterscheiden sich formal dadurch, dass Letztere nicht veränderbar (engl. *immutable*) sind. Nach Python-Erfinder Jan Guido van Rossum sind Listen eher für homogene, Tupel für heterogene Sammlungen geeignet.

Gekennzeichnet werden Listen durch eckige Klammern [], Tupel durch runde Klammern (), Zeichenketten durch einfache ' ' oder doppelte " " Anführungsstriche. Funktionen haben konsequenterweise runde Klammern, denn die Reihenfolge der Parameter ist nicht veränderbar, und die Sammlung besteht aus heterogenen Elementen.

Beispiel: Erstellen einer Liste

```
lst1 = [1.2, 3.2, 4.0, -2.2, 1.0]
```

Listen untersuchen

Die einzelnen Elemente (engl. *items*) werden über ihre Position angesprochen. Dabei kann vom Anfang oder vom Ende der Liste aus gezählt werden. Sequenzielle Daten sind nullbasiert, das Zählen beginnt mit null.

Beispiel: Listenelemente auswählen

```
>>> lst1[2]
 4.0
```

Drittes Element

```
>>> lst1[-2]
 -2.2
```

Zweitletztes Element

```
>>> lst1[0]
 1.2
```

Erstes Element

Die nachstehende Abbildung zeigt die Index-Zahlen von `lst1`.

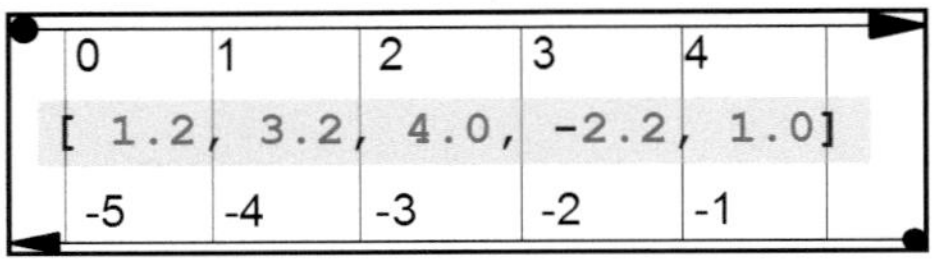

Das Ausschneiden (engl. *slicing*) eines Bereichs wird durch einen Doppelpunkt markiert `liste[start:stop]`. Die Rückgabe ist immer eine Liste.

```
>>> lst1[1:3]
[3.2, 4.0]
>>> lst1[-3:-1]
[4.0, -2.2]
>>> lst1[1:-1]
[3.2, 4.0, -2.2]
```

Bereiche von (einschließlich) … bis zum (ausschließlich) … Element.

```
>>> lst1[2:3]
[4.0]
```

Der Bereich besteht nur aus einem einzigen Element, ist aber eine Liste.

```
>>> lst1[1:5:2]
[3.2, -2.2]
```

Es können nicht mehrere Bereiche in einem Ausdruck definiert werden.

Ein weiterer Doppelpunkt mit einer Zahl gibt das Schrittmaß an `liste[start:stop:step]`.

```
>>> lst1[:3]
[1.2, 3.2, 4.0]
>>> lst1[3:]
[-2.2, 1.0]
>>> lst1[:]
[1.2, 3.2, 4.0, -2.2, 1.0]
```

Wird keine Zahl übergeben, so wird vom Anfang bzw. bis zum Ende ausgeschnitten.

`>>> lst1.index(-2.2)` `3`	Umgekehrt erhalten Sie den Index der ersten Position eines Wertes über index(). Links: Die Position des Elements mit dem Wert `-2.2`
`>>> len(lst1)` `5`	Die Länge einer Liste gibt Ihnen die Funktion `len()` an.

Listen verändern

Hier nun eine Auflistung der Methoden, die Ihnen zur Verfügung stehen, um Listen zu verändern. Die Methoden haben bis auf `pop()` keinen Rückgabewert. Das Resultat für die Liste ist deshalb als Kommentar immer dahinter geschrieben. Sie können es sich durch Aufrufen der Liste ebenfalls anzeigen lassen.

`del lst1[-1] # [1.2,3.2,4.0,-2.2]`	Element entfernen.
`lst1.append(1) # [1.2,3.2,4.0,-2.2,1]`	Element hinzufügen.
`lst1.extend([5,6]) # [1.2,3.2,4.0,-2.2,1,5,6]`	Liste erweitern.
`lst1.reverse() # [6,5,1,-2.2,4.0,3.2,1.2]`	Reihenfolge umdrehen.
`lst1.sort() # [-2.2,1,1.2,3.2,4.0,5,6]`	Reihenfolge sortieren.
`lst1.pop(-1) #[-2.2, 1, 1.2, 3.2, 4.0, 5]` `6`	Element mit dem Index wird zurückgegeben und aus der Liste gelöscht. Wird kein Index übergeben, so ist es das letzte Element.
`lst1[1]= 5.0 # [-2.2,5.0,1.2,3.2,4.0,5]`	Index-Zuweisung: Wert in der Liste ändern.
`lst1[1:3]= [-5,2] # [-2.2,-5,2,3.2,4.0,5]` `lst1[3:]= [3,4] # [-2.2, -5, 2, 3, 4]`	Bereichszuweisung: Bereich in der Liste ändern. Die Länge muss nicht gleich sein.

`lst3 = range(3)       # [0, 1, 2]`
`lst3 = range(10, 13) # [10, 11, 12]`
`lst3 = range(1,9,2)  # [1, 3, 5, 7]`
	`range(x,y,z)` erzeugt eine Liste aus Ganzzahlen von (einschließlich) `x` bis (ausschließlich) `y` im Schrittmaß `z`. Standardschrittmaß ist 1, Standardstartpunkt ist null.

Die Listenabstraktion (engl. *list comprehension*) ist ein weiteres, sehr wichtiges Werkzeug in Python. Iterativ wird jedes Element der Liste genommen. Wenn es die `if`-Bedingung erfüllt, wird es an die Variable (hier f) gebunden und mit dem vor `for` stehenden Ausdruck ausgewertet und in eine Liste übergeben. Eine `if`-Bedingung muss nicht immer übergeben werden.

Beispiel: Quadrieren aller Zahlen der Liste, die größer als 3 sind

```
>>> lst4 = [i**2 for i in lst3 if i>3]
>>> lst4
[25, 49]
```

3.3.4 Zeichenketten (*strings*)

Eine Folge von Zeichen aus einem Zeichensatz wird als Zeichenkette (engl. *string*) bezeichnet. Eine solche Folge kann auch nur ein Zeichen lang oder sogar leer sein. Der Zeichensatz umfasst Buchstaben, Zahlen, Sonderzeichen und Drucksteuerzeichen (Beispiel: Zeilenumbruch). In Python besitzen Zeichenketten die Fähigkeiten der Indizierung und des Ausschneidens von Listen. Die Methoden zur Bearbeitung funktionieren allerdings nicht. Die Ergebnisse der Ausdrücke stehen als Kommentar in der Zeile.

Beispiel: Zeichenkette erzeugen und wie eine Liste nutzen

```
txt = "Python 4 ArcGIS"
```

```
txt[3]     # 'h'
txt[3:-3] # 'hon 4 Arc'
txt[:3] # 'Pyt'
```

Indizierung und Ausschneiden

```
len(txt) # 15
```

Länge des Texts

Zusätzlich haben Zeichenketten weitere Eigenschaften und Methoden, von denen wir Ihnen die wichtigsten im Nachfolgenden zeigen. Die String-Methoden geben immer eine Kopie des Objekts zurück. Das Objekt selbst wird nicht verändert!

```
txt.upper()  # 'PYTHON 4 ARCGIS'
txt.lower()  # 'python 4 arcgis'
txt.capitalize()  # 'Python 4 arcgis'
```

In Groß-/Kleinbuchstaben umwandeln oder nur erstes Zeichen groß.

```
txt.endswith('GIS') # True
txt.startswith('Py') # True
txt.startswith('GIS','Py') # True
```

Text beginnt/endet mit der genannten Sequenz. Dies geht auch mit einer Liste von Sequenzen.

```
txt.split('4') # ['Python ', ' ArcGIS']
txt.split()    # ['Python', '4', 'ArcGIS']
```

Trennt den Text an den angegebenen Zeichen auf. Vorgabe ist das Leerzeichen.

```
txt.rjust(17) # '  Python 4 ArcGIS'
txt.ljust(17) # 'Python 4 ArcGIS  '
txt.center(17) # ' Python 4 ArcGIS '
txt.split('4') # ['Python ', ' ArcGIS']
txt.split() # ['Python', '4', 'ArcGIS']
```

Einfache Formatierungshilfen. Die Textformatierung von Python ist jedoch simpler im Handling und größer im Umfang.

```
txtTeil= txt.split()[1]
txtTeil.isdigit() # True
# txtTeil.isalpha()
# txtTeil.isalnum()
# txtTeil.isspace()
# txtTeil.islower()
# txtTeil.isupper()
# txtTeil.istitle()
```

txt wird an den Leerstellen aufgetrennt. Das zweite Element der Liste (‚4') wird untersucht. Sind alle Zeichen eine Zahl? Weitere Kriterien sind: Buchstaben (alpha), alphanumerisch (alphabetisch+numerisch), Leerzeichen, Klein-/Großbuchstaben, Wort beginnt mit Großbuchstaben, gefolgt von Kleinbuchstaben.

Die Behandlung jedes einzelnen Worts in einem Text erfolgt über das Aufsplittern in eine Liste, Behandlung durch Listenabstraktion und erneutes Zusammenfügen mit einer Funktion aus dem `string` (Erläuterung zum `string`-Modul im Kapitel 3.7 „Daten lesen und schreiben“).

Beispiel: Behandlung jedes einzelnen Worts in einem Text

Jedes Wort soll mit Großbuchstaben beginnen, der Rest wird kleingeschrieben.

```
>>> import string as s
>>> s.join([t.capitalize() for t in txt.split()])
Python 4 Arcgis'
```

Besondere Zeichen wie Tabulatoren, neue Zeile oder Sonderzeichen werden durch Escape-Sequenzen, welche mit einem Backslash ‚\' eingeleitet werden, erzeugt. Nachfolgende Tabelle zeigt die wichtigsten Escape-Sequenzen.

Zeichen	**Bedeutung**	
`\`	Zeilenfortsetzung	`txt= 'Hallo ' + \` `     'Welt'`
`\\`	Rückwärtsschrägstrich	`'C:\\MeinOrdner'`
`\'`	Einzelnes Anführungszeichen	`"Er sagte\'Hallo\'"`
`\"`	Doppeltes Anführungszeichen	`'Er sagte \"Hallo\"'`
`\a`	Glocke	`10*'\a' # wird in der IDE unterdrückt`
`\b`	Rückschritt	
`\n`	Zeilenvorschub (*linefeed*, LF)	`'Zeile 1\nZeile 2'`
`\t`	Horizontaler Tabulator	`'\teingezogene Zeile'`
`\r`	Wagenrücklauf (*carriage return*, CR)	
`\f`	Seitenvorschub	
`\0XX`	Oktaler Wert	`txt '\007' a -> Glocke`
`\xXX`	Hexadezimaler Wert	`\xC4 \xE4 \xD6 \xF6 \xDC \xFC \xDF \xF8'` `# Ä ä Ö ö Ü ü ß ø`

Bei der Verwendung von Verzeichnispfaden kann dies zu Überraschungen führen. Vermeiden kann man dies durch verschiedene Methoden:

- Maskieren Sie jeden Backslash '\' durch einen weiteren davor: '\\'.
- Stellen Sie der Zeichenfolge ein 'r' (für raw) voran: : r'\'.
- Verwenden Sie anstelle des Backslashs einen Slash '/'.

Mit der `print`-Anweisung kann man sehen, wie Python die Zeichenfolge auswertet.

Beispiel: Verzeichnispfade korrekt darstellen

```
>>> print 'C:\PythonBuch\abschnitt_a\200_Basis.shp'
'C:\PythonBuchabschnitt€_Basis.shp'
>>> print 'C:\\PythonBuch\\200_Basis.shp'
'C:\\PythonBuch\\abschnitt_a\\200_Basis.shp'
>>> print r'C:\PythonBuch\200_Basis.shp'
'C:\\PythonBuch\\abschnitt_a \\200_Basis.shp'
>>> print 'C:/PythonBuch/200_Basis.shp'
'C:/PythonBuch/abschnitt _a/200_Basis.shp'
```

Beispiel: Einsatz von Escape-Sequenzen

Geben Sie den nachfolgenden Code in eine Python-Datei ein. Starten Sie die Datei nicht aus der Entwicklungsumgebung (IDE) heraus, sondern über den Explorer oder die DOS-Konsole. Die IDE kann unter Umständen einige Signale unterdrücken.

```
1 import time
2 print 'Ein Hochzaehler, wo zudem die ganze Zeile' +\
3       ' immer wieder neu generiert wird.\n(ist eingezogen)'
4 for i in range(1000):
5     print '\r\tDurchlauf:' , i,
6     time.sleep(0.05)
7 print 5 * '\a'
8 raw_input(r'Return dr\xfccken um fortzufahren')
```

Codezeile	Erläuterung
1	Lade das Modul `time` (Zeitmethoden und -eigenschaften)
2-3	Das Pluszeichen + verbindet zwei Zeichenfolgen, die durch die Zeilenfortsetzung \ verbunden sind. So können Sie Texte besser lesbar halten.
4	Iteration: Zähle von 0 bis 1000, binde den Wert an `i` und führe damit jeweils den eingerückten Block (Zeilen 5+6) aus.
5	Zwei Teile werden als Text ausgeführt: der erste (`\r`) mit dem Rücksprung auf den Anfang der aktuellen Zeile, dem Einfügen eines Tabulators ( ) und einem Text. Der zweite Teil ist die durchlaufende Ganzzahl. Durch das Komma am Ende wird die Zeile nicht abgeschlossen. Python wartet auf weiteren Text.
6	Zeitmodul lässt den Prozess 0,05 Sekunden schlafen. Der Block ist zu Ende, der Code springt zu Zeile 4.
7	Läutet die Glocke fünfmal.
8	`raw_input` nimmt eigentlich Benutzereingaben auf. Hier dient es nur als Stop-Anweisung.

3.3.5 Mengen (*sets*)

Eine Menge (engl. *set*) ist eine ungeordnete Sammlung ohne Duplikate. Gedankliches Beispiel wäre die „Menge der Gäste“: Kein Gast wird zweimal genannt, die Reihenfolge beim Aufzählen kann variieren. Mengen werden in Python gerne genommen, um aus Listen Duplikate zu entfernen oder zwischen Listen Mengenoperationen durchzuführen.

```
s1 = set(range(1,9,2))# set([1,3,5,7])
```

Das set `s1` besteht aus den ungeraden Zahlen zwischen inkl. 0 und exkl. 9.

```
lst = [5,6,6,7,8,10]
s2 = set(lst) # set([5, 6, 7, 8, 10])
```

In `s2` ist die doppelte 6 entfernt.

```
s2[4] # TypeError: 'set' object does
        not support indexing
```

Auch wenn es so scheint: kein Zugriff auf die Elemente des Sets über Indizes!

```
s1 & s2 # set([5, 7])
```

Schnittmenge.

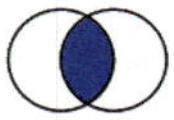

```
s1 - s2 # set([1, 3])
s1.difference(s2)
s2 - s1 # set([6, 8, 10])
        # s2.difference(s1)
```

Differenzmenge.

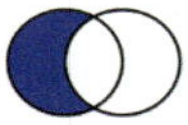

```
s1 | s2 # set([1, 3, 5, 6, 7, 8, 10])
s1.union(s2)
```

Vereinigungsmenge.

```
s2 ^ s1 # set([1, 3, 6, 8, 10])
s1.symmetric_difference(s2)
```

Symmetrische Differenz.

```
s3 = s1.copy() # set([1, 3, 5, 7])
```

`s3` ist nun als das Gleiche wie `s1`. Mit `s3=s1` wäre `s3` dasselbe wie `s1`, also nur eine Referenz auf `s1`.

```
s3 |= s2 # set([1, 3, 5, 6, 7, 8,
10])  s3.intersection_update(s2)
```

Erweiterte Zuweisung (siehe Abschnitt 3.3.1 „Operatoren“). Sie wird als set-Methode mit `*_update` aufgerufen.
`s3` ist nun die Vereinigungsmenge aus `s3` und `s2`.

```
len(s3) # 7
```

Anzahl der Elemente.

```
s3 >= s1 # True
         # s3.isupperset(s1)
```

Ist `s3` die Obermenge von `s1`?

`s2 <= s3 # True` `# s2.issubset(s3)`	Ist `s2` eine Teilmenge von `s3`?
`10 in s3 # True` `2 not in s3 # True`	Kommt 10 in der Menge `s3` vor? Kommt 2 nicht in der Menge `s3` vor?
`s1.add(2) # s1-> set([1, 2, 3, 5, 7])`	Füge der Menge `s1` die Zahl 2 zu.
`s1.remove(7) # s1-> set([1, 2, 3, 5])`	Entferne, wenn vorhanden, die Zahl 7 aus `s1`.
`s1.discard(5) # s1-> set([1, 2, 3])`	Entferne, wenn vorhanden, die Zahl 5 aus `s1`. Ansonsten gebe einen Fehler aus.
`s1.pop() # ein Wert der Menge, Bsp:1` `# s1-> set([ 2, 3])`	Funktion wie beim Datentyp `list`.
`len(liste) - len(set(liste))`	Anwendung: Ermittle die Anzahl der Duplikate in einer Liste.

Beispiel: Arbeiten mit Listen und Mengen

Häufig werden in GIS der Raum eines Projekts gekachelt und die einzelnen Datensätze mit Kennziffern versehen. Des Öfteren stehen Kontrollen an, inwieweit sich die Kachel-Datensätze zweier Themen unterscheiden.

In beiden Themen werden aus den Namen jedes Datensatzes die Kennziffern extrahiert. Jedes Thema bildet eine Menge an Kennziffern. Aus beiden werden die Differenzmengen sowie die Schnittmenge ermittelt. Die Abbildung rechts zeigt einen Ausschnitt der Metadaten zu diesen Datensätzen und soll die Situation verdeutlichen.

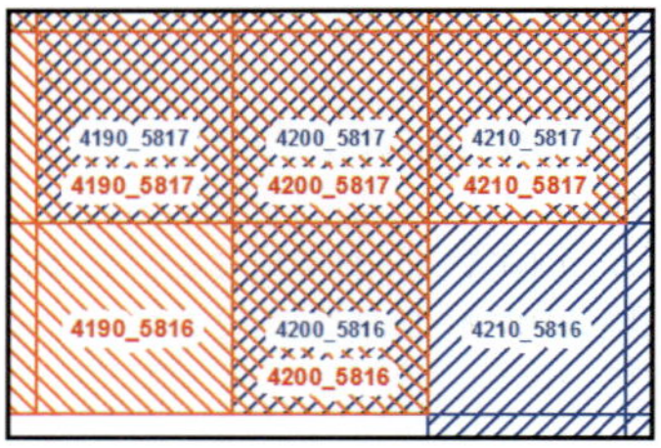

Den Beispieldatensatz finden Sie im Ordner zu diesem Kapitel. Dort befindet sich auch eine Datei *Dieses Verzeichnis als Laufwerk A substituieren.cmd*, mit der Sie das Verzeichnis als Laufwerk „A:“ verbinden.

```
import arcpy as ap

# Parameter festlegen
root = r"A:\Daten\Beispiel_2.gdb"
ws_1 = root + '\\' + 'Lauf2010'
ws_2 = root + '\\' + 'Lauf2012'
fileTmplt_1 = 'K_4270_58240'
fileTmplt_2 = 'R_4210_58190'
tileTmplt_1 = '4270_58240'
```

```
10 tileTmplt_2 = '4210_58190'
11
12 # erstes Thema bearbeiten
13 ap.env.workspace= ws_1 #
14 muster_1 = fileTmplt_1.replace(tileTmplt_1,'*')
15 files_1 = ap.ListFeatureClasses(muster_1)
16 len(files_1) # nur zur Kontrolle
17 files_1[0] # nur zur Kontrolle
18 ante_1,post_1 = muster_1.split('*')
19
20 tiles_1 =[]  # Liste initiieren
21 for f in files_1:
22     tile = f.replace(ante_1,'')
23     tile = tile.replace(post_1,'')
24     tiles_1.append(tile) #
25 # Das gleiche fuer Thema 2
26 ap.env.workspace= ws_2
27 a_2,p_2 = fileTmplt_2.split(tileTmplt_2)
28 tiles_2 = [f.replace(a_2,'').replace(p_2,'') for f
29           in ap.ListFeatureClasses(fileTmplt_2.replace(tileTmplt_2,
                                                          '*'))]
30
31 set1 = set(tiles_1)
32 set2 = set(tiles_2)
33 # Kontrolle: Beide Vergleiche muessten Wahr sein
34 len(set2)==len(tiles_2)
35 len(set1)==len(tiles_1)
36
37 nur1 = list(set1-set2)
38 nur2 = list(set2-set1)
39 beide = list(set1 & set2)
```

Codezeile	**Erläuterung**
1	Das Modul `arcpy` wird als `ap` verfügbar gemacht.
4-10	Definitionen für dieses Skript. Bei einem Werkzeug würden sie zu Parametern werden.
4	Wurzelverzeichnis (Oberster Pfadpunkt).
5+6	Verzeichnisse (`ws` für Workspace) der beiden Themen. Hier sind es Feature-Datasets.
7+8	Vorlagenamen (`tmplt`=Template) eines Datensatzes aus beiden Themen.
9+10	Hier wird festgelegt, welcher Teil des Datensatznamens die Nummer der Kachel, (engl. *tile*) ausmacht.
13	`arcpy` wechselt in das Verzeichnis des ersten Themas.

14	Suchmuster für die Dateien des ersten Themas: Im Dateinamen wird die Kachelnummer durch , `'*'` ersetzt, also `'K_*'`.
15	Liste aus Zeichenketten. Sie enthält alle Datensatznamen, die dem Suchmuster entsprechen.
16+17	Kurze Kontrolle: Anzahl (`108`) und ein Beispiel aus der Liste (`u'K_4170_58190'`).
18	Um die Kachelnummern zu extrahieren, wird die Zeichenfolge des Vorlagedatensatzes in den Teil vor und nach der Kachelnummer zerlegt. Der Teil hinter dem `'*'` ist hier leer.
19	Leere Liste wird eingerichtet. Das Objekt wird erzeugt.
21-24	Iteration über alle Elemente der Liste der gefundenen Dateinamen. Innerhalb der for-Schleife ist der einzelne Dateiname an die Variable `f` gebunden.
22	Ersetze den Teil vorne durch eine leere Zeichenfolge, also löschen.
23	Lösche auch den Teil dahinter. Jetzt ist nur noch die Kachelnummer übrig.
24	Hänge die Kachelnummer an die Liste der Kacheln an. Ende der Schleife.
25-29	Was für das erste Thema in den Zeilen 12 bis 24 realisiert wurde, ist hier auf fünf Zeilen komprimiert.
26+27	Wechsel in das Verzeichnis des zweiten Themas, Festlegen der Teile vor und nach der Kachelnummer.
28+29	Eine Listenabstraktion (siehe Abschnitt 3.3.3 „Listen & Tupel") ersetzt die `for`-Schleife. Einmalig verwendete Variablen, wie zum Beispiel das Suchmuster für die Datensätze, werden erst gar nicht erzeugt, sondern direkt an eine Funktion oder Methode übergeben. Zerlegen Sie die drei Zeilen in Ruhe und ordnen die einzelnen Sequenzen den entsprechenden Zeilen für das erste Thema zu.
31+32	Beide Listen werden in Mengen konvertiert.
34+35	Kontrolle: Wenn die Elementanzahl unterschiedlich ist, gab es in der Liste Duplikate. Da das nicht sein kann, deutet es auf einen Fehler im Suchmuster hin.
37-39	Es werden die Differenzmengen sowie die Schnittmenge gebildet und in Listen konvertiert.

3.3.6 Wörterbücher (*dictionaries*)

Die Python-Wörterbücher funktionieren ähnlich wie unser Gedächtnis. Es gibt eine Ansammlung von Begriffen, zu denen wir jeweils eine Assoziation haben. Wie im Gedächtnis gibt es keine Reihenfolge. In Python nennen sich die Begriffe *Schlüssel* (engl. *keys*) und die Assoziation *Wert* (engl. *value*). Das *dictionary* wird in geschweifte Klammern gefasst; auf ein Schlüsselwort folgt ein Doppelpunkt, dann der zugeordnete Wert. Ein Komma trennt den nächsten Begriff ab. Jeder Schlüssel kann nur einmal auftauchen, Werte können aber gleich sein.

```
note = {'sehr gut': 1,
        'gut': 2,
        'befriedigend': 3,
        'ausreichend': 4,
        'ungenuegend': 5,
        'unzureichend': 6,
        'Betrugsversuch': 5}
```

Was in der Liste der Index, ist im Wörterbuch das Schlüsselwort.

```
note['Betrugsversuch'] # 5
```

Aufrufen der Werte nach den Schlüsseln. Fehlt der Schlüssel, wird ein `keyError` gemeldet.

```
note['Betrugsversuch']= 6
note['entschuldigt'] = 'e'
```

Zuweisung eines Wertes an einen vorhandenen oder neuen Schlüssel.

```
note.keys() # ['gut',....,'ausreichend']
```

Liste aller Schlüssel.

```
note.values() # [6, 5, 3, 4, 2, 1, 6]
```

Liste aller Werte.

```
note.get('sehr gut','Wert fehlt') # 1
note.get('erreicht','Wert fehlt') # 'Wert
fehlt'
```

Gibt, wenn der Schlüssel vorhanden, seinen Wert zurück, sonst das andere.

```
note.has_key('geht so') # False
'geht so' in note # False
'geht so' not in note # True
```

Gibt es den Schlüssel? Gibt es ihn nicht?

Beispiel: Alle Einzelwerte mit Anzahl einer Tabellenspalte

Für das Feld einer Tabelle soll eine Liste aller auftretender Werte und der Anzahl ihres Vorkommens aufgelistet werden, ähnlich der Feldstatistik.

Aus der Tabelle wird nur die Spalte ausgewählt, diese Zeilen weise durchgegangen und der auftretende Wert in einem Wörterbuch hinterlegt. Bei mehrmaligem Auftreten wird der Anzahlwert um eins erhöht. Das Wörterbuch soll auf zwei Arten ausgegeben werden:

- Einmal alphabetisch sortiert mit Anzahl des Auftretens.
- Einmal sortiert mit der absteigenden Anzahl des Auftretens.

```
# -*- coding: UTF-8 -*-
#-------------------------------------------------------------------
# Name:         FeldwertListe.py
#-------------------------------------------------------------------
import arcpy as ap
import string as s
# Parameter
fc = r"A:\Daten\Kettenkamp.gdb\Bestand2005\BiotpTyp_fl"
```

```
 9 field = 'BIOTOPTYP'
10
11 # Die beiden Wörterbücher initiieren
12 dic_Type = {}
13 dic_Hits = {}
14
15 print '\nAlphabetisch aufsteigende Sortierung nach dem Wert'
16 #--- Das erste Wörterbuch wird aufgefüllt ---
17 with ap.da.SearchCursor(fc, [field]) as cursor:
18     # Für jede Zeile der Tabelle
19     for row in cursor:
20         val = row[0]
21         if val in dic_Type.keys():
22             dic_Type[val]+=1
23         else:
24             dic_Type[val]=1
25 # Ausgabe des Ergebnis und gleichzeitig 2. Wörterbuch auffüllen
26 for key in sorted(dic_Type.keys()):
27     cnt = dic_Type[key]
28     print '%10s: %5i' %('"'+str(key)+'"', cnt)
29     dic_Hits[cnt]  = dic_Hits.get(cnt,[]) + [key]
30
31 # Ausgabe des Ergebnis des 2. Wörterbuchs
32 print '\nabsteigende Sortierung nach der H\xe4ufigkeit'
33 for cnt in sorted(dic_Hits.keys(), reverse=True):
34     vals = dic_Hits[cnt]
35     print '%10s: %s' %(cnt, '"'+ s.join(vals, '", "')+'"')
```

Code-zeile	**Erläuterung**
5	Das Modul `arcpy` ist als `ap` verfügbar.
6	Das Modul für Zeichenfolgen, `string`, ist nun als `s` verfügbar.
8+9	Die benötigten Parameter. Diese müssen Sie für sich gegebenenfalls anpassen.
12+13	Damit Python Methoden für ein Objekt durchführen kann, muss es erst vorhanden sein. Wir benötigen die beiden *dictionaries* gleich für die Werte und die Anzahl.
17	Im nachfolgenden eingerückten Block wird das `SearchCursor`-Objekt (siehe Abschnitt 4.2.1 „Arbeit mit SearchCursor“) unter dem Namen `cursor` verfügbar. Durch die `while`-Anweisung wird dieses Objekt auf jeden Fall wieder gelöscht und der Datensatz damit für ArcMap oder ArcCatalog wieder freigegeben.
19	Die Tabelle wird vom Zeiger `cursor` zeilenweise durchwandert. Jede Zeile wird im eingerückten Block über den Namen `row` verfügbar.

20 `row` kann grundsätzlich mehrere Spalten haben und ist deswegen ein Tupel. Wir haben nur in dieser Operation das 0-te Element des Tupels. Dieses wird als `val` verfügbar gemacht.

21 Eine Verzweigung (siehe Abschnitt 3.5.1 „Bedingte Anweisung“): Wenn `val` in der Schlüsselliste von `dic_Type` existiert, gehe in die nächste Zeile, sonst wandere bis zur Zeile nach `else`.

22 Erhöhe den Wert zu diesem Schlüssel um eins (siehe Abschnitt 3.3.1 „Operatoren“).

24 Richte den Schlüssel mit einem Wert `1` ein.

25 Schleife ist beendet, das Wörterbuch befüllt. Die `while`-Anweisung und auch das Objekt mit dem Namen `cursor` endet. Die Feature-Class ist wieder freigegeben.

26 `dic_Type.keys()` gibt alle Schlüssel des *dictionary* als Liste zurück, die von der Funktion `sorted()` alphabetisch aufsteigend sortiert wird. Diese Liste wird iteriert und jedes Element an den Namen `key` gebunden.

27-31 Dies ist der eingerückte Block für die Iteration.
Der Schlüssel des ersten *dictionary* wird hier zum Wert des zweiten und umgekehrt.

27 Lies die Anzahl zum Schlüssel als `cnt` aus.

28 Gebe `key` und `cnt` formatiert an die Ausgabe aus.

29 Wenn der Schlüssel `cnt` im zweiten *dictionary* vorhanden ist, wird die derzeitige dazugehörende Liste zurückgegeben, sonst eine leere Liste. Dieser Liste füge jedenfalls den Wert `key` hinzu und ordne sie dem Schlüssel *cnt* zu.

Diese Zeile ist das Äquivalent zur Verzweigung Zeile 21 bis 24.

32 Analog zu den Zeilen 26 bis 28. Zur Funktion `join` aus dem `string`-Modul siehe Abschnitt 3.8.2 „Arbeiten mit Zeichenfolgen“.

Am besten starten Sie dieses Skript im PyScripter und setzen in den Zeilen 21 und 29 Stopppunkte. So können Sie für jeden Durchgang den Status der Wörterbücher kontrollieren.

3.3.7 Umwandlung von Datentypen (*conversion*)

Die Umwandlung von Datentypen ermöglicht es, gewünschte Methoden zu nutzen bzw. vermeidet unerwünschte. Jeder Datentyp hat zur Umwandlung in seinen Typ eine Funktion, die so heißt wie der Typ. Eine Umwandlung muss natürlich auch möglich sein. Anderenfalls wird, wie in den Zeilen 6 und 10, ein entsprechender Fehler ausgegeben.

Beispiel: Umwandlungen

```
1 '9' + '2' # -> '92'
2 9 + 2     # -> 11
3 int('9') + int('2') # -> 11
```

```
int('9') / int('2')   # -> 4
int('9') / float('2') # -> 4.5
'9'/'4' # -> TypeError: unsupported operand type(s) for /: 'str'
                                                      and 'str'
float(1) # -> 1.0
int(45.5) # -> 45
float('45.5') # -> 45.5
int('45.5') # -> ValueError: invalid literal for int() with base 10:
                                                          '45.5'
int(float('45.5')) # -> 45
txt= 'Python for ArcGIS'
set(txt)  # -> Alle Zeichen ohne Redundanzen, unsortiert als Menge
list(txt) # -> Alle Zeichen in der Reihenfolge ihres Auftretens
```

3.4 Textformatierung

Wichtigste Instrumente für die Beobachtung und die Ergebnisse eines Programms sind die Mitteilungen. Dies geschieht über `print` in die Konsole oder über Dialogfenster im jeweiligen Umfeld oder über `writeX`-Funktionen in Dateien (siehe Kapitel 3.7 „Dateien lesen und schreiben“). Immer wird jedoch eine Folge von Zeichen übergeben. Damit diese für den Anwender gut lesbar sind, ist eine Textformatierung (engl. *string formatting*) nötig. Python bietet hierfür verschiedene Lösungen.

3.4.1 String-Operator Modulo (%)

Der String-Formatierungsoperator % besitzt eine simple Syntax und ist daher schnell geschrieben. Die Arbeitsweise wollen wir Ihnen an einem kurzen Beispiel erklären:

```
>>> a= 123.4567
>>> b= 90
>>> c= 'Python'
>>> print 'In %s ergibt %.4f/%i rund %5.1f' %(c, a, b, a/b)
In Python ergibt 123.4567/90 rund   1.4
```

Der Formatstring (grün) links wird vom Operator Modulo `%` (gelb) mit dem Tupel rechts verbunden und ausgewertet. Die Zuordnung von Quelle im Tupel und Ziel im Platzhalter erfolgt über die Reihenfolge ihres Erscheinens. Bei nur einem Platzhalter, wie in den Beispielen unten, können Sie auf die Klammer verzichten

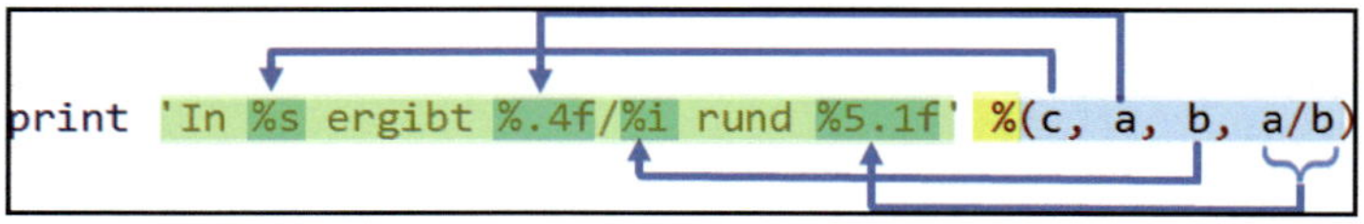

Die Platzhalter sind immer vom Muster `%[flags][breite][.genauigkeit]typ`. Nur die Typen sind Pflicht, der Rest ist optional. Wichtigste Typen sind:

`s` oder `r`	Zeichenkette. Umwandlung verwendet die Methode `str()`.
`i` oder `d`	Ganzzahlen mit Vorzeichen.
`o u x X`	Vorzeichenlose Ganzzahlen in oktal, dezimal oder hexadezimal. `X` stellt a bis f in Großbuchstaben dar.
`f`	Gleitkommazahl.
`e E`	Gleitkomma in Exponentialformat in Groß- oder Kleinbuchstaben.
`%`	Keine Umwandlung. Es dient dazu, das Prozentzeichen darzustellen. ‚%%' gibt ‚%' zurück.

Hier noch ein paar Hinweise:

`i` bzw. `d` verwenden die Methode `int()`. Dies bedeutet, es wird nicht gerundet, sondern abgeschnitten. Zum Runden auf eine Ganzzahl nehmen Sie `%.0f`.

```
'%d' %1.5    # -> 1
'%.0f' %1.5  # -> 2
```

Bei f wird die Gleitkommazahl `%f` verwendet und als Methode `float()`. Die Verwendung von Breite und Genauigkeit zeigt die Abbildung rechts. Nötigenfalls wird die letzte Zahl gerundet. Standardmäßige Anzeige mit mindestens sechs Nachkommastellen.

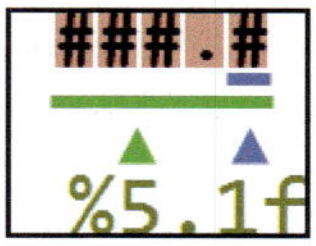


```
'%f' %123.4567 # -> 123.456700
```

Wollen Sie nachfolgende Nullen nicht dargestellt haben wollen, nutzen Sie stattdessen %s.

```
'%s' %123.4567 # -> 123.4567
```

Folgende Flags stehen zur Verfügung:

`0`	Bei der Umwandlung werden führende leere Stellen mit einer null aufgefüllt.
`-`	Das Ergebnis wird linksbündig geschrieben.
`+`	Es wird immer ein Vorzeichen (`"+"` oder `"-"`) ausgegeben.
`' '`	Leerzeichen gibt als Vorzeichen immer ein Leerzeichen oder ein Minus aus.

```
'%06i' %6    # ->'000006'
'%06.2f' %6  # -> '0006.00'
'%08s' %c    # -> '  Python'
'%-08s' %c   # -> 'Python  '
```

```
'%d' %9    # -> '9'
'% d' %9   # -> ' 9'
'% d' %-9  # -> '-9'
'%+d' %-9  # -> '-9'
'%+d' %9   # -> '+9'
```

3.4.2 Methode `str.format()`

Die Methode `format()` bietet neben allen Möglichkeiten des String-Operators `%` auch das mehrfache Verwenden desselben Werts, die Darstellung im Text unabhängig von der Reihenfolge der Liste, sowie zentrierte Darstellung, Zahlenformatierung und die Arbeit mit Wörterbüchern. Die Möglichkeiten sind also um einiges umfangreicher. Zeigen wir als Erstes die Arbeitsweise der Platzhalter { }:

```
1 >>> listeLand = ['Niedersachsen', 'NI', 47614, 3821814, 3968745]
2 >>> dictLand = {'name': 'Niedersachsen',
  ...             'krzl': 'NI',
  ...             'qkm': 47614,
  ...             'mann': 3821814,
  ...             'frau':3968745}
  ...

3 >>> '{2} qkm: {0} ({1})'.format('Niedersachsen', 'NI', 47614)
  '47614 qkm: Niedersachsen (NI)'
4 >>> '{}({}): {} qkm'.format('Niedersachsen', 'NI', 47614)
  'Niedersachsen(NI): 47614 qkm'
5 >>> '{0} ist {2} qkm gross'.format(*listeLand)
  'Niedersachsen ist 47614 qkm gross'
6 >>> '{0}, {0} wie bist Du schoen'.format(*listeLand)
  'Niedersachsen, Niedersachsen wie bist Du schoen'

7 >>> '{land} ist {flaeche} qkm gross'.format(flaeche=listeLand[2],
                                                      land=listeLand[0]
    'Niedersachsen ist 47614 qkm gross'
8 >>> '{frau} Frauen und {mann} Maenner: Das ist {name}!'.format
                                                          (**dictLand)
  '3968745 Frauen und 3821814 Maenner: Das ist Niedersachsen!'
```

Codezeile	**Erläuterung**
1	Liste mit Namen, Kurzform, Fläche sowie Anzahl Männer und Frauen.
2	Das Gleiche als Wörterbuch …
3	An `format` wird eine Liste aus drei Parametern übergeben. Die Reihenfolge ihrer Verwendung im Text kann beliebig sein. Die Ganzzahl im Platzhalter ist der Index des Werts innerhalb der Parameterliste.
4	Ohne Zahlen ist es die gleiche Reihenfolge wie in der Liste, also eigentlich so wie beim String-Operator `%`. Jedoch nicht ganz, wie die nächste Zeile zeigt.

5 Zum einen wird hier die Liste mittels `*` ausgepackt. `format` bekommt so nicht die Liste, sondern ihre einzelnen Items übergeben. Der Asterisk * funktioniert nur innerhalb eines Parameter-Aufrufes.
Zum anderen werden aus der Liste nicht alle Parameter verwendet. Dies geht beim String-Operator `%` nicht.

6 Durch die Verwendung der Indizes ist das mehrfache Benutzen eines Wertes möglich.

7 Statt der Indizes können auch Namen verwendet werden.

8 Auch ein *dictionary* kann an `format` übergeben werden. Allerdings ist es mit `**` doppelt zu entpacken.

Jeder Platzhalter kann über verschiedene Optionen formatiert werden. Das aus dem %-Operator Gelernte kann hier verwendet werden. Trennzeichen ist der Doppelpunkt.

Das allgemeine Format zur Formatierung lautet:

```
[[Füllzeichen] Ausrichtung]][Vorzeichen][#][0][Breite][,][.Genauigkeit]
                                                                  [Typ]
```

`Füllzeichen`	Nicht nur `0` und Leerzeichen `' '`, sondern jedes beliebige Zeichen.
`Ausrichtung`	`<` linksbündig, `>` rechtsbündig, `^` Zentriert, `=` Dezimalzeichen.
`Vorzeichen`	`+` Vorzeichen bei allen Zahlen, `-` Vorzeichen nur bei negativen Zahlen, `" "` Vorzeichen nur bei negativen Zahlen, sonst Leerzeichen.
`Breite`	Ganzzahl.
`Genauigkeit`	Ganzzahl.
`Typ`	Wie beim Modulo-Operator. Dazu kommen: `G` und g, die zwischen `f` und `e(E)` wechseln, wenn der Wert zu lang wird. `n` als eine Zahl, die aber lokale Schreibweisen berücksichtigen kann (Komma-Dezimal oder Tausenderpunkt).

Die meisten Funktionsweisen wurden bereits oben beschrieben. Einzig das Füllzeichen und der Zahlentyp n sollen hier gezeigt werden:

```
>>> '{0:.<20}({1})'.format('Niedersachsen', 'NI')
  'Niedersachsen.......(NI)'
>>> import  locale
>>> locale.setlocale(locale.LC_ALL, 'german')
'German_Germany.1252'
>>> '{0:n}'.format(32346.56)
'32.346,6'
```

Codezeile	Erläuterung
1	Statt Leerzeichen wird mit Punkten aufgefüllt. Wenn das Füllzeichen verwendet wird, muss immer auch eine Ausrichtung angegeben werden.
2+3	Modul `locale` laden und Deutschland aktuell gesetzt.
4	Zahlen werden entsprechend unserer Schreibweise umgesetzt.

Die String-Methode `format` wurde in Python 2.6 als Ersatz für den String-Operator eingeführt. Sie erweitert den String-Operator um wesentliche Teile in der Gestaltung von Zeilen. Die Python-Gemeinde nutzt aber nach wie vor häufig die alte Form. Die Frage ist hier nicht: „Entweder – oder", sondern: „Was wann?".

Dazu passend können wir Ihnen zum Formatieren von Tabellen das Modul `prettytable` (siehe Abschnitt 3.8.1 „Tabellen bearbeiten": *xlwt/xlrd, prettyTable*) empfehlen.

3.5 Kontrollstrukturen

Kontrollstrukturen helfen, den Programmablauf zu steuern. Python stellt hierfür die auch aus anderen Programmiersprachen bekannten Kontrollstrukturen der bedingten Anweisung (engl. *conditional statement*) und der Schleife (engl. *loop*) zur Verfügung.

3.5.1 Bedingte Anweisung (*if-then-else*)

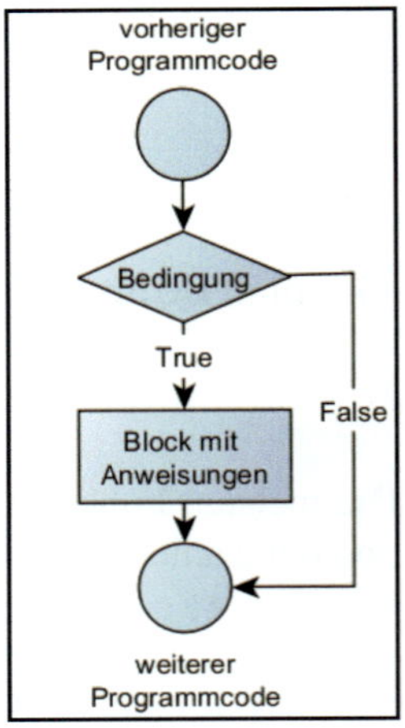

Diese, auch Verzweigung genannte Struktur erlaubt es Ihnen, Teile des Programmcodes nur unter bestimmten Bedingungen durchführen zu lassen. Die Entscheidung darüber wird immer durch die booleschen Werte `True` und `False` getroffen. Rechts sehen Sie die einfache Anweisung: „Wenn die Bedingung erfüllt ist, führe die Anweisungen aus, sonst nicht." als ein Flussdiagramm.

Die allgemeine Form einer Verzweigung sieht in Python wie folgt aus:

```
if bedingung_1:
    anweisungen_a
elif bedingung_2:
    anweisungen_b
else:
    anweisung_c
weitererCode
```

Ist `bedingung_1` erfüllt, wird der eingerückte Codeblock von `anweisungen_a` ausgeführt und danach bei `weitererCode` fortgefahren. Wenn nicht, wird, falls `bedingung_2` wahr ist, der Block anweisungen_b ausgeführt und danach bei weitererCode fortgefahren. Anderenfalls, wenn also keine der Bedingungen erfüllt wurde, wird der Codeblock unterhalb von else, hier anweisungen_c, ausgeführt.

Es können beliebig viele elif-Anweisungen auf eine if-Anweisung folgen. Die else-Anweisung ist allerdings immer die letzte in einer if-Anweisung. Beide Anweisungen sind optional, müssen also nicht genutzt werden. Von daher ist die kürzeste Form einer Verzweigung:

```
if bedingung_1:
    anweisungen_a
```

Wenn die bedingung_1 erfüllt ist, mache anweisungen_a, ansonsten mache nichts. Dies ist identisch mit

```
if bedingung_1:
    anweisungen_a
else:
    pass
```

In Python ist pass eine Anweisung, nichts zu machen. Sie wird benutzt, wenn aufgrund der Syntax eine Anweisung kommen muss, an der Stelle aber nichts geschehen soll.

Sehr häufig wird eine Verzweigung dazu genutzt, einer Variablen zwei verschiedene Werte zuordnen zu können. Eine solche einfache if-else-Anweisung lässt sich auch als bedingter Ausdruck (engl. *conditional expression*) darstellen:

```
variable_a = wert_b if bedingung_1 else wert_c
```

Beispiel: Bedingter Ausdruck

```
x = 100 # Zahl, welche die Entscheidung fällt
# Kurzform
k = 'M' if x < 100 else 'T' # k hat nun den Wert T
# entspricht dieser Langform
if x < 100:
    k = 'M'
else:
    k = 'T'
```

Was ist True, was ist False?

Für einen booleschen Wert benötigt es einen Vergleich oder einen Wert. Die Vergleichsoperatoren finden Sie in Abschnitt 3.3.1 „Operatoren" aufgelistet. Bei den Werten gilt: Alles, was nicht False ist, ist True. Folgende Werte sind False, alles andere ist somit True:

- Das Nicht-Objekt: None
- In NumPy heißt es Not a Number: NaN
- Boolescher Wert False
- Zahl 0 in allen Formen: 0 , 0.0
- Leere Kollektionen wie leere Zeichenfolge, Menge, Liste usw.: "", [], (), {}
- Speziell für ArcPy: In ArcGIS nicht belegte Zellen einer Tabelle

3.5.2 Schleifen (while/for)

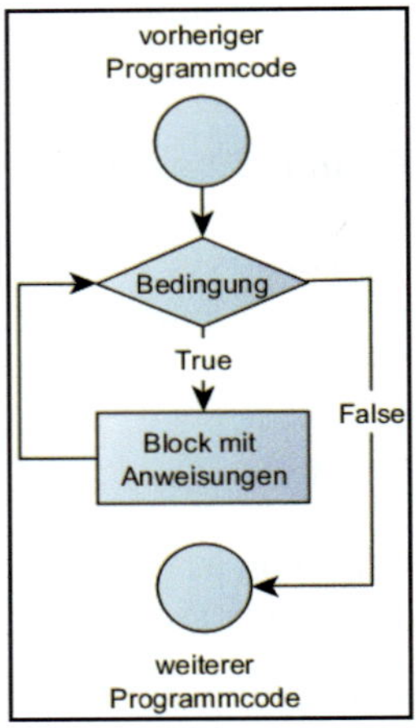

Python stellt mit while und for zwei Anweisungen für Schleifen zur Verfügung. Bei einer Schleife wird der Anweisungsblock solange ausgeführt, bis entweder bei for alle Elemente einer Sequenz (list, tuple, str) abgearbeitet sind oder bei while die Bedingung erfüllt ist.

Beispiel: Schleifen für for und while

```
# FOR SCHLEIFE
zahlen = range(-5 , +5) # Zahlen von -5 bis 4
for zahl in zahlen:
    print 'Das Quadrat von', zahl, 'ist', zahl**2
print 'Fertig'

# WHILE SCHLEIFE
frage = 'Welcher Buchstabe kommt vor "k" im Alphabet?'
richtig = 'j'
falsche_Angabe = True
while falsche_Angabe:
    eingabe = raw_input(frage)
    falsche_Angabe = eingabe != richtig
print 'Korrekt!'
```

break und continue sind zwei Anweisungen für den Codeblock von Schleifen. Mit break wird die Schleife beendet, mit continue wird direkt wieder zum Schleifenkopf gesprungen.

Beispiel: Ende der Abfrage bei einer richtigen oder leeren Eingabe

```
falsche_Angabe= True # Wert wieder zurücksetzen
while True:
    eingabe = raw_input(frage)
    if eingabe == '':
        print 'Sie haben scheinbar keine Lust mehr'
        break
    falsche_Angabe = eingabe != richtig
print 'Schleife beendet'
```

```
# CONTINUE: Fehler bei Teilen durch 0 verhindern
zahlen = range(-5 , +5) # Zahlen von -5 bis 4
for zahl in zahlen:
    if zahl == 0:
        print '0 ist als Teiler nicht erlaubt'
        continue
    print 'Der Kehrwert von', zahl, 'ist', 1.0/zahl
print 'Fertig'
```

Ist in einer `for`-Schleife das einzelne Element selbst eine Liste, so können die einzelnen Elemente der Liste im Schleifenkopf an eine Variable gebunden werden:

Beispiel: Verschachtelte Liste erzeugen

```
nested_List = [[1,'A'], [3,'B'], [2, 3.5],[5,'Ha']]
# Das erste Element wird an x, das zweite an y gebunden
for x,y in nested_List:
    print x*y
# Ergibt:
# A
# BBB
# 7.0
# HaHaHaHaHa
```

Endlosschleifen

In der Regel müssen Sie immer darauf achten, bei den `while`-Schleifen für eine Finalisierung zu sorgen. Ansonsten geraten Sie in eine Endlosschleife. Manchmal werden diese Endlosschleifen jedoch bewusst genutzt, um eine permanente Kontrolle oder Ähnliches zu konstruieren.

Beispiel: Eine vorsätzliche Endlos-Schleife

Sie möchten informiert werden, wenn Kunden in Ihrem Onlinedienst neue Einträge erzeugt haben. Da könnte folgendes Konstrukt helfen:

```
import time # Funktion aus dem Zeit-Modul
import bookTools as tools # Modul mit selbstgeschriebenen Funktionen
anzahl = 0          # Startzahl der Features
wartezeit = 2*60 # Zeitintervall zwischen den Kontrollen
datei = r'\\server\kartendienst.gdb\auftraege' # zu kontrollierende Datei
while True:
    akt_anzahl = tools.countRecords(datei) # aktuelle Featurezahl
    if akt_anzahl != anzahl:
        zeit = time.strftime("%Y-%m-%d %H:%M:%S") # Datum & Zeit als Text
```

```
10        nachricht = zeit + u'\tElementanzahl hat sich geändert'
11        tools.sendMessage(nachricht) # Meldung schicken
12        anzahl = akt_anzahl # Anzahl anpassen
13    time.sleep(wartezeit) # Schleife schläft
```

Codezeile	Erläuterung
1	Mit dem `time`-Modul haben Sie Zugriff auf Datum, Zeit usw. (siehe auch Abschnitt 3.8.4 „Zeit verwenden: time“).
2	Eine Python-Datei als Modul mit selbst definierten Funktionen.
3-5	Festlegung der Parameter.
6	Eine Endlosschleife: Das Prüfergebnis ist mit `True` fest, die Schleife kommt nie zum Ende.
7	Die aktuelle Anzahl der Features wird mit einer eigenen Funktion ermittelt.
8	Wenn diese Anzahl nicht mit der zuletzt ermittelten übereinstimmt, wird der `if`-Block abgearbeitet, ansonsten geht es in Zeile 13 weiter.
9	Die aktuelle Zeit wird in eine Textform der Art „*2015-05-23 16:45:09*“ umgewandelt …
10	… und in einen Nachrichtentext eingebaut, …
11	… der durch die selbst geschriebene Funktion (wie diese aussieht, ist hier nicht von Belang) an eine Logdatei und als Mail an Sie persönlich gemeldet wird.
12	Die Prüfzahl der Features wird angepasst, damit im nächsten Schleifendurchgang diese Änderung nicht erneut gemeldet wird.
13	Nun geht die Schleife für die vorgegebene Anzahl von Sekunden in Wartestellung.
	Diese Schleife läuft so lange, bis das Python-Skript selbst von außen beendet wird.

Listenabstraktion

Häufig wird die Kombination einer `for`-Schleife mit einer eingebauten (engl. *nested*) einfachen `if`-Bedingung benötigt. Hierfür steht in Python die Listenabstraktion zur Verfügung. Diese wurde bereits in Abschnitt 3.3.3 „Listen und Tupel“ erläutert und wird deshalb hier nur kurz gezeigt:

Beispiel: Listenabstraktion mit Bedingung

Sie möchten das Quadrat aller Ganzzahlen zwischen –7 und +7, die ein Vielfaches von 3 sind.

```
lst = range(-7,7)
[i**2 for i in lst if i%3 == 0] # -> [36, 9, 0, 9, 36]
```

3.6 Ausnahmen

Allein die Einführung in das Finden und Vermeiden von Fehlern in einem Programm würde den Rahmen dieses Buchs sprengen. Daher folgt hier nur eine kurze Darstellung der Werkzeuge, die Python zur Behandlung von Ausnahmen (engl. *exceptions*) bereitstellt.

Eine Ausnahme wird erzeugt, wenn ein Programm aus irgendeinem Grund nicht weiter ausgeführt werden kann. Die Behandlung der Ausnahme (engl. *exception handling*) erfolgt in Python durch die Übergabe eines Ausnahmeobjekts an die übergeordnete Ebene. Es enthält den Ort der Ausnahme mit der aufrufenden Datei, Funktion und Zeile (im nachfolgenden Beispiel mit grüner Welle markiert), die Art der Ausnahme (blau markiert) sowie eine kurze Erläuterung dazu (gelb markiert). Die Meldung zur Ausnahme wird in den Python-Konsolen der Entwicklungsumgebungen standardmäßig in Rot ausgegeben.

Beispiel: Zwei Ausnahmen in der Python-Konsole

```
>>> a = 2.5
>>> b = 'ArcGIS 4 Python'
>>> a * b
Traceback (most recent call last):
  File "<interactive input>", line 1, in <module>
TypeError: can't multiply sequence by non-int of type 'float'

>>> if a == 2.5:
... c = 3
  File "<interactive input>", line 2
    c = 3
    ^
IndentationError: expected an indented block
>>>
```

Grundsätzlich kann jeder Benutzer eigene Ausnahmen definieren. Python besitzt aber bereits einige eigene Standard-Ausnahmen (engl. *built-in exceptions*).

Die gängigsten Standard-Ausnahmen sind:

Ausnahmetyp	Kurze Erläuterung der Ursache
TypeError	Ein Objekt passt vom Typ nicht zu der Aktion, an der es beteiligt ist.
NameError	Eine (noch) undefinierte Variable wurde aufgerufen.
ZeroDivisionError	Es wurde durch null geteilt.
IndexError	Eine Sequenz (Liste o. Ä.) wurde mit einem falschen Index angesprochen.

`KeyError`	Der verwendete Schlüssel ist nicht im angesprochenen Dictionary vorhanden.
`AttributeError`	Das angesprochene Objekt besitzt das genutzte Attribut nicht.
`ValueError`	Eine Funktion wurde mit einem falschen Parametertyp aufgerufen.
`EOFError`	„End Of File": Es wird versucht, über das Ende einer Datei hinaus diese zu lesen.
`KeyboardInterrupt`	Abbruch durch den Benutzer.
`IndentationError`	Fehler beim Einrücken von Blöcken, ungewollte Leerzeichen am Zeilenanfang.
`SyntaxError`	Syntaxfehler, wie beispielsweise der fehlende Doppelpunkt am Ende einer Bedingung.
`AssertionError`	Eine benutzerdefinierte Aussage wird nicht eingehalten.

Behandlung von Ausnahmen

Sind in einem Programmteil aufgrund nicht beeinflussbarer äußerer Umstände, wie dies beim Öffnen von Dateien oder freien Benutzereingaben der Fall ist, viele mögliche Ausnahmen zu berücksichtigen, so bietet sich die `try:` / `except:`-Anweisung an.

Im `try`-Block versucht Python, die Anweisungen auszuführen. Tritt dabei eine Ausnahme auf, so wird der Rest übersprungen und Python übergibt die Ausnahme zum `except`-Block. Tritt keine Ausnahme auf, wird der `except`-Block übersprungen.

Beispiel: Einfaches `try/except`-Konstrukt

```
while True:
    try:
        zahl = raw_input("Bitte geben Sie eine Ganzzahl ein: ")
        print 'Der Kehrwert von', zahl, 'ist', 1.0/int(zahl)
    except:
        print 'UUps, da ist ein Fehler aufgetreten'
        break
```

Probieren Sie ruhig alle Spielarten von nicht verwertbaren Eingaben aus!

Der Anwender weiß hier allerdings nicht, welcher Art die Ausnahme war. Eine `except`-Anweisung ohne Parameter trifft für alle Ausnahmen zu. Wollen Sie eine differenzierte Analyse, so müssen Sie den einzelnen `except`-Blöcken als ersten Parameter den Ausnahme-Typ übergeben. Der Block wird dann nur angesprochen, wenn dieser Typ aufgetreten ist. Findet keine Behandlung durch einen der `except`-Blöcke statt, wird die Ausnahme unbehandelt an das Programm übergeben.

Zudem können Sie eigene Ausnahmen mit der `assert`-Anweisung festlegen. Dazu legen Sie zum einen eine Prüfung fest. Wird diese nicht erfüllt, also umgekehrt wie in der Verzweigung und Schleife, so wird eine Ausnahme vom Typ `AssertionError` ausgelöst, bei der der zweite Parameter mitgegeben wird. Üblicherweise ist dies eine Liste mit beliebig vielen Parametern.

Möchten Sie Anweisungen nur bei einem Durchlauf ohne das Auftreten von Ausnahmen durchführen, so gibt es noch die `else`-Anweisung.

Sollen am Ende auf jeden Fall bestimmte Anweisungen erfolgen, z. B. Datei schließen oder Werte zurücksetzen, so steht Ihnen die `finally`-Anweisung zur Verfügung.

Bevor das Beispiel kommt, noch ein Hinweis aus dem *Zen of Python* (siehe Kapitel 8 „Anhänge“):
Errors should never pass silently.

```
try:
    int('Das wird nichts...')
# SCHLECHT: Ausnahme ohne Meldung behandelt
except:
    pass
```

Auf Deutsch: „Fehler sollten nie schweigend verlaufen.“
Wichtig ist, dass Sie Ausnahmen nicht still abhandeln. Die Fehlersuche wird dann fast unmöglich.

Beispiel: Detailliertes `try/except`

Sie finden den Code im Kapitelordner unter `exception_example.py`.

```
# -*- coding: UTF-8 -*-
n = 0   # Zähler für die Durchläufe
m = 0   # Zähler für Berechnungen
anfrage  = 'Bitte geben Sie positive Ganzzahl ein'
anfrage += '\n[Leereingabe -> Ende]: '
while True:
    try:
        zahl = raw_input(anfrage)
        assert zahl != '', ('EmptyInputError')     # Ausnahme wenn Leereingabe
        zahl = int(zahl)                     # Kann die Eingabe umgewandelt werden?
        assert zahl >= 0, ('NegativError')        # Ausnahme wenn Zahl negativ
        print 'Der Kehrwert von', zahl, 'ist', 1.0/zahl # Kehrwert rechenbar?
    except KeyboardInterrupt:
        print '\nAbbruch durch den Benutzer'
        break                                     # Schleife verlassen
    except AssertionError as ae:
        if  ae[0] == 'NegativError':
            print 'Nur positive Ganzzahlen bitte!'
        elif ae[0] == 'EmptyInputError':
            print 'Leereingabe: Beende die Schleife'
            break                                 # Schleife verlassen
    except ValueError:
```

```
23          print '"%s" ist keine Ganzzahl!' %zahl
24      except ZeroDivisionError:
25          print 'nicht definiert'
26      except:
27          print 'Unbekannter Fehler:'
28          print Exception
29      else:
30          m += 1                # Wenn keine Ausnahme: Berechnung inkrementieren
31          print "Dies war die %2i. verwertbare Eingabe" %m
32      finally:
33          n += 1                # Immer: Durchlauf inkrementieren
34          print 'Dies war der %s. Versuch\n' %n
35  print "Schleife wurde verlassen"
```

Codezeile	Erläuterung
2-5	Zähler und Anfragetext werden eingerichtet.
6	Anweisung zu einer Endlosschleife.
7	Der gesamte Block der Endlosschleife ist Teil einer `try/except`-Struktur, die erst bis zur vorletzten Zeile geht.
8	Bricht der Benutzer die Eingabe mit der Tastenkombination `STRG + C` oder der Abbrechen-Taste ESC in einem Dialogfeld ab, gibt es eine Ausnahme vom Typ `KeyboardInterrupt`, die ab Zeile 13 behandelt wird. Die Eingabe ist durch `raw_input` definitiv vom Datentyp `str`.
9	Die erste eigene Aussage-Ausnahme: Wenn die Eingabe nicht leer ist, gehe weiter, sonst erzeuge eine Ausnahme mit dem Parameter (‚EmptyInputError‘).
10	Die Eingabe wird in eine Ganzzahl umgewandelt. Wenn dies nicht klappt, gibt es einen `ValueError`, der ab Zeile 22 behandelt wird. Auch die Eingabe von ‚5.0‘ erzeugt einen Fehler! Gleitkommazahlen würden nur bei `int(float(zahl))` oder besser: `int(round(zahl, 0))` keine Ausnahme erzeugen. Dabei findet allerdings ein Abschneiden beziehungsweise Runden der Nachkommastellen statt. Wollen Sie auch das vermeiden, benötigen Sie wiederum eine weitere Aussage-Ausnahme, die prüft, ob es sich bei der Zahl um eine unechte Gleitkommazahl wie ‚5.0‘ handelt: `float(zahl)%1 == 0`.
11	Die zweite eigene Aussage-Ausnahme: Wenn die Ganzzahl positiv ist, gehe weiter, sonst erzeuge eine Ausnahme mit dem Parameter (‚NegativError‘).
12	Die Rückmeldung wird definiert. Dabei wird auch der Kehrwert berechnet. Es kann zur Ausnahme vom Typ `ZeroDivisionError` kommen, der ab Zeile 24 behandelt wird.

Interessantes Detail: Python wertet von links nach rechts aus. Die Ausnahme in der `print`-Anweisung tritt erst nach dem dritten Komma auf. Daher wird der erste Textteil ausgegeben. Mit dem Ausdruck `print 'Der Kehrwert von %i ist %f' %(zahl, 1.0/zahl)` würde bei einer Ausnahme keine Textausgabe erfolgen.

13-15 Während der Eingabe gab es einen Abbruch. Dies wird gemeldet und mit `break` wird die Schleife verlassen.

16 Hier laufen alle selbstdefinierten Aussage-Ausnahmen auf. Der mit übergebene Parameter (eine Liste) wird als `ae` definiert.

17-18 Wenn es ein `NegativError` ist, melde dies und fahre in der Schleife fort.

19-21 Wenn es eine Leereingabe ist, melde dies und beende die Schleife mit `break`.

22-23 Falscher Datentyp für Integer. Dies wird gemeldet und dann fortgefahren.

24-25 Es wurde durch null geteilt. Dies wird gemeldet und fortgefahren.

26-28 Ein anderer Ausnahme-Typ ist aufgetreten. Dies wird gemeldet, und die Ausnahme selbst wird auch ausgegeben. Danach wird die Schleife fortgesetzt.

29-31 Es ist keine Ausnahme aufgetreten. Die Anzahl der erfolgreichen Berechnungen wird um 1 erhöht und der aktuelle Stand gemeldet.

32-24 Egal was vorher geschehen ist: Die Anzahl der Durchläufe wird um eins erhöht und der Stand gemeldet.

35 Mitteilung für das Ende der Schleife. Sollte dieses Skript mit einem Doppelklick gestartet werden, würde eine reine `print`-Meldung nur kurz auf der Konsole erscheinen und danach das DOS-Fenster sofort geschlossen werden. Mit dem Konstrukt aus `input` und Mitteilungstext wird auf eine Bestätigung gewartet.

3.7 Dateien lesen und schreiben

Dateien in produkteigenen, proprietären Formaten öffnen Sie über die entsprechenden Module für die Anwendungen. In ArcGIS haben Sie neben den Esri-eigenen Formaten Zugriff auf eine Vielzahl weiterer Formate. So können Sie unter anderem das Tabellenformat XLS/XLSX oder die CAD-Formate DWG/DXF lesen und schreiben. Als grobe Richtlinie gilt: Formate, die in ArcCatalog bzw. im CatalogWindow angezeigt werden, sind lesbar.

Wollen Sie Dateien im ASCII-Format oder rohen Format lesen und schreiben, so steht Ihnen in Python `file` zur Verfügung. In Python wird jede geöffnete Datei durch ein eigenes Objekt verwaltet. Die Schritte sind somit:

1. Datei öffnen (Objekt wird erzeugt).
2. Aktionen durchführen (am Objekt).
3. Datei schließen (Objekt wird gelöscht).

Erst durch den letzten Schritt wird die Datei freigegeben. Dies muss bei der Programmierung auf jeden Fall gewährleistet werden. Ein Löschen oder Neudefinieren reicht nicht aus!

Auf das file-Objekt greifen Sie durch open(<Pfad>,[<Modus>,[<Puffer>]]) zu. Mit Modus legen Sie fest, wie Sie zugreifen wollen. Hierbei steht 'r' für lesen (*read*), 'w' für ‚schreiben' (*write*) und 'a' für anhängen (*append*).
Der Modus 'w' überschreibt vorhandene Daten in der Datei, 'a' hängt den neuen Inhalt hinten an. Durch ein '+' nach dem Buchstaben ist gleichzeitiges Lesen und Schreiben beim file-Objekt möglich. Arbeiten Sie in einer Datei mit binären Daten, so muss ein 'b' nach dem Modus folgen.

Vom Modus hängen die Voraussetzungen für Pfad ab: Bei 'r' muss die Datei existieren, bei 'w' und 'a' muss nur das Verzeichnis existieren. Die Modi ‚w' und 'a' erzeugen nicht existierende Dateien neu. Der Puffer ist nur für sehr große Datensätze interessant und wird hier nicht behandelt.

Beispiel: TXT-Tabelle aus einer Datei einlesen und als CSV in andere Datei schreiben

Schauen Sie sich bitte den Beispieldatensatz *Bevoelkerung.txt* zuvor in einem Editor an.

```
1 >>> quelle = open(r'A:\Daten\Bevoelkerung.txt', 'r')
2 >>> ziel= open(r'A:\Daten\Bevoelkerung.csv', 'w')
3 >>> quellZeilen = quelle.readlines()
4 >>> zielZeilen = [zeile.replace('\t',';') for zeile in quellZeilen[1:]]
5 >>> ziel.writelines(quellZeilen)
6 >>> quelle.close()
7 >>> ziel.close()
```

Promptzeile	**Erläuterung**
1+2	Zähler und Anfragetext werden eingerichtet.
3	Den Inhalt auslesen. Alle Zeilen sind nun Elemente einer Liste.
4	Mit Listenabstraktion wird der Tabulator in ein Semikolon umgewandelt sowie der Kommentar in der ersten Zeile entfernt.
5	Dieses Ergebnis wird in die neue Datei geschrieben.
6+7	Beide Dateien werden geschlossen und sind nicht mehr gesperrt.

Die wichtigsten Eigenschaften und Methoden eines file-Objekts:

Methode/Eigenschaft	Erläuterung
read()	Liest eine Zeile oder Teile davon.
readline()	Liest eine Zeile.
readlines()	Liest alle Zeilen bzw. so viele Zeilen wie es geht.
next()	Geht zum nächsten Element der drei vorher beschriebenen Teile.

`write()`	Schreibt einen Text in die Datei. (ohne Zeilenumbruch!)
`writelines(seq)`	Schreibt eine Sequenz von Texten in die Datei. (ohne Zeilenumbruch!)
`flush()`	Schreibt den mit einem der beiden vorherigen Befehle erzeugten Zwischenspeicher-Text dauerhaft und nach außen sichtbar in die Datei.
`close()`	Schließt die Datei ab.
`closed`	Ist die Datei geschlossen? `True` oder `False`.

Sicherstellen von close()

Wie können Sie dafür sorgen, dass auf jeden Fall die Datei geschlossen wird? Hierfür gibt es zwei Möglichkeiten:

Zum einen können Sie mit `try/except` die Ausnahmen behandeln. Dies erlaubt Ihnen eine sehr feine Analyse der Ursachen.

Zum anderen gibt es die bisher noch nicht gezeigte `with`-Anweisung. Sie sorgt für ein geordnetes Ende der aufgerufenen Datei[1]. Die Ausnahmen werden hierbei nicht behandelt. Dafür ist der Code sehr übersichtlich.

Geht es Ihnen nur um einen geordneten Ablauf, nehmen Sie `with`. Wollen Sie eine detaillierte Kontrolle über die Ursachen haben, nutzen Sie `try/except`.

Beispiel: Schließen einer Datei sicherstellen

Ungesichert (höchstens in der Konsole, aber nie im Skript verwenden!)

```
d = open("beispiel.txt", "w")
d.write("Python4ArcGIS\n")
d.close()
```

try/except

```
d = open("beispiel.txt", "w")
try:
    d.write("Python4ArcGIS\n")
except:
    print Exception
finally:
    d.close()
```

with

```
with d for open("beispiel.txt", "w"):
        d.write("Python4ArcGIS\n")
```

In vielen Skripten finden Sie statt `open(..)` ein `file(..)`. Dieses ruft direkt den Konstruktor des Objekts auf. Es sollte laut offizieller Dokumentation nicht verwendet werden.

[1] Fachlich korrekt wäre: Beim Verlassen des `with`-Statements wird obligatorisch der Destruktor der Klasse des Objekts aufgerufen.

3.8 Weitere Module

Die Arbeit mit Modulen haben wir Ihnen bereits im Kapitel 3.2 „Module“ kurz vorgestellt. Wir wollen die aus unserer Sicht für ArcGIS-Nutzer interessantesten kurz vorstellen. Soweit nicht anders angegeben, handelt es sich um *built-in modules*. Sie stehen mit der Installation von Python zur Verfügung.

3.8.1 Tabellen bearbeiten: `xlrd/xlwt, prettyTable`

`xlrd/xlwt`

Mit Excel-Read `xlrd` und Excel-Write `xlwt` können Sie Tabellen im Excel-Format lesen und schreiben. In Zukunft wird dieses Modul in der Bedeutung sicherlich durch `pandas` verdrängt werden. Auf Excel-Tabellen haben Sie zudem auch Zugriff über die Tabellenwerkzeuge von ArcGIS. In der Version ArcGIS Desktop 10.2 werden allerdings noch diese `xlrd` und `xlwt` zur Python-Installation mitgeliefert. Da es sich nicht um *built-in*-Module handelt, müssen Sie diese separat installieren (siehe hierzu Abschnitt 8.2.1).

`prettyTable`

Mit `prettyTable` können Sie Python-Listen bequem in optisch gut formatierten Tabellen ausgeben. Dies soll an einem kleinen Beispiel gezeigt werden. Sie finden das vollständige Skript unter `prettyTable_Beispiel.py`.

```
>>> kopf= ['Bundesland',  'Kennung',  'maennlich',  'weiblich']
>>> statistik = [['Baden-Wuerttemberg ', 'BW', 35751, 5230565],
...                 ['Bayern', 'BY', 70550, 6197163],
...                 ['Berlin', 'BE', 892, 1669853],
...
...                 ['Sachsen', 'SN', 18420, 1979188],
...                 ['Sachsen-Anhalt', 'ST', 20452, 1098568],
...                 ['Schleswig-Holstein', 'SH', 15800, 1371993],
...                 ['Thueringen', 'TH', 16173, 1063664]]
...
>>> from prettytable import PrettyTable
>>> x= PrettyTable(kopf)          # Spaltenamen
>>> x.align['Bundesland'] = 'l' # Spalte linksbuendig
>>> x.padding_width = 2           # Abstand zwischen den Spalten
>>> for zeile in statistik:
...     x.add_row(zeile)
>>> print x
```

```
+-------------------------+----------+------------+-----------+
| Bundesland              | Kennung  | maennlich  | weiblich  |
+-------------------------+----------+------------+-----------+
| Baden-Wuerttemberg      |    BW    |   35751    | 5230565   |
| Bayern                  |    BY    |   70550    | 6197163   |
| Berlin                  |    BE    |    892     | 1669853   |
...
| Sachsen-Anhalt          |    ST    |   20452    | 1098568   |
| Schleswig-Holstein      |    SH    |   15800    | 1371993   |
| Thueringen              |    TH    |   16173    | 1063664   |
+-------------------------+----------+------------+-----------+
```

Promptzeile	Erläuterung
1	Namen für die Spalten.
2	Inhalte der Spalten als verschachtelte Tabelle.
3	prettytable laden.
4	Die Namen der Spalten angeben.
5	Diese Spalte soll linksbündig geschrieben werden. Standard ist zentriert.
6	Der Abstand zwischen den Spalten. Standard ist 1.
7	In einer for-Schleife werden nacheinander die Zeilen der Tabelle hinzugefügt.
8	Ausgabe der Tabelle auf die Konsole.

3.8.2 Arbeiten mit Zeichenfolgen: `string`

Fast alle Funktionen aus dem Modul `string` sind auch als Methoden von Zeichenketten verfügbar und wurden im entsprechenden Kapitel vorgestellt. Interessant und nur im Modul vorhanden sind die Konstanten für die verschiedenen Arten von Zeichen:

<table>
<tr><th>Konstante</th><th>Beinhaltende Zeichen</th></tr>
<tr><td>lowercase</td><td>abcdefghijklmnopqrstuvwxyz</td></tr>
<tr><td>uppercase</td><td>ABCDEFGHIJKLMNOPQRSTUVWXYZ</td></tr>
<tr><td>letters</td><td>ascii_uppercase + ascii_lowercase</td></tr>
<tr><td>digits</td><td>0123456789</td></tr>
<tr><td>hexdigits</td><td>0123456789abcdefABCDEF</td></tr>
<tr><td>octdigits</td><td>01234567</td></tr>
<tr><td>punctuation</td><td>!"#$%&\'()*+,-./:;<=>?@[\\]^_`{|}~</td></tr>
<tr><td>whitespace</td><td>\t\n\x0b\x0c\r</td></tr>
<tr><td>printable</td><td>letters + punctuation + whitespace</td></tr>
</table>

Zudem gibt es noch eine nur im Modul verfügbare Funktion, die von Interesse ist:

Funktion	Erläuterung
`join(liste,trennzeichen)`	Fügt eine Liste von Texten mit `trennzeichen` dazwischen zusammen.

3.8.3 Arbeiten auf dem System: `os`, `shutil`

Einiges in den nun vorgestellten Modulen mag Ihnen doppelt oder unnötig vorkommen. Bitte bedenken Sie jedoch: Python ist mit diesen Modulen nicht nur auf Windows zu Hause, sondern auch auf Unix- und Linux-Distributionen oder den MacOS-Systemen!

Betriebssystem mit os

Mit dem Modul `os` können Sie das Betriebssystem als User nutzen. Wenn Sie in die Administrierung des Betriebssystems einsteigen wollen, müssen Sie das Modul `winsys32` verwenden.

Wichtige Eigenschaften und Funktionen aus dem Modul `os`

Funktion	Beschreibung
`getcwd()`	Aktuelles Verzeichnis ausgeben lassen.
`listdir(pfad)`	Inhalt des Verzeichnisses `Pfad` auflisten.
`path.join('c:','Eigene Dateien', 'test')`	Pfad aus den angegebenen Werten zusammenstellen.
`chdir(Pfad)`	In das Verzeichnis `Pfad` wechseln.
`mkdir('name')`	Erstellt das Verzeichnis `name` im aktuellen Verzeichnis.
`mkdirs('name/subname/subsubname')`	Erstellt ein Unter-Verzeichnis `name` mit zwei (oder auch mehreren) Unterverzeichnissen.
`rmdir(pfad)`	Löscht das Verzeichnis `Pfad`, wenn dieses leer ist, sonst wird eine *exception* ausgelöst.
`environ(name)`	Gibt den Wert der Systemvariablen `Name` wieder.
`Konstanten`	
`name`	Gibt den Namen des Betriebssystems aus.
`curdir`	Gibt das Symbol für „aktuelles Verzeichnis“: ‚.‘.
`pardir`	Gibt das Symbol für „übergeordnetes Verzeichnis“: ‚..‘.

Check-Funktionen	
`os.path.isdir(pfad)`	`True`, wenn `Pfad` ein Pfad ist.
`os.path.isfile(dateiname)`	`True`, wenn `dateiname` eine Datei ist.
`os.path.exists(pfad)`	`True`, wenn `Pfad` existiert.

Shell-Werkzeuge mit `shutil`

Dateien kopieren und verschieben, dies alles können Sie mit dem Modul `shutil` (Shell-Utilities) bewerkstelligen.

Funktionsname	Beschreibung
`copy(quelle, ziel)`	Kopiert eine Datei. Das Ziel kann auch ein Verzeichnis sein.
`copytree(quellVerz, zielVerz)`	Kopiert eine Verzeichnisstruktur.
`move(quelle, ziel)`	Verschiebt die Quelle (Datei oder Verzeichnis) zum Ziel. `move` wird auch statt `rename` verwendet.
`rmtree(verzeichnis)`	Löscht die Verzeichnisstruktur.

Mit `make_archive` gibt es auch eine Funktion, um *zip*- und *tar*-Archive zu erzeugen. Dafür gibt es in Python mit `zipfile` allerdings auch ein eigenes, mächtigeres Modul.

3.8.4 Zeit verwenden: `time`

Module sind `time`, `date` und `calendar`. Vorgestellt wird hier nur das Modul `time`.

Beispiel: Zeit in einem Textformat ausgeben

```
time.strftime("%Y-%m-%d %H:%M:%S") # -> Bsp: '2015-04-29 16:53:15'
```

Parameter zur Formatierung von `strftime`

Parameter	Bedeutung
`%a`	Abgekürzter Name des Wochentags.
`%A`	Vollständiger Name des Wochentags.
`%b`	Abgekürzter Name des Monats.
`%B`	Vollständiger Name des Monats.
`%c`	Datum und Uhrzeit im Format des lokalen Systems.
`%d`	Nummer des Tags im aktuellen Monat [01..31].
`%H`	Stunde im 24-Stunden-Format [00..23].
`%I`	Stunde im 12-Stunden-Format [01..12].
`%j`	Nummer des Tags im Jahr [001..366].

`%m`	Nummer des Monats [01..12].
`%M`	Minute [00..59].
`%p`	Die lokalisierte Form für AM beziehungsweise PM.
`%S`	Sekunde [00..61].
`%U`	Nummer der aktuellen Woche im Jahr [00..53]. Der Sonntag ist der erste Tag der Woche. Der Zeitraum vor dem ersten Sonntag im Jahr wird als 0. Woche gewertet.
`%w`	Nummer des aktuellen Tags in der Woche [0..6]. Der Sonntag wird als 0. Tag betrachtet.
`%W`	Wie %U, nur dass der Montag der erste Tag der Woche ist.
`%x`	Datum im Format des lokalen Systems.
`%X`	Zeit im Format des lokalen Systems.
`%y`	Jahreszahl ohne Jahrhundertangabe [00..99].
`%Y`	Jahreszahl mit Jahrhundertangabe.
`%Z`	Name der lokalen Zeitzone oder Leerzeichen, wenn keine lokale Zeitzone festgelegt wurde.
`%%`	Erzeugt ein Prozentzeichen.

3.8.5 Mathematik `math`

Dieses Modul stellt Ihnen weitere mathematische Funktionen zur Verfügung. Die meisten davon erklären sich bereits durch ihren Namen.

Konstante	**Bedeutung**
`pi`	Kreiszahl (3.141…)
`e`	Eulersche Zahl (2.718...)

Funktion	**Bedeutung**
`sqrt(x)`	Wurzel von `x`.
`pow(x,y)`	`x` potenziert um `y`.
`log(x,{b})`	Logarithmus `x` zur basis `b`. Mit nur einem Argument wird der natürliche Logarithmus gerechnet.

`sin(x), asin(x)`
`cos(x), acos(x)`
`tan(x), atan(x)`
	Winkelfunktionen. Rechnung erfolgt in *rad.*

`hypot(x,y)`	Euklidische Distanz des Punkts x,y zum Ursprung. `sqrt(x*x +y*y)`

`degrees()` `radians()`	Umrechnung *rad* in *Altgrad*. Umrechnung *Altgrad* in *rad*.
`ceil(x)` `floor(x)`	Aufrunden und abrunden.
`fabs(x)`	Absolute Zahl.

`fsum(x)`	Erzeugt eine akkurate Summe aus Gleitkommazahlen.
	`>>> sum([.1, .1, .1, .1, .1, .1, .1, .1, .1, .1])`
	`0.9999999999999999`
	`>>> fsum([.1, .1, .1, .1, .1, .1, .1, .1, .1, .1])`
	`1.0`

3.8.6 Eigene Module

Sie können sich ganz einfach eigene Module erzeugen. Schreiben Sie dazu Ihre Python-Funktionen in eine separate Datei. Schon ist Ihr Modul fertig. Sie laden das Modul, indem Sie es mit seinem Dateibasisnamen aufrufen. Python sucht in folgender Reihenfolge nach einem angeforderten Modul:

- Zuerst das aktuelle Verzeichnis.
- Dann die Pfade, die in der Systemvariablen PYTHONPATH festgelegt sind.
- Als Letztes im Verzeichnis der ausgeführten *python.exe*.

Am Anfang ist es für Testzwecke am einfachsten, Sie erweitern den Suchpfad von Python. Dies ist dann nur in der jeweiligen Sitzung gültig. Alternativ können Sie in das Verzeichnis wechseln und rufen dann das Modul auf.

Suchpfad erweitern

```
>>> import sys
>>> sys.path.append(r'A:\Daten')
>>> import meinModul as mm
```

Verzeichnis wechseln

```
>>> import os
>>> oldDir = os.getcwd()
>>> os.chdir(r'A:\Daten')
>>> import meinModul as mm
>>> os.chdir(oldDir)
```

Wenn Sie einen „festen Platz“ für Ihre eigenen Module gefunden haben, ergänzen Sie die Systemvariable PYTHONPATH um dieses Verzeichnis.

Ein eigenes Modul besteht am Anfang meist aus drei bis fünf Teilen. Den Kommentarkopf und den __main__-Teil sollten Sie immer nutzen.

1. Kommentarkopf: Nennen Sie den Dateinamen, die Zielsetzung des Moduls, den Autor, das Datum der Erstellung und der Fortführung, Versionsänderungen.
2. Import: Importieren Sie die benötigten Module, definieren Sie Kurznamen für Module. Sie können auch Module laden, die Sie in diesem Modul selbst nicht benötigen, aber oft in Ihren Skripten verwenden.

3. Globale Werte: Definieren Sie globale Konstanten, Schlüsselwörter, feststehende Pfade.
4. Funktionen: Definition der einzelnen Funktionen. Nutzen Sie für jede Funktion den Dokumentarkopf. Dies ist der Bereich zwischen den drei Anführungszeichen. Er taucht später als Hinweis bei der Benutzung auf.

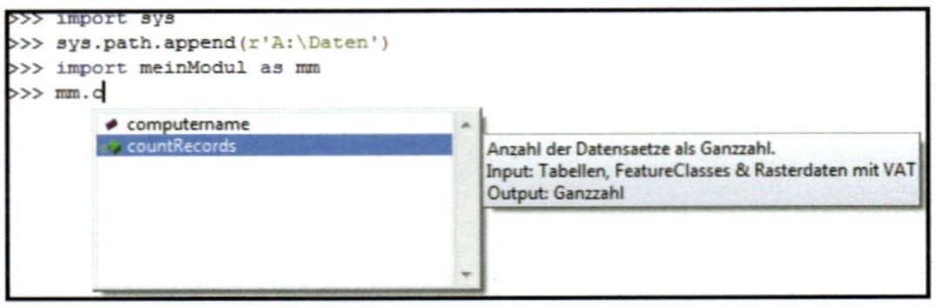

5. __main__-Teil: Dieser Teil wird ausgeführt, wenn die Datei direkt aufgerufen wird, z. B. durch einen Doppelklick im Explorer darauf. Er wird nicht ausgeführt, wenn die Datei über `import` aufgerufen wird.

Beispiel: Beispielhaftes Modul und seine Anwendung

```python
# -*- coding: UTF-8 -*-
#-------------------------------------------------------------------------
# Name:         meinModul.py
# Purpose:      Beispiel für die Sammlung von nützlichen Funktionalitäten
#
# Author:       lulferts
#
# Created/Modified:  10.05.2015, 20.5.2015(countRecords added)
# 20.5.2015: neu: countRecords
#-------------------------------------------------------------------------
# Module laden
import arcpy as ap # Esri ArcGIS
import math as m # Mathematische Funktionen
import os # Betriebssystem

# Kurzformen
da = ap.da # DataAccess-Modul von arcpy
pi = m.pi # Die Zahl Pi
#-------------------------------------------------------------------------
# globale Konstanten und Definitionen
username = os.environ['USERNAME'] # Benutzername
computername = os.environ['COMPUTERNAME'] # Rechnername

vollkreis = {'grad': 360, 'gon': 400, 'rad': 2*pi} # Wörterbuch Vollkreise
rad2grad = vollkreis['grad']/vollkreis['rad'] # Umrechnung von rad in Altgrad
grad2rad = 1/rad2grad # Umrechnung von Altgrad in rad
#-------------------------------------------------------------------------
# Eigene Funktionen
```

```
def isFolder (path=''):
    if path == '': path = ap.env.workspace
    return ap.Describe(path).DataType == 'Folder'
#-----------------------
def isWorkspace ():
    return ap.Describe(path).DataType == 'Workspace'
#---------------------------------------------------------------
def countRecords(table):
    '''Anzahl der Datensaetze als Ganzzahl.
    Input: Tabellen, FeatureClasses & Rasterdaten mit VAT
    Output: Ganzzahl'''
    return int(ap.GetCount_management(table)[0])

#---------------------------------------------------------------
# Wurde die Datei direkt aufgerufen und nicht importiert?
if __name__ == '__main__':
    print 'Dieses Skript ist als Modul gedacht. Bitte nutzen Sie
                                                          import'
    input('Return zum Schliessen')
```

Nutzung in der Konsole:

```
1 >>> import sys
2 >>> sys.path.append(r'A:\Daten')
3 >>> import meinModul as mm
4 >>> mm.countRecords(r'A:\Daten\Beispiel_2.gdb\set1')
131
5 >>> ap = mm.ap
6 >>> ap.env.workspace = r'A:\Daten'
```

Promptzeile	**Erläuterung**
1+2	Pfad zum Modul wird dem Suchpfad angehängt.
3	Das eigene Modul wird unter dem `Namen mm` verfügbar gemacht.
4	Anwendung einer Funktion aus dem Modul.
5	Das in *meinModul* geladene site-package `arcpy` wird in der Konsole über `ap` aufgerufen. Es wird somit nur ein einziges `arcpy` benutzt.
6	Der Workspace des site-package `arcpy` in *meinModul* wird auf den Pfad gesetzt.

Taucht in Ihrem Modul ein kleiner Fehler auf, so können Sie die Datei editieren und mit `reload(<modulname>)` erneut laden.

Haben Sie keine Furcht, durch eigene Module Python oder gar Ihr Betriebssystem zu zerstören. Mit dem Schließen der Python-Konsole sind alle Experimente beendet. Fangen Sie einfach an, und Sie werden bald merken, wie effektiv die Arbeit mit eigenen Routinen ist.

Eigene Funktionen

Eine Funktion wird durch ein `def`-Statement mit dieser allgemeinen Form beschrieben:

```
def <funktionsname> (<obligate_parameter>, <optionale_parameter>):
        <Block_mit_Anweisungen>
        return <zurückzugebende_Werte>
```

Mit `funktionsname` legen Sie fest, unter welchem Namen diese Funktion aufgerufen wird. Dieser Name muss eindeutig sein und darf keine reservierten Wörter (siehe Kapitel 3.1 „Eigenschaften der Programmiersprache Python“) enthalten. Zudem ist es üblich, einen Funktionsnamen mit einem Kleinbuchstaben zu beginnen.

Optionale Parameter erkennen Sie an dem Gleich-Operator `'='` mit einem Wert dahinter. Dieser Wert ist der Standardwert (engl. *default value*). Er wird eingesetzt, wenn der Parameter ohne Wert übergeben wird. Obligate Parameter besitzen solche Vorgaben nicht. Bei ihnen muss ein Wert übergeben werden.

Die Funktion `isFolder` besitzt einen optionalen Parameter, während die Funktion `isWorkspace` aus einem obligaten besteht. Der Unterschied zeigt sich wie folgt:

Beispiel: Unterschied zwischen obligaten und optionalen Parametern

```
1 >>> mm.isFolder()
  True
2 >>> mm.isWorkspace()
  Traceback (most recent call last):
    File "<interactive input>", line 1, in <module>
  TypeError: isWorkspace() takes exactly 1 argument (0 given)
```

Promptzeile	**Erläuterung**
1	`isFolder` wird ohne den Parameter `path` aufgerufen. Die Funktion setzt dafür den Standardwert, eine leere Zeichenfolge, ein. Im Funktionsblock wird als Erstes geprüft, ob eine solche leere Zeichenfolge übergeben wurde. In diesem Fall wird der Pfad auf den aktuellen Workspace von ArcGIS umgesetzt und kann von der Funktion `ap.Describe` genutzt werden.
2	In der Funktion `isWorkspace` muss der Pfad übergeben werden, ansonsten erzeugt die Funktion eine `TypeError`-Ausnahme.

Aus der Logik ergibt sich, dass in einer Funktionsdefinition zuerst alle obligaten und danach nur noch die optionalen Parameter festgelegt werden dürfen.

3.9 Objektorientierte Programmierung und Objekte

Wir wollen Ihnen hier keine Einführung in die Objektorientierte Programmierung mit Python geben, da sie den Umfang dieses Buchs sprengen würde. Wir wollen Ihnen mittels eines kleinen Beispiels das gedankliche Konstrukt dahinter näherbringen. Sie sollen damit in die Lage versetzt werden, sich vorstellen zu können, was sich hinter bestimmten Begriffen wie Objekt, Klasse oder Methode verbirgt. Einige Dinge haben wir dabei absichtlich etwas grobschlächtig dargestellt. Die Wissenden mögen uns dies verzeihen.

Modellhafte Beschreibung einer Realität

Sie haben jede Menge Fahrzeuge in einem Verkehrsnetz darzustellen. Diese Fahrzeuge haben Eigenschaften wie Antriebsart, Geschwindigkeit, aktuelle und maximale Anzahl von Fahrgästen. Zudem können diese Fahrzeuge etwas: Sie können Fahrgäste ein- und aussteigen lassen oder beschleunigen (positiv oder negativ). Die Beschleunigung bewirkt eine Änderung der Geschwindigkeit. Die Handlungen sind an Regeln gebunden: Personen können nur ein-und aussteigen, wenn das Fahrzeug steht. Es können nie mehr Personen aussteigen, als im Fahrzeug vorhanden sind, und nie mehr zusteigen, als die max. Personenzahl erlaubt.

Zu solchen Fahrzeugen gehören auch Straßenbahnen. Sie bewegen sich nur auf S-Bahnlinien und haben mindestens einen Waggon. Straßenbahnen haben nicht nur Eigenschaften, es gibt auch Handlungen: natürlich all jene, die Fahrzeuge haben. Zudem aber auch so etwas wie „an die Oberleitung anschließen“. Denn nur wenn der Strom fließt, fährt eine Straßenbahn.

Eine bestimmte S-Bahn fährt morgens aus dem Depot (ohne Fahrgäste) mit einer Anzahl von Waggons für je 25 Passagiere zum Startpunkt einer S-Bahnlinie. Eine zweite S-Bahn startet ebenso morgens aus dem Depot. In beiden steigen Passagiere ein und aus. Die Linien treffen sich an einem Haltepunkt, und Passagiere steigen um.

Am Ende des Tags fährt jede Bahn für sich wieder, natürlich ohne Fahrgäste, ins Depot und kann gewartet werden.

Ganz trocken: Objektorientierte Modelle

Objektorientierte Modelle stellen sich die abzubildende Realität als ein System von Gegenständen (Objekten) vor, die Eigenschaften haben (*Attribute*) und Handlungen mit ihrer Umgebung durchführen/erfahren können (*Methoden*). Beide haben Wechselwirkungen: Eine Methode ist nur unter bestimmten Eigenschaften korrekt ausführbar. Eine Eigenschaft kann nur durch eine Methode geändert werden.
Objekte dieses Modells mit gleichen Attributen und Methoden lassen sich zu einer *Klasse* zusammenfassen. Eine Klasse ist somit eine allgemeine Anleitung und Beschreibung dafür, wie ein bestimmtes Objekt hergestellt wird, sowie was und wie man etwas damit machen kann. „Ein Objekt ist eine *Instanz* einer Klasse.“
Wenn eine Klasse A ihre Attribute und Methoden an eine andere Klasse B vererbt, so ist A die *Superklasse* und B die *abgeleitete Klasse*. So lassen sich Hierarchien von Klassen aufbauen, die als *Klassenbibliothek* bezeichnet werden.

Beim Erzeugen (in Python: Initiieren) und Auflösen (in Python: Löschen) von Objekten können bestimmte Prozeduren durchgeführt werden, die allgemein als *Konstruktor* und *Destruktor* bezeichnet werden.

Halbtrocken: Objektorientierte Programmierung am Beispiel

Wie sieht das anfängliche praktische Beispiel nun aus Sicht der Objektorientierten Programmierung aus?

Die Klasse `Fahrzeug` ist die Superklasse der Klasse `Strassenbahn`. Alles, was `Fahrzeug` hat und kann, gilt auch für `Strassenbahn`: die Methoden `geschwindigkeit_anpassen()`, `einsteigen()` und `aussteigen()`, die Attribute `passagiere_max`, `geschwindigkeit` und so weiter. Es gibt auch Eigenschaften und Methoden, die nur für die S-Bahn gelten: `waggon`, `stromaufnehmer_hoch()`.
Die Methoden `einsteigen()` und `aussteigen()` erzeugen eine Ausnahme, wenn die `Geschwindigkeit` größer null ist. Bei `einsteigen(personenzahl)` wird kontrolliert, dass die zulässige Gesamtzahl der Fahrgäste nicht überschritten wird. Bei `aussteigen(personenzahl)` kann auch das Schlüsselwort `ALLE` übergeben werden. Bei `einsteigen()` und `aussteigen()` wird nach der Kontrolle die Eigenschaft `passagiere` mit `personenzahl` durch Plus oder Minus neu berechnet. Für die Geschwindigkeit gibt es zwei Methoden: `geschwindigkeit_anpassen()` und `anhalten`. Letzteres ist `geschwindigkeit_anpassen` bis `geschwindigkeit=0`. Nach der Initiierung eines `Station`-Objekts kann dieses für zwei Straßenbahn-Objekte einen Umstieg ausführen. Hierbei werden die logischen Regeln für `einsteigen()` und `aussteigen()` berücksichtigt.

Hier der mögliche Code für dieses Gedankenspiel. Sie finden ihn auch im Kapitelordner in den Dateien *Fahrzeuge.py* und *Strassenbahn_fahren.py*.

```
>>> import os
>>> os.chdir(r'A:\Skripte')
>>> import Fahrzeuge
>>> sbahn_13frueh = Fahrzeuge.Strassenbahn(linie='S13',
                                           waggons=2)
Stromkontakt hergestellt
>>> sbahn_13frueh.geschwindigkeit
0
>>> sbahn_13frueh.passagiere
0
>>> sbahn_13frueh.passagiere_max
50
>>> sbahn_13frueh.geschwindigkeit_anpassen(35,5)
S13 beschleunigt. Geschwindigkeit 35 erreicht
>>> sbahn_13frueh.anhalten()
S13 bremst ab. Geschwindigkeit 0 erreicht
Strassenbahn ist angehalten
>>> sbahn_13frueh.einsteigen(28)
>>> sbahn_13frueh.geschwindigkeit_anpassen(35,5)
```

```
   S13 beschleunigt. Geschwindigkeit 35 erreicht
12 >>> sbahn_13frueh.aussteigen(2)
   ACHTUNG! Aussteigen nur wenn Strassenbahn steht!
13 >>> sbahn_13frueh.anhalten()
   S13 bremst ab. Geschwindigkeit 0 erreicht. S-Bahn ist angehalten
14 >>> sbahn_13frueh.aussteigen(2)
15 >>> sbahn_13frueh.einsteigen(15)

16 >>> sbahn_24frueh = Fahrzeuge.Strassenbahn(linie='S24',
                                               waggons=1)
   Stromkontakt hergestellt
17 >>> sbahn_24frueh.passagiere_max
   25
18 >>> sbahn_24frueh.geschwindigkeit_anpassen(20,6)
   S24 beschleunigt. Geschwindigkeit 20 erreicht
19 >>> sbahn_24frueh.anhalten()
   S24 bremst ab.Geschwindigkeit 0 erreicht. S-Bahn ist angehalten
20 >>> sbahn_24frueh.einsteigen(20)
21 >>> sbahn_24frueh.geschwindigkeit_anpassen(40,6)
   S24 beschleunigt. Geschwindigkeit 40 erreicht
22 >>> sbahn_24frueh.geschwindigkeit_anpassen(30,4)
   S24 bremst ab. Geschwindigkeit 30 erreicht
23 >>> sbahn_24frueh.anhalten()
   S24 bremst ab. Geschwindigkeit 0 erreicht. S-Bahn ist angehalten
24 >>> sbahn_13frueh.passagiere
   43
25 >>> sbahn_24frueh.passagiere
   20
26 >>> Kreuz_Ost = Fahrzeuge.Station(u'S-Bahn Kreuz "Ost"')
27 >>> Kreuz_Ost.umsteigen(sbahn_13frueh, sbahn_24frueh, 10, 3)
   Beim Umstieg zwischen S13 und S24 verbleiben 2 Personen von S24
   am S-Bahn Kreuz "Ost".
28 >>> sbahn_13frueh.passagiere
   38
29 >>> sbahn_24frueh.passagiere
   25
30 >>> sbahn_13frueh.insDepot()
   Es sind noch Passagiere in S13
31 >>> sbahn_13frueh.aussteigen()
   Alle Fahrgäste sind ausgestiegen.
32 >>> sbahn_13frueh.insDepot()
   Fahre S13 in das Depot.
   S13 beschleunigt. Geschwindigkeit 15 erreicht
   S13 bremst ab. Geschwindigkeit 0 erreicht. S-Bahn ist angehalten
   Stromkontakt unterbrochen. S13 in Ruhestellung.
   Fahrzeug wird gereinigt
```

Es gibt ein paar Regeln in der Notation, die Ihnen helfen, sich zu orientieren:

- Klassennamen beginnen immer mit Großbuchstaben.
- Objekte, Methoden und Attribute sind immer klein.
- Methoden haben Klammern für die Parameter.
- Attribute haben diese nicht.
- Ein Attribut mit einem Unterstrich davor markiert dieses als geschützt. Sie sollten es nicht direkt, sondern über die ‚offiziellen' Methoden ansprechen.
- Besitzt ein Attribut zwei Unterstriche davor, so gilt es als privat und sollte nicht sichtbar und nicht nutzbar sein.
- Eine Konstante wird in Großbuchstaben geschrieben.

4 Daten untersuchen

In diesem Kapitel wollen wir die Geodaten ausschließlich untersuchen, also keine Änderungen an ihnen vornehmen oder neue erzeugen. Dies wird im nächsten Kapitel geschehen.

Bei den Untersuchungen dieses Kapitels gehen wir vom Großen ins Kleine. Als Erstes werden die Geodatensätze als Ganzes betrachtet, beginnend von den Arbeitsverzeichnissen über die darin enthaltenen Vektor- und Rasterdaten bis zur inneren Struktur wie Feldnamen oder Ausdehnung. Danach gehen wir in die Features eines Datensatzes selbst. Wir untersuchen den Inhalt der Tabelle im Detail. Wenn die Sachdaten der Tabelle behandelt sind, wenden wir uns als Letztes der Geometriespalte in der Tabelle zu und schauen die geometrischen Eigenschaften der Features an.

Wenn im Folgenden von Datensätzen gesprochen wird, sind vornehmlich Geodatensätze gemeint. Die Informationen dazu gelten in der Regel aber auch für nicht räumliche Datensätze.

4.1 Eigenschaften eines Datensatzes

Wenden wir uns zuerst den Datensätzen als Ganzes zu. Zunächst sollen einige Begriffe geklärt werden. Gegeben seien folgende Datensätze:
A:\Daten\Deutschland.gdb\Verwaltung\Gemeinde
A:\Bundeslaender.shp

Der Datensatz Bundeslaender.shp besteht aus mehreren Dateien (unter anderem Bundeslaender.shp, Bundeslaender.shx, Bundeslaender.dbf).

Dann würden folgende Bezeichnungen verwendet werden.

Bezeichnung	Erklärung	Beispiel(e)
Pfad	Der Weg zum Ordner, in dem eine Datei oder ein Datensatz liegt.	A:\Daten\Deutschland.gdb\Verwaltung A:\
Dateiname	Name der Datei in ihrem Pfad.	Gemeinde Bundeslaender.shp
Basisname	Dateiname ohne die Erweiterung. Dies sind alle Zeichen nach dem ersten Punkt im Dateinamen.	Gemeinde Bundeslaender
Erweiterung	Dateiname ohne Basisnamen. Dies beinhaltet auch den Punkt.	" [Leerer Text] '.shp'

4.1.1 Inhalte eines Workspace

Der Workspace in ArcGIS kann ein Verzeichnis, eine Geodatenbank oder ein Feature-Dataset sein. Die Auflistung der darin enthaltenen Datensätze erfolgt über verschiedene `listXX()`-Methoden. Das Ergebnis ist eine Liste der Namen der gefundenen Datensätze. Die Auflistung erfolgt immer nur im aktuellen Workspace. Dieser wird durch `ap.env.workspace` definiert.

Bei Schlüsselwörtern ist in *arcpy* Groß- und Kleinschreibung nicht signifikant. In Python ist es generell jedoch üblich, Schlüsselwörter in Großbuchstaben zu schreiben.

Mit Suchmuster besteht die Möglichkeit, über den Namen der Dateien eine Aussage zu treffen. Der Asterisk '*' steht für eine beliebige Zeichenfolge; dies kann auch eine leere Zeichenfolge sein. Das Fragezeichen '?' steht für genau ein beliebiges Zeichen.

Beispiel: Auflisten Workspace

```
>>> import arcpy as ap
>>> ap.env.workspace=r'A:\Daten\Niedersachsen'
>>> ap.ListFeatureClasses('POLYGONE')
[u'landkreise.shp', u'gemeinden.shp', u'gemarkungen.shp', u'fluren.shp']
```

`ListWorkspaces(Suchmuster, Workspace_Typ)`	Listet die **weiteren Workspaces im aktuellen Workspace** auf. Es wird der vollständige Katalogpfad aufgelistet. All: Alle Arten von Workspaces (Vorgabe) Access: Personal-Geodatabases (*.mdb-Dateien) Coverage: Coverage-Verzeichnisse (Verzeichn. mit entspr. Dateien) FileGDB: FileGeodatabases (*.gdb-Verzeichnisse) Folder: Verzeichnisse für Shapefiles SDE: ArcSDE-Datenbanken
`ListFeatureClasses(Suchmuster, Geometrietyp)`	Listet **Vektordatensätze** auf. Für `Geometrietyp` können folgende Schlüsselwörter verwendet werden: *All*: Kein Filter, Alle (Vorgabe) *Point*: Punkt *Polyline:* Linien oder Bögen *Polygon*: Flächen *Annotation*: Annotationen in GDBs *Dimension*: Bemaßungen *Label*: Beschriftungen *Multipatch*: Nur Multipatch *Region*: Region *Arc*: Linien oder Bögen *Tic*: TIC (Coverages)

	Route: Routen *Edge*: Ecken *Line*: Linien oder Bögen *Node*: Knoten *Junction*: Knotenpunkte
`ListRasters(Suchmuster, RasterdatenFormate)`	Listet **Rasterdatensätze** auf. Für `RasterdatenFormate` können folgende Schlüsselwörter verwendet werden: *All*: Alle Rasterdatensätze (Vorgabe) *BMP*: Bitmap *GIF*: Graphic Interchange Format *IMG*: ERDAS IMAGINE *JP2*: JPEG 2000 *JPEG*: Joint Photographics Experts Group *PNG*: Portable Network Graphics *TIF*: Tagged Image File *GRID*: Grid-Dateien
`ListTables(Suchmuster, Tabellentyp)`	Listet die **Tabellen** auf.
`ListDatasets(Suchmuster, Datentyp)`	Listet `Geodatensätze` auf. Für `Datentyp` können folgende Schlüsselwörter verwendet werden: *All*: Alle Datensätze (Vorgabe) *Coverage*: ArcInfo-Coverages *Feature*: Coverage (inVerzeichnissen) oder Dataset (in Geodatenbanken *GeometricNetwork*: geometrische Netzwerke *Mosaic*: Mosaik-Datensätze *Network*: Netzwerk-Datasets *ParcelFabric*: Parcel Fabric (~ amerik. Liegenschaften) *Raster*: Rasterdatensätze *RasterCatalog*: Rasterkataloge *Schematic*: Schematic-Datensätze *Terrain*: Terrain-Datensätze *Tin*: TIN-Oberflächen *Topology*: Topologien *CAD*: CAD-Datensätze[2] (DWG, …?)
`ListFiles(Suchmuster)`	Listet **sämtliche Dateien**, unabhängig von der Anzeige im Inhaltsverzeichnis von ArcGIS Desktop.

[2] Im eigentlichen Abschnitt der erweiterten Hilfe nicht aufgezeichnet, wird jedoch im Tutorial verwendet (http://resources.arcgis.com/de/help/main/10.2/index.html#//00100000002q000000).

Beispiel: „Defekte“ Shape-Datensätze auffinden

Beim Transfer von Shape-Datensätzen geht manchmal eine der benötigten Teil-Dateien verloren. Es fehlt z. B. die Sachdatentabelle (*.dbf) oder die Index-Datei (*.shx). ArcGIS zeigt diese Geodatensätze zwar an, sie lassen sich aber verständlicherweise nicht öffnen. Mit diesem Skript finden Sie solche Datensätze. Zum Testen wurden im Windows Explorer bei drei Shape-Datensätzen in zweien einmal die `.shx` und einmal die `.dbf` in `.xxx` umbenannt.

```
# -*- coding: UTF-8 -*-

import arcpy as ap # arcpy als ap laden
from os.path import splitext # Funktion "Split Extension" laden
import string as s # Modul für Zeichnfolgen laden

# Welche Dateierweiterungen werden gebraucht?
noetigeDateien = ['.shp','.shx', '.sbn', '.dbf','.prj']

# Das zu untersuchende Verzeichnis (bitte editieren)
root = r'A:\Daten'
# ArcPy wechselt in das Verzeichnis
ap.env.workspace = root
# TODO: Ist der Workspace tatsächlich ein Verzeichnis?

# Alle Shape-Datensätze listen
shps = ap.ListFeatureClasses()
# Mit jedem Datensatz durchführen
for shp in shps:
    basename = splitext(shp)[0] # Nur der Name der Datei ohne Erweiterung
    # Die Erweiterungen aller mit diesem Basisnamen gefundenen Dateien
    gefundeneDateien= [splitext(f)[1] for f in ap.ListFiles(basename+'.*')]
    # Abgleich der Mengen benötigt und gefunden
    fehlendeDateien = list(set(noetigeDateien) - set(gefundeneDateien))
    weitereDateien = list(set(gefundeneDateien) - set(noetigeDateien))
    if fehlendeDateien:
        print 'Im Datensatz %s fehlen:' %shp
        print '\t', s.join(fehlendeDateien, '\n\t')
        if weitereDateien:
            print u'Zusätzlich gefunden wurden aber:'
            print '\t', s.join(weitereDateien, '\n\t')
```

Codezeile	Erläuterung
4	Lade aus dem Modul `os.path` (Pfad- und Dateistrukturen des Betriebssystems) die Funktion zum Abtrennen der Dateierweiterung (engl. *extension*).
5	Modul für Zeichenfolgen laden.
8	Die Erweiterungen der obligatorisch nötigen Dateien für einen Shape-Geodatensatz als Liste. Die Projektionsdatei (*.prj) ist zwar technisch nicht unbedingt notwendig, aber doch sehr wichtig. Sie können diese Liste anpassen, zum Beispiel die cpg-Datei zur Definition des ASCII-Datensatzes der Sachdaten hinzufügen.
11	Festlegung des zu untersuchenden Verzeichnisses (engl. *folder*). Es muss der absolute Pfad sein.
13	`arcpy` definiert über die Variable `root` nun das Verzeichnis, in dem gearbeitet wird. Dieses Einlesen dauert ebenso lange wie in ArcCatalog, wenn ein Verzeichnis im TOC aufgeblättert wird. Für das Betriebssystem, in Python repräsentiert durch `os.getcwd()` (engl. *cwd = current working directory*), hat sich noch nichts geändert! Es könnte mit `os.chdir(root)` nachgeführt werden.
14	Wie dies zu realisieren ist, wird im Beispiel „Vergleich der Eigenschaften von Arbeitsverzeichnissen“ im Abschnitt 4.1.3.1 gezeigt.
17	Alle Vektordatensätze im Verzeichnis auflisten.
19	Einleitung der Schleife.
20	Der Dateiname wird durch `os.path.splitext` in eine Liste aufgespalten: Erstes Element ist der Basisname, zweites Element die Erweiterung mit dem Punkt davor.
22	Auflistung aller Erweiterungen zu diesem Basisnamen. In der Listenabstraktion wird ‚hinten‘ zunächst nach allen Dateiennamen passend zum Basisnamen aufgelistet. Die einzelnen Elemente dieser Liste werden als `f` an den ‚vorderen‘ Teil übergeben. Dort wird jeder Dateiname in Basisnamen und Erweiterung zerlegt. Nur die Erweiterung wird übernommen und in die Liste eingetragen.

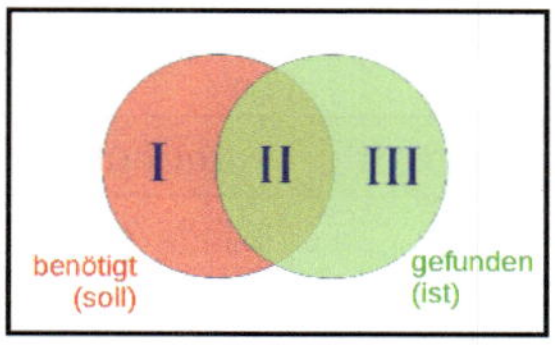

Codezeile	Erläuterung
24	Die fehlenden Erweiterungen (I) sind die nötigen Erweiterungen ohne die gefundenen Erweiterungen. Eine Operation aus der Mengenlehre: Umwandlung der beiden Listen in Mengen. Die Differenzmenge wird gebildet und das Ergebnis wieder in eine Liste zurückverwandelt.
25	Vielleicht wurden Dateien aus Versehen umbenannt. Daher die Auflistung weiterer Erweiterungen aus den gefundenen Erweiterungen ohne die nötigen Erweiterungen (III).

26 + 29 Bei der Verzweigung wird der Umstand genutzt, dass leere Kollektionen (zu denen Listen gehören) als `False` gelten. Die Verzweigung wird somit nur bei vorhandenen Listen für die Mengen I und III genutzt.

27-31 Textausgabe der Ergebnisse. Ergibt im Testdatensatz Meldungen dieser Art:

```
Im Datensatz BRD.shp fehlen:
 .dbf
Zusätzlich gefunden wurden aber:
 .cpg
 .xxx
Im Datensatz DDR.shp fehlen:
 .shx
Zusätzlich gefunden wurden aber:
 .cpg
 .xxx
```

4.1.1.1 Alternativen mit reinem Python

Während eine *list*-Funktion von ArcPy die Daten so betrachtet, wie Sie es unter ArcCatalog gewohnt sind, sehen die Funktionen des reinen Python die Daten in der Weise des Windows Explorers.

In Fällen von Verzeichnissen mit vielen Geodatensätzen kann daher für den ersten Überblick eine der Funktionen aus dem Modul `glob` geeigneter sein, da die Verarbeitungsgeschwindigkeit sich deutlich erhöht.

Bei der Funktion `glob.glob(Suchmuster)` wird das aktuelle Verzeichnis untersucht. Die Funktion `glob.globl(Verzeichnis, Suchmuster)` hingegen sucht in beliebigen Verzeichnissen. Beim Suchmuster lassen sich mehr Platzhalter nutzen als in arcpy.

Platzhalter	Bedeutung	Beispiel
*	Jede Zeichenfolge.	`*.shp` trifft alle Basisnamen mit der Dateierweiterung shp.
?	Eine Zeichenfolge.	`????.*` alle Dateien, die vier Zeichen im Basisnamen haben.
[]	Jedes Zeichen in den eckigen Klammern.	`[ABC]*` alle Dateien, die mit A, B oder C anfangen.
[..]	Jedes Zeichen im Bereich zwischen den beiden Zeichen in den eckigen Klammern.	`[A..Z]*` alle Dateien, die mit einem Großbuchstaben beginnen. [0..9]* alle Dateien mit einer Zahl am Anfang.
[!]	Jedes Zeichen, das nicht in den eckigen Klammern gelistet ist.	`[!ABC]*` alle Dateien, die nicht mit A, B oder C anfangen.

Beispiel: Nutzung der glob-Funktionen

```
>>> import glob
>>> root = r'A:\Daten'
>>> # glob1-Funktion
...
>>> # Alle TIF-Dateien in root, deren Basisname mit '0','1' oder '2' endet
...
>>> tifs = glob.glob1(root,'*[0..2].tif')
>>> for tif in tifs : # Textausgabe zur Kontrolle
...     print tif
...
srtm_39_02.tif
>>> # glob-Funktion
...
>>> import os       # modul wird gebraucht, um ...
>>> os.chdir(root) # ...das Verzeichnis zu wechseln
>>> # Alle Shape-Dateien im aktuellen Verzeichnis, die nicht mit 'B'
                                                             anfangen
...
>>> shps = glob.glob('[!B]*.shp')
>>> for shp in shps: # Textausgabe zur Kontrolle
...     print shp
...
DDR.shp
```

4.1.1.2 Untersuchen ganzer Verzeichnisstrukturen: `os.walk` und `arcpy.walk`

Im Modul `os` gibt es mit der Funktion `walk` eine Funktion, die sämtliche Verzeichnisse unterhalb eines Einstiegpunkts mit den darin enthaltenen Dateien auflistet. Jedes dieser Listenelemente besteht wiederum aus einer Liste aus drei Elementen: Das erste Element ist der Name des aktuell untersuchten Verzeichnisses. Das zweite Element ist eine Liste mit allen Unterverzeichnissen des aktuellen Verzeichnisses. Das dritte Element ist ebenso eine Liste mit allen Dateien im aktuellen Verzeichnis. Es gibt keinen Parameter für Filter.

```
>>> alles = os.walk(r'A:\Daten\Gemeinden')
>>> for jedes in alles:
...     print jedes
...
('A:\\Daten\\Gemeinden', ['Baden-W\xfcrttemberg', 'Bayern', 'Ber-
lin', 'Brandenburg', 'Bremen', 'Hamburg', 'Hessen', 'Mecklen-
burg-Vorpommern', 'Niedersachsen', 'Saarland', 'Nordrhein-Westfa-
len',
'Rheinland-Pfalz', 'Sachsen', 'Sachsen-Anhalt', 'Th\xfcringen',
'Schleswig-Holstein'], [])
```

```
('A:\\Daten\\Gemeinden\\Baden-W\xfcrttemberg', [], ['Alb-Donau-
Kreis.shp', 'Alb-Donau-Kreis.shx', 'Alb-Donau-Kreis.dbf', 'Alb-Do-
nau-Kreis.CPG', 'Alb-Donau-Kreis.prj', 'Alb-Donau-Kreis.shp.xml',
'Karlsruhe.sbx', 'Konstanz.shp', 'Alb-Donau-Kreis.sbn', 'Alb-Donau-
Kreis.sbx', 'Konstanz.shx',....
```

Eine solche verschachtelte Liste ist am einfachsten über `for`-Schleifen zu verarbeiten, wie es im nachfolgenden Beispiel der anderen *walk*-Funktion gezeigt wird.

Seit ArcGIS 10.1 SP1 gibt es mit `arcpy.da.Walk` eine Funktion, die dieses Verhalten für Geodaten imitiert.

Diese Funktion kann Strukturen innerhalb von Geodatenbanken auflisten. Zudem stellt sie zwei zusätzliche Filter zur Verfügung: datatype und type. Bei `datatype` sind als Schlüsselwörter zulässig: `Any, CadDrawing, CadastralFabric, Container, FeatureClass, FeatureDataset, Geo, GeometricNetwork, LasDataset, Layer, Locator, Map, MosaicDataset, PlanarGraph, RasterBand, RasterCatalog, RasterDataset, RelationshipClass, RepresentationClass, SchematicDataset, Style, Table, Terrain, Text, Tin, Tool, Toolbox, Topology`. Dies entspricht in etwa der Zusammenfassung von `listDatasets, listWorkspaces` und `listTables`. Der Filter `type` hingegen ist in etwa die Zusammenfassung von `ListFeatureClasses` und `listRasters`: und behandelt somit das Datenformat. Gültige Schlüsselwörter sind: `ALL` oder `ANY, Multipatch, Multipoint, Point, Polygon, Polyline, BIL, BIP, BMP, BSQ, DAT, GIF, GRID, IMG, JP2, JPG, PNG, TIF.`

Beide Filter lassen mehrere Schlüsselwörter in Form von Listen zu. Dabei gilt innerhalb der Liste eine ODER-Bedingung, zwischen den beiden Listen aber eine UND-Bedingung.

Beispiel: Eigene Funktion zum rekursiven Auflisten von Geodaten

```
def listRecursive(workspace, datatypes='All', types= 'ALL'):
    """Beschreibung in der Buchdarstellung ausgelassen"""
    files = []
    walkResult = ap.da.Walk(workspace, datatype=datatypes, type=types)
    for pfad, subDirs, dateien in walkResult:
        for data_name in data_names:
            files.append(os.path.join(path, data_name))
    return files
```

Code-zeile	Erläuterung
1	Die Funktion wird mit `listRecursive` aufgerufen. Der `workspace` ist ein Pflichtparameter, die beiden anderen sind optional. Vorgabe für sie ist `ALL`.
2	Eine leere Liste zur Aufbewahrung der Dateipfade wird angelegt.
4	Die `arcpy`-Funktion `walk` wird mit den Parametern aufgerufen, das Ergebnis in `walkResult` abgelegt.
5	Jeder der Verzeichnis-Inhalte von `walkResult` wird einzeln abgearbeitet. Da der Inhalt immer aus den drei Teilen Aktueller Pfad, Unterverzeichnisse darin und Dateien besteht, werden diese gleich Variablen zugeordnet.
6	Die Dateien sind selbst wiederum eine Liste mit den einzelnen Dateinamen.
7	Der Dateiname wird mit dem Verzeichnisnamen verbunden und als Text in die Liste files angehängt.
8	Die aufgefüllte Liste wird von der Funktion zurückgegeben.

4.1.2 Weitere allgemeine `List`-Funktionen

Die nun vorgestellten `List`-Funktionen dienen vorzugsweise der Generierung von Auswahllisten. Zumeist in den grafischen Oberflächen wie den ArcGIS-Werkzeugen stellen Sie sicher, dass die Schreibweise eines Schlüsselworts richtig ist (siehe Abbildung rechts).

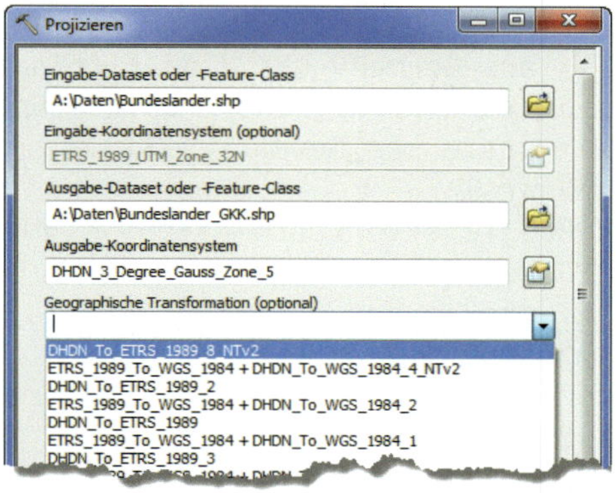

Funktion	Beschreibung
`ListSpatialReferences (Suchmuster)`	Liste aller für ArcGIS verfügbaren Raumbezugssysteme einschließlich der Verzeichnisstruktur. Suchmuster berücksichtigt ebenfalls die Verzeichnisstruktur. (Beispiel folgt unten.)
`ListTransformations (fromSR,nachSR,Rechteck)`	Listet alle für die beiden Raumbezugssysteme verfügbaren Transformationen auf. Ein Extent-Objekt (umschreibendes Rechteck) kann den Suchraum näher beschreiben und die Auswahl und Reihenfolge beeinflussen. Die Reihung erfolgt nach der Eignung der Transformation. (Beispiel folgt unten.)
`ListToolboxes(Suchmuster)`	Auflistung aller Toolboxes, die auch in dem Toolbox-Window auftauchen.
`ListTools(Suchmuster)`	Auflistung aller Werkzeuge, die auch in dem Toolbox-Window auftauchen.
`ListEnvironment (Suchmuster)`	Liste der Namen der Umgebungsvariablen von ArcGIS.

Beispiel: Koordinatensystem und Transformationen

```
>>> srs_Germany_GKK = ap.ListSpatialReferences('*Deutschland*Gauss*')
>>> srs_Germany_ETRS = ap.ListSpatialReferences('*Deutschland*ETRS*')
>>> srs1= srs_Germany_GKK[-1]
>>> srs1
u'Projizierte Koordinatensysteme/Nationale Raster/Deutschland/DHDN
3-Degree Gauss Zone 5'
>>> srs2 = srs_Germany_ETRS[-1]
>>> srs2
u'Projizierte Koordinatensysteme/Nationale Raster/Deutschland/ETRS
1989 UTM Zone N32'
>>> ap.ListTransformations(srs1,srs2)
[u'DHDN_To_ETRS_1989_8_NTv2',
 u'DHDN_To_WGS_1984_4_NTv2 + ETRS_1989_To_WGS_1984',
 u'DHDN_To_ETRS_1989_2',
 ...
 u'DHDN_To_ETRS_1989_7',
 u'DHDN_To_WGS_1984_7x + ETRS_1989_To_WGS_1984']
```

Alle bisher vorgestellten `listxxx`-Funktionen geben ‚nur' Textsequenzen zurück. Eine Objektorientierung ist noch nicht vorhanden.

4.1.3 Die `Describe`-Funktion

Wenn Sie eine Liste von gesuchten Datensätzen zusammengestellt haben, wollen Sie diese oftmals systematisch näher untersuchen, um zu entscheiden, was mit ihnen geschehen soll. Dazu dient die `Describe`-Funktion. Die `Describe`-Funktion erzeugt ein `Describe`-Objekt. Ein `Describe`-Objekt hat viele Eigenschaften (engl. *properties*), wie Felder, Indexe, Ausdehnungen usw. Welche Eigenschaften ein `Describe`-Objekt besitzt, hängt von dem Datensatz ab, den es beschreibt. Die Beschreibung eines Rasterdatensatzes kennt die Eigenschaft `pixeltyp`, eine Feature-Class jedoch nicht. Diese hat dafür eine Eigenschaft `shapeTyp`. Beide besitzen zudem die Eigenschaft `Extent`. So bilden sich Gruppen von Eigenschaften (engl. *property groups*) und ein `Describe`-Objekt kann die Eigenschaften aus mehreren Gruppen beinhalten.

Nachfolgend ist die Struktur von wichtigen Eigenschaften in einem Datentyp-Diagramm dargestellt. Auf der folgenden Seite ist dieses Diagramm noch um die Auflistung Eigenschaften erweitert.

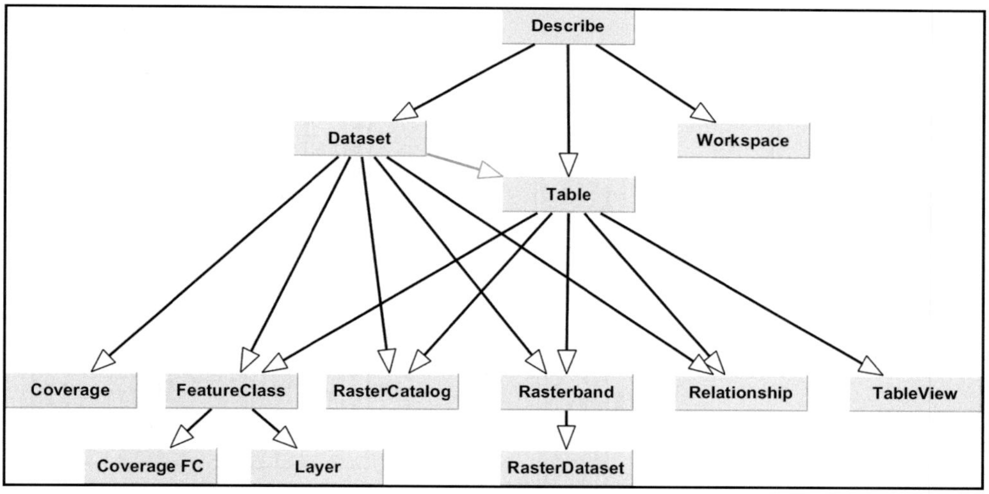

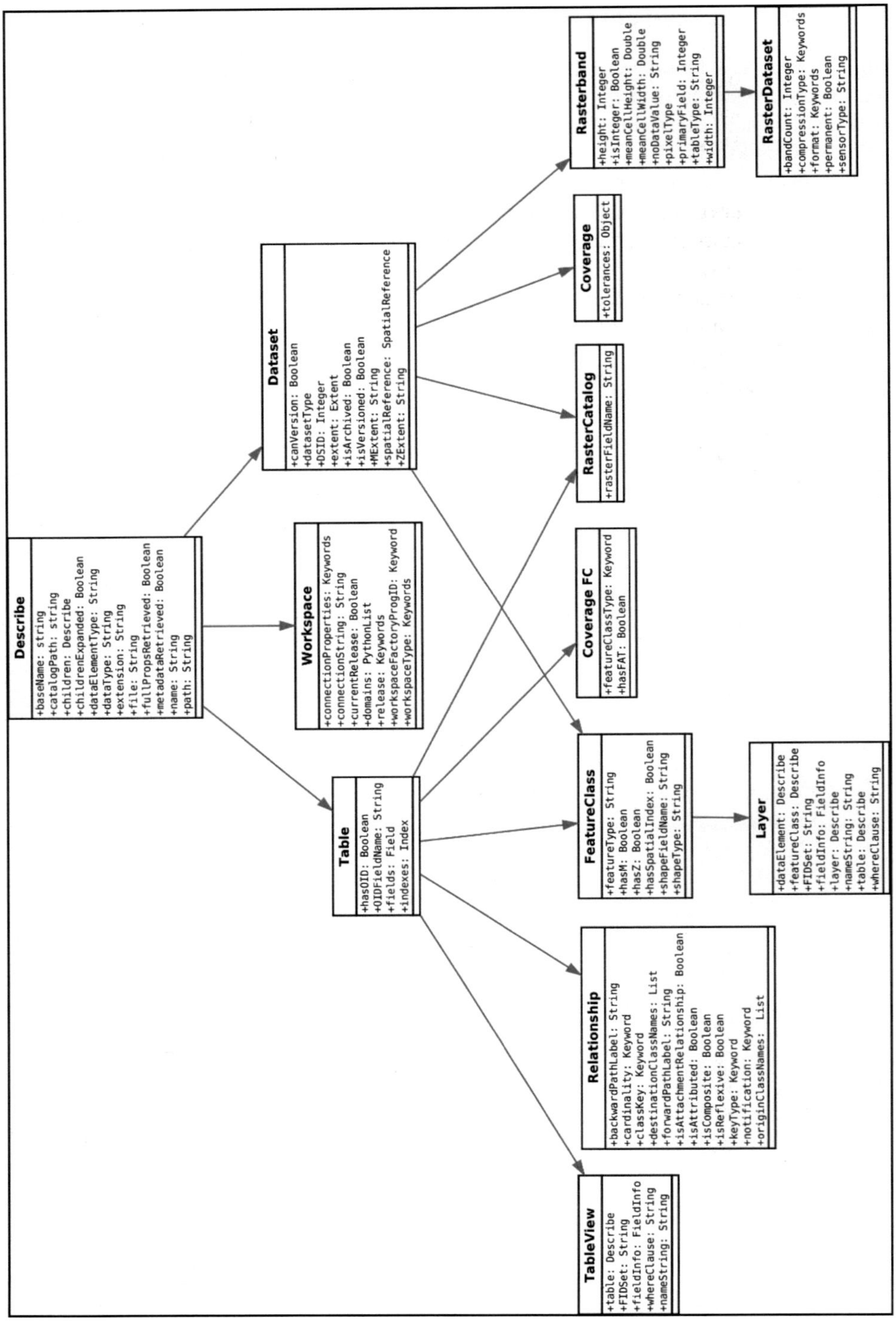
Describe
+baseName: string
+catalogPath: string
+children: Describe
+childrenExpanded: Boolean
+dataElementType: String
+dataType: String
+extension: String
+file: String
+fullPropsRetrieved: Boolean
+metadataRetrieved: Boolean
+name: String
+path: String
Dataset
+canVersion: Boolean
+datasetType
+DSID: Integer
+extent: Extent
+isArchived: Boolean
+isVersioned: Boolean
+MExtent: String
+spatialReference: SpatialReference
+ZExtent: String
Workspace
+connectionProperties: Keywords
+connectionString: String
+currentRelease: Boolean
+domains: PythonList
+release: Keywords
+workspaceFactoryProgID: Keyword
+workspaceType: Keywords
Table
+hasOID: Boolean
+OIDFieldName: String
+fields: Field
+indexes: Index
Rasterband
+height: Integer
+isInteger: Boolean
+meanCellHeight: Double
+meanCellWidth: Double
+noDataValue: String
+pixelType
+primaryField: Integer
+tableType: String
+width: Integer
RasterDataset
+bandCount: Integer
+compressionType: Keywords
+format: Keywords
+permanent: Boolean
+sensorType: String
Coverage
+tolerances: Object
RasterCatalog
+rasterFieldName: String
Coverage FC
+featureClassType: Keyword
+hasFAT: Boolean
FeatureClass
+featureType: String
+hasM: Boolean
+hasZ: Boolean
+hasSpatialIndex: Boolean
+shapeFieldName: String
+shapeType: String
Layer
+dataElement: Describe
+featureClass: Describe
+FIDSet: String
+fieldInfo: FieldInfo
+layer: Describe
+nameString: String
+table: Describe
+whereClause: String
Relationship
+backwardPathLabel: String
+cardinality: Keyword
+classKey: Keyword
+destinationClassNames: List
+forwardPathLabel: String
+isAttachmentRelationship: Boolean
+isAttributed: Boolean
+isComposite: Boolean
+isReflexive: Boolean
+KeyType: Keyword
+notification: Keyword
+originClassNames: List
TableView
+table: Describe
+FIDSet: String
+fieldInfo: FieldInfo
+whereClause: String
+nameString: String

Hier könnte nun eine systematische Auflistung der Eigenschaften aller Describe-Gruppen erfolgen. Dies wird Sie aber nicht viel weiterbringen. Wir möchten Ihnen einige Eigenschaften vorstellen und Ihnen an Beispielen zeigen, wie Sie an gewünschte Informationen herankommen.

Ohnehin empfehlen wir Ihnen zum Nachschlagen von Eigenschaften, die ArcGIS Hilfe zu verwenden. Der Zugriff auf einen Begriff ist schneller und gibt Ihnen die zu Ihrer Version passenden Informationen. Damit einher geht allerdings auch eine Vorsichtsregel: Arbeiten Sie besser mit der angloamerikanischen Hilfe, da die deutsche Übersetzung zum einen nur stückhaft ist und zum anderen teilweise Schlüsselwörter von Eigenschaften übersetzt hat. Zum Wechseln benötigen Sie in der Online-Hilfe innerhalb der Adresse (*http://resources.arcgis.com/de/help/main/10.2/...*) nur das */de/* durch */en/* zu ersetzen.

Unglücklicherweise beachten die Namen der Eigenschaften im Gegensatz zur Regel in Python nicht die Groß- und Kleinschreibung (engl. *case sensitiveness*). Bei den Eigenschaften halten wir uns aber strikt an die Notation der Online-Hilfe.

Sie können die Codeschnipsel gut nachvollziehen, wenn Sie die Daten im Verzeichnis in Kapitel 3 nutzen. Um auch mit dem Laufwerk A: zu arbeiten, substituieren Sie bitte das Verzeichnis. Sie können dazu einfach
`Dieses Verzeichnis als Laufwerk A substituieren.cmd`
in dem Verzeichnis ausführen.

Mit dem Describe-Objekt betreten Sie vielleicht zum ersten Mal bewusst die Welt der Objektorientierten Programmierung. Daher noch einmal zwei kurze Hinweise zur Syntax:

- Objekte haben Methoden und Eigenschaften. Methoden können etwas mit dem Objekt machen, Eigenschaften beschreiben nur den Zustand.
  Da wir zunächst die Eigenschaften betrachten, kommen Klammern recht selten vor.
- Ein Objekt kann aus weiteren Objekten bestehen. Auch eine Eigenschaft eines Objekts kann wiederum Objekte nutzen. Diese einzelnen ‚Schachtelungen' werden durch Punkte getrennt.
  Beispiel: Die Beschreibung des Namens des ersten Felds einer Feature-Class erreichen Sie durch ap.Describe(<FeatureClass>).listfields[0].name.

4.1.3.1 Arbeitsverzeichnisse untersuchen

Für die Beschreibung eines Arbeitsverzeichnisses werden die speziellen Eigenschaften von Workspace benötigt und, wie bei allen Describe-Objekten, die grundlegenden Eigenschaften (Describe).

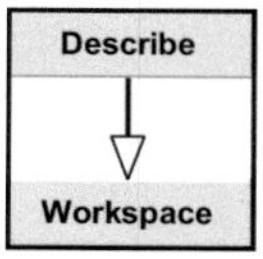

Wichtige Eigenschaften für alle Objekte (`Describe`)

Eigenschaft	Beschreibung & [Rückgabewerte]
`dataType`	Der Datentyp des Datensatzes. [rd. 140 Schlüsselwörter[3]]
`dataElementType`	Das international gültige Schlüsselwort für diesen Datentyp.
`catalogPath`	Der vollständige „echte" Pfad. Wird vornehmlich genötigt, um in Kartendokumenten die Datenquelle von Layern zu ermitteln. [Text]
`path`	Der Pfad zum Workspace des Datensatzes. [Text]
`file`	Der Dateiname des Datensatzes. [Text]
`name`	Der durch den Benutzer zugeteilte Name. Ist eigentlich immer gleich dem Attribut `file`. [Text]
`extension`	Die Erweiterung des Dateinamens; im Gegensatz zu `os.splitext()` allerdings ohne den Punkt. [Text]
`baseName`	Der Basisname des Datensatzes. [Text]

Die Speichergröße von Datensätzen wird nicht als Eigenschaft vorgehalten. Die in ArcCatalog beziehungsweise in Catalog-Windows angezeigten Größen sind mit Python nicht direkt abgreifbar. Hier benutzt Esri COM-Objekt. Die Arbeit damit ist eher fortgeschrittenen ArcGIS Python Nutzern vorbehalten[4].

Welche Dateien zu einem Datensatz gehören, lässt sich direkt nicht ermitteln. Ein Hilfsmittel wäre das Kopieren des Datensatzes in ein separates Verzeichnis und die anschließende Analyse mit dem `glob`.

Die Anwendung dieser Eigenschaften erfolgt in Abschnitt 4.1.3.2 „Vektordaten untersuchen".

Wichtige Eigenschaften des Arbeitsverzeichnisses (Workspace)

Eigenschaft	Beschreibung & [Rückgabewerte]
`release`	Gibt in einer Geodatenbank deren ArcGIS-Version wieder. Schlüsselwörter: Versionscode → ArcGIS-Version 2,2,0 → 9.2 2,3,0 → 9.3, 9.3.1 3,0,0 → 10.0 bis 10.3.1]
`currentRelease`	Ist die Geodatenbank von der gleichen Version wie die Anwendung? [Boole]

[3] Aufgelistet mit den internationalen Schlüsselwörtern, sind diese in der ArcGIS Hilfe zu finden unter dem Abschnitt: „Definieren von Parameterdatentypen in einer Python-Toolbox" [http://resources.arcgis.com/de/help/main/10.2/index.html#//001500000035000000].

[4] Diskussion hierzu im Esri GeoNet: https://geonet.esri.com/message/530880

`workspaceType`	Die Art des Arbeitsverzeichnisses. Schlüsselwörter: FileSystem: Dateibasierte Verzeichnisse (Coverages, Shapefiles ..) & `in_memory` -Verzeichnis LocalDatabase: Geodatenbank ist lokal (File-/Personal-Geodatabase) RemoteDatabase: Server-Datenbanken (ArcSDE, PostGIS …)
`workspaceFactoryProgID`	Feinere Aufschlüsselung von workspaceType. Schlüsselwörter sind vom Typ: *esriDataSourcesGDB.<TYP>WorkspaceFactory.1* wobei <TYP> folgende Worte haben kann: Access → Personal-Geodatabase FileGDB → File-Geodatabase InMemory → in_memory workspace SDE → SDE Geodatabase Nicht dokumentierter Wert ist: SQL → SQLite Geodatabase ansonsten: Leerzeichen → alle anderen
`domains`	Liste mit allen Domänen-Namen. [Liste mit Texten]

Beispiel: Vergleich der Eigenschaften von Arbeitsverzeichnissen

```
 1 >>> desc_Folder = ap.Describe(r'A:\Daten')
 2 >>> desc_Folder.workspaceType
   u'FileSystem'
 3 >>> desc_Folder.workspaceFactoryProgID
   u''
 4 >>> desc_PGDB = ap.Describe(r'A:\Daten\Fernerkundung.mdb')
 5 >>> desc_PGDB.workspaceType
   u'LocalDatabase'
 6 >>> desc_PGDB.workspaceFactoryProgID
   u'esriDataSourcesGDB.AccessWorkspaceFactory.1'
 7 >>> desc_PGDB.release
   u'3,0,0'
 8 >>> desc_FGDB = ap.Describe(r'A:\Daten\Deutschland.gdb')
 9 >>> desc_FGDB.workspaceType
   u'LocalDatabase'
10 >>> desc_FGDB.workspaceFactoryProgID
   u'esriDataSourcesGDB.FileGDBWorkspaceFactory.1'
11 >>> desc_FGDB.release
   u'3,0,0'
12 >>> desc_FGDB.currentRelease
   True
```

```
13 >>> desc_FGDB.domains
   [u'Laender']
14 >>>desc_Lite=ap.Describe(r'A:\Daten\Deutschland_Verwaltungseinheiten.
                                                               sqlite')
15 >>> desc_Lite.workspaceType
   u'LocalDatabase'
16 >>> desc_Lite.release
   u'400556452,2616588,333707580'
17 >>> desc_Lite.currentRelease
   True
18 >>> desc_Lite.workspaceFactoryProgID
   u'esriDataSourcesGDB.SqlWorkspaceFactory.1'
19 >>> desc_Access = ap.Describe(r'A:\Daten\Weiteres\AccessDatenbank_
                                                            2003.mdb')
20 >>> desc_Access.workspaceType
   u'LocalDatabase'
21 >>> desc_Access.workspaceFactoryProgID
   u'esriDataSourcesGDB.AccessWorkspaceFactory.1'
22 >>> desc_Access.release
   u'400558244,2616584,323869160'
23 >>> desc_Access.currentRelease
   False
24 >>> feature_dataset = r'A:\Daten\Deutschland.gdb\Administration'
25 >>> ap.env.workspace = feature_dataset
26 >>> ap.Describe(feature_dataset).workspaceType
   Traceback (most recent call last):
     File "<interactive input>", line 1, in <module>
   AttributeError: DescribeData: Method workspaceType does not exist
27 >>> ap.env.workspace = 'in_memory'
28 >>> desc_mem = ap.Describe(ap.env.workspace)
29 >>> desc_mem.workspaceFactoryProgID
   u'esriDataSourcesGDB.InMemoryWorkspaceFactory.1'
30 >>> desc_mem.release
   u'400558020,2616536,394365136'
```

Promptzeile	**Erläuterung**
1-3	Beispiel für Dateiverzeichnis.
4-7	Beispiel für Personal-Geodatabase. Die Datenbank wurde mit ArcGIS 10.2 erzeugt.
8-13	Die File-Geodatabase ist der Standard-Workspace für die Arbeit in ArcGIS. Diese Geodatenbank wurde mit ArcGIS 10.3.0 erzeugt.
9	Am `workspaceTyp` ist sie von der Personal-Geodatabase nicht zu unterscheiden.

10	Die `workspaceFactoryProgID` kann den Unterschied auflösen (siehe Zeile 6).
11+12	Mit `release` und `currentRelease` erhält man für Datenbanken unter ArcGIS 10.2.x und 10.3.x die gleichen Werte. Da sie offensichtlich kompatibel, wenn nicht gar identisch sind, ist dies auch unkritisch.
13	Die Liste der Domänennamen. Die weitere Bearbeitung ist nur über die Toolbox-Werkzeuge möglich; ein Analysieren der Eigenschaften geht über den Umweg „Domäne in Tabelle".
14-18	Beispiel für eine fremde Geodatenbank (SpatiaLite), die von ArcGIS behandelt werden kann.
16	`release` ergibt ein kryptisches Zahlentripel. Jedes neue `Describe`-Objekt erzeugt bei identischer Datenbank eine andere Kombination.
17	`currentRelease` ist so zu verstehen: Wenn `False` erzeugt wird, ist ein Upgrade möglich.
18	Die Rückgabe von workspaceFactoryProgID ist ein nicht dokumentierter Schlüsselwert. Weitere Schlüsselwerte (z. B. für PostGIS) sind daher denkbar.
19-23	Beispiel für eine reine Access-Datenbank. `workspaceType` und `workspaceFactoryProgID` können sie nicht von einer Personal-Geodatabase unterscheiden. `release` gibt allerdings einen eindeutig unpassenden Wert für eine Personal-Geodatabase zurück. Nach `currentRelease` müsste ein Upgrade möglich sein. Dies wird in ArcCatalog im Kontextmenü *Eigenschaften* auch angeboten, schlägt aber erwartungsgemäß fehl.
25+26	Ein `FeatureDataset` lässt sich zwar als Workspace in `arcpy` einstellen. Das `Describe`-Objekt hat jedoch nicht die Eigenschaften von `Workspace`. Es wird eine Ausnahme erzeugt.
27	`in_memory` bildet eine eigene Art von Datenbank. Alle Eigenschaften hierfür sind verfügbar. Wo auf dem Betriebssystem dieser Workspace allerdings liegt, lässt sich durch `arcpy` nicht ermitteln.

4.1.3.2 Vektordaten untersuchen

Für die Beschreibung einer Feature-Class benötigt man die Eigenschaften von `Describe`, `Table`, `Dataset` und natürlich `FeatureClass` selbst.

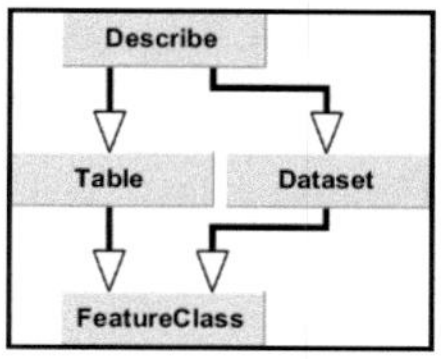

Eigenschaften von Vektordaten (Feature-Class)

Eigenschaft	Beschreibung & [Rückgabewerte]
`shapeType`	Art der Geometrie: [Schlüsselwörter: *Polygon, Polyline, Point, MultiPoint, MultiPatch]*
`shapeFieldName`	Name des Felds, in dem die Geometrie gespeichert wird. Wird benötigt, um an Koordinaten, Länge, Fläche usw. zu kommen. [string]
`hasZ` `hasM`	Hat der Datensatz Höhenwerte? Hat der Datensatz eine lineare Referenzierung?
`featureType`	Art der Features: [Schlüsselwörter: *Simple:* Geometrien aus Polygonen , Linien oder Punkten, einige weitere Schlüsselwörter sind: *Annotation, Dimension, RasterCatalogItem]*
`hasSpatialIndex`	Gibt es räumlichen Index? [Boole]

Eigenschaften von Tabellen (Table)

Eigenschaft	Beschreibung & [Rückgabewerte]
`hasOID`	Hat die Tabelle einen Index? [Boole]
`OIDFieldName`	Name des Felds mit der ID. [string]
`fields`	Liste der Felder: Python-Liste mit `field`-Objekten. Diese Eigenschaft ist identisch mit `Listfields`.
`indexes`	Liste der Indizes: Python-Liste mit `indexes`-Objekten. Diese Eigenschaft ist identisch mit `Listindizes`.

Wenn Sie die Eigenschaft Anzahl der Features bzw. der Zeilen suchen, werden Sie sie in den `Describe`-Objekten vergeblich suchen. Wie Sie Zugriff auf diesen Wert bekommen, zeigen wir Ihnen im Abschnitt 4.2.1 „Die Arbeit mit SearchCursor“.

Beispiel: Eigenschaften eines Shapes und einer Feature-Class abfragen

Streng genommen ist nach ArcGIS-Notation ein Geodatensatz vom Typ *.shp auch eine Feature-Class. Wir verwenden hier zum einfacheren Verständnis die landläufige Notation.

```
>>> shp = r'A:\Daten\DDR.shp'
>>> descSHP = ap.Describe(shp)
>>> descSHP.dataType
u'ShapeFile'
>>> descSHP.dataElementType
u'DEShapeFile'
>>> descSHP.catalogPath
u'A:\\Daten\\DDR.shp'
>>> descSHP.path
u'A:\\Daten'
>>> descSHP.file
u'DDR.shp'
>>> descSHP.name
u'DDR.shp'
>>> descSHP.extension
u'shp'
>>> descSHP.baseName
u'DDR'
>>> descSHP.shapeType
u'Polygon'
>>> descSHP.featureType
u'Simple'
>>> descSHP.hasZ
False
>>> descSHP.shapeFieldName
u'Shape'
>>> descSHP.OIDFieldName
u'FID'
>>> descSHP.hasOID
True
>>> descSHP.fields
[<geoprocessing describe
field object object at
0x1231E4A0>,
. . .
<geoprocessing describe
field object object at
0x1231EA10>]
```

```
>>> fc = r'A:\Daten\Kartenwerke.gdb\DGK5_NDS'
>>> descFC = ap.Describe(fc)
>>> descFC.dataType
u'FeatureClass'
>>> descFC.dataElementType
u'DEFeatureClass'
>>> descFC.catalogPath
u' A:\\Daten\\Kartenwerke.gdb\\DGK5_NDS'
>>> descFC.path
u' A:\\Daten\\Kartenwerke.gdb'
>>> descFC.file
u'DGK5_NDS'
>>> descFC.name
u'DGK5_NDS'
>>> descFC.extension
u''
>>> descFC.baseName
u'DGK5_NDS'
>>> descFC.shapeType
u'Polygon'
>>> descFC.featureType
u'Simple'
>>> descFC.hasZ
False
>>> descFC.shapeFieldName
u'Shape'
>>> descFC.OIDFieldName
u'OBJECTID'
>>> descFC.hasOID
True
>>> descFC.fields
[<geoprocessing describe field object object
 at 0x028FAD70>,
. . .
<geoprocessing describe field object object
 at 0x1231E188>]
```

Die Eigenschaft `fields` gibt, wie `indexes` auch, nicht einen Text oder eine Liste mit Texten zurück, sondern eine Liste von Objekten. Bei `fields` sind die Objekte vom Typ `geoprocessing describe field object object`. Alternativ zum Zugriff über ein `Describe`-Objekt können Sie auch die Funktion `listFields` verwenden. Beide greifen auf die gleiche Klasse zu.

`ListFields(dataset, Suchmuster, feldtyp)`	Listet alle Felder eines Datensatzes als `field object` auf. Die Auswahl kann neben dem Suchmuster auch durch den Feldtyp erfolgen. Schlüsselwörter sind: `All`, `BLOB`, `Date`, `Double`, `Geometry`, `GlobalID`, `GUID`, `Integer`, `OID`, `Raster`, `Single`, `SmallInteger`, `String`.

Beispiel: Feldnamen auflisten mit dem Describe-Object

Eine Eigenschaft von einem `Field Object` ist der Name des Felds.

```
>>> import arcpy as ap
>>> fc = r' A:\Daten\Kartenwerke.gdb\DGK5_NDS'
>>> descFC = ap.Describe(fc) # Describe object
>>> fieldsFC = descFC.fields # Liste field objects
>>> for fieldObj in fieldsFC: fieldObj.name
...
# Das Ganze nun als Listenabstraktion
>>> [fieldObj.name for fieldObj in ap.Describe(fc).fields]
[u'NR', u'NAME', u'LAND', u'Zone', u'Shape_Length', u'Shape_Area']
```

Beispiel: Feldnamen auflisten mit ListFields

```
>>> fc = r' A:\Daten\Kartenwerke.gdb\DGK5_NDS'
>>> ap.ListFields(fc) # Liste mit Objekt vom Typ Feld
[<Field object at 0x10908750[0x6f56440]>,
 ...
 <Field object at 0x10908770[0x6f56068]>]
>>> [fieldObj.name for fieldObj in ap.ListFields(fc)] # Listen-
                                                        abstraktion
[u'OBJECTID', u'Shape', u'NR', u'NAME', u'LAND', u'Zone', u'Shape_
                                       Length', u'Shape_Area']
```

Eigenschaften von Feldern

Eigenschaft	Beschreibung & [Rückgabewerte]	Gültigkeit
`name`	Name des Felds [Text]	
`type`	Feldtyp [Schlüsselwörter: Text, Short, Long, Float, Double, Date, BLOB, Raster, GUID, Geometry]	
`editable`	Darf das Feld bearbeitet werden? [Boole]	
`length`	Gesamtlänge des Felds. [Integer]	Feldtyp: TEXT, BLOB
`scale`	Anzahl der Dezimalstellen. [Integer]	Datei
`precision`	Anzahl der Ziffern des Felds. [Integer]	Datei

aliasName	Aliasname. [Text]	GDB
baseName	Nicht qualifizierender Feldname. [Text]	GDB
domain	Name der zugeordneten Domäne, sonst Leerzeichen. [Text]	GDB
isNullable	Sind NULL-Werte zulässig? [Boole]	GDB
required	Ist es ein Muss-Feld? [Boole]	GDB

Beispiel: Bearbeitbare Felder mit Namen und Datentyp auflisten

```
>>> import arcpy as ap
>>> fc = r'A:\Daten\Deutschland.gdb\Administration\Kreis'
>>> fields = ap.Describe(fc).fields
>>> # Auflisten aller editierten Felder mit dem Datentyp
... for fieldObj in fields:
...     if fieldObj.editable:
...        print '%s (%s)' %(fieldObj.name, fieldObj.type)
...
Shape (Geometry)
Join_Count (Integer)
TARGET_FID (Integer)
Kreisname (String)
Bundesland (String)
```

Das Feld `Shape` taucht auch auf, da die Geometrie selbst ja tatsächlich editierbar ist. Möchten Sie dieses Feld sicher aus der Liste entfernen, können Sie zum Beispiel die Verzweigung um `or fieldObj.type != 'Geometry'` erweitern.

Wann nimmt man `ListFields` und wann das `fields` des `Describe`-Objekts? Mit `ListFields` können Sie ‚eben schnell' und simpel eine Abfrage der Eigenschaften schreiben. Sollten Sie allerdings auch noch andere Dinge des Datensatzes wissen wollen, erzeugen Sie besser ein `Describe`-Objekt und nutzen darin die `fields`-Eigenschaft. Wie Sie sicherlich gemerkt haben, benötigen die Abfragen einige Zeit. Tests unsererseits haben ergeben, dass `ListFields` etwa doppelt so viel Zeit braucht wie das `fields` des `Describe`-Objekts.[5]

Gehen wir wieder zurück zur Übersicht: Die Eigenschaftengruppen von Describe, Table und Feature-Class haben wir Ihnen bereits vorgestellt. Fehlt somit noch die Eigenschaftengruppe Dataset. Die Eigenschaften des Datasets sind, grob gesagt, räumlichen Daten zugeordnet.

5 Verwendetes Skript: describeFields_versus_Listfields.py

Wichtige Eigenschaften eines Datensatzes (Dataset)

Eigenschaft	Beschreibung & [Rückgabewerte]
`canVersion` `isVersioned`	Kann der Datensatz versioniert werden? Ist er versioniert? [Boole]
`datasetType`	Gibt den Datentyp an. [Schlüsselwörter: Any, Container, Geo, FeatureDataset, Feature-Class, PlanarGraph, GeometricNetwork, Topology, Text, Table, RelationshipClass, RasterDataset, RasterBand, TIN, CadDrawing, RasterCatalog, Toolbox, Tool, NetworkDataset, Terrain, RepresentationClass, CadastralFabric, Schematic-Dataset, Locator]
`extent`	Ausdehnung des Datensatzes. [Extent-Objekt]
`Mextent` `ZExtent`	Kleinster und größter Wert in der Höhe oder der linearen Referenzierung [Text: zwei Zahlen, durch ein Leerzeichen getrennt]
`spatialReference`	Raumbezugssystem des Datensatzes. [SpatialReference-Objekt]

Die Objekte für die Ausdehnung und das Raumbezugssystem besitzen natürlich auch Eigenschaften, die hier dargestellt werden sollen:

Eigenschaften einer Ausdehnung (Extent)

Eigenschaft	Beschreibung & [Rückgabewerte]
`XMax,YMax,ZMax,MMax` `XMin,YMin,ZMin,MMin`	Größter und kleinster Wert für die Ausdehnung der jeweiligen Achse. [Double] Wenn die Dimension Z oder M nicht vorhanden ist, wird `None` zurückgegeben.

`height`
`width`
`depth`
	Die Länge der X-Seite (`XMax - XMin`),
	der Y-Seite und der Z-Seite. [Double]
	Wenn die Dimension Z nicht vorhanden ist, gibt `depth` `None` zurück.

`lowerLeft, lowerRight,` `upperLeft, upperRight`	Linke untere, rechte untere, linke obere und rechte obere Ecke der Ausdehnung. [Punkt-Objekt]

Eigenschaften eines Punkts

Eigenschaft	Beschreibung & [Rückgabewerte]
`ID`	Eindeutiger Wert zur Identifizierung (engl. *unique identifier*). [Integer]
`X,Y,Z,M`	Koordinatenwert der jeweiligen Achse. Wenn die Dimension Z oder M nicht vorhanden ist, wird `None` zurückgegeben.

Denken Sie immer daran, dass sich die Werte aus dem Koordinatensystem heraus ergeben. Die Werte selbst haben diese Information aber nicht mehr. Bei einem Vergleich zweier Datensätze müssen Sie selbst auf die Projektion bzw. Transformation achten.

Eigenschaften des Raumbezugssystems (SpatialReference)

Eigenschaft	Beschreibung & [Rückgabewerte]
`XYResolution` `ZResolution, MResolution`	Die Auflösung in Lage, Höhe und linearer Referenzierung. [Double]
`XYTolerance` `ZTolerance, MTolerance`	Die Toleranz in Lage, Höhe und linearer Referenzierung. [Double]
`domain`	Die Ausdehnung in der Lage.
`ZDomain` `MDomain`	Die Ausdehnung in der Höhe & linearen Referenzierung. [Zahlenpaar als Text]
`ZFalseOriginAndUnits` `MFalseOriginAndUnits`	Korrektur Z/M Ursprung. [Zahlenpaar als Text]
`factoryCode`	EPSG-Code des Koordinatensystems.
`falseOriginAndUnits`	Die Minimalwerte der Domäne. [Zahlentriple als Text]
`isHighPrecision`	Besitzt das Bezugssystem High-Precision-Format? [Boole]

`hasXYPrecision`
`hasZPrecision`
`hasMPrecision`
	Besitzt die Achse des Bezugssystems HighPrecision-Format?
	[Boole]

`name`	Der Name des Bezugssystems.
`remarks`	Kommentar zum Bezugssystem.
`type`	Die Art des Systems. [Schlüsselwörter: *Geographic, Projected*]
`usage`	Kommentar zur Nutzung.
Nur projizierte Koordinatensysteme	
`PCSName` `PCSCode`	Name des Bezugssystems. Codierung des Bezugssystems.
`azimuth`	Azimuth des Bezugssystems.
`centralMeridian` `centralMeridianInDegrees`	Zentralmeridian in den Einheiten des Bezugssystems und in Grad.
`centralParallel`	Die Zentralparallele. [Double]
`falseEasting` `falseNorthing`	Das *false easting* bzw. *false northing* des Bezugssystems. [Double]

latitudeOf1st latitudeOf2nd longitudeOf1st longitudeOf2nd	Erster und zweiter Punkt auf dem Breiten- bzw. Längengrad des Bezugssystems.
linearUnitCode linearUnitName	Codierung der Längeneinheit. Name der Längeneinheit.
longitudeOfOrigin	Ursprung des Längengrads.
projectionName projectionCode	Name der Projektion des Bezugssystems. Codierung der Projektion des Bezugssystems.
scaleFactor	Skalierungsfaktor des projizierten Koordinatensystems.
standardParallel1 standardParallel2	Erste und zweite Parallele des Bezugssystems.
Nur geographische Koordinatensysteme	
GCSCode GCSName	Name und Codierung des Bezugssystems.
spheroidCode spheroidName	Name und Codierung des Sphäroiden.
angularUnitCode angularUnitName	Codierung und Name der Winkeleinheit.
datumCode datumName	Codierung und Name des Datums.
primeMeridianCode primeMeridianName	Codierung und Name des Hauptmeridians.
flattening	Abplattungsfaktor.
longitude	Der Längengrad des Hauptmeridians.
radiansPerUnit	Radians je Winkeleinheit.
semiMajorAxis semiMinorAxis	Kleine und große Halbachse.

Beispiel: Feature-Classes mit fehlenden Koordinatensystemen finden

In der Ordnerstruktur Gemeinden fehlt einigen Datensätzen das Koordinatensystem. Diese gilt es zu finden, um sie später behandeln zu können.

```
1 >>> from bookTools import listRecursiv
2 >>> fcs = listRecursiv(r'A:\Daten\Gemeinden', 'FeatureClass' )
3 >>> len(fcs)
  380
4 >>> fcs_unknownSR = [fc for fc in fcs if ap.Describe(fc).Spatial
                                                Reference.name=='Unknown']
5 >>> len(fcs_unknownSR)
  2
```

```
6 >>> for fc in fcs_unknownSR: print fc
    ...
    A:\Daten\Gemeinden\Niedersachsen\Hameln-Pyrmont.shp
    A:\Daten\Gemeinden\Saarland\St Wendel.shp
```

Promptzeile	Erläuterung
1	Die Funktion `listRecursiv` durchsucht alle Datenstrukturen unterhalb des Startpunkts. Sie wird im Abschnitt 4.1.1.2 „Untersuchen ganzer Verzeichnisstrukturen" genauer erklärt und wurde in der `bookTools.py` hinterlegt. Diese wird nun geladen.
2	Alle Feature-Classes (Shapes und ‚echte' Feature-Classes) ab dem Verzeichnis Gemeinden abwärts werden aufgelistet.
3	Kurze Kontrolle: Es gibt davon 380 Stück.
4	Aus dieser Liste werden alle ohne Raumbezugssystem herausgefiltert.
5	Kurze Kontrolle: Es gibt davon zwei Stück.
6	Ausgabe ihrer Pfade in die Konsole.

Wenn eine Eigenschaft nicht zum Systemtyp passt, wie beispielsweise `azimuth` zu einem geographischen System, so wird nicht `None` zurückgegeben, sondern bei Text Leerzeichen (`' '`) und bei Zahlen eine Null (`0` oder `0.0`).

Wenn ein Text zurückgegeben wird, sind die darin enthaltenen Gleitkommazahlen passend zum lokalen Betriebssystem umgewandelt. Aus dem Punkt wird bei uns dann ein Komma. Als Lösung hierfür fällt Ihnen vielleicht zuerst die Methode `.replace(',','.')` ein. Dies wirkt sich aber auf jedes Komma aus. Besser ist die Verwendung des Moduls `locale`.

```
>>> srFC = ap.Describe(fc).spatialReference
>>> srFC.ZDomain # Beispiel für Listentext mit Zahlen
u'-100000 1125899806842,62'
>>> import locale
>>> locale.setlocale(locale.LC_ALL, '') # Umsetzen auf die Einstel-
                                          lungen des Benutzers
'German_Germany.1252'
>>> locale.atof("3,14") # Beispiel für Fließzahlentext
3.14
>>> [locale.atof(i) for i in srFC.ZDomain.split()] # Umsetzen mit
                                                     Listenabstraktion
[-100000.0, 1125899806842.62]
```

Beispiel: Einfache Kontrolle der Übereinstimmung von Koordinatensystemen

Arbeiten Sie mit verschiedenen Datensätzen, so ist es immer sinnvoll zu schauen, ob die Koordinatensysteme übereinstimmen. Eine einfache Überprüfung ist der Abgleich von Namen und EPSG-Code.

```
1 def matchingSpatialReference(raumdaten1,raumdaten2):
2     """Im Buch-Ausdruck ausgelassen
3     """
4     status = 0
5     epsg1 = ap.Describe(raumdaten1).spatialReference.factoryCode
6     epsg2 = ap.Describe(raumdaten2).spatialReference.factoryCode
7     if not (epsg1 and epsg2):
8         status +=1 # Es fehlt mindestens ein EPSG-Code
9     elif epsg1==epsg2
10        status +=4: # codes sind gleich und nicht null
11    else:
12        pass
13    name1 = ap.Describe(raumdaten1).spatialReference.name
14    name2 = ap.Describe(raumdaten2).spatialReference.name
15    if 'Unknown' in (name1, name2):
16        status += 2 # Mind. ein Referenzsystem in unbekannt
17    elif name1 == name2:
18        status += 8 # Namen sind bekannt und identisch
19    else:
20        pass
21    return status
```

Codezeile	**Erläuterung**
1-3	Die Funktion `matchingSpatialReference` wird mit zwei Geodatensätzen aufgerufen. Die Funktion gleicht EPSG-Code und Namen der Koordinatensysteme beider Datensätze ab. Für jede der vier Untersuchungen (Zeilen 8,10,16,18) wird das Ergebnis über einen Wert in `status` gespeichert. Die Werte 1,2,4,8 sind aus dem BitCode. Sie können aufaddiert werden und anschließend eindeutig rückgewonnen werden (10 = 2+8).
4	`status` wird initiiert.
5+6	Der EPSG-Code der beiden Datensätze wird ermittelt. Nicht vorhandener EPS-Code bekommt in *arcpy* den Wert `0`.
7+8	Wenn einer der beiden EPSG-Codes `False` ist, ist die `if`-Bedingung `True`. `status` wird dann um 1 erhöht.
9+10	Durch die Bedingung vorher sind beide Codes sicher nicht `0`. Wenn Sie nun auch gleich sind, wird `status` um 4 erhöht.

11+12	In allen anderen Fällen: Mache nichts. Diese Zeilen sind programmiertechnisch nicht notwendig und dienen mehr zum Verständnis.
13+14	Nun werden die Bezeichnungen der Koordinatensysteme untersucht. Nicht definierte Systeme werden in `arcpy` als `Unknown` markiert.
15+16	Wenn die Sequenz `'Unknown'`in der Bezeichnung einer der beiden Koordinatensysteme vorkommt, ist die `if`-bedingung erfüllt. Diese Bedingung ist eigentlich zu unscharf, da theoretisch ein Teil im Namen eines Koordinatensystems genauso lauten könnte. Wird die Bedingung erfüllt, erhöht sich `status` um 2.
17+18	Die Koordinatensysteme sind bekannt. Wenn sie auch gleich sind, dann wird `status` um 8 erhöht.
19+20	siehe Erläuterung zu Zeilen 11+12.
21	`status` trägt nun die Summe aller Untersuchungen in sich und wird von der Funktion zurückgegeben.

Diese Funktion können Sie nun nutzen. Eine Anwendung aus der Konsole heraus könnte so aussehen:

```
1 >>> fc_Bundeslaender = r'A:\Daten\Deutschland.gdb\Administration\
                                                          Bundesland'
2 >>> fc_kreise_hessen = r'A:\Daten\Kreise\Hessen.shp'
3 >>> fc_TK25 = r'A:\Daten\Kartenwerke.gdb\global\TK25_Blaetter'
4 >>> matchingSpatialReference(fc_Bundeslaender, fc_kreise_hessen)
  12
5 >>> matchingSpatialReference(fc_TK25, fc_Bundeslaender)
  0
```

Promptzeile	**Erläuterung**
1-3	Drei Datensätze sollen miteinander verglichen werden. Ihre Pfade werden an Variablen gebunden.
4	Erster Aufruf der Funktion mit zwei der drei Datensätze. Das Ergebnis 12 kann nur aus der Kombination 4+8 gebildet werden: Code und Name sind vorhanden und stimmen überein.
5	Zweiter Vergleich: Der andere Datensatz wird mit einem der vorherigen verglichen. Das Ergebnis 0 besagt, dass keine der Suchbedingungen erfüllt wurde. Code und Name sind also bekannt, stimmen aber in beiden Teilen nicht überein.

Die Zahlenwerte lassen sich in einem Skript gut verarbeiten, sind zum Lesen aber weniger geeignet. Um die Zahl in Erläuterungstext umzusetzen, können Sie ein Wörterbuch (*dictionary*) erzeugen:

```
dictErrorsSR={ 0: 'Code & Name definiert, stimmen aber nicht überein',
               1: 'Name bekannt, stimmt nicht überein, Code fehlt
                                                    mind.teilweise',
                 . . .
              12: 'Code und Name vorhanden. Stimmen beide ueberein'}
```

Durch dieses Wörterbuch lassen sich die Zahlen in Nachrichten umwandeln.

```
>>> statusSR  = gleicheBezugssysteme(fc_TK25, fc_Bundeslaender)
>>> if statusSR < 12: print dictFehlerSR[statutsSR]
Code & Name definiert, stimmen aber nicht überein
```

Beispiel: Wie viel Grad hat der Vollkreis des Bezugssystems?

```
1 >>> from math import pi # Kreiszahl laden
2 >>> geogrFC = (r'A:\Daten\Kartenwerke.gdb\global\TK25_Blaetter')
3 >>> srGeograph = ap.Describe(geogrFC).spatialReference
4 >>> srGeograph.name
  u'GCS_WGS_1984'
5 >>> srGeograph.radiansPerUnit  # rad je Winkeleinheit
  0.0174532925199433295
6 >>> 2*pi / srGeograph.radiansPerUnit  # 2pi = Vollkreis in rad
  360.0
```

4.1.3.3 Rasterdaten untersuchen

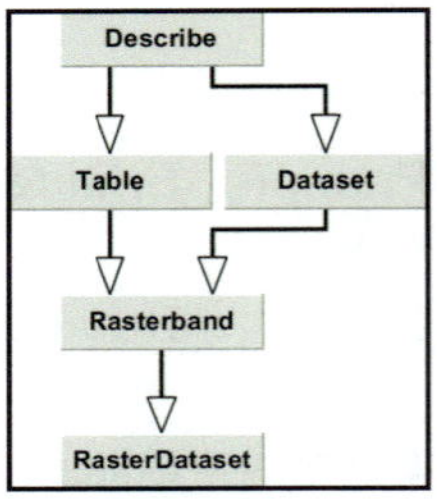

Rasterdateien besitzen neben ihren eigenen Eigenschaften Raster-Dataset die Eigenschaften des Rasterbands sowie Eigenschaften der bereits behandelten *Describe* und *Dataset*. Besitzt der Datensatz auch eine Attributtabelle, so kommen noch die Eigenschaften der Tabelle hinzu.

Eigenschaften eines Rasterdatensatzes (RasterDataset)

Eigenschaft	Beschreibung & [Rückgabewerte]
`bandCount`	Anzahl der Bänder des Rasterdatensatzes [Integer]
`compressionType`	Art der Kompression: [Schlüsselwörter: CCITT Group 3, CCITT Group 4, CCITT (1D), DEFLATE, Deflate/Inflate, JPEG, JPEG2000, LZW, LZ77, None, PACKBITS, RLE, VECTOR QUANTIZATION, Wavelet (MG2), Wavelet (MG4), YCbCr JPEG]
`format`	Das Datenformat des Rasters. [Schlüsselwörter: AAIGrid, BAG, BIL, BMP, BSQ, DTED Level 1, DTED Level 2, FGDBR, FLT, GIF, GRID, GRID Stack 7.x, HDF5Image, IMAGINE Image, JFIF, JP2, MrSID, NITF, PNG, RPF, SDR, TIFF, TIL, USGSDEM AAIGrid, BAG, BIL, BMP, BSQ, DTED Level 1, DTED Level 2, FGDBR, FLT, GIF, GRID, GRID Stack 7.x, HDF5Image, IMAGINE Image, JFIF, JP2, MrSID, NITF, PNG, RPF, SDR, TIFF, TIL, USGSDEM]
`permanent`	Ist der Datensatz persistent? [Boole] Im ArcGIS Spatial Analyst gibt es eine Form, die sich nur im Speicher befindet.
`sensorType`	Sensortyp zur Aufnahme des Bilds [Text]

Wenn Sie eine Eigenschaft vermissen, mit der Sie die Existenz einer Rasterattributtabelle prüfen können, so haben Sie Recht. Dies ist nicht über das `Describe`-Objekt abrufbar. Ursache ist auch hier, dass `hasRAT` nicht eine Eigenschaft, sondern eine Methode ist. Zugriff auf diese Information erhalten Sie durch direktes Erzeugen eines Rasterobjekts aus dem Datensatz:

```
>>> srtm = r'A:\Daten\SRTM\srtm_39_02.tif'
>>> rdsObj_SRTM = ap.Raster(srtm)
>>> rdsObj_SRTM.hasRAT
True
```

Auf folgende Eigenschaften haben Sie über das Rasterobjekt zusätzlichen Zugriff:

Eigenschaft	Beschreibung & [Rückgabewerte]
`hasRAT`	Hat das Raster eine RasterAttributTable (RAT)? RAT ist synonym zu ValueAttributTable (VAT). [Boole].
`isTemporary`	Ist der Datensatz nur temporär? [Boole]
`maximum, minimum` `mean, standardDeviation`	Höchster, kleinster, mittlerer Zahlenwert sowie die Standardverteilung aus allen Zellen. [Double] Gleitkomma auch bei Raster mit Ganzzahlen.
`uncompressedSize`	Der Speicherbedarf ohne Komprimierung auf der Festplatte in Byte. [Integer] Berücksichtigt nicht Unterstützungsdatensätze wie *.ovl usw.

Eigenschaften Rasterband

Eigenschaft	Beschreibung & [Rückgabewerte]
`height` `width`	Anzahl der Zeilen und Spalten des Rasters. [Integer]
`meanCellHeight` `meanCellWidth`	Die Größe der Zelle in y-Richtung und in x-Richtung. Immer in Einheiten des Koordinatensystems. [Double]
`noDataValue`	Wert, der für eine leere Zelle steht. [Double]
`isInteger`	Besteht das Raster aus Ganzzahlen? [Boole]
`pixelType`	Der Pixeltyp des Rasters. [Schlüsselwerte mit der Bedeutung: U1 → 1 bit U2 → 2 bits U4 → 4 bits U8 → 8 bit Ganzzahlen ohne Vorzeichen S8 → 8 bit Ganzzahlen U16 → 16 bit Ganzzahlen ohne Vorzeichen S16 → 16 bit Ganzzahlen U32 → 32 bit Ganzzahlen ohne Vorzeichen S32 → 32 bit Ganzzahlen F32 → Gleitkommazahl, einfache Genauigkeit F64 → Gleitkommazahl, doppelte Genauigkeit
`primaryField`	Der Index des Bands.
`tableType`	Der Klassenname der Tabelle. [Schlüsselwörter: WERT → Verwendung ausschließlich als Werte und nicht zum Indizieren. INDEX → Verwendung als Indizes in der Rastertabelle. INVALID → Werte sind ungültig.

Ein Rasterdatensatz kann mehrere Bänder beinhalten. Anders als bei dem Konstrukt von Tabelle und Feldern gibt es aber hier kein *descRasterdataset.bands*, welches eine Liste von Bänder-Objekten zurückgibt. Den Zugriff auf die Eigenschaften der Rasterbänder bekommen Sie nur durch neue Objekte der `Describe`-Funktion. Dazu muss dem Pfad des Rasterdatensatzes ein „\Band_1“, „\Band_2“ usw. angehängt werden. Siehe hierzu auch das Skript am Ende des Kapitels.

Rasterkataloge haben die Eigenschaften von *Describe*, *Table* und *Dataset*. An eigenen Eigenschaften besitzen sie tatsächlich nur eine.

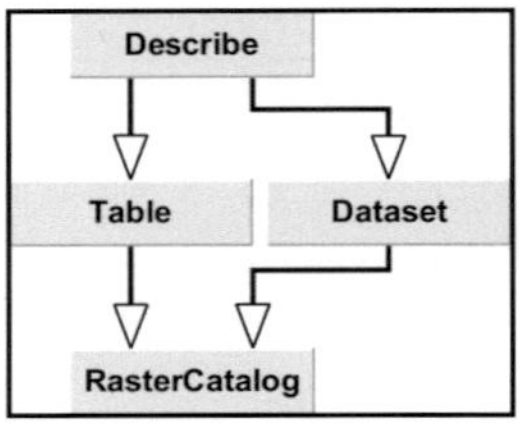

Eigenschaften eines Rasterkatalogs

Eigenschaft	Beschreibung & [Rückgabewerte]
`rasterFieldName`	Name der Spalte mit den Rastern. [Text]

```
>>> rasterKatalog = r'A:\Daten\Fernerkundung.mdb\SRTM'
>>> ap.Describe(rasterKatalog).rasterFieldName
u'Raster'
```

Beispiel: Formatierte Ausgabe ausgewählter Eigenschaften von Rasterdatensätzen

Dieses Skript liest für alle Rasterdatensätze eines Verzeichnisses ausgewählte Eigenschaften aus und gibt sie formatiert an die Konsole aus. Durch Zusätze wie das Abspeichern des Texts in eine Datei (`file`, Kapitel 3.7 „Dateien lesen und schreiben“) oder das rekursive Verarbeiten von Verzeichnissen (`walk`, Abschnitt 4.1.1.2 „Untersuchen ganzer Verzeichnisstrukturen“) lässt sich das Skript leicht produktiv einsetzen.

```
# -*- coding: UTF-8 -*-
#-------------------------------------------------------------------------------
# Name:         Ausgabe_Rastereigenschaften.py
# Purpose:      Auslesen der Eigenschaften einer Liste von
                                                    Rasterdatensätzen
#
# Author:       lulferts
#
# Created:      01.07.2015
#
#-------------------------------------------------------------------------------

import arcpy as ap

# LISTEN MIT GESUCHTEN EIGENSCHAFTEN
propList_Describe = ['catalogPath', 'path', 'file', 'name',
                     'extension',
                     'baseName', 'dataType', 'dataElementType', ]
propList_Dataset = ['datasetType', ]
propList_Extent = ['XMin','YMax','ZMin','height','width', 'depth']
propList_SpatialReference= ['name','factoryCode','type']
propList_FeatureClass = ['shapeType', 'shapeFieldName', 'hasZ', 'hasM',
                        'featureType', 'hasSpatialIndex']
propList_RasterDataset = ['bandCount','compressionType','format',
                          'permanent','sensorType']
propList_RasterBand = ['height', 'width', 'meanCellHeight',
                      ,meanCellWidth‘,'NoDataValue','isInteger'
                      ,‘pixelType‘,'primaryField','tableType‘]
objPropList_Raster = ['hasRAT', 'isTemporary', 'maximum',
                      'minimum', 'mean',
                      'standardDeviation', 'uncompressedSize']
propList_Field = ['name', 'type', 'editable', 'length', 'scale',
                  'precision','aliasName','baseName', 'domain',
                  'isNullable', 'required']
```

```


# VORBEREITUNG FUER DIE FORMATIERTE AUSGABE DER ERGEBNISSE
# erstes Layout fuer die formatierte Ausgabe
#  Das laengste Wort aus den Listen hat wieviel Buchstaben?
signs = max([len(i) for i in
                 propList_Describe + propList_SpatialReference
                                                   +propList_Field,
                 propList_RasterDataset +objPropList_Raster
                                                 +propList_Dataset])
# Bsp: dataType           -> RasterDataset
layout = '{0:<%i} -> {1}'%signs

# zweites Layout mit Einzug (für Baender & Felder eines
                                                  Rasterdatensatzes)
layout_mitTab = '\t{0:<%i} -> {1}'%max([len(i) for i in
                          propList_RasterBand +propList_Field])
#-----------------------------------------------------------------
def list_RDS_properties(pfad):
    desc_RDS = ap.Describe(pfad)
    # Allgemeine und Rasterdataset Eigenschaften
    for prop in propList_Describe + propList_Dataset
                                          +propList_RasterDataset:
        print layout.format(prop, getattr(desc_RDS, prop))

    rasterObj_RDS = ap.Raster(pfad) # RasterObjekt erzeugen
    for prop in objPropList_Raster:
        print layout.format(prop, getattr(rasterObj_RDS, prop))

    print 'Raumbezugssystem'
    for prop in propList_SpatialReference:
        print layout.format(prop, getattr(desc_RDS.SpatialReference,
                                                             prop))
    print 'Ausdehnung'
    for prop in propList_Extent:
        print layout.format(prop, getattr(desc_RDS.Extent, prop))


    # ---------- Felder & Baender abfragen ---------------
    if rasterObj_RDS.hasRAT:
        print 'Datensatz hat Attributtabelle mit folgenden Feldern:'
        for desc_field in desc_RDS.fields:
            for prop in propList_Field:
                print layout_mitTab.format(prop, getattr(desc_field,
                                                            prop))
            print '\t' + 20*'_ '
```

```
71
72      print 'Datensatz hat folgende Baender:'
73      bandCount = desc_RDS.bandCount
74      # Baenderindizierung ist 1-basiert
75      for nummer in range(1, bandCount+1):
76          print '\tBand Nummer %i' %nummer
77          descBand = ap.Describe(desc_RDS.catalogPath + '\\band_%i'
                                                               %nummer)
78          for prop in propList_RasterBand:
79              print layout_mitTab.format(prop, getattr(descBand, prop))
80          print '\t'+ 20*'- '
81      print 80*'_'
82 #-------------------------------------------------------------------
83 def investigate_Workspace(ws):
84      ap.env.workspace = ws
85      rasterDatasets = ap.ListRasters()
86      m= len(rasterDatasets)
87      print '%i Rasterdatensaetze gefunden' %m
88      print 80*'_'
89      for n,rasterdata in enumerate(rasterDatasets):
90          print 'Datensatz %i von %i' %(n, )
91          single_RDS(rasterdata)
92 #-------------------------------------------------------------------
93 if __name__ == '__main__':
94      investigate_Workspace(r'A:\Daten\SRTM')
```

Skript-zeile	**Erläuterung**
11-44	Dieser Teil wird am Anfang des Skripts einmal eingelesen. Hier stehen die während der gesamten Laufzeit gültigen Variablen.
14-30	Nach den Gruppen sortiert, werden die zu untersuchenden Eigenschaften aufgelistet.
33-40	Ziel ist eine übersichtliche Darstellung der Eigenschaften in einer linken Spalte mit ihren Werten in einer rechten Spalte mit einem Trennersymbol -> dazwischen. Siehe hierzu auch die Abbildung am Ende der Erläuterungen.
36-38	Die Breite der linken Spalte ergibt sich aus dem längsten Wort in den Eigenschaften. Von jeder Eigenschaft wird die Länge der Zeichenfolge ermittelt. Aus dieser Zahlenliste wird der höchste Wert ermittelt.
40	Der hier generierte Text ist die syntaktische Anweisung für `.format`. Folgendes ist zu tun: Schreibe die erste Variable linksbündig mit i-Zeichen, gefolgt von einem „ -> " und der zweiten Variablen.
42-45	Da jeder Datensatz mehrere Felder in seiner Tabelle und mehrere Bänder haben kann, werden diese eingerückt angezeigt.

43	Analog zu den Zeilen 36-38, jedoch komprimierter geschrieben. Die Breite wird nicht erst an eine Variable gebunden, sondern direkt übergeben.
46-81	Die Funktion `list_RDS_properties` untersucht einen einzelnen Rasterdatensatz auf seine Eigenschaften. Benötigt wird nur der Pfad zum Datensatz.
47	Das `Describe`-Objekt für den Rasterdatensatz wird erzeugt.
49-50	Schleife über alle Eigenschaften in den angegebenen Listen. Der Schleifen-Block besteht nur aus einer einzigen Anweisung.
50	Der Textformatierer von Python übergibt zwei Variablen an das in Zeile 40 definierte Format. Die erste Variable ist der Name der Eigenschaft, die zweite Variable ist das Ergebnis einer Funktion. `getattr` gibt den Wert des namentlich genannten Attributs wieder. `getattr(objekt, "attribut") = objekt.attribut` Mit `hasattr` kann zuvor getestet werden, ob das Objekt überhaupt dieses Attribut besitzt.
56-61	Das gleiche Verfahren wie in der Schleife zuvor. Da es sich um unterschiedliche Objekte handelt, werden separate Schleifen benötigt.
65	Verzweigung: Nur wenn der Datensatz eine Rasterattributtabelle besitzt, werden Zeilen 66-70 ausgeführt.
66-70	Für jedes Feld in der Liste der Feldobjekte von `desc_RDS.fields` wird analog zu den Schleifen vorher gearbeitet. Die eingerückte Formatierung wird hier das erste Mal verwendet.
70	Nach jedem Feld wird eine gestrichelte Zeile eingeschoben.
73-79	Die Auflistung der Eigenschaften jeden Bands ist etwas aufwendiger.
73	Zunächst wird die Anzahl der Bänder ermittelt. Kleinste Zahl ist hier 1.
75	Um jede Zahl von 1 bis zu `bandCount` aufzulisten, startet `range` beim Wert 1 und geht bis ausschließlich `bandCount+1`.
77	Der Zugriff auf das `Describe`-Objekt des Bands erfolgt durch die Ergänzung des Pfads zum Rasterdatensatz um die Textfolge „\Band_" plus die Nummer.
76-79	Analog zu den vorherigen Schleifen.
80	Nach jedem Band eine gestrichelte Linie.
81	Ist der Rasterdatensatz vollständig beschrieben, kommt eine Linie.
83-91	Funktion, um alle Rasterdatensätze eines Workspaces aufzulisten und dann einzeln an die Funktion `list_RDS_properties` weiterzugeben. Benötigt wird der Pfad zu Workspace.
84-85	ArcPy wechselt in den Workspace und listet alle dort gefundenen Rasterdatensätze auf.
86-87	Als Info wird die Anzahl der Datensätze ausgegeben.

89 Da bei jedem einzelnen Datensatz der Fortschritt angezeigt werden soll, wird mit `enumerate` nicht nur das einzelne Element übergeben, sondern auch der Index dazu. Der Index wird im Schleifen-Block an `n`, die Pfad zum Datensatz an `rasterdata` gebunden.

93 Klassische Verzweigung am Ende eines Python-Skripts. Sorgt dafür, dass dieser Teil nur ausgeführt wird, wenn die Python-Datei direkt aufgerufen wird. Bei einem `import` wird der `if`-Block übergangen.

```
C:\Windows\system32\cmd.exe

C:\>A:\Skripte\Ausgabe_Rastereigenschaften.py
5 Rasterdatensaetze gefunden
------------------------------------------------------------------
Datensatz 1 von 5
catalogPath              -> A:\Daten\SRTM\srtm_38_02.asc
path                     -> A:\Daten\SRTM
file                     -> srtm_38_02.asc
name                     -> srtm_38_02.asc
extension                -> asc
baseName                 -> srtm_38_02
dataType                 -> RasterDataset

XMin                     -> 5.0
YMax                     -> 55.0
ZMin                     -> None
height                   -> 5.0
width                    -> 5.0
depth                    -> None
Datensatz hat Attributtabelle mit folgenden Feldern:
        name             -> OID
        type             -> OID
        editable         -> False
        length           -> 4
        scale            -> 0
        precision        -> 0
        aliasName        -> OID
        baseName         -> OID
        domain           ->
        isNullable       -> False
        required         -> True
        - - - - - - - - - - - - - - - - - - - -
        name             -> Value
        type             -> Integer
        editable         -> False
        length           -> 10

        domain           ->
        isNullable       -> False
        required         -> False
        - - - - - - - - - - - - - - - - - - - -
Datensatz hat folgende Baender:
        - - - - - - - - - - - - - - - - - - - -
        Band Nummer 1
        height           -> 6000
        width            -> 6000
        meanCellHeight   -> 0.000833333333333
        meanCellWidth    -> 0.000833333333333
        NoDataValue      -> -9999
        isInteger        -> True
        pixelType        -> S32
        primaryField     -> 0
        tableType        -> Value
------------------------------------------------------------------
Datensatz 2 von 5
catalogPath              -> A:\Daten\SRTM\srtm_38_03.asc
path                     -> A:\Daten\SRTM
file                     -> srtm_38_03.asc
```

Mit dem Ende dieses Abschnitts sollten Sie in der Lage sein, die Eigenschaften eines jeden Datentyps abrufen zu können. Mit jeder Version von ArcGIS kann es neue Schlüsselwörter geben. Gerade im Bereich der Rasterdaten erweitert Esri die lesbaren Formate erheblich. Einige Datentypen blieben unberücksichtigt (zum Beispiel Punktwolken in LAS-Dateien). Wenn Sie die Grundarbeitsweise von *Describe* verinnerlicht haben, können Sie sich die Informationen auch für ‚exotischere' Datentypen selbst erschließen.

4.2 Tabellen untersuchen

Im vorherigen Kapitel haben wir den Datensatz als Ganzes untersucht. Nun wenden wir uns seiner Tabelle zu und untersuchen die einzelnen Elemente.

Zunächst noch einige Begriffsdefinitionen: ‚Zeile' (engl. *row* und auch *record*) und ‚Feature' werden synonym verwendet, das Gleiche gilt für ‚Spalte' (engl. *column*) und ‚Attributfeld'. Die kleinste Einheit einer Tabelle ist die Zelle. Sie ist der Schnittpunkt einer Zeile und einer Spalte und beinhaltet den (Feld-)Wert.

In Datenbanken wird der Zugriff auf die einzelnen Zeilen, Spalten und Zellen über so genannte Zeiger (engl. *cursor*) realisiert. Dieser Zeiger wandert durch jede Zeile der Tabelle immer von oben nach unten. Ist er am Ende angekommen, kann an den Anfangspunkt zurückgesetzt werden. Der Zeiger kann nicht ‚rückwärts' laufen!

Die Arbeit mit Tabellen ist in ArcGIS eng mit dem Datenzugriffsmodul `da` *(DataAccess)* verbunden, das solche Cursors besitzt.

Bevor das Modul *DataAccess* mit der Version 10.1 eingeführt wurde, war der Zugriff auf den Inhalt einer Tabelle nur über verschiedene Cursors aus dem Modul `arcpy` möglich. Sie sind immer noch funktional und gültig, sollten aber nicht genutzt werden. Die Cursors aus dem Datenzugriffsmodul sind viel performanter und bieten mehr Optionen. Wenn also im Folgenden von Cursor gesprochen wird, sind immer die Cursors aus dem Datenzugriffsmodul DataAccess (da) gemeint.

Das Modul besteht aus 7 Klassen und 13 Funktionen. Hiervon sind viele für Anfänger nicht relevant. `Replica` und `Versions` sind nur für ArcSDE bzw. verteilte Geodatenbanken interessant. `Domänen` und `Subtypes` stufen wir für Anfänger als nicht interessant ein. Die `Walk`-Funktion haben wir bereits in Abschnitt 4.1.1.2 „Untersuchen ganzer Verzeichnisstrukturen" behandelt.

Die Klassen und Funktionen für die Arbeit in NumPy-Arrays (`NumPyArrayToTable`, `TableToNumPyArray`, `FeatureClassToNumPyArray`, `NumPyArrayToFeatureClass` und `ExtendTable`) bergen ein großes Feld an Möglichkeiten und neuen Arbeitsmethoden mit Python. Sie würden vom Umfang her dieses Buch sprengen und sind für Anfänger eine Nummer zu groß.

Die Klassen `Editor`, `UpdateCursor` und `InsertCursor` werden im Kapitel 5 „Daten erzeugen" behandelt. Es bleibt somit zunächst die Klasse `SearchCursor` mit der entsprechenden Funktion, um die Objekte zu erzeugen.

Zunächst jedoch ein kurzer Überblick über die eng miteinander verbundenen Cursor-Klassen. Alle drei decken die Arbeitsarten innerhalb einer Tabelle ab: Lesen, Ändern, Erzeugen.

Zugriff	Cursor-Typ	Methode	Auswirkung auf Position
lesend	`SearchCursor`	`next()`	Ruft die nächste Zeile ab.
lesend		`reset()`	Setzt den Cursor auf die Anfangsposition zurück.
lesend, schreibend	`UpdateCursor`	`next()`	Ruft die nächste Zeile ab.
lesend, schreibend		`reset()`	Setzt den Cursor auf die Anfangsposition zurück.
lesend, schreibend		`updateRow()`	Aktualisiert die aktuelle Zeile.
lesend, schreibend		`deleteRow()`	Entfernt eine Zeile aus der Tabelle.
schreibend	`InsertCursor`	`insertRow()`	Fügt eine Zeile in die Tabelle ein.

4.2.1 Die Arbeit mit `SearchCursor`

Mit dem *SearchCursor* haben Sie ausschließlich lesenden Zugriff auf eine Tabelle. Objekte der Klasse *SearchCursor* werden mit der gleichnamigen Funktion erzeugt. Die allgemeine Form lautet:

```
SearchCursor (Tabelle, Felder,
              {Bedingung},
              {Raumbezug},
              {in_Punkte_zerlegen},
              {Aggregieren_Sortieren})
```

In den geschweiften Klammern stehen optionale Werte. Nachfolgend sind die Bedeutungen der Parameter kurz aufgelistet. Die genaueren Beschreibungen erfolgen in den anschließenden Kapiteln.

Parameter (Schlüsselwort)	Erklärung
`Tabelle`	Eingangstabelle kann eine Feature-Class, ein Layer, eine Tabelle oder Tabellenansicht (*Tableview*) sein.
`Felder`	Eine Liste mit den Feldnamen, die benötigt werden. Bei nur einem Feld ist keine Liste nötig. Mit dem Asterisk `'*'` werden alle Felder ausgewählt. Raster- und BLOB-Felder werden nicht unterstützt. Für das Geometriefeld können Teilinformationen abgerufen werden.
`Bedingung (where_clause)`	SQL-Ausdruck, um die Anzahl der Zeilen einzuschränken (*where_clause*).

`Raumbezug (spatial_reference)`	Objekt für den Raumbezug, in dem die Untersuchungen durchgeführt werden. Dies lässt sich zur Projektion von Geometrien verwenden.
`In Punkte zerlegen (explode_to_points)`	Zerlegt die Features in eine Liste der Knoten und Stützpunkte der Geometrie.
`Aggregieren/Sortieren (sql_clause)`	Liste mit zwei SQL-Ausdrücken als Elementen, Praefix und Postfix genannt. Mit ihnen lassen sich Zeilen zusammenfassen und ihre Reihenfolge ändern (siehe auch Abschnitt 4.2.1.5 „Aggregieren und Sortieren").

Jedes *SearchCursor*-Objekt hat eine Eigenschaft und zwei Methoden. Alle werden ohne Parameter aufgerufen:

Eigenschaft	**Erklärung**
`fields`	Gibt ein Tupel aller vom Cursor verwendeten Felder und Token wieder. Dieses Tupel entspricht der mit dem Parameter `Felder` übergebenen Liste. Wurde der Asterisk bei der Erzeugung des Objekts verwendet, werden alle Felder aufgelistet, analog zu dem `listFields` der `Describe`-Klasse.
Methode	**Erklärung**
`next()`	Gibt die nächste Zeile mit den Feldinhalten als Tupel zurück.
`reset()`	Setzt den Cursor wieder in die erste Zeile der Tabelle zurück.

Die simpelste Form ist es, den *SearchCursor* nur mit den Pflicht-Parametern zu verwenden. Dies ist der Pfad zur Tabelle beziehungsweise Feature-Class und die Liste der Felder.

Beispiel: Erstes einfaches Nutzen von SearchCursor

```
>>> import arcpy as ap
>>> da = ap.da
>>> fc_pfad = r'A:\Daten\Deutschland.gdb\Administration\Bundesland'
>>> cursor = da.SearchCursor(fc_pfad,'*')
>>> for row in cursor:
...     print row
(1, (798734.0542401689, 5825933.825378204), u'Berlin', 221850.
                                        14492286596, 893106072.457674)
(4, (685498.6578237145, 5765493.960311359), u'Sachsen-Anhalt',
                                   1184168.8692111657, 20553955973.433456)
....
```

```
  (25, (553651.9950221862, 6004156.433702383), u'Schleswig-Holstein',
                                1620248.5132667127, 15607685908.493393)
  (32, (732862.7423285606, 5961981.418960691), u'Mecklenburg-Vorpommern',
                                2429925.2881938913, 23087454714.696667)
6 >>> cursor.reset()
7 >>> idx_Bundesland = cursor.fields.index('Bundesland')
8 >>> for row in cursor:
  ...     print row[idx_Bundesland]
  Berlin
  Sachsen-Anhalt
  ...
  Schleswig-Holstein
  Mecklenburg-Vorpommern
9 >>> del cursor
```

Promptzeile	Erläuterung
1+2	*arcpy* laden und das DataAccess-Modul unter `da` verfügbar machen.
3	Pfad zur Feature-Class festlegen.
4	Ein *SearchCursor*-Objekt soll auf diese Datei verweisen. Als Felderliste werden mit dem Asterisk alle Felder genommen.
5	Der Cursor wandert die Zeilen herunter und gibt jede einzelne als `row` an den Schleifenblock weiter. Dort wird `row` auf die Konsole ausgegeben. So können Sie sehen, woraus für den Cursor eine Zeile, hier ist es immer ein Feature, besteht. Ein Feature wird dargestellt als ein Tupel, beginnend mit der FID des Features und dem geometrischen Schwerpunkt der Fläche als XY-Tupel. Dann folgen die benutzerdefinierten Spalten, in diesem Fall nur eine mit dem Ländernamen. Da es sich um eine Feature-Class in einer Geodatenbank handelt, werden als Letztes die Flächengröße und der Umfang aufgelistet.
6	Der Cursor ist am Ende der Tabelle angekommen. Wollen Sie die Tabelle nochmals ausgeben, müssen Sie den Cursor wieder nach ganz oben setzen.
7	Wenn Sie nicht wissen, welchen Index welche Spalte hat, nutzen Sie die `index`-Methode, um die Position der Spalte innerhalb des Cursors zu ermitteln.
8	Nun nur die Ausgabe der Werte aus der drittletzten Spalte.
9	Das Objekt wird gelöscht. „Der Finger geht von der Tabelle.“

Das gerade gezeigte Beispiel hat zwei Nachteile: Es werden relativ viele Codezeilen benutzt. Viel gravierender ist jedoch, dass es keine Absicherung gibt, wenn beim Lesen eine Ausnahme auftritt. Diese müsste dann ja mit `try/except` behandelt werden. Nutzen Sie daher besser das `with`-Statement, welches auch zum Arbeiten mit Dateien verwendet wird (siehe auch *sicherstellen von close()* am Ende des Kapitels 3.7 „Dateien lesen und schreiben“).

Beispiel: with-Statement und Spalten-Auswahl nutzen

Alle Bundesländer sollen aufgelistet werden. Da Sie diesmal nur ein Feld benötigen, schränken Sie den Cursor auf diese Spalte ein.

```
>>> with da.SearchCursor(fc_pfad, 'Bundesland') as cursor:
...     for row in cursor:
...         print row[0]
Berlin
Sachsen-Anhalt
...
Sachsen
Schleswig-Holstein
Mecklenburg-Vorpommern
```

Der *SearchCursor* arbeitet umso schneller eine Tabelle durch, je weniger Felder gelesen werden müssen. Beschränken Sie die Liste der Felder also immer auf die für das Skript generell notwendigen.

4.2.1.1 Optionen Geometriefeld

Wenn Sie nur eine einzelne Eigenschaft und nicht das ganze Geometrie-Objekt benötigen, stehen Ihnen so genannte Geometrie-Token zur Verfügung. Diese sind nicht nur unkomplizierter im Zugriff, sondern auch schneller als das gesamte Geometrie-Objekt zu nehmen.

In der Feldwertberechnung lassen sich diese Geometrie-Token ebenfalls verwenden. So können Sie in Shape-Dateien Berechnungen zu Flächengröße, Umfang usw. durchführen, ohne zuvor ein entsprechendes Feld erzeugt zu haben. Zudem entfällt die Kontrolle, ob der Wert in einem vorhandenen Feld *Shape_Area* oder *Shape:Length* der aktuellen Geometrie entspricht.

Token	Rückgabe.
OID@	ObjektID für das Feature.
SHAPE@	Geometrie-Objekt für das Feature.
SHAPE@XY	Geometrischer Schwerpunkt.
SHAPE@X SHAPE@Y SHAPE@Z SHAPE@M	X-, Y-, Z- und M-Wert des geometrischen Schwerpunkts. Bei Z und M muss die Dimension vorhanden sein, sonst gibt es eine Ausnahme. Test mit `hasZ`/`hasM`.
SHAPE@TRUECENTROID	Flächeninnenpunkt.
SHAPE@AREA	Fläche des Features, nur bei Polygonen, sonst 0.0.

SHAPE@LENGTH	Länge, Umring des Features, bei Punkten 0.0.
SHAPE@JSON SHAPE@WKT SHAPE@WKB	Liste der Knoten und Stützpunkte in verschiedenen Formaten: JSON sowie die OGC-Formate *Well-known Text* und *Well-known Binary.*

Beispiel: Geometrie-Token anzeigen

```
1 >>> simple_polygone = r'A:\Daten\Weiteres\SimplePolygone.shp'
2 >>> simple_linien = r'A:\Daten\Weiteres\SimpleLinien.shp'
3 >>> simple_punkte = r'A:\Daten\Weiteres\SimplePunkte.shp'

4 >>> felder =['OID@','SHAPE@Area','SHAPE@LENGTH']
5 >>> with da.SearchCursor(simple_polygone,felder) as cursor:
  ...     for row in cursor:
  ...         print '{}:\t{}\t{}'.format(*row)
  0:  2.0 6.472135955
  1:  8.0 16.0
  2:  4.0 13.6568542495
```

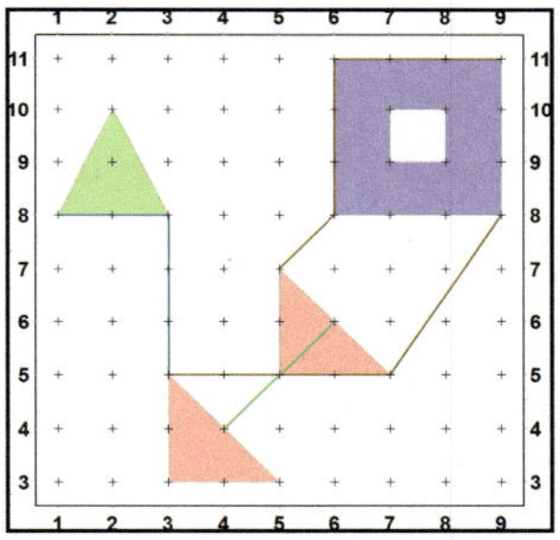

```
6 >>> felder2 = ['OID@','SHAPE@X','SHAPE@Y']
7 >>> with da.SearchCursor(simple_polygone, felder2) as cursor:
  ...     for row in cursor:
  ...         print '{}: {}, {}'.format(*row)
  0: 2.00012207031, 8.66678873698
  1: 7.50012207031, 9.50012207031
  2: 4.66678873698, 4.66678873698
8 >>> felder3 = ['OID@', 'SHAPE@WKT']
9 >>> with da.SearchCursor(simple_linien, felder3) as cursor:
  ...     for row in cursor:
  ...         print '{}:\t{}'.format(*row)
  0:  MULTILINESTRING ((1.0001220703125 8.0001220703125, 3 8,
                        3.0001220703125 5.0001220703125))
  1:  MULTILINESTRING ((3.0001220703125 5.0001220703125,
                        7.0001220703125 5.0001220703125,
                        9.0001220703125 8.0001220703125),
                       (9.0001220703125 11.0001220703125,
                        6.0001220703125 11.0001220703125,
                        6.0001220703125 8.0001220703125,
                        5.0001220703125 7.0001220703125))
  2:  MULTILINESTRING ((4.0001220703125 4.0001220703125,
                        6.0001220703125 6.0001220703125))
```

Promptzeile	Erläuterung
1-3	Pfade zu den Feature-Classes mit Flächen, Linien und Punkten. In der Abbildung sehen Sie die Lage der Linien und Flächen.
4/6/8	Listen mit beispielhaften Geometrie-Token.
5	Die Flächen und Umringe beziehen sich erwartungsgemäß auf das gesamte Feature. Bei Multipart-Features ist es die Summe der einzelnen Teile.
7	Der geometrische Schwerpunkt liegt nur beim grünen Dreieck innerhalb der Fläche. Die roten Flächen und die blaue Fläche haben ihren Schwerpunkt außerhalb.
8	Die Rückgabe bei *WKT* (*WellKnownText*) zeigt die Verschachtelung innerhalb eines Multi-Features. Bei einer Polygon-Feature-Class ist es ebenso. Jedes einzelne Teil bildet eine Fläche. Liegt diese außerhalb, ist es eine zusätzliche Fläche. Liegt es innerhalb einer anderen, ist es eine Abzugsfläche.

4.2.1.2 Geometrie in Punkte zerlegen

Wenn Sie beim *SearchCursor* bei Felder auf die Geometrie zugreifen und gleichzeitig *in Punkte zerlegen* auf `True` setzen, wird die Geometrie zerlegt. Jeder einzelne Punkt erzeugt eine eigene Zeile in der Rückgabe. Alle Geometrie-Token erzeugen Werte wie bei einer Punkt-Feature-Class.

Beispiel: Polygon-Geometrie zerlegen

```
1 >>> felder4 = ['OID@', 'SHAPE@XY' ]
2 >>> with da.SearchCursor(simple_polygone, felder4, explode_to_
                                           points=True) as cursor:
  ...     for row in cursor:
  ...         print 'Flaeche {} Punkt: {}'.format(*row)
  Flaeche 0 Punkt: (1.0001220703125, 8.0001220703125)
  Flaeche 0 Punkt: (2.0001220703125, 10.0001220703125)
  Flaeche 0 Punkt: (3.0001220703125, 8.0001220703125)
  Flaeche 0 Punkt: (1.0001220703125, 8.0001220703125)
  Flaeche 1 Punkt: (6.0001220703125, 11.0001220703125)
  ...
  Flaeche 2 Punkt: (7.0001220703125, 5.0001220703125)
  Flaeche 2 Punkt: (5.0001220703125, 5.0001220703125)
```

Promptzeile	Erläuterungen
1	Festlegen, welche Felder genommen werden: Die ID und der geometrische Schwerpunkt. Durch das Zweite wird auf die Geometrie zugegriffen.

2 In der schon bekannten Anweisung soll nun zusätzlich die Geometrie in Punkte zerlegt werden.
Wenn Sie die Liste genauer betrachten, werden Sie feststellen, dass es immer eine Zeile mehr gibt, als zu erwarten wäre. Zudem haben die Koordinaten der ersten und der letzten Zeile einer Fläche immer die gleichen Werte.

Für Fläche gilt eine fast biblische Regel: „Der Erste wird auch immer der Letzte sein.“ In einem Polygon sind der Startpunkt und der Endpunkt identisch. So können Sie schon anhand der Punkte unterscheiden, ob es sich um ein Polygon oder eine Polylinie handelt.

4.2.1.3 Raumbezugssysteme nutzen

Bei der Arbeit in ArcMap sind Sie es gewohnt, dass die Raumbezugssysteme der einzelnen Geodatensätze gegebenenfalls in das System des Datenrahmens transformiert werden. Beim `SearchCursor` können Sie dies ebenfalls erreichen. Mit dem Parameter *Raumbezug* legen Sie fest, in welchem Koordinatensystem der Datensatz bearbeitet werden soll.

Beispiel: Umwandlung von WGS84 in ETRS89/UTM32N

```
1 >>> ziel_rbs_FC = r'A:\Daten\Deutschland.gdb\Administration\Bundesland'
2 >>> geometrien_FC = r'A:\Daten\Bundeslaender.shp'
3 >>> ziel_RBS = ap.Describe(ziel_rbs_FC).spatialReference
4 >>> ziel_RBS.name
  u'ETRS_1989_UTM_Zone_32N'
5 >>> ap.Describe(geometrien_FC).spatialReference.name
  u'GCS_WGS_1984'
6 >>> felder2 = ['OID@','SHAPE@X','SHAPE@Y']
7 >>> with da.SearchCursor(geometrien_FC, felder2) as cursor:
  ...       for row in cursor:
  ...           print '{0:2d}: {1:8.1f},{2:9.1f}'.format(*row)
   0:     13.4,      52.5
   1:     11.7,      52.0
   2:      7.4,      49.9
  ...
  13:     13.3,      51.1
  14:      9.8,      54.2
  15:     12.5,      53.8
8 >>> with da.SearchCursor(geometrien_FC, felder2,'', ziel_RBS) as cursor:
  ...       for row in cursor:
  ...           print '{0:2d}: {1:8.1f},{2:9.1f}'.format(*row)
   0: 798734.1, 5825933.8
   1: 685498.7, 5765494.0
   2: 388849.7, 5529902.3
  ...
```

```
13: 804515.8, 5664713.0
14: 553652.0, 6004156.4
15: 732862.7, 5961981.4
```

Promptzeile	Erläuterung
1	Die *ziel_rbs_FC* soll das gewünschte Raumbezugssystem liefern.
2	Die *geometrien_FC* beinhaltet die zu betrachtenden Features.
3	Das Ziel-Raumbezugssystem wird aus der *ziel_rbs_FC* herausgelesen.
4	Kurze Kontrolle: Wie lautet die Bezeichnung dieses Raumbezugssystems?
5	Weitere Kontrolle: Welches Raumbezugssystem haben die Features? Die Daten müssen also von *GCS_WGS_1984* in *ETRS_1989_UTM_Zone_32N* umgewandelt werden.
6	Die Umwandlung soll am Längen-/Breitengrad bzw. Ost-/Nordwert des Geometrieschwerpunkts gezeigt werden. Es ist die Felderliste, die bereits im Beispiel *Geometrie-Token anzeigen* genutzt wurde.
7	Formatierte Ausgabe der ID und des Schwerpunkts aller Features der *geometrien_FC* ohne Angabe eines Raumbezugssystems. Die Darstellung erfolgt somit im System der *geometrien_FC*. Das Ergebnis sind eindeutig die Winkelangaben unserer Region.
8	Nun die gleiche Anweisung, jedoch mit einem (anderen) Raumbezugssystem. Die Darstellung der Koordinaten erfolgt in ETRS98/UTM 32N. Die korrekte Umwandlung ist an dem sechsstelligen Ostwert ohne die führende 32 des UTM-Streifens sowie an dem siebenstelligen Nordwert zu erkennen.

Ergänzung: Gauß-Krüger und ETRS89

Das gerade gezeigte Beispiel hat korrekt funktioniert, da die Daten von ETRS89 zu WGS84 umgesetzt wurden. Da beide im Grunde den gleichen Geoiden verwenden, müssen die Daten nicht transformiert, sondern ‚nur' projiziert wurden. Bei dem Wechsel zwischen ETRS89 und Gauß-Krüger müssen Geodaten jedoch nicht nur projiziert, sondern transformiert werden. Es gibt keine Möglichkeit beim SearchCursor, eine Transformation mitzuteilen. Es gibt auch keine Möglichkeit in ArcGIS, eine Vorgabe-Transformation einzustellen[6]. Eine Hilfskonstruktion ist die automatische Auswahl der Transformation. Sie sieht wie folgt aus:

Beispiel: Transformation von ETRS89 in Gauß-Krüger

```
>>> geometrie_FC = r'A:\Daten\Kreise\Niedersachsen.shp'
>>> def_GK3 = r'A:\Daten\DHDN_3_Degree_Gauss_Zone_3.prj'
>>> rbs_GK3 = ap.SpatialReference(def_GK3)
```

[6] Melita Kennedy im Thread „Setting default transformation for ArcMap" [https://geonet.esri.com/thread/82778]thread

```
4 >>> rbs_geometrie= ap.Describe(geometrie_FC).SpatialReference
5 >>> ext_geometrie= ap.Describe(geometrie_FC).Extent
6 >>> transforms= ap.ListTransformations(rbs_geometrie,rbs_GK3,ext_
                                                         geometrie)
7 >>> transforms
  [u'DHDN_To_ETRS_1989_8_NTv2',
   u'ETRS_1989_To_WGS_1984 + DHDN_To_WGS_1984_4_NTv2',
   u'DHDN_To_ETRS_1989_2',
   ...
   u'ETRS_1989_To_WGS_1984 + DHDN_To_WGS_1984_3',
   u'DHDN_To_ETRS_1989_6',
   u'ETRS_1989_To_WGS_1984 + DHDN_To_WGS_1984_6x']
8 >>> transform = transforms[0]
9 >>> geometrie_FC_GK3 = r'%SCRATCHWORKSPACE%\Niedersachsen.shp'
10 >>> ap.management.Project(geometrie_FC,geometrie_FC_GK3,rbs_GK3,
                                                         transform)
 <Result '%SCRATCHWORKSPACE%\\Niedersachsen.shp'>
```

Promptzeile	Erläuterung
1	Feature-Class mit den Geometrien. Hier sind dies die Kreise Niedersachsens im Bezugssystem ETRS89.
2	Pfad zur Projektionsdatei für den dritten Gauß-Krüger-Streifen.
3	Aus dieser Datei wird ein `arcpy SpatialReference`-Objekt erzeugt.
4	Auch aus der Feature-Class mit den Geometrien wird das `SpatialReference`-Objekt extrahiert.
5	Zusätzlich wird die Ausdehnung der Features ermittelt.
6 + 7	Mit der Funktion `ap.ListTransformations()` wird eine Liste von verfügbaren Transformationen ausgegeben, die zu der Kombination Quell-/Zielsystem und zu der Ausdehnung passen. Diese Liste ist nicht alphabetisch, sondern eine Rangfolge der Präzision. Sie können dies mit Datensätzen aus *A:\Daten\Gemeinden* testen.
8	Aus dieser Liste wird das erste Element (‚*DHDN_To_ETRS_1989_8_NTv2*‘) genommen. Laut Esri soll dies in ArcGIS Pro zukünftig automatisch geschehen.
9	Für die anschließende Transformation wird eine Ergebnis-Feature-Class benötigt. Hier bietet sich der `%Scratchworkspace%` an, da er am Ende der Sitzung geleert wird.
10	Das ArcGIS-Werkzeug *Projektion* wird mit den ermittelten Daten angewendet. Das Ergebnis ist die transformierte Feature-Class.

4.2.1.4 Teilmengen über eine Bedingung auswählen

In ArcMap können Sie aus einem Feature-Class-Layer einzelne Features nach ihren Attributen mittels eines SQL-Ausdrucks auswählen und dann nur mit diesen weiterarbeiten. Mit dem Parameter *Bedingung* können Sie dies am SearchCursor-Objekt realisieren. Es steht Ihnen der gleiche Umfang an SQL-Ausdrücken wie im ArcGIS-Dialogfeld *Nach Attribut auswählen* zur Verfügung.

Die Begrenzungszeichen für die Feldnamen sind in der Regel Hochstriche `""`. Je nach Datenbanksystem können es aber auch `[]` oder andere sein. Um ganz sicherzugehen, können Sie *arcpy* diese Begrenzungszeichen setzen lassen. Mit `AddFieldDelimiters` erhalten Sie die korrekte Notation für Ihr Feld. Sie ersparen sich damit auch den gleichzeitigen Einsatz von Hochstrichen und Anführungszeichen in einer Textsequenz. Eine solche SQL-Anweisung lässt sich im SearchCursor als *Bedingung* einsetzen.

Beispiel: Liste aller Bundesländer, die nicht mit „B“ anfangen

```
>>> fc_pfad = r'A:\Daten\Bundeslaender.shp'
>>> suchFeld = 'Bundesland'
>>> suchFeld_SQL = ap.AddFieldDelimiters(fc_pfad, suchFeld)
>>> suchFeld_SQL
u'"Bundesland"'
>>> bedingung= "{feld} not like 'B%'".format(feld=suchFeld_SQL)
>>> bedingung
'"Bundesland" not like \'B%\''
>>> with da.SearchCursor(fc_pfad, suchFeld, bedingung) as cursor:
...     for row in cursor:
...         print row[0]
Sachsen-Anhalt
Rheinland-Pfalz
Thüringen
Hessen
Saarland
Niedersachsen
Nordrhein-Westfalen
Hamburg
Sachsen
Schleswig-Holstein
Mecklenburg-Vorpommern
```

Theoretisch könnten Sie die Selektion der Bundesländer im `for row in cursor`-Block mit einer `if`-Anweisung auch mit Python durchführen. Von der Logik her ist die hinter *Bedingung* stehende SQL-Anweisung `where...` eine Verzweigung. Das Python-Konstrukt ist im Skript allerdings häufig aufwendiger und sicher langsamer. Nutzen Sie deshalb immer zuerst den Parameter *Bedingung,* um eine Verzweigung zu generieren.

4.2.1.5 Aggregieren und Sortieren

Den Parameter *Aggregieren und Sortieren* können Sie nur auf Feature-Classes in Geodatenbanken anwenden. Für den Standardbenutzer ist allenfalls die ORDER BY-Anweisung wirklich interessant. Die allgemeine Form lautet ORDER BY <sortierfeld> [ASC| DES]. ASC ist aufsteigende, DES absteigende Sortierung. Standard ist Aufsteigend.

Die anderen seien hier nur kurz erwähnt: Mit dem Postfix GROUP BY können Sie, ähnlich dem Werkzeug *Summenstatistik* in den *Analyse-Tools* (ap.analysis.Statistics) Tabellen nach bestimmten Spalten zusammenfassen. Mit dem Praefix DISTINCT fassen Sie ebenfalls zusammen, übernehmen aber nur die Werte des ersten Datensatzes. Der Praefix TOP funktioniert nur bei MS Access und SQL-Server und begrenzt die Anzahl der zurückgegebenen Zeilen.

Beispiel: Sortierte Liste aller Bundesländer, die nicht mit „B“ anfangen

Die gesuchten Länder aus dem vorherigen Beispiel sollen nun alphabetisch sortiert werden.

```
1 >>> reihenfolge = 'ORDER BY {} ASC'.format(suchFeld)
2a>>> with da.SearchCursor(fc_pfad, suchFeld, bedingung, None, False,
                                        ('', reihenfolge)) as cursor:
2b ...      for row in cursor:
2c  ...          print row[0]
  Sachsen-Anhalt
  Rheinland-Pfalz
  ...
  Schleswig-Holstein
  Mecklenburg-Vorpommern
3 >>> fcGDB_pfad = r'A:\Daten\Deutschland.gdb\Administration\Bundesland'
4a>>> with da.SearchCursor(fcGDB_pfad, suchFeld, bedingung, None, False,
                                        ('', reihenfolge)) as cursor:
4b...      for row in cursor:
4c...          print row[0]
  Hamburg
  Hessen
  ...
  Schleswig-Holstein
  Thüringen
5a>>> try:
5b...     rows = reversed(sorted(da.SearchCursor(fc_pfad, suchFeld,
                                                        bedingung)))
5c...     for row in rows:
5d...         print row[0]
5e... except: print Exception
5f... finally: del rows, row
  Thüringen
  Schleswig-Holstein
```

```
...
Hessen
Hamburg
```

Promptzeile	Erläuterung
1	SQL-Ausdruck für Sortierreihenfolge: Sortiere nach den Werten aus dem *suchFeld* absteigend.
2a	Das Tupel der Parameter vom SearchCursor ist inzwischen ziemlich lang. Die fixe Reihenfolge erwartet vor der Sortierung noch die Parameter *Bezugssystem* und *in Punkte zerlegen*. Beide werden mit den Standardwerten bedient. Der letzte Parameter ist nun das Tupel aus zwei einzelnen Zeichenfolgen für den Praefix und den Postfix. Unsere Definition von `reihenfolge` ist ein Postfix, der Praefix bleibt leer.
2c	`print row[0]` bringt keine Änderung der Reihenfolge und erzeugt auch keine Ausnahme! Die Anweisungen des Parameters Aggregieren und Sortieren funktionieren ausschließlich in Geodatenbanken. Hier ist die Feature-Class aber eine Shape-Datei.
3	Pfad zu einer Feature-Class in einer Geodatenbank.
4c	Die gleiche Anweisung wie zuvor, jedoch auf die ‚echte' Feature-Class. Die Werte sind nun sortiert.
5a-f	Eine generell funktionierende Sortierung kann mit der Python-Funktion sorted() erreicht werden. Soll die Reihenfolge wie hier absteigend sein, kann mit reversed() die Liste umgedreht werden. Dieses Konstrukt funktioniert leider nicht in einem `with`-Konstrukt. Daher wird hier eine `try/exception`-Anweisung erzeugt. Der wichtigste Teil davon befindet sich im `finally`: Hier wird durch Löschen von `row` und `rows` der *SearchCursor* freigegeben.

Die zweite Methode ist zwar generell einsetzbar, allerdings auch langsamer. Dies würde sich bei sehr großen Datensätzen bemerkbar machen.

4.3 Die Geometrie untersuchen

Im letzten Abschnitt der Untersuchung von Daten wenden wir uns der Geometrie der Features zu. Wir begeben uns in einer Feature-Class innerhalb der Tabelle in die Geometrie-Spalte und betrachten den Inhalt einer Zeile, dem Feature. Eine solche Zelle muss komplexe Geometrien strukturieren können. Aus diesem Grund hält *ArcPy* die `Geometry`-Klasse mit Unterklassen sowie vielen Eigenschaften und Methoden bereit.

Sie können das Geometrie-Objekt selbst oder im Zusammenhang mit anderen Geometrie-Objekten untersuchen. Alle räumlichen Analysen stehen Ihnen hierfür bereit.

Letztendlich ließe sich das alles auch mithilfe der ArcGIS-Werkzeuge durchführen. Allerdings müssten dann dazu ständig (temporäre) Layer/Feature-Classes erstellt, diese mithilfe der Cursors befüllt, danach verarbeitet und abschließend wieder gelöscht werden. Mit den Geometrie-Objekten können Sie diese Geoverarbeitung erheblich vereinfachen. Zudem wird hier der Arbeitsspeicher genutzt und nicht die Festplatte.

4.3.1 Das Geometrie-Objekt

Eine Geometrie kann mit den entsprechenden Parametern über `ap.Geometry` erzeugt werden. Dies werden wir im Kapitel 5 „Daten erzeugen“ behandeln. Zunächst zeigen wir Ihnen, wie Sie diese Klasse ohne Parameter mittels `CopyFeatures` nutzen können, um die Geometrien von Features aus einer Feature-Class zu extrahieren.

Beispiel: Nur die Geometrie-Objekte aus Feature-Classes extrahieren

```
>>> simple_linien = r'A:\Daten\Weiteres\SimpleLinien.shp'
>>> geoms_linien = ap.management.CopyFeatures(simple_linien, ap.
                                                        Geometry())
>>> geoms_linien
 [<Polyline object at 0x133af130[0x133afb80]>,
  <Polyline object at 0x133af2d0[0x133af180]>,
  <Polyline object at 0x133af330[0x133af580]>]
>>> simple_polygone = r'A:\Daten\Weiteres\SimplePolygone.shp'
>>> geoms_polygone = ap.management.CopyFeatures(simple_polygone,
                                                     ap.Geometry())
>>> geoms_polygone
 [<Polygon object at 0x133af390[0x2b07c00]>,
  <Polygon object at 0x133af050[0x133afa80]>,
  <Polygon object at 0x133af0b0[0x133af4e0]>]
>>> simple_punkte = r'A:\Daten\Weiteres\SimplePunkte.shp'
>>> geoms_punkte = ap.management.CopyFeatures(simple_punkte, ap.
                                                        Geometry())
>>> geoms_punkte
[<PointGeometry object at 0x133af830[0x133af5c0]>,
 <PointGeometry object at 0x133af070[0x133af140]>,
 <PointGeometry object at 0x133afd90[0x133af400]>,
 <PointGeometry object at 0x133af630[0x133af420]>]
>>> len(geoms_punkte)
 4
>>> geoms_punkte[2]
 <PointGeometry object at 0x133afd90[0x133af400]>
```

Prompt-zeile	Erläuterung
1	Pfad zu einer Linien-Feature-Class wird definiert.
2	Beim Werkzeug `management.CopyFeatures` werden die einzelnen Features kopiert und gegebenenfalls konvertiert. Im Zusammenspiel mit `management.MakeFeatureLayer` haben Sie die Möglichkeit, nur mit Teilen eines Datensatzes zu arbeiten. Ziel des Kopierens ist hier nicht eine andere Feature-Class, sondern das `Geometry`-Objekt von ArcPy.
3	Die kopierten Features liegen nun als einzelne Geometrien in einer Liste vor. Die Sachdaten der Features sind nicht mehr dabei.
4-6 7-9	Die gleichen Schritte für Polygon- und Punkt-Geometrien.
10+11	Da die Geometrien in einer Liste vorliegen, kann im Gegensatz zum `da.SearchCursor` hier vor- und zurückgesprungen werden.

Der Vorteil einer Liste wird mit dem Verlust der Anbindung der Sachdaten erkauft. Sind die Sachdaten wichtiger Bestandteil Ihrer Analyse, so werden Sie mit `da.SearchCursor` arbeiten.

Beispiel: Liste der Kreise Niedersachsens mit Geometrie und Namen

```
1  >>> kreise_NDS = r'A:\Daten\Kreise\Niedersachsen.shp'
2  >>> kreisliste =[]
3a >>> with ap.da.SearchCursor(kreise_NDS, ['SHAPE@','Kreisname'])
                                                          as kreise:
3b ...       for kreis in kreise:
3c ...           kreisliste.append(list(kreis))
4  >>> kreisliste
  [(<Polygon object at 0x1340f7f0[0x1bf20aa0]>, u'Delmenhorst'),
   (<Polygon object at 0x1340f790[0x1340f980]>, u'Oldenburg'),
   (<Polygon object at 0x1340f890[0x1340f720]>, u'Peine'),
   ...
   (<Polygon object at 0x1bf23290[0x1bf23260]>, u'Wolfsburg'),
   (<Polygon object at 0x1bf232d0[0x1bf232a0]>, u'Celle'),
   (<Polygon object at 0x1bf23310[0x1bf232e0]>, u'Northeim')]
5  >>> kreisliste[1][1]
   u'Oldenburg'
```

Prompt-zeile	Erläuterung
1	Pfad zur Polygon-Feature-Class mit den Kreisen Niedersachsens.
2	Initiierung der Liste.

3a Der SearchCursor übergibt mit dem Geometrie-Token `SHAPE@` das Geometrie-Objekt selbst.

3c Die Geometrie und der Name werden als Zweier-Liste der Kreisliste angehängt.

4+5 Ergebnis ist eine geschachtelte Liste.

4.3.1.1 Eigenschaften einer Geometrie

Jedes der Geometrie-Objekte hat Eigenschaften, die sich aus seiner Form und Lage ergeben. Solche Eigenschaften haben wir bereits beim `SearchCursor` in Abschnitt 4.2.1.1 „Optionen Geometriefeld“ kennengelernt. Daher werden Ihnen einige Eigenschaften bereits vertraut sein.

Eigenschaft	Bedeutung [Rückgabe]
`type`	Der Geometrietyp. [Schlüsselwörter: POLYGON, POLYLINE, POINT, MULTIPOINT, MULTIPATCH, DIMENSION, ANNOTATION]
`spatialReference`	Raumbezugssystem. [SR]

`JSON`
`WKB`
`WKT`
	Geometrie im JSON, WKB- oder WKT-Format.
	[Text/Binär]

`area`	Die Fläche bei Polygon-Feature, ansonsten 0.0. [Gleitkommazahl]
`length`	Umfang oder Länge, bei Punkten 0.0. [Gleitkommazahl]
`length3D`	Die 3D-Länge/Umfang, bei Punkten 0.0. [Gleitkommazahl]
`extent`	Die Ausdehnung der Geometrie. [Extent]
`hullRectangle`	Durch Leerzeichen getrennte Koordinaten der Konvex-Hülle. Die konvexe Hülle ist ein flächenminimiertes Polygon mit ausschließlich spitzen Winkeln. [Text]
`centroid`	Wenn möglich der Flächeninnenpunkt, ansonsten der Einfügepunkt für den Text. [Punkt-Objekt]
`trueCentroid`	Geometrischer Schwerpunkt. [Punkt]
`pointCount`	Anzahl der Punkte des Objekts. [Ganzzahl]

firstPoint lastPoint	Der erste und der letzte Punkt. Bei einem Polygon sind die Werte identisch. [Punkt]
isMultipart	Besteht die Geometrie aus mehreren Teilen? [Boole]
partCount	Anzahl der Geometrie-Teile. [Ganzzahl]
labelPoint	Einfügepunkt für den Text. Dieser liegt immer in oder auf der Geometrie. [Punkt]

Beispiel: Aus wie vielen Teilen besteht ein Multipart-Feature?

```
>>> for geom in geoms_linien:
...     if geom.isMultipart:
...         print "Multipart aus {} Teilen mit {} Punkten".format(
                                    geom.partCount, geom.pointCount)
...     else:
...         print "Singlepart mit {} Punkten".format(geom.pointCount)
Singlepart mit 3 Punkten
Multipart aus 2 Teilen mit 7 Punkten
Singlepart mit 2 Punkten
```

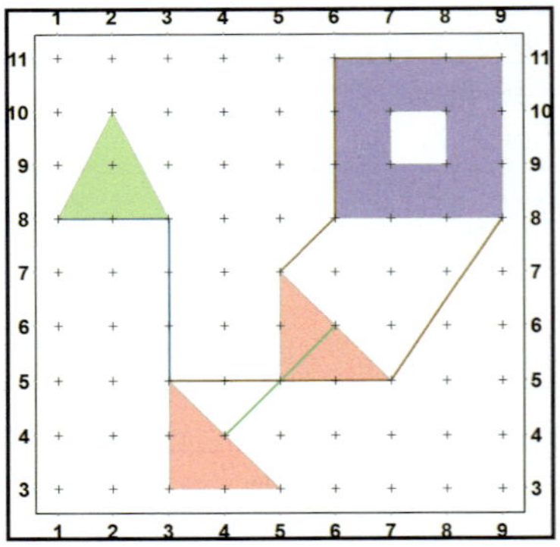

Nun mögen Sie denken, dass bei Singlepart die Anzahl der Teile immer ‘1‘ sein muss. Dass dem nicht so ist, zeigt die nachfolgende Analyse der Polygone.

Polygone haben im Übrigen immer einen Punkt mehr, als es für Sie scheint. Ein Dreieck hat also vier Punkte (siehe Abschnitt 5.3.1 „Geometrien erzeugen“).

```
>>> for geom in geoms_polygone:
...     if geom.isMultipart:
...        print "Multipart aus {} Teilen mit {} Punkten".format
                                    (geom.partCount,geom.pointCount)
...
...     else:
...         print "Singlepart mit {} Punkten".format(geom.pointCount)
...
Singlepart mit 4 Punkten
Multipart aus 1 Teilen mit 10 Punkten
Multipart aus 2 Teilen mit 8 Punkten
```

Flächen mit einer Aussparung bestehen zwar aus mehreren Teilen, haben jedoch nur eine Teilfläche.

4.3.1.2 Methoden für ein Geometrie-Objekt

Es gibt 25 Methoden für ein Geometrie-Objekt. Diese lassen sich grob in vier Gruppen aufteilen. Mit der ersten Methoden-Gruppe können Sie sieben verschiedene Relationen, wie Sie sie auch aus *Lagebezogene Auswahl* in ArcMap kennen, untersuchen. Die zweite Methoden-Gruppe stellt neun topologische Operationen bereit, die Sie aus der Toolbox *Analysis* kennen. In der dritten Gruppe gibt es acht Methoden. Mit ihnen können Sie Messungen und Berechnungen mit starkem Raumbezug durchführen. Die letzte Gruppe bietet noch eine Methode, die mit `getPart()` den Zugriff auf die Teile eines Multipart-Features ermöglicht.

Zur Erinnerung: Der allgemeine Aufruf einer Methode erfolgt durch Namen des Objekts, gefolgt von einem Punkt und dem Methodennamen mit runden Klammern, in dem die obligatorischen und optionalen Parameter gelistet sind.
`objekt_name.methode(obligate_parameter, optionale_parameter)`

Die Abbildungen in den tabellarischen Übersichten stammen sämtlich aus der Online-Hilfe der ArcGIS Ressources zu dem Thema ***Geometry*** *(arcpy)*[7].

Methoden der relationalen Analyse

Bei diesen Methoden sind die Rückgabewerte ausschließlich die booleschen Werte `True` beziehungsweise `False`. Alle Methoden haben als einzigen Parameter eine vergleichende Geometrie, mit der die Bedingung geprüft wird. Die Abbildungen zeigen, soweit sinnvoll, für jede mögliche Kombination aus den Geometrietypen Punkt, Linie und Fläche eine Lösung die ‚Wahr' (`True`) ist. Im Kopf wird die Basisgeometrie (bg) gezeigt, an der Seite die zweite, vergleichende Geometrie (vg).

Methode	Beschreibung	
`contains(vg)`	Ist die Vergleichsgeometrie in der Basisgeometrie enthalten? `contains` ist das Gegenteil von `within`.	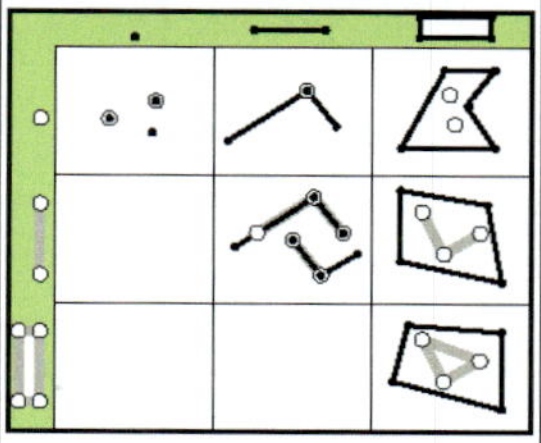
`within(vg)`	Befindet sich die Basisgeometrie innerhalb der Vergleichsgeometrie?	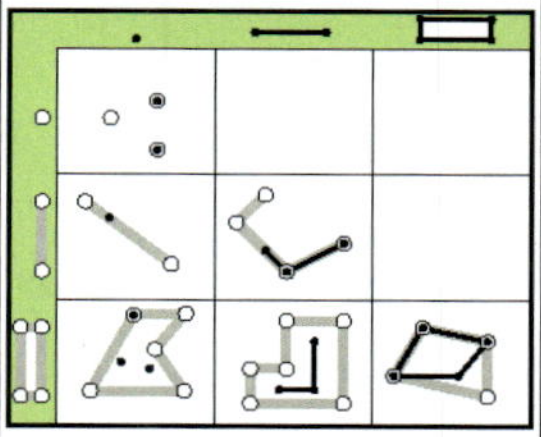

[7] http://resources.arcgis.com/de/help/main/10.2/index.html#/na/018z00000070000000/

`crosses(vg)`	Kreuzen sich die Geometrien? Siehe auch `touches`.	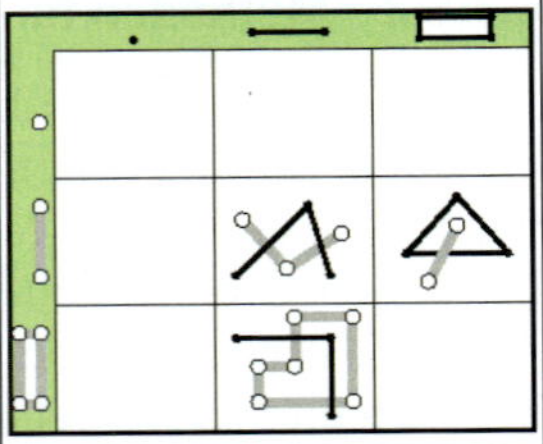
`touches(vg)`	Berühren sich die Geometrien? Zwei Geometrien berühren sich, wenn die Schnittmenge ihrer Geometrien nicht leer ist, die Schnittmenge der Innenbereiche jedoch wohl. Ein Punkt berührt eine Linie nur, wenn er lagegleich mit einem der Endpunkte(!) der Linie ist.	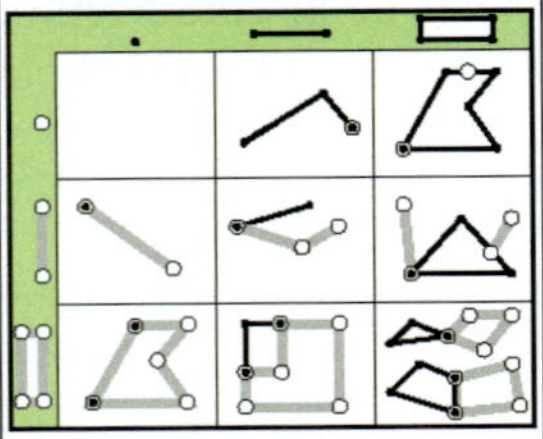
`equals(vg)`	Sind beide Geometrien gleichen Typs und sind ihre Punkte identisch? Der Vergleich findet nur in der Lage statt. M- und Z-Werte werden ignoriert.	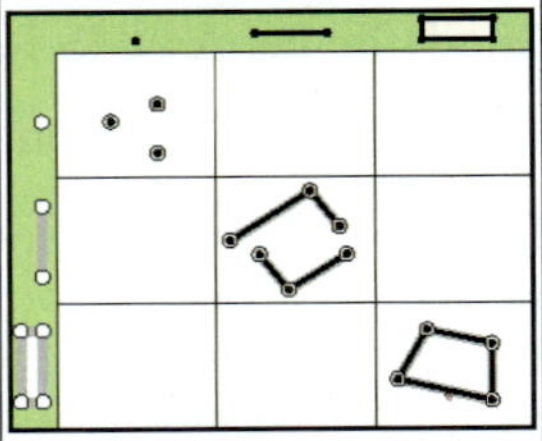
`overlaps(vg)`	Sind die Geometrien gleichen Typs und überschneiden sich?	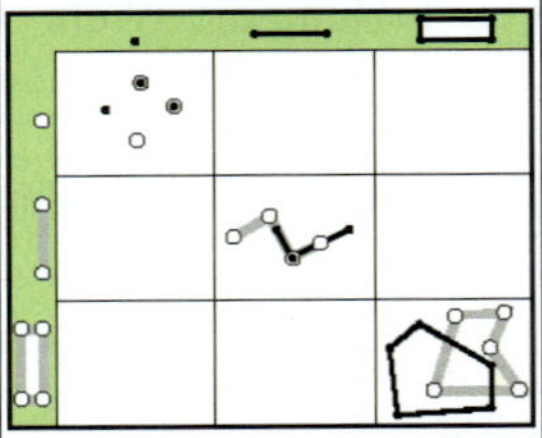
`disjoint`	Haben beide Geometrien keine gemeinsamen Punkte? Zwei Geometrien überschneiden sich, wenn `disjoint` als Wert `False` ergibt.	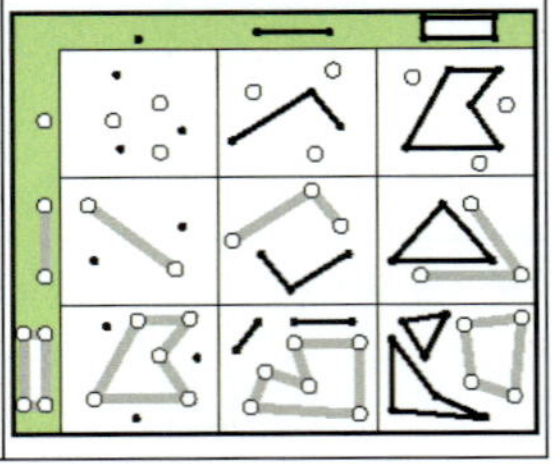

Beispiel: Welche Kreise Niedersachsens haben eine gemeinsame Grenze mit NRW?

Sie benötigen mit der Variablen `kreisliste` das Ergebnis aus dem Beispiel „Liste der Kreise Niedersachsens mit Geometrie und Namen“ aus dem Kapitel 4.0.6.

```
1 >>> bundeslaender= r'A:\Daten\Deutschland.gdb\Administration\
                                                        Bundesland'
2 >>> suchFeld = 'Bundesland'
3 >>> gesucht= 'Nordrhein-Westfalen'
4 >>> suchFeld_SQL = ap.AddFieldDelimiters(bundeslaender, suchFeld)
5 >>> bedingung= "{feld}='{name}'".format(feld=suchFeld_SQL, name=
                                                           gesucht)
6 >>> ap.management.MakeFeatureLayer(bundeslaender, 'NRW', bedingung)
  <Result 'NRW'>
7 >>> nrw = ap.management.CopyFeatures('NRW',ap.Geometry())[0]
8 >>> ap.management.Delete('NRW')
  <Result 'true'>
9 >>> for kreis_geom, kreis_name in kreisliste:
  ...     if kreis_geom.touches(nrw):
  ...         print kreis_name
  Nienburg (Weser)
  Osnabrück
  Diepholz
  Schaumburg
  Grafschaft Bentheim
  Holzminden
  Emsland
  Osnabrück
  Hameln-Pyrmont
  Northeim
10 >>> grenz_kreise = [kreis for kreis in kreisliste if kreis[0].
                                                     touches(nrw)]
```

Promptzeile	Erläuterung
1	Pfad zur Polygon-Feature-Class mit den Bundesländern in ETRS89 UTM32N.
2-5	Der SQL-Ausdruck zur Selektion Nordrhein-Westfalens wird generiert.
6	Aus allen Bundesländern wird das Feature von NRW gewählt und als Layer `'NRW'` zur Verfügung gestellt.
7	Die Liste der Features des Layers wird in ap.Geometry() kopiert. Da es sich nur um ein Feature handelt, wird dieses mit `[0]` aus der Liste entnommen.
8	Der Layer wird nicht mehr benötigt und gelöscht. Dadurch ist der Layername `'NRW'` wieder verfügbar.
9	Jeder Kreis wird mit `kreis_geom.touches(nrw)` geprüft, ob er die Geometrie `nrw` berührt. Ist dies der Fall, wird der Name ausgegeben.
10	In einer Listen-Abstraktion werden die angrenzenden Kreise mit Geometrie und Namen an die Variable `grenz_kreise` gebunden. Diese Variable wird später noch benötigt.

Methoden der topologischen Analyse

Mit diesen Methoden können Sie topologische Analysen durchführen. Interessanterweise gibt es hier einige Methoden, deren abzuleitende Werkzeuge in der Toolbox nur mit ArcGIS *Advanced* freigeschaltet sind. So können Sie das Werkzeug Radieren (`analysis.Erase`) mit `difference` emulieren.

Methode	Beschreibung	
`boundary()`	Zerlegt die Geometrie in den nächst einfacheren Typ: Polygon → Polylinie → Punkt. Punkte selbst werden in leere Geometrien umgewandelt.	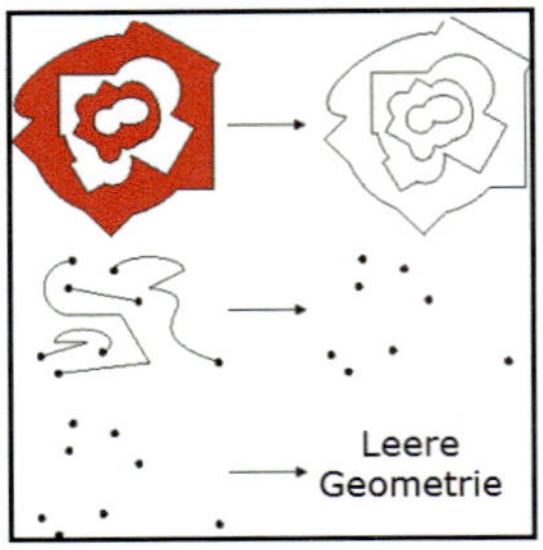
`buffer(abstand)`	Puffern: Erzeugt im Abstand um die Geometrie ein Polygon. Negative Zahlen werden unterstützt.	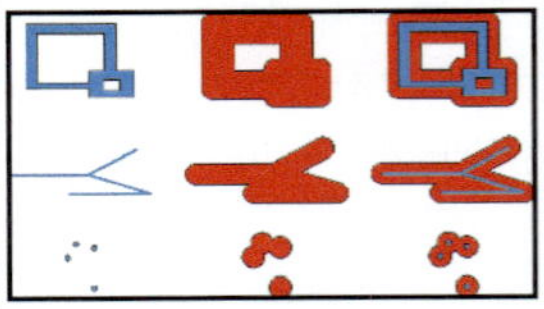
`clip(ausdehnung)`	Erzeugt die Schnittmenge aus der Geometrie und der Ausdehnung (*extent*). Die Ausdehnung ist ein Rechteck vom *arcpy*-Typ *extent*. Ein Ausschneiden auf eine beliebige Form erfolgt mit `intersect`.	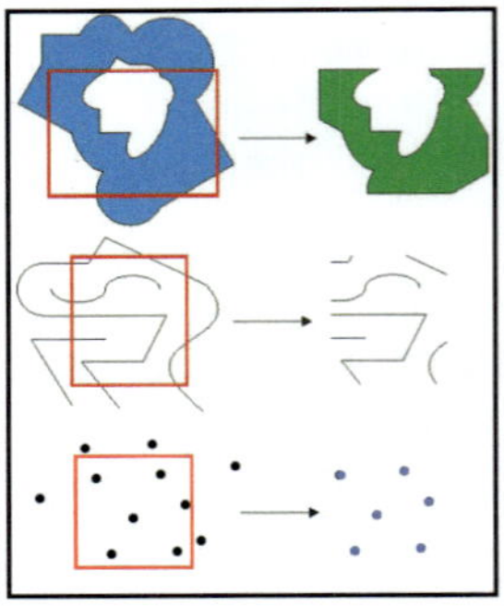
`convexHull()`	Erzeugt das flächenkleinste Polygon mit ausschließlich spitzen Winkeln um die Geometrie.	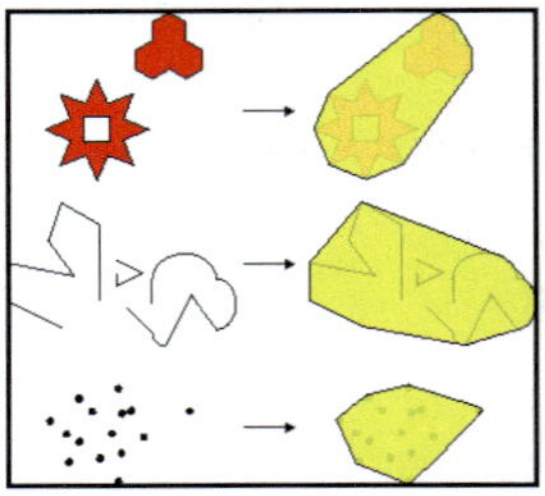

<table>
<tr><td><code>cut(polyline)</code></td><td>Zerschneidet eine Geometrie entlang der Polylinie in einen rechten und linken Teil. Die Zuordnung erfolgt aus der Sicht der Laufrichtung der Linie. Schneidet die Line die Geometrie nicht, so bleibt der linke Teil leer.
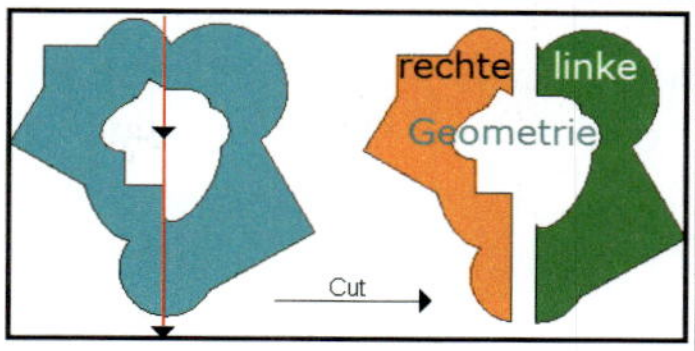
</td></tr>
<tr><td><code>difference(ag)</code></td><td>Behält aus der Basisgeometrie nur die Bereiche, die nicht Teil der anderen Geometrie sind. Vergleichbares Werkzeug in der Toolbox ist <code>analysis.Erase</code> (Radieren).
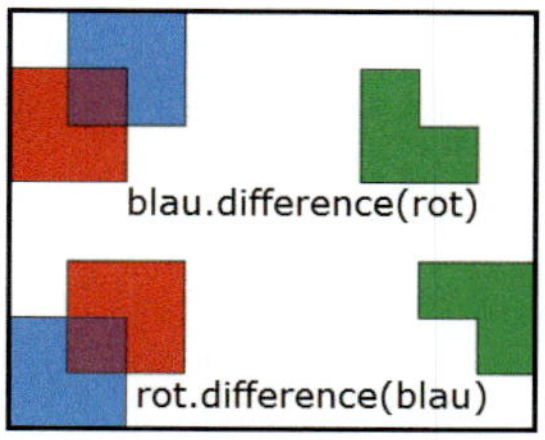
</td></tr>
<tr><td><code>union(ag)</code>
<code>intersect(ag, geometrietyp)</code>
<code>symmetricDifference(ag)</code></td><td>Konstruiert die Vereinigungsmenge, die Schnittmenge beziehungsweise die symmetrische Differenz zweier Geometrien.
Um die Verarbeitungsgeschwindigkeit zu erhöhen, sollten Sie immer zuerst mit <code>disjoint</code> testen, bevor Sie <code>intersect</code> verwenden.
Bei <code>intersect</code> wird mit dem zweiten Parameter der Geometrietyp des Ergebnisses bestimmt. Schlüsselwerte sind die Zahlen 1 (Punkt), 2 (Polylinie) und 4 (Polygon). Der Wert kann höchstens so groß wie der kleinere Wert der Eingangstypen sein.
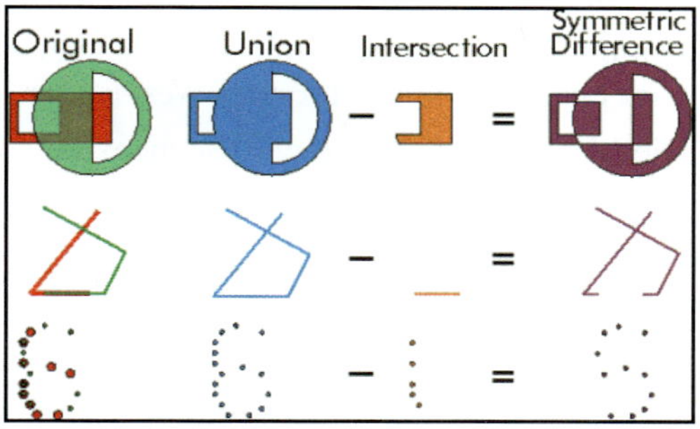
</td></tr>
</table>

Beispiel: Welcher Kreis in Niedersachsen hat die längste gemeinsame Grenze mit NRW?

Sie benötigen mit der Variablen `grenz_kreise` das Ergebnis aus dem Beispiel *Welche Kreise Niedersachsens haben eine gemeinsame Grenze mit NRW?* aus diesem Kapitel.

Bei der Frage nach der Gemeinde mit der längsten Grenze zu NRW wird der Grenzverlauf den einzelnen Gemeinden zugeordnet und in einer Liste abgespeichert.

```
>>> grenzlinien =[]
>>> grenzlinie_nrw = nrw.boundary()
>>> max_Wert = ['', 0.0]
```

```
4a >>> for kreisgeom, kreisname in grenz_kreise:
4b ...     grenzlinie = kreisgeom.boundary()
4c ...     kreisgrenze_zu_nrw = grenzlinie.intersect(grenzlinie_nrw, 2)
4d ...     laenge = kreisgrenze_zu_nrw.length/1000.0
4e ...     if laenge > max_Wert[1]:
4f ...         max_Wert = [kreisname, laenge]
4g ...     grenzlinien.append([kreisgrenze_zu_nrw, kreisname])
5 >>> txt_vorlage = u'Die längste gemeinsame Grenze hat {0} mit
                                                      {1:.2f} km.'
6 >>> print txt_vorlage.format(*max_Wert)
  Die längste gemeinsame Grenze hat Osnabrück mit 193.33 km.
7 >>> grenzlinien
  [[<Polyline object at 0x12e7fef0[0x12e7f540]>, u'Nienburg (Weser)'],
   [<Polyline object at 0x12e7fdf0[0x12e7f920]>, u'Stadt Osnabr\xfcck'],
   [<Polyline object at 0x12e7fb70[0x12e7f960]>, u'Diepholz'],
   ...
   [<Polyline object at 0x12e75570[0x12e75720]>, u'Osnabr\xfcck'],
   [<Polyline object at 0x12e75690[0x12e75620]>, u'Hameln-Pyrmont'],
   [<Polyline object at 0x12e75590[0x12e75780]>, u'Northeim']]
```

Promptzeile	**Erläuterung**
1	Die Liste für die einzelnen Grenzen der Kreise wird initiiert.
2	Die Grenze von NRW wird als Linie, nicht als Fläche benötigt.
3	Um die längste Strecke mit dem dazugehörigen Kreisnamen zu speichern, wird eine Liste initiiert. Erster Wert ist der Name, zweiter Wert die Länge.
4a	Die Liste `grenzkreise` wird sequenziell abgearbeitet, und die beiden Teile der jeweiligen Liste werden gleich zwei Variablen `kreisgeom, kreisname` zugewiesen.
4b	Auch das Polygon des Kreises wird in eine Polylinie umgewandelt.
4c	Von dieser Grenzlinie wird mittels `intersect` die Schnittmenge der Linie der Grenze von NRW erzeugt. Der Geometrietyp ist dabei mit `2` natürlich auch eine Linie.
4d	Die Länge dieser gemeinsamen Grenze wird in Kilometer umgerechnet.
4e+f	Ist die Länge größer als der bisherige Wert in `max_Wert`, so werden die aktuellen Werte in diese Liste eingetragen.
	Als Letztes wird in der `for`-Schleife das Pärchen vom Kreisnamen und der Polyliniengeometrie der gemeinsamen Grenze in die Liste `grenzlinien` geschrieben.
5+6	Das Ergebnis der Suche wird formatiert auf die Konsole ausgegeben.
7	Eine kurze Kontrolle zeigt den Inhalt von `grenzlinien`.

Wenn Sie sich die Geometrien einmal anschauen wollen, nutzen Sie auch hierfür das Werkzeug `ap.management.CopyFeatures`; nun allerdings die Geometrie-Objekte als Eingangsdatensatz und eine neue Feature-Class als Ausgabedatensatz.

```
>>> out_fc = r'A:\Daten\grenzlinien_NDS.shp'
>>> geom_grenzlinien = [g[0] for g in grenzlinien]
>>> ap.management.CopyFeatures(geom_grenzlinien, out_fc)
<Result 'A:\\Daten\\grenzlinien_NDS.shp'>
```

Zugriff auf Teile einer Geometrie

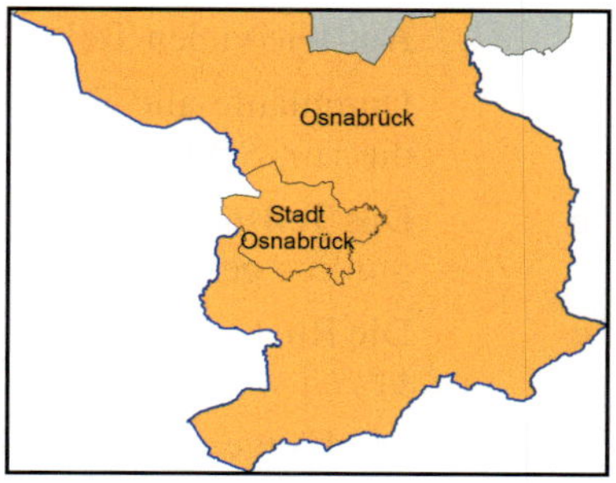

Bei einem Multipart-Feature kann jeder Teil (engl. *part*) für sich als Geometrie verwendet werden. Der Zugriff auf diese Teile erfolgt über die Methode `getPart()`. Als Parameter kann der Index des gesuchten Teils übergeben werden. Die Rückgabe ist allerdings nicht ein Geometrie-Objekt, sondern sind die Punkte des Teils. Diese lassen sich aber leicht in die Geometrie rückverwandeln.

Wird kein Index übergeben, so werden alle Teile als geschachteltes Tupel zurückgegeben.

Beispiel: Wie lang sind die einzelnen Grenzlinien des Landkreises Osnabrück?

Der gemeinsame Grenzverlauf des Landkreises Osnabrück mit NRW wird durch die Stadt Osnabrück unterbrochen. Eine Analyse der Teillängen geschieht durch den Zugriff auf die beiden Geometrie-Teile:

```
>>> gesucht = max_Wert[0]
>>> grenze_LK_Os= [kreis[0] for kreis in grenzlinien if kreis[1]==
                                                      gesucht [0]
>>> grenze_LK_Os
<Polyline object at 0x133d60d0[0x133d6b60]>
>>> teile_zahl = grenze_LK_Os.partCount
>>> for i in range(teile_zahl):
...     punkte = grenze_LK_Os.getPart(i)
...     teil_geom = ap.Geometry('Polyline', punkte)
...     laenge = teil_geom.length/1000
...     print "Teil {0} ist {1:.2f} km lang.".format(i,laenge)
Teil 0 ist 36.83 km lang.
Teil 1 ist 156.50 km lang.
```

Promptzeile	Erläuterung
1	Der Name des gesuchten Landkreises steht, da er der längste war, in der Liste max_Wert.
2	Mit Listenabstraktion wird nur dieser Datensatz aus allen Grenzlinien ausgegeben. Das Ergebnis ist eine Liste mit einem Element, welches durch den Index `[0]` entnommen wird.
3	Kurze Kontrolle der Operation.
4	Aus wie vielen Teilen besteht diese Multipart-Polylinie?
5a	Durchlaufe alle Zahlen von 0 bis `teile_zahl-1` und übergebe sie als `n` an die `for`-Schleife. `i` sollte in unserem Beispiel die Werte 0 und 1 durchlaufen.
5b	Das Teilstück wird mittels `getpart(i)` über seinen Index abgerufen und an `punkte` gebunden.
5c	Die Rückgabe besteht aus einem *array* an Punkten. Mit der Funktion `Geometry()` wird dieses in eine Singlepart-Polylinie zurückgewandelt.
5d	Die Länge des Teils in Kilometern wird ermittelt.
5e	Das Ergebnis wird an die Konsole ausgegeben.

Bei einem Polygon können die Verhältnisse der Teile komplexer sein. Wenn ein Teil vollständig in einem anderen Teil liegt, so ist es eine Abzugsfläche. Nur wenn es außerhalb liegt, ist es eine Exklave des Features. Weitere Verschachtelungen dabei sind möglich. Denken Sie an eine Insel im Weiher einer Wiese.

Methoden zum Messen im räumlichen Bezug

Diese Methoden beherrschen die korrekte Bearbeitung sowohl in kartesischen als auch in geographischen Systemen. Hierzu gehören die Berechnung von Fläche und Umfang sowie der Projektion und Transformation ebenso wie einige auf Entfernung aufbauende Methoden. Einige dieser Methoden wurden erst mit der Version10.2 eingeführt.

Beschreibung der Methoden:

Methode	Beschreibung
`getArea(geographie)` `getLength(geographie)`	Gibt die Flächengröße bzw. die Länge in der gewünschten Art der geographischen Oberfläche zurück. Schlüsselwörter sind: PLANAR, PRESERVE_SHAPE, GREAT_ELLIPTIC, GEODESIC und LOXODROME. PLANAR misst kartesisch, PRESERVE_SHAPE rechnet die Maße in dem Koordinatensystem der Geometrie, GEODESIC auf dem Spheroid der Erde. [Gleitkommazahl]

`projectAs (Raumbezugssystem, {Transformationsname})`	Führt mit der Geometrie eine Projektion und gegebenenfalls auch eine Transformation durch. Sowohl Quell- als auch Zielkoordinatensystem müssen definiert sein. Höhenwerte werden nicht verändert! [Geometrie-Objekt]
`distanceTo (andereGeometrie)`	Berechnet die kürzeste Distanz zwischen zwei Geometrien. Diese müssen im gleichen Raumbezugssystem liegen. Bei der Distanz `0.0` berühren oder schneiden sich beide. [Gleitkommazahl]
`positionAlongLine (Abstand, {in_Prozent})`	Gibt einen Punkt zurück, der entlang der Linie in dem angegebenen Abstand vom ersten Punkt der Linie auf dieser Linie liegt. Ist der zweite Parameter `True`, so ist der Abstand prozentual zur Gesamtlinie. [`Point`-Objekt]
`snapToLine(punkt)`	Findet auf der Polylinie den nächstgelegenen Punkt zu `punkt`. [`Point`-Objekt]
`measureOnLine (punktAufLinie, {anteil})`	Berechnet die Entfernung auf einer Line vom Startpunkt derselben zum angegebenen Punkt auf der Linie. Wenn `anteil True`, dann Anteil zur Gesamtlänge (0.00 ≤ Wert ≤ 1.0).
`queryPointAndDistance (pkt, {anteil})` 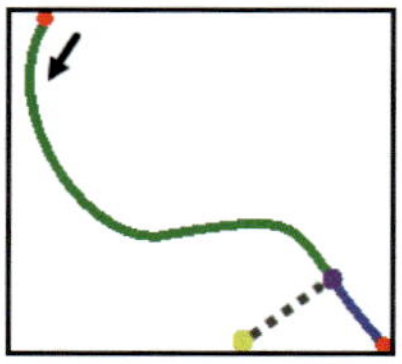	Findet auf linearen Objekt den nächstgelegenen Punkt zu `pkt` (*gelb*) und gibt eine Liste mit folgendem Inhalt zurück[8]: [nächstgelegener Punkt (`PointGeometry`, *lila*), Abstand Startpunkt zum Punkt (`float`, *grüne Linie*), Abstand `pkt` zum Punkt der Polylinie (`float`, gestrichelt), `pkt` rechts von der Linie? (Boole)] Ist `anteil = True`, wird der zweite Wert analog zu `measureOnLine` gerechnet.

Beispiel: Auf der Grenzlinie regelmäßig Punkte erzeugen

Entlang der Grenzlinie sollen alle 5 km Punkte erzeugt werden. Zur Veranschaulichung wird das Ergebnis in einer Feature-Class abgelegt. Mit der ArcGIS *Advanced*-Version könnten Sie dann anhand dieser Punkte die Linie aufteilen.

```
>>> out_fc = r'A:\Daten\5km_grenzpunkt_LK_OS.shp'
>>> pkte_zahl = int(grenze_LK_Os.length/strecke)
>>> grenzPt_abs = [grenze_LK_Os.positionAlongLine(i*strecke)
...                   for i in range(1, pkte_zahl+1)]
>>> ap.management.CopyFeatures(grenzPt_abs,out_fc)
<Result 'A:\\Daten\\5km_grenzpunkt_LK_OS.shp'>
```

8 Bei der Methode stimmen die Ergebnisse in der Anwendung mit der Dokumentation von Eser überein. Die Aussagen in der Tabelle beruhen auf unseren Feststellungen mit der Version ArcGIS 10.3.1.

Promptzeile	Erläuterung
1	Pfad zu der Ergebnis-Feature-Class.
2	Die Anzahl der Punkte auf der Strecke wird ermittelt. Durch `int` wird mit dem Abschneiden des Dezimalwerts zugleich abgerundet.
3	In einer Listenabstraktion werden alle Punkte berechnet. Der Zähler startet nicht bei 0, sondern 1. Anderenfalls würde der erste Punkt auf den Start gesetzt und dafür am Ende ein Punkt fehlen.
4	Das Ergebnis wird in der Feature-Class abgelegt.

Dieses Skript behandelt die Grenze als Ganzes. Die Distanzen werden über die Teilstücke hinweg gerechnet. In dem Beispielskript *Geometrie_untersuchen.py* finden Sie den Code, der die Teilstücke separat berechnet.

Mit dem Ende dieses Kapitels sollten Sie nun in der Lage sein, von den Verzeichnissen ausgehend, über die einzelnen (Geo-)Datentypen hinweg, bis zu den jeweiligen Attributen der Sach- und Geometriedaten hin die für Sie notwendigen Informationen abgreifen zu können; bei den Vektordaten sogar zu jedem einzelnen Stützpunkt einer Geometrie in den einzelnen Features. Sie können jetzt also aufgrund des Zustands der Daten entscheiden, was mit diesen geschehen soll.

5 Daten erzeugen

Sind die Daten analysiert und ist damit die Entscheidung gefällt, was mit ihnen im Einzelfall geschehen soll, so folgt dann der Schritt, die Daten neu zu erzeugen oder zu ändern. Unter dem Begriff ‚neu erzeugen‘ ist hier das Erstellen einer neuen Zeile in einem Datensatz wie einer Tabelle oder einer Feature-Class gemeint. Der Begriff ‚ändern‘ meint hingegen das Verändern der Werte in bestehenden Zellen in einem Datensatz. Das Löschen von Zeilen zählt für *ArcPy* zu den Änderungen. Beiden Methoden ist jedoch gemeinsam, dass sie die Struktur, auch Schema (engl. *Scheme*) genannt, des Datensatzes nicht verändern.

In den meisten Werkzeugen der ArcGIS-Toolbox werden am Ende neue Datensätze erzeugt; in den übrigen werden sie verändert. In diesem Kapitel geht es jedoch um die Funktionen des ArcPy-Moduls *DataAccess* `da`.

5.1 Eindeutige Namen definieren

Was in der Theorie häufig simpel klingt, lässt sich in der Praxis doch oftmals als schwierig einordnen: Sie möchten den Quotienten zweier Felder in ein neues Feld rechnen. Ist dies ‚neu erzeugen‘ oder ‚ändern‘? Die Antwort hierauf lautet: Mit dem Hinzufügen einer neuen Spalte (`ap.management.AddField`) erfolgt zunächst eine Veränderung der Struktur des Datensatzes. Die eigentliche Berechnung wiederum ist dann eine Veränderung der Werte in den noch leeren Zellen der neuen Spalte. Dieses Aktionspaar „Neue Struktur erzeugen – neue Struktur bearbeiten“ tritt so häufig auf, dass wir kurz die Funktionen vorstellen wollen, die für die Erzeugung dieser neuen Strukturen bereitstehen.

ArcPy stellt mit den `Validate`-Funktionen Werkzeuge bereit, um regelgetreue Namen für neue Strukturen zu generieren. Die Prüfung der Eindeutigkeit und die Erstellung dieser Strukturen ist nicht ihre Aufgabe.

Funktion	Erklärung
`ValidateTableName (name, {workspace})` `ValidateFieldName (name, {workspace})`	Es wird ein gültiger Basisname für eine Tabelle beziehungsweise ein Feld mit dem Basisnamen im entsprechenden Workspace erzeugt. Hierbei werden die jeweiligen Regeln in den Datenbanken berücksichtigt. Nicht korrekte Zeichen in *basisname* werden durch einen Unterstrich ‚_‘ ersetzt.

Beispiel: Namen für eine Tabelle oder ein Feld prüfen

```
>>> ap.env.workspace = r'A:\Daten'
>>> print ap.ValidateTableName('5-Überlegung')
```

```
  5_Überlegung
3 >>> print ap.ValidateTableName('5-Überlegung.dbf')
  5_Überlegung_dbf
4 >>> print ap.ValidateFieldName('5-Überlegung')
  5_Überlegung
5 >>> print ap.ValidateFieldName('5-Überlegung', r'\Gedanken.csv')
  5_Überlegung
6 >>> gdb = r'A:\Daten\Deutschland.gdb'
7 >>> print ap.ValidateTableName('5-Überlegung', gdb)
  T5_Überlegung
8 >>> print ap.ValidateFieldName('5-Überlegung', gdb)
  F5_Überlegung
```

Promptzeile	Erläuterung
1	Der Workspace wird auf ein Verzeichnis festgelegt. Wenn in den darauffolgenden Funktionen kein `workspace` genannt oder ein relativer Pfad benutzt wird, kommt dieser aktuelle Workspace zum Einsatz.
2	Die Funktion sieht den Bindestrich als unzulässiges Zeichen an und ersetzt es durch einen Unterstrich. In ArcCatalog kann eine entsprechende DBase-Tabelle allerdings erwartungsgemäß problemlos erzeugen.
3	Die `Validate`-Funktionen verarbeiten nur den Basisnamen. Etwaige Erweiterungen werden als Teil des Basisnamens angesehen. Der Punkt gilt als unzulässiges Zeichen. In ArcCatalog lässt sich auch dieser Basisname problemlos für eine Tabelle verarbeiten. Inwieweit dieser sinnvoll ist, ist eine andere Frage. 
4	Die Validierung des Feldnamens folgt offensichtlich der Regel für dBASE-Tabellen mit dem Ersetzen des Bindestrichs und maximal zehn Zeichen. Hierbei behält Esri das zehnte Zeichen für eine Indizierung gleicher Anfangsnamen in Reserve.
5	Das CSV-Format kennt keine Beschränkungen. Die Übergabe dieses Dateinamens als relativer Pfad zu `workspace` führt zu keiner Änderung der zulässigen Namen.
6	Pfad zur FileGeodatabase. Diese wird in den anschließenden Funktionen als `workspace` genutzt.
7	Da in einer Datenbank weder ein Bindestrich noch eine führende Zahl im Namen erlaubt sind, finden hier zwei Änderungen statt: Ein „T" für Tabelle wird vorangestellt und der Bindestrich ersetzt.
8	Das Gleiche geschieht bei der Validierung des Feldnamens. Hier wird lediglich ein „F" für Feld vorangestellt.

Die `Validate`-Funktionen zeigen ihren Wert erst mit Datenbanken als Arbeitsverzeichnis. In einfachen Ordnern sind sie eher von eingeschränkter Nützlichkeit.

Mit der Validierung wird ein regelgetreuer Name erzeugt. Ob ein Datensatz dieses Namens bereits vorhanden ist, wird nicht geprüft. Dies kann mit den `CreateUnique`-Funktionen sichergestellt bzw. mit der `Exists`-Funktion getestet werden.

Funktion	Erklärung
`CreateUniqueName (basisname, {workspace})`	Erzeugt einen eindeutigen neuen Namen für einen Datensatz in dem Workspace. Dabei wird nötigenfalls dem Basisnamen eine Nummer angehängt. Dieser Index beginnt mit 0 und wird so lange erhöht, bis der Name eindeutig ist. Rückgabe: Text mit dem eindeutigen Namen.
`Exists(datensatz)`	Prüft, analog zu `os.path.exists`, ob `datensatz` existiert. Der relative oder absolute Pfad zum Datensatz muss mit angegeben werden.

Beispiel: Existenz testen und eindeutigen Namen erzeugen

```
1  >>> fc = gdb + r'\Administration\Kreis'
2a >>> if ap.Exists(fc):
 b ...     print u'Achtung: Datei wird im Prozess überschrieben!'
 c ... else:
 d ...     print 'Erzeuge nun neue Datei "%s"'%fc
   Achtung: Datei wird im Prozess überschrieben!
3  >>> fc = ap.CreateUniqueName(fc)
4  >>> print fc
   A:\Daten\Deutschland.gdb\Administration\Kreis0
5  >>> fc = ap.CreateUniqueName(fc)
6  >>> print fc
   A:\Daten\Deutschland.gdb\Administration\Kreis0
```

Promptzeile	Erläuterung
1	Der geplante Pfadname für eine neue Feature-Class.
2	`Exists()` wird nur für Kontrollstrukturen verwendet. Hier ist es eine `if/else`-Verzweigung.
2a+b	Wenn es die Datei gibt, gebe eine Warnung heraus. Weitere Schritte könnten dann folgen.
2c+d	Datei ist nicht existent, also gibt es lediglich eine Nachricht
3+4	Der geplante Name wird mit `CreateUniqueName(fc)` getestet und ein eindeutiger Name wird zurückgegeben. Dies ist der neue Name für die Feature-Class. Er weicht vom alten Namen ab, da dieser bereits existiert.
5+6	Der gleiche Prozess mit dem neuen Namen führt nicht zu einer erneuten Namensänderung.

5.2 Temporäre Datensätze

Viele Datensätze stellen nur Zwischenergebnisse dar. Sie werden am Ende des erfolgreichen Prozesses nicht mehr benötigt und sollen/müssen gelöscht werden. Im Englischen heißen diese temporären Daten *scratchdata*.

Funktion	Erklärung
`CreateScratchName ({prefix}, {suffix}, {daten_typ}, {workspace})`	Erzeugt einen eindeutigen Namen für einen temporären Datensatz des Datentyps in `workspace`. Der Name des Datensatzes kann durch `prefix` und `suffix` festgelegt werden. `daten_typ` hat folgende Schlüsselwörter: Coverage, Dataset, FeatureClass, FeatureDataset, Folder, Geodataset, GeometricNetwork, ArcInfoTable, NetworkDataset, RasterBand, RasterCatalog, RasterDataset, Shapefile, Terrain, Workspace.

Beispiel: Namen für temporäre Dateien generieren

```
1 >>> ap.CreateScratchName('davor', 'dahinter', 'FeatureClass', gdb)
  u'A:\\Daten\\Deutschland.gdb\\davor0dahinter'
2 >>> ap.CreateScratchName('davor', 'dahinter', 'FeatureClass')
  u'A:\\Daten\\davor0dahinter.shp'
3 >>> ap.CreateScratchName()
  u'A:\\Daten\\xx0'
4 >>> ap.CreateScratchName('davor', 'dahinter', 'TIN',
                                                r'\Deutschland.gdb')
  u'\\Deutschland.gdb\\davor0dahinter'
5 >>> ap.CreateScratchName('davor', 'dahinter', 'FeatureClass',
                                                    r'.\Unterordner')
  Traceback (most recent call last):
    File "<interactive input>", line 1, in <module>
    ...
    self._gp.CreateScratchName(*gp_fixargs(args, True)))
  RuntimeError: ERROR 000575: Workspace ist nicht festgelegt.
  ERROR 000110: \Unterordner ist nicht vorhanden.
  ERROR 000110: .\Unterordner ist nicht vorhanden.
```

Promptzeile	Erläuterung
1	Der Pfadname für eine temporäre Feature-Class in der Geodatenbank wird erzeugt.
2	Ist das Arbeitsverzeichnis für die Feature-Class ein Ordner, so wird die nötige Dateierweiterung sofort hinzugefügt.
3	Ganz ohne Parameter wird ein genereller Pfadname erzeugt. Präfix ist in dem Fall immer ‚xx', gefolgt von einem eindeutigen Index.

4 Wird ein relativer Pfad angegeben, so wird auch ein relativer Pfad zurückgegeben.

5 Die Funktion testet immer, ob sich dieser Pfad auch wirklich generieren lässt. Nicht existente Pfade führen zu einer Ausnahme von Typ `RuntimeError`.

Wie am Ergebnis der Zeile 5 gut zu erkennen ist, muss auch der Ordner einige Bedingungen erfüllen: Er muss existieren und Sie müssen dort über Schreibrechte verfügen. *ArcPy* hält einige eigene Ordner bereit, um Daten temporär ein ‚zu Hause' zu geben. In der Klasse der Umgebungseinstellungen, `ap.env`, gibt hierzu drei Eigenschaften.

Eigenschaft	Erklärung
`env.scratchGDB` `env.scratchFolder`	Gibt den Pfad zu einer File-Geodatabase/zu einem Verzeichnis für temporäre Datensätze an. Ist die Datenbank *scratch.gdb* bzw. das Verzeichnis *scratch* nicht vorhanden, wird die Struktur erzeugt.
`env.scratchWorkspace`	Gibt in ArcMap den Pfad zur Standard-Geodatenbank an. In ArcCatalog ist die Einstellung leer und muss gegebenenfalls gesetzt werden. Er ist der Ablageort für die Ergebnisse.

Bei `scratchGDB` /`scratchFolder` gelten folgende Regeln: In *ArcMap* ist das Wurzelverzeichnis des Pfads immer:
C:\Users\<username>\Documents\ArcGIS.

In *ArcCatalog* befindet sich das Wurzelverzeichnis hingegen unter:
C:\Users\<username>\AppData\Local\Temp\arc<xxxx>
Hierbei ist `xxxx` eine vom System vergebene Kombination aus Buchstaben und Zahlen. Wenn die Programme ordnungsgemäß beendet wurden, so werden diese Strukturen wieder entfernt und die Datensätze gelöscht. Beim Programmabsturz ist dies natürlich nicht der Fall.

Erzeugen Sie diese temporären Elemente in Python-Umgebung außerhalb der ArcGIS-Programme, wie beim PyScripter oder anderen IDEs beziehungsweise Python aus einem DOS-Fenster heraus, so befindet sich das Wurzelverzeichnis unter:
C:\Users\<username>\AppData\Local\Temp
Nach unseren Beobachtungen werden diese temporären Elemente nach dem Ende der Sitzung nicht sauber entfernt.

Es lohnt sich auf jeden Fall immer, gelegentlich in diesem Ordner nachzuschauen und dort aufzuräumen. Wenn Sie im Windows-Explorer oben in der Adressleiste *%TEMP%* eingeben, gelangen Sie direkt dorthin.

Beispiel: Das Verhalten temporärer Daten

Starten Sie den Windows-Explorer. Wechseln Sie mittels %TEMP% in das Temporär-Verzeichnis Ihres Systems. Öffnen Sie ArcCatalog. Im TEMP-Verzeichnis wurde ein neues Verzeichnis erzeugt. Wechseln Sie im Windows-Explorer und in ArcCatalog dort hinein. Aktivieren Sie das Python-Fenster.

```
1  >>> ap = arcpy
2  >>> scratchGDB = ap.env.scratchGDB
3  >>> scratchFolder = ap.env.scratchFolder
4  >>> scratchWorkspace = ap.env.scratchWorkspace
5  >>> print scratchFolder
   C:\Users\lulferts\AppData\Local\Temp\arc302D\scratch
6  >>> print scratchGDB
   C:\Users\lulferts\AppData\Local\Temp\arc302D\scratch.gdb
7  >>> print scratchWorkspace
   None
8  >>> inFC = r'A:\Daten\Deutschland.gdb\Administration\Kreis'
9  >>> outFC = ap.CreateScratchName(data_type='FeatureClass',
   ...                               workspace=scratchGDB)
10 >>> print outFC
   C:\Users\lulferts\AppData\Local\Temp\arc302D\scratch.gdb\xx0
11 >>> ap.management.CopyFeatures(inFC, outFC)
<Result 'C:\\Users\\lulferts\\AppData\\Local\\Temp\\arc302D\\
                                                scratch.gdb\\xx0'>
12 >>> outSHP = ap.CreateScratchName(data_type='FeatureClass',
   ...                                workspace=scratchFolder)
13 >>> ap.management.CopyFeatures(inFC, outSHP)
<Result 'C:\\Users\\lulferts\\AppData\\Local\\Temp\\arc302D\\
                                                scratch\\xx0.shp'>
```

Promptzeile	Erläuterung
1	`arcpy` ist im Python-Fenster von ArcGIS bereits geladen. Das Modul wird an `ap` gebunden.
2-4	Festlegen, aber auch gegebenenfalls notwendiges Erzeugen der *Scratch*-Strukturen.
5-7	Ausgabe der aktuellen Pfade. Der Scratch-Workspace ist nicht definiert, da wir uns im ArcCatalog befinden.
8-11	Als Beispiel soll hier von einem Datensatz eine Kopie erzeugt werden. Mit diesem Konstrukt verhindert man Zugriffskonflikte auf den Originaldatensatz während einer längeren Bearbeitung oder umgeht Probleme bei der Arbeit mit Daten in einem Netzwerk.
8	`CopyFeatures` benötigt einen Eingabedatensatz.
9+10	Die Ausgabe soll temporär sein und in der Scratch-Geodatenbank liegen. Mit `CreateScratchName` wird ein regelgerechter und eindeutiger Name erzeugt.
11	Das Werkzeug `CopyFeatures` wird ausgeführt und meldet als Resultat den Pfad zum erzeugten Datensatz.
12+13	Das Gleiche nochmals als Shape-Datei. Hier wird Dateierweiterung `.shp` mit erzeugt.

Nachgang Bitte kontrollieren Sie für sich die Existenz der Datensätze zunächst in ArcCatalog und dann im Windows-Explorer. Verlassen Sie in beiden das Verzeichnis und gehen Sie in das TMP-Verzeichnis des Systems. Schließen Sie ArcCatalog. Im Windows-Explorer können Sie nun sehen, dass der Ordner gelöscht wird. Dies dauert allerdings manchmal etwas.

Besonderheit bei der Arbeit in Geodatenbanken mit FeatureDatasets

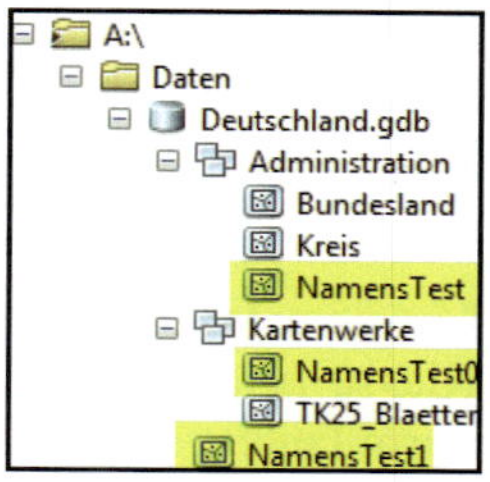

Bei `CreateUniqueName`, `CreateScratchName` sowie `Exists` ist folgende Besonderheit zu beachten:
Wird bei `workspace` ein *FeatureDataset* angegeben, so wird nur dieses geprüft. Ist `workspace` aber das Wurzelverzeichnis der Geodatenbank selbst, werden sämtliche Strukturen untersucht. Da der Name eines Datensatzes in der gesamten Geodatenbank eindeutig sein muss, ist ein Test im *FeatureDataset* fehlerbehaftet. Nehmen Sie daher immer das Wurzelverzeichnis der Geodatenbank.

Beispiel: Eindeutige Namen in Geodatenbanken

```
1 >>> ap.CreateUniqueName('NamensTest', gdb + r'\Kartenwerke')
  u'A:\\Daten\\Deutschland.gdb\\Kartenwerke\\NamensTest'
2 >>> ziel_fc = ap.CreateUniqueName('NamensTest', gdb + r'\Kartenwerke')
3 >>> ap.management.CreateFeatureclass(gdb +'\Kartenwerke', ziel_fc)
  Traceback (most recent call last):
    File "<interactive input>", line 1, in <module>
    ...
  ExecuteError: ERROR 999999: Fehler beim AusfÃ¼hren der Funktion.
  Fehler beim Ausführen von (CreateFeatureclass).
4 >>> ap.Exists(gdb + r'\NamensTest')
  True
5 >>> ap.CreateUniqueName('NamensTest', gdb)
  u' A:\\Daten\\Deutschland.gdb\\NamensTest3'
6 >>> import os
7 >>> ziel_fc = os.path.basename(ap.CreateUniqueName('NamensTest', gdb))
8 >>> ap.management.CreateFeatureclass(gdb +'\Kartenwerke', ziel_fc)
  <Result 'A:\\Daten\\Deutschland.gdb\\Kartenwerke\\NamensTest2'>
```

Promptzeile	Erläuterung
1	Ist ein FeatureDataset als `workspace` gewählt, wird ein eindeutiger Name für dieses Arbeitsverzeichnis erzeugt.
2+3	Das Ergebnis wird an eine Variable gebunden und für das Werkzeug *Feature-Class erzeugen* verwendet. Dieses erzeugt eine Ausnahme, da der Name in der Geodatenbank bereits existiert.

4+5 Die Frage im Wurzelverzeichnis, ob dieser Datensatz existiert, erzeugt hingegen ein `True`. Auch die Generierung eines eindeutigen Namens berücksichtigt nun alle Datensätze in der Geodatenbank. Allerdings passt der Pfad nicht bzw. wird er für das Werkzeug nicht benötigt.

6+7 Import des Moduls `os`. Mit der Funktion `os.basename` kann der Basisname aus einem Pfad extrahiert werden. Die Variable `ziel_fc` wird mit diesem Basisnamen verbunden.

8 Das Werkzeug arbeitet nun erfolgreich.

5.3 Neue Features erzeugen mit `InsertCursor`

Mit dem *InsertCursor* können Sie neue Zeilen in einer Tabelle erzeugen. Objekte der Klasse *InsertCursor* werden mit der gleichnamigen Funktion erzeugt. Die allgemeine Form lautet:

```
InsertCursor(Tabelle, Felder)
```

Parameter	Erklärung
`Tabelle`	Wie bei `SearchCursor` kann die Eingangstabelle eine Feature-Class, ein Layer, eine Tabelle oder eine Tabellenansicht (engl. *Tableview*) sein.
`Felder`	Wie bei `SearchCursor` können hier Feldnamen und/oder Token beziehungsweise ein Asterisk übergeben werden.

Die Klasse besitzt mit `fields` die gleiche Eigenschaft wie `SearchCursor`.

Beispiel: Grenzlinien als Feature-Class erzeugen

Dieses Beispiel setzt bei dem Beispiel *Welche Kreise Niedersachsens haben eine gemeinsame Grenze mit NRW?* aus dem Abschnitt 4.3.1 „Das Geometrie-Objekt" an. Es sollen jetzt die Grenzlinien der einzelnen Kreise dauerhaft als Feature-Class gespeichert werden.

Der nachfolgende Code ist nicht in der Konsole interaktiv eingegeben, sondern als eigenständiges Python-Skript erzeugt worden.

```
# -*- coding: UTF-8 -*-
#-------------------------------------------------------------------------------
# Name:        Grenzlinien_in_FC.py
# Purpose:     Grenzlinien als FeatureClass erzeugen
#
# Author:      lulferts
#
# Created:     01.08.2015
# Copyright:   (c) lulferts 2015
```

```
#----------------------------------------------------------------------
import arcpy as ap
import os
# Parameter festlegen
gdb = r'A:\Daten\Deutschland.gdb'
kreise_NDS = r'\Administration\Kreis_NDS'
felder = ['SHAPE@','Kreisname']
bundeslaender= r'\Administration\Bundesland'
suchFeld = 'Bundesland'
gesucht= 'Nordrhein-Westfalen'
ziel_fc = kreise_NDS + '_zu_NRW'
#----------------------------------------------------------------------
ap.env.workspace = gdb

#----------------------------------------------------------------------
# Schritt 1: Liste aller Geometrien und Namen der niedersächsischen Kreise
kreisliste =[]
with ap.da.SearchCursor(kreise_NDS, felder) as kreise:
     for kreis in kreise:
          kreisliste.append(kreis)
# Schritt 2: Grenze von NRW als Geometrie-Objekt
suchFeld_SQL = ap.AddFieldDelimiters(bundeslaender, suchFeld)
bedingung= "{feld} LIKE '{name}'".format(feld=suchFeld_SQL, name=gesucht)
ap.management.MakeFeatureLayer(bundeslaender, 'NRW', bedingung)
nrw = ap.management.CopyFeatures('NRW',ap.Geometry())[0]
ap.management.Delete('NRW')
# Schritt 3: Gemeinsame Grenze der Kreise mit NRW als Geometrie und Kreisname
grenzlinien = [[geom.boundary().intersect(nrw, 2), name]
                for geom,name in kreisliste
                if geom.touches(nrw)]
# Schritt 4: Struktur der Ziel-FeatureClass erzeugen
ziel_rbs = ap.Describe(kreise_NDS).spatialReference
ziel_pfad, ziel_name = os.path.split(ziel_fc)
ap.management.CreateFeatureclass(ziel_pfad, ziel_name, 'POLYLINE',
                                 spatial_reference = ziel_rbs,
                                 template = kreise_NDS)
# Schritt 5: Daten einfügen
with ap.da.InsertCursor(ziel_fc, felder) as cursor:
    for grenzlinie in grenzlinien:
        cursor.insertRow(grenzlinie)
```

Codezeile	Erläuterung
1-39	Dies ist der Code aus dem genannten Beispiel. Lediglich an zwei Stellen gibt es Veränderungen.
32	Statt des mathematischen Gleich-Operators (=) wird der allgemeiner verwendbare `LIKE`-Operator verwendet. Dadurch steht nun die volle SQL-Syntax für Textfolgen zur Verfügung.
36-39	Der gesamte Vorgang des Heraussuchens der Grenzkreise und des anschließenden Auslesens der gemeinsamen Grenzlinien mit dem Nachbarbundesland geschieht hier in einer Listenabstraktion. Der Code ist so viel kürzer. Ist er für Sie noch lesbar? Der siebte ZEN OF PYTHON: *Readability counts.*
40-45	Damit die Daten in eine Feature-Class geschrieben werden können, muss zuerst die Struktur erzeugt werden.
41	Das Raumbezugssystem für die neue Feature-Class wird aus dem Datensatz der niedersächsischen Kreise herausgezogen.
42	Das Werkzeug *Feature-Class erzeugen* verlangt als Parameter den Pfad und den Namen der neuen Datei getrennt. Mit der `split`-Funktion wird der Pfad zur Datei entsprechend geteilt.
43-45	Das Werkzeug wird aufgerufen, und die beiden optional genutzten Parameter werden über ihre Schlüsselwörter aufgerufen.
46-49	Das Erzeugen der neuen Features ist ziemlich unspektakulär: Wie bei den *SearchCursor*-Beispielen wird in einem `with`-Statement der Zeiger erzeugt und die in Schritt 3 erzeugten Informationen zeilenweise weggeschrieben.

Sie können das Auslesen der Informationen und ihr Wegschreiben in einen neuen Datensatz natürlich auch zeilenweise durchführen.

5.3.1 Geometrien erzeugen

Geometrie-Objekte wurden bisher nur gelesen, analysiert und manchmal, wie im vorherigen Beispiel, als neue Objekte geschrieben. Im Folgenden geht es darum, Geometrie-Objekte vollständig neu zu erzeugen. Klassisches Anwendungsbeispiel ist die Umwandlung von Koordinatenlisten in Punkte, Polylinien oder Polygone. Diese Geometrien sind nicht Teil vom Modul *DataAccess* `da`, sondern gehören zum Modul `arcpy`.

Bei Aufbau eines Geometrie-Objekts begegnen uns verschiedene Klassen, deren Objekte in einer hierarchischen Struktur zueinander stehen. Wie so oft, wird auch hier das Objekt einer Klasse mit einer gleichnamigen Funktion erzeugt. So erzeugt die Funktion `point()`ein `point`-Objekt der Klasse `point`.

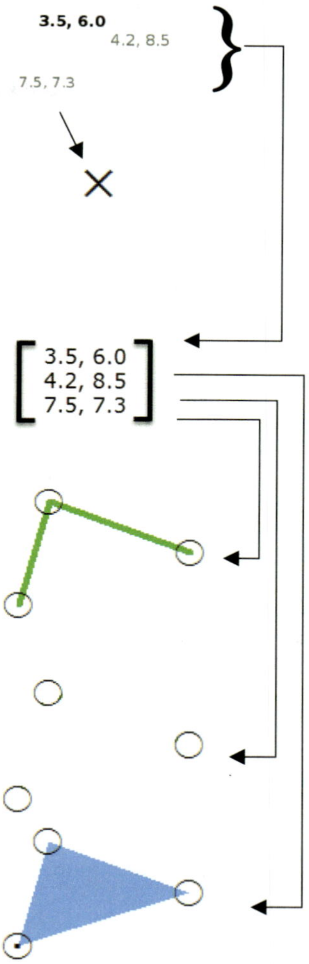

point ist sozusagen das Atom der Geometrie-Objekte, aus dem sich alles aufbaut. Ein Punkt besteht nur aus Koordinatenwerten und taucht normalerweise ausschließlich im Zusammenhang mit einem Cursor auf. Er ist keine Geometrie!

Verwenden Sie dieses point-Objekt in der Funktion PointGeometry(), so erhalten Sie ein punkthaftes Geometrie-Objekt. Mit diesem point-Objekt können Sie Pufferungen oder Ähnliches durchführen.

Mehrere Punkte können in einer definierten Reihenfolge einen bestimmten Linienverlauf festlegen. Um diese Definition fassen zu können, wird ein Objekt vom Typ array erzeugt, in dem die Punkte in ihrer Reihenfolge abgelegt sind. Der Begriff *Array* bedeutet im Deutschen so etwas wie Anordnung, Feld oder Bereich.

Eine Linie oder ein Polygon kann man sich gut als Anordnung von Punkten vorstellen.

Aus einem solchen Array können Sie mit der Funktion Polyline() eine lineare Geometrie erzeugen. Mit diesem Polyline-Objekt lassen sich ebenfalls Pufferungen und anderes durchführen.

Dieses Array können Sie aber auch mit der Funktion Multipoint() in eine Geometrie mit vielen Punkten umwandeln. Ein Puffern dieser Multipoint-Geometrie führt zu einem anderen Ergebnis als das mit der Polylinie. Ein Array kann daher kein Geometrie-Objekt sein.

Fügen Sie demselben Array als letzten Punkt den ersten Punkt nochmals hinzu, so „schließen“ Sie damit die Linie. Nun können Sie mit der Funktion Polygon() daraus eine flächige Geometrie erzeugen.

Die Geometrien von Multipart-Features lassen sich ebenfalls mit dieser Struktur erzeugen: Sortieren Sie mehrere Arrays in einem neuen Array, und Sie haben ein Multipart-Polygon-Feature. Genauso können Sie „geschlossene“ Arrays zu einem Polygon mit Aussparungen und Inseln erzeugen.

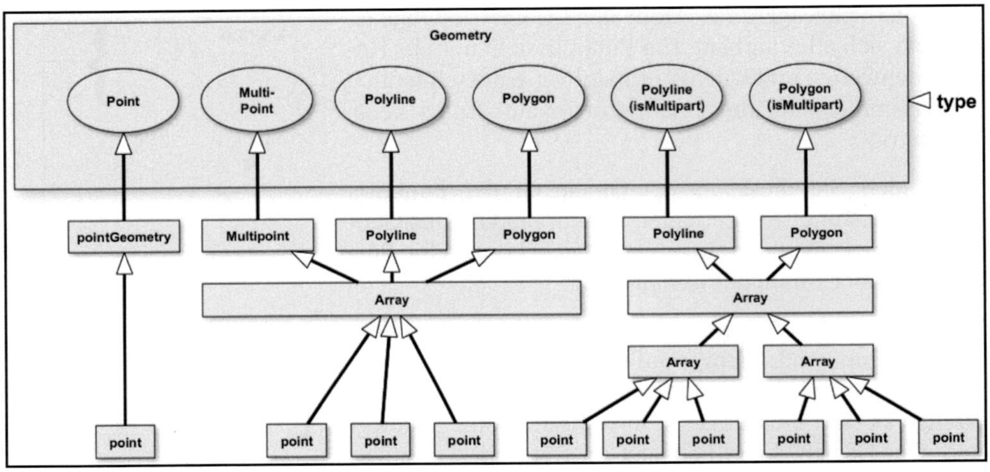

Die Abbildung zeigt den Aufbau der einzelnen Geometrietypen. `point` kann hierbei ein `point`-Objekt sein oder ein Geometrie-Token (`SHAPE@XY`, `@JSON`, `@WKB`, `@WKT`) bzw. eine Liste aus Geometrie-Token (`SHAPE@X`, `@Y`,`@Z`,`@M`).

Doch Vorsicht! Sie selbst sind in solchen Fällen für eine korrekte Geometrie nach den Regeln für „simple Features“ verantwortlich. Arcpy führt keine Validierung der Topologie durch. Ein Polygon, welches ein anderes halb überdeckt, sorgt für wenig Freude. Auch werden unkorrekte Strukturierungen nicht durch Ausnahmen abgefangen. Ein Beispiel dafür wird am Ende des Kapitels gezeigt.

Die Funktionen zum Erzeugen eines Geometrie-Objekts sind hier aufgelistet. Eigenschaften und Methoden wurden in Abschnitt 4.3.1 „Das Geometrie-Objekt“ vorgestellt.

Funktion mit Parametern	Erklärung
`Point({X}, {Y}, {Z}, {M}, {ID})`	Erzeugt ein Punktobjekt. Alle Parameter sind optional. Es kann somit auch ein leeres Objekt erzeugt werden, wie in einigen der anschließenden Beispiele gezeigt wird.
`PointGeometry(werte, {raumbezugssystem}, {hat_z}, {hat_m})`	Erzeugt ein Geometrie-Objekt vom Typ `point.werte`. Ist `raumbezugssystem` definiert, wird bei Verwendung des Geometrie-Objekts in einer Feature-Class mit anderem Raumbezug eine Transformation durchgeführt. Die booleschen Werte `{hat_z}`, `{hat_m}` müssen zu der angestrebten Feature-Class passen.
`Multipoint((werte, {raumbezugssystem}, {hat_z}, {hat_m})`	Erzeugt ein Geometrie-Objekt vom Typ *Multipoint*. Dabei kann `werte` ein `ap.array` mit entsprechender innerer Struktur aus Geometrie-Objekten vom Typ `point` sein oder aber ein einzelnes `point`-Objekt. Letzteres deshalb, da auch eine Multipoint-Geometrie nur aus einem einzigen Punkt bestehen kann. Die übrigen Parameter sind analog zu `PointGeometry` definiert.

`Polyline((werte, {raumbezugssystem}, {hat_z}, {hat_m})`	Erzeugt ein Geometrie-Objekt vom Typ `polyline`. Der Parameter `werte` muss aus einem Array von mindestens zwei `point`-Objekten bestehen oder aus einem einzigen Array, welches aus mindestens zwei Arrays mit jeweils mindestens zwei `point`-Objekten besteht. Im Fall von geschachtelten Arrays wird aus dem *SinglepartFeature* ein *MultipartFeature*. Die übrigen Parameter sind identisch zur Funktion `Multipoint` nutzbar.
`Polygon((werte, {raumbezugssystem}, {hat_z}, {hat_m})`	Erzeugt ein Geometrie-Objekt vom Typ `polygon`. Die Parameter sind wie bei `Polyline` nutzbar. Jedoch muss hier ein Array mit den Punkten aus mindestens vier `point`-Objekten bestehen, wobei Koordinaten des ersten und des letzten Objekts übereinstimmen. In Fall von geschachtelten Arrays wird aus dem *SinglepartFeature* ein *MultipartFeature*. Die Flächen der einzelnen Teile dürfen sich nicht berühren oder überlappen. Das erste Array: die Grundgeometrie. Liegt eines der Folgenden darin, so ist es eine Aussparung, liegt darin wiederum ein Teil, so ist dies eine Insel in der Aussparung. Flächen außerhalb sind Exklaven, welche wiederum innere Aussparungen und Inseln besitzen können. Ein Multipart-Feature hat also keine mehrfache Schachtelung.
`ap.Geometry(typ, koordinaten, {raumbezugssystem}, {hat_z}, {hat_m})`	`typ` ist der Geometrietyp des Objekts. Schlüsselwörer sind: POINT, POLYGON, POLYLINE oder MULTIPOINT. `koordinaten` sind die X-, Y-, Z- und M-Werte zur Lagebeschreibung des Objekts. Sie sind vom Typ Punkt oder eine Aufreihung und/oder Verschachtelung von Punkten. `raumbezugssystem` in Form eines `SpatialReference`-Objekts passend zu den vorher definierten Koordinaten. `hat_z, hat_m` sind boolesche Werte, um festzulegen, ob das Objekt auch Höhenwerte oder lineare Referenzierung beinhaltet. Diese Aussagen müssen mit den Koordinatenwerten korrespondieren.

Die Funktion `Array({elemente})` erzeugt ein `Array`-Objekt. Ein Array beinhaltet entweder Punkte oder Array-Objekte. Es dient ausschließlich zur Konstruktion von Geometrie-Objekten. Es besitzt eine Eigenschaft: elf Methoden, die hier aufgelistet sind:

Eigenschaft	Erklärung
`count`	Gibt die Anzahl der Objekte im Array an.

Methode mit Parameter	Erklärung
`add(werte)`	Fügt laut Esri-Dokumentation mit `wert` ein `Point`-Objekt oder `Array` an das Ende der Anordnung.
`append(wert)`	Fügt laut Esri-Dokumentation ein Objekt `wert` in die letzte Position der Anordnung. Im Verhalten konnten wir keine Unterschiede zu `add` erkennen.

extend(werte)	Hängt die entpackten Werte an das Ende der Anordnung. Geeignet, um Listen oder Arrays aufzulösen und an das Ende anzuhängen.
next() reset()	Gleich der next()- und reset()-Funktion des Cursor-Objekts kann man durch das Array wandern bzw. an den Anfang zurückspringen.
getObject(index)	Über die Position index kann ein Element aus dem Array genutzt werden. Dieser und alle anderen Indizes unterstützen keine negativen Zahlen wie bei einer Pythonliste. Hilfskonstrukt zum Indizieren von hinten ist: (array.count()- index)
insert(index,wert)	Fügt an der index-Position den wert zusätzlich ein. Es wird hierbei kein Element des Arrays gelöscht.
replace(index,wert)	Ersetzt am Index das vorhandene Element durch wert.
remove(index) removeAll()	Entfernt ein einzelnes Element im Array über seinen Index. Leert das Array vollständig.
clone(punkt)	Klont ein Punktobjekt. Der Sinn hat sich uns nicht gezeigt. Es sind auch keine Anwendungsbeispiele zu finden.

Beispiel: Punkt-Features erzeugen mit Geometrie-Token

Eine Datei Punkte_1.txt im ASCII-Format mit dem abgebildeten Inhalt (Rechtswert, Hochwert, Kennung) soll als Punktesatz in eine vorhandene Feature-Class Punkte_1.shp eingefügt werden. Die Feature-Class ist vom Typ *Punkt* und hat ein Feld Kennung für Texte mit einem Zeichen.

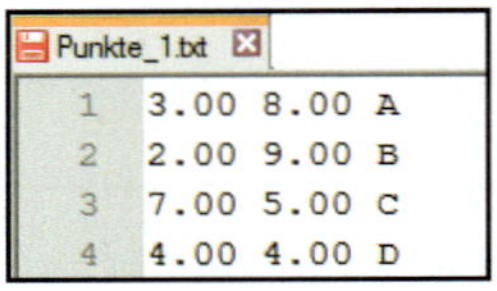
Punkte_1.txt

1	3.00	8.00	A
2	2.00	9.00	B
3	7.00	5.00	C
4	4.00	4.00	D

```
>>> import arcpy as ap
>>> import os
>>> verzeichnis = r'A:\Daten'
>>> os.chdir(verzeichnis)
>>> ap.env.workspace= verzeichnis
>>> eingabeTxt ='Punkte_1.txt'
>>> ausgabe_FC = eingabeTxt.replace('.txt','.shp')
>>> with open(eingabeTxt) as datei:
...     inhalt = [zeile.split() for zeile in datei.readlines()]
>>> with ap.da.InsertCursor(ausgabe_FC, ['SHAPE@XY', 'Kennung'])
                                                   as cursor:
...     for x,y,kennnung in inhalt:
...         pkt = [float(x),float(y)]
...         cursor.insertRow([pkt, kennnung])
4L
[...]
7L
```

Promptzeile	Erläuterung
1-5	Module importieren, Stammverzeichnis definieren sowie in ArcGIS- und Python-Umgebung in dieses Verzeichnis wechseln.
6+7	Relativer Pfad zu der Datenquelle und der Ausgabedatei.
8	Die Textdatei wird im `with`-Statement geöffnet, ausgelesen und geschlossen. Mit `readlines` erhält man alle Zeilen als eine Liste. Jede Zeile ist eine Textfolge und wird mit `split()` an jedem Leerzeichen getrennt. Diese geschachtelte Liste ist dann `inhalt`.
9	Die Feature-Class wird im `with`-Statement lesend mit dem Feld eines Geometrie-Token aus Rechts- und Hochwert und dem Feld Kennung geöffnet.
9a	Jeder Teil aus `inhalt` steht für eine Zeile mit den Koordinaten und der Kennung als innere Liste. Diese werden hier iterativ aufgerufen.
9b	Die Koordinaten liegen noch als Text vor. Sie werden zu einem Listenpaar aus Gleitkommazahlen umgewandelt und als `pkt` definiert.
9c	Die Punktkoordinaten und die Kennung werden in die Feature-Class geschrieben. Bitte beachten Sie, dass der `insertRow`-Methode nur ein Parameter übergeben wird. Die Felder müssen immer in eine Liste gepackt werden. Die Werte in dieser Liste müssen natürlich zu den mit `InsertCursor` geöffneten Feldern passen. In der Python-Konsole wird jede Eingabe mit einer Meldung quittiert.

Beispiel: Punkt-Features erzeugen mit dem Geometrie-Objekt

Nun soll statt der direkten Übergabe von Koordinatenwerten ein Geometrie-Objekt übergeben werden. Auf das Feld `Kennung` wurde verzichtet. Als Eingabe dient der abgebildete Datensatz.
Sind Sie sich sicher, dass es sich immer nur um einzelne Punkte handelt, so ist die vorherige Lösung zu bevorzugen. Sie ist einfacher im Code und performanter in der Ausführung.

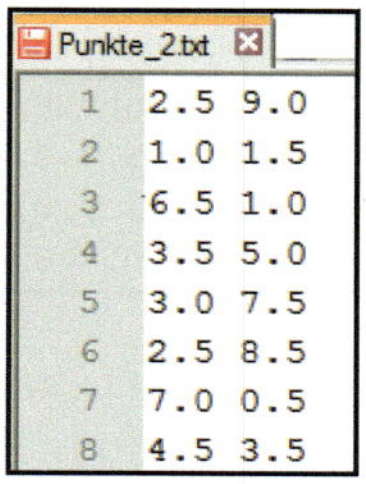

Punkte_2.txt

```
1  2.5 9.0
2  1.0 1.5
3  6.5 1.0
4  3.5 5.0
5  3.0 7.5
6  2.5 8.5
7  7.0 0.5
8  4.5 3.5
```

```
1  >>> eingabeTxt = 'Punkte_2.txt'
2  >>> ausgabe_FC = eingabeTxt.replace('.txt','.shp')
3  >>> with open(eingabeTxt) as datei:
   ...     inhalt = [zeile.split() for zeile in datei.readlines()]
4  >>> with ap.da.InsertCursor(ausgabe_FC,['SHAPE@']) as cursor:
4a ...     for x,y in inhalt:
4b ...         pt = ap.Point(float(x),float(y))
4c ...         cursor.insertRow([pt])
   16L
   [...]
   23L
```

Promptzeile	Erläuterung
1+2	Zeilen 1-5 aus dem vorherigen Beispiel haben Bestand. Der relative Pfad zur Eingabedatei wird definiert, ebenso die Ausgabedatei.
3	Wie im vorherigen Beispiel wird die Datei geöffnet und ausgelesen.
4	In diesem Fall wird als Feld nur ein Geometrie-Token mit dem Geometrie-Objekt geöffnet. Der Cursor erwartet nun also ein Geometrie-Objekt und nicht ein Koordinatenpaar.
4a	Aus `inhalt` werden die Koordinaten jeder Zeile aufgerufen.
4b	Die Texte werden in Zahlen umgewandelt und mit `point` in ein Geometrie-Objekt umgewandelt.
4c	Das Geometrie-Objekt wird in die Feature-Class angefügt. Obwohl nur ein Feld, muss auch dieses zu einer Liste gepackt werden.

Beispiel: Multipoint-Features erzeugen

Wenn Sie große Mengen an Punkten als Features einlesen wollen, um diese dann für Oberflächen zu interpolieren oder zu triangulieren, sollten Multipoint-Features das Geometrie-Objekt Ihrer Wahl sein.

In der Quelldatei stehen die Punkte eines Multipart-Point-Features in einer Zeile. Das Format ist so gewählt, dass sie leicht in eine geschachtelte Liste umgewandelt werden können. Da nun auch ein Höhenwert angegeben ist, muss das Ziel eine 3D-Feature-Class sein (die Eigenschaft `hasZ` ist `True`).

Punkte_3.txt

```
[3.0,8.0,10.0], [7.0,0.0,12.4], [4.0,4.0,13.0]
[3.5,7.5,3.1], [2.5,8.5,3.2]
[2.5,9.0,2.5], [1.5,9.5,2.6], [3.5,5.0,2.7]
[4.0,7.0,2.1], [8.0,1.0, 1.9], [5.0,3.0,2.3], [7.5,0.5,2.2]
```

```
1  >>> eingabeTxt = 'Punkte_3.txt'
2  >>> ausgabe_FC = eingabeTxt.replace('.txt','.shp')
3  >>> with open(eingabeTxt) as datei:
3a ...     inhalt = [eval(zeile) for zeile in datei.readlines()]
4  >>> with ap.da.InsertCursor(ausgabe_FC, ['SHAPE@']) as cursor:
4a ...     array = ap.Array()
4b ...     pkt_geom = ap.Point()
4c ...     for punkte in inhalt:
4d ...         for x,y,z in punkte:
4e ...             pt = ap.Point(x,y,z)
4f ...             array.add(pt)
4g ...         multipoint = ap.Multipoint(array)
4h ...         array.removeAll
4i ...         cursor.insertRow([multipoint])
```

```
<bound method Array.removeAll of <Array [<Point (3.0, 8.0, #, #)>,
>]>>
4L
[...]
7L
```

Prompt-zeile	Erläuterung
1-3	Der Code ist analog zu den vorherigen Beispielen.
3a	Jede Zeile wird mit der Funktion `eval` behandelt. `eval` wertet eine Zeichenfolge wie einen Pythonausdruck aus. Es ist so, als würde man den Text direkt in die Konsole eintippen.
4	Der Zugriff auf die Feature-Class erfolgt analog zu den vorherigen Beispielen.
4a+b	Es wird ein leeres ArcPy-`Array` und `Point`-Objekt generiert.
4c	In der `for`-Schleife wird über jede der Punktlisten iteriert.
4d	Jeder Punkt einer Punktliste wird in seine Koordinaten zerlegt.
4e	Mit diesen wird das `Point`-Objekt befüllt und
4f	in das über dem Schleifenkopf erzeugte Array eingefügt.
4g	Die Schleife für die Punkte des Features ist abgearbeitet, und die Punkte im Array werden mit `Multipoint` für ein Geometrie-Objekt verwendet.
4h	`array` muss für das nächste Feature geleert werden.
4i	Zum Schluss wird das Geometrie-Objekt in die Feature-Class eingefügt. Die Konsole quittiert jedes Feature mit einer Meldung.

Dieser Code fängt nicht die Situation eines einzelnen Punkts als Feature in einer Multipoint-Feature-Class ab. Wie das geschieht, sehen Sie im letzten Beispiel dieser Sequenz von Beispielen.

Beispiel: Single- & Multipart-Polygon-Features erzeugen

Bei Polygon-Feature-Classes sind Mischungen aus Singlepart- und Multipart-Features aufgrund der Aussparungen in Flächen nicht selten. Daher muss hier Vorsorge für beide Typen getroffen werden.

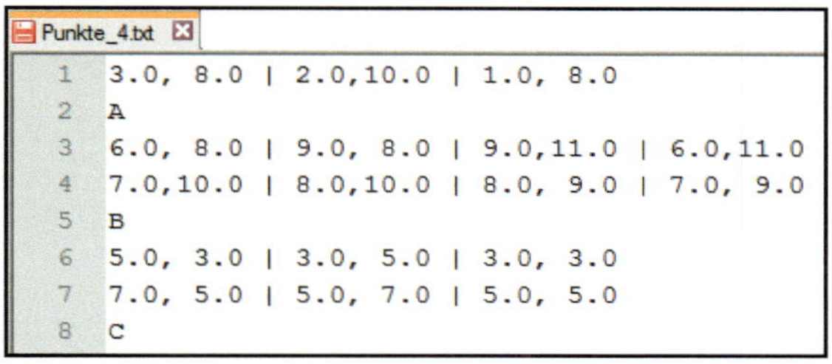
Punkte_4.txt

```
3.0, 8.0 | 2.0,10.0 | 1.0, 8.0
A
6.0, 8.0 | 9.0, 8.0 | 9.0,11.0 | 6.0,11.0
7.0,10.0 | 8.0,10.0 | 8.0, 9.0 | 7.0, 9.0
B
5.0, 3.0 | 3.0, 5.0 | 3.0, 3.0
7.0, 5.0 | 5.0, 7.0 | 5.0, 5.0
C
```

Die Systematik in der Quelldatei ist wie folgt: Koordinaten sind durch Kommata getrennt, die Punkte eines Polygonteils durch das Pipe-Symbol ‚|'. Jede Zeile steht für einen Teil des Polygon-Features. Das Polygon wird mit einer Zeile aus den zugehörigen Sachdaten abgeschlossen. Hier ist dies nur ein Wert.

Da die Struktur der zugehörigen Codes doch etwas umfangreicher ist, wird hier die Python-Datei selbst dargestellt. Sie können die Teile aber natürlich im Python-Interpreter genauer unter die Lupe nehmen.

```
# -*- coding: UTF-8 -*-
----------------------------------------------------------------
# Name:         Geometrien_erzeugen_MultipartPolygone.py
# Purpose:
#
# Author:       lulferts
#
# Created:      03.09.2015
# Copyright:    (c) lulferts 2015
#----------------------------------------------------------------
import arcpy as ap
import os

verzeichnis = r'A:\Daten'
os.chdir(verzeichnis)
ap.env.workspace= verzeichnis
#----------------------------------------------------------------

eingabeTxt = 'Punkte_4.txt'
ausgabe_FC = eingabeTxt.replace('.txt','.shp')

seperator = '|'
with open(eingabeTxt) as datei:
    inhalt = datei.readlines()

geometrie = ap.Array()
teil = ap.Array()
point = ap.Point()

with ap.da.InsertCursor(ausgabe_FC, ['SHAPE@', 'Kennung']) as cursor:
    for zeile in inhalt:
        if zeile[0].isdigit():
            punkte = [eval(p) for p in zeile.split(separator)]
            for  punkt in punkte:  teil.add(ap.Point(*punkt))
            teil.add(teil.getObject(0))
            feature.add(teil)
            teil.removeAll()
        else:
            if feature.count>1:
                polygon = ap.Polygon(feature)
            else:
```

```
42                  polygon  = ap.Polygon(feature.getObject(0))
43              feature.removeAll()
44              cursor.insertRow([polygon,zeile])
```

Codezeile	Erläuterung
1-10	Dateikopf mit den „Metadaten" zu dieser Datei.
11-21	Ähnliches Vorgehen wie in den vorherigen Beispielen. In diesem Fall wird jede Zeile als Zeichenfolge abgespeichert.
26-28	Leere Objekte zur Haltung von Punkten, Featureparts und Features selbst werden erzeugt.
30	Es wird auf die Geometrie und das Feld `Kennung` zugegriffen.
31	In der `for`-Schleife wird über jede Zeile des Dateiinhalts iteriert.
32	Wenn das erste Zeichen von `zeile` eine Zahl ist, handelt es sich bei `zeile` um die Definition einer Geometrie. Dann gehe in den folgenden `if`-Block.
33	Die Zeichenfolge wird am `separator` (‚|‘) aufgebrochen. Jeder entstehende Teil wird wie Python-Code behandelt. Hierdurch verlieren die Leerzeichen ihre Bedeutung. Die Zahlen-Punkt-Komma-Textfolgen werden zu einem Paar aus Gleitkommazahlen umgewandelt. Diese Reihe von Paaren wird unter `punkte` weitergeführt.
34	Jeder `punkt` in `punkte` ist ein solches Koordinatenpaar. Die `Point`-Funktion erwartet jedoch nicht eine Liste, sondern zwei Parameter aus Zahlen. Daher wird die Liste mit dem Asterisk ‚`*`‘ ausgepackt. Das Punktobjekt wird sofort in die Anordnung für das Polygonteil gepackt.
35	Alle Punkte für `teil` sind angeordnet. Nun muss das Polygon noch geschlossen werden: Der erste Punkt wird am Ende wiederholt.
36	Die nötigen Punkte sind eingefügt und `teil` wird `feature` hinzugefügt.
37	Für die nächste Runde der `zeilen`-Schleife wird `teil` geleert.
38-44	Der `else`-Block: Er wird angesteuert, wenn `zeile` nicht mit einer Zahl beginnt. Es handelt sich somit um die Zeile mit den Sachdaten, und die Geometrie des Polygons ist abgeschlossen.
39+40	Es ist mehr als ein `teil`-Array im `feature`-Array vorhanden und damit ein Multipart-Feature. `feature` kann somit direkt für das Geometrie-Objekt `polygon` genutzt werden.
41+42	Im Array `feature` ist nur ein Element vorhanden. Es ist ein Singlepart-Feature. Dieses einzelne Array muss aus dem Feature-Array herausgeholt werden und direkt für das Geometrie-Objekt `polygon` genutzt werden.
43	Das Geometrie-Objekt ist mit den aktuellen Werten befüllt. Somit kann `feature` für die nächste Schleife geleert werden.
44	In die Feature-Class wird die Geometrie mit dem Sachwert `kennung` angefügt.

Beispiel: Fehlerhafte Multipart-Features in der Erzeugung und ihre Folgen

Ein Rechteck mit einem innenliegenden Dreieck soll erzeugt werden. Es handelt sich also um ein Multipart-Feature. Die Definition der Geometrie erfolgt auf drei unterschiedliche Weisen. `folge_1` ist korrekt aus einem Array mit zwei darin liegenden Arrays, die korrekte Punktfolgen haben. In der Sequenz `folge_2` wurde das erste innenliegende Array aufgelöst. Das äußere Array besteht somit aus einer Mischung von Punkten und Array. Bei `folge_3` wurden die Punkte hinter das Array angesiedelt. Alle Folgen werden als Polygone und als Polylinien erzeugt und in separate Feature-Classes abgespeichert.

```
>>> import arcpy as ap
>>> pt = ap.Point
>>> folge_1 = ap.Array([ap.Array([pt(0,0), pt(0,5), pt(5,5), pt(5,0),
...          pt(0,0)]), ap.Array([pt(1,1), pt(3,4), pt(4,1), pt(1,1)])])
...
...
...
>>> folge_2 = ap.Array([pt(0,0), pt(0,5), pt(5,5), pt(5,0), pt(0,0),
...                    ap.Array([pt(1,1), pt(3,4), pt(4,1), pt(1,1)])])
...
>>> folge_3 = ap.Array([ap.Array([pt(1,1), pt(3,4), pt(4,1), pt(1,1)]),
...                    pt(0,0), pt(0,5), pt(5,5), pt(5,0), pt(0,0)])
...
...
>>> pline_1 = ap.Polyline(folge_1)
>>> ap.CopyFeatures_management(pline_1, "A:\\pline_1.shp")
<Result 'A:\\pline_1.shp'>
>>> pline_2 = ap.Polyline(folge_2)
>>> ap.CopyFeatures_management(pline_2, "A:\\pline_2.shp")
<Result 'A:\\pline_2.shp'>
>>> pline_3 = ap.Polyline(folge_3)
>>> ap.CopyFeatures_management(pgon_3, "A:\\pline_3.shp")
<Result 'A:\\pline_3.shp'>
>>> pgon_1 = ap.Polygon(folge_1)
>>> ap.CopyFeatures_management(pgon_1, "A:\\plgon_1.shp")
<Result 'A:\\plgon_1.shp'>
>>> pgon_2 = ap.Polygon(folge_2)
>>> ap.CopyFeatures_management(pgon_2, "A:\\plgon_2.shp")
<Result 'A:\\plgon_2.shp'>
>>> pgon_3 = ap.Polygon(folge_3)
>>> ap.CopyFeatures_management(pgon_3, "A:\\plgon_3.shp")
<Result 'A:\\plgon_3.shp'>
```

Die Shape-Dateien sehen wie folgt aus:

folge_1 folge_2 folge_3

ArcPy erzeugt keine Ausnahmen (Fehlermeldungen) bei nicht korrekten Strukturierungen von Punktfolgen und Anordnungen. Die Geometrien werden nur so weit erzeugt, bis der erste Fehler auftritt.

5.4 Vorhandene Features ändern mit `UpdateCursor`

Mit dem *UpdateCursor* können Sie vorhandene Zeilen in einer Tabelle lesen und ändern. Das Entfernen einer Zeile wird auch als Änderung angesehen. Objekte der Klasse *UpdateCursor* werden mit der gleichnamigen Funktion erzeugt. *UpdateCursor* wird mit denselben Parametern aufgerufen wie *SearchCursor*. Die allgemeine Form lautet:

```
UpdateCursor (Tabelle, Felder,
                 {Bedingung},
                 {Raumbezug},
                 {in_Punkte_zerlegen},
                 {Aggregieren_Sortieren})
```

Mit `fields` besitzt die Klasse die gleiche Eigenschaft wie `SearchCursor`.

Zu den ebenfalls bei *SearchCursor* vorhandenen Methoden `next()` und `reset()` gesellen sich noch zwei weitere:

Methode (Parameter)	**Erklärung**
`deleteRow()`	Löscht die Zeile, in der sich der Cursor befindet (aktuelle Zeile).
`updateRow(werte)`	Ändert die Einträge in der aktuellen Zeile auf `werte`. Hierbei ist `werte` eine Liste von Feldern, die mit `Felder` bei der Erzeugung des Cursors übereinstimmt.

Beispiel: Richtung einer Geometrie umkehren

Das Werkzeug *Linie kippen* in der *Editing-Toolbox* zum Umkehren der Laufrichtung von Linien steht nur den Benutzern mit *Standard-* oder *Advanced*-Lizenz zur Verfügung.

```
1 # -*- coding: UTF-8 -*-
2 #-------------------------------------------------------------------
3 # Name:        Linienrichtung_umkehren.py
4 # Purpose:
5 #
6 # Author:      lulferts
7 #
8 # Created:     28.09.2015
9 # Copyright:   (c) lulferts 2015
10 #-------------------------------------------------------------------
11 import arcpy as ap
12
13 featureclass =  r'A:\Daten\Vorlage\SimpleLinien.shp'
14
15 def punktfolge_umdrehen(teil):
16     pkte = [teil.getObject(i) for i in range(teil.count)]
17     pkte.reverse()
18     return ap.Array(pkte)
19
20 with ap.da.UpdateCursor(featureclass, ['SHAPE@']) as cursor:
21     for feature in cursor:
22         geometrie = feature[0]
23         if geometrie.isMultipart:
24             neue_geometrie = ap.Array()
25             for i in range(geometrie.partCount):
26                 teil = geometrie.getPart(i)
27                 neues_teil = punktfolge_umdrehen(teil)
28                 neue_geometrie.add(neues_teil)
29         else:
30             neue_geometrie = punktfolge_umdrehen(geometrie.getPart(0))
31         cursor.updateRow([ap.Polyline(neue_geometrie)])
32     print 'Alles erledigt'
```

Codezeile	Erläuterung
1-10	Dateikopf mit den „Metadaten“ zu dieser Datei.
11-14	*arcpy* laden, Namen für die Quelldatei festlegen.
15-18	Eine Funktion wird definiert. Ihre Aufgabe ist es, eine Anordnung von Punkten in der Reihenfolge umzukehren.

15 An die Funktion `punktfolge_umdrehen` muss ein Parameter, `teil`, übergeben werden. Vom Typ her muss `teil` ein Array von Punkten sein.

Mit `range` wird von 0 bis ausschließlich der Zahl der Punkte von `teil` hochgezählt. Dieser Index `i` wird genutzt, das Punktobjekt mit `getObject` auszulesen. Alle gelesenen Punkte werden in einer Liste an `pkte` übergeben

17 Die Liste wird umgedreht. Bitte beachten: Es wird die Liste selbst geändert, nicht eine Kopie. Die Anweisung `wert = wert.reverse()` ergibt `None`, da nicht zurückgegeben wird.

18 Die Funktion packt die Liste in ein Array und gibt es an den Aufruf zurück.

20 Von der Feature-Class wird nur auf das Geometriefeld lesend und schreibend zugegriffen. Mögliche Sachdaten bleiben unberührt.

21 Schleife für jedes Feature in der Feature-Class. Der Block geht bis zum Ende.

22 `feature` besteht immer aus einer Liste. Wir nehmen das erste und einzige Element.

23 Ist `geometrie` eine Multipart-Geometrie?

24-28 Ja, sie ist es. Daher muss die Struktur aus Array mit den einzelnen Teilen als Arrays bearbeitet werden.

24 Leeres Array als Container für die neue Multipart-Polylinie.

25-28 Schleife für jeden Teil der Multipart-Polylinie über einen Index von 0 bis auschließlich Anzahl von Punkten.

26 Die Teilgeometrie wird an `teil` gebunden.

27 Die Geometrie `teil` wird an die Funktion `punktfolge_umdrehen` gesendet, und wir erhalten das umgekehrte Array.

28 Der neue Teil wird zur Gesamtgeometrie angefügt. Im Gegensatz zu den vorherigen Beispielen werden die Arrays in den Schleifen immer wieder neu erzeugt. Daher brauchen sie hier nicht geleert zu werden.

29-31 Die Geometrie ist ein Singlepart. Daher ein vereinfachtes Verfahren.

30 Die Funktion `punktfolge_umdrehen` wird direkt mit dem ersten Array der alten Geometrie aufgerufen. Ergebnis ist direkt die neue Punktfolge.

31 Ob Single- oder Multipart, die Punktfolgen stimmen und werden in ein Geometrie-Objekt vom Typ `Polyline` eingelesen. Dieses ersetzt die alte Geometrie.

32 Zum Schluss erfolgt eine kurze Meldung an die Konsole.

Sie können dieses Skript bei leichter Modifizierung auch auf Polygone anwenden. Allerdings gibt es keinen Effekt, da es bei Polygonen feste Laufrichtungen gibt. Das erste Teil ist rechtsdrehend, nach innen wechselt die Richtung dann immer. Exklaven sind wieder rechtsdrehend.

5.5 Editor-Sitzung

In einer Editor-Sitzung bleiben Ihre Operationen temporär, bis Sie diese durch Sicherung permanent wegschreiben lassen. Sie können somit also auch die temporären Veränderungen nachträglich verwerfen, genauso wie Sie es aus den händischen Editor-Sitzungen her kennen.

Wann setzt man den Editor ein?

- Wenn Sie nur eine vollständig erfolgreiche Bearbeitung sichern wollen.
- Wenn Sie mehrere Dateien im gleichen Workspace schreibend öffnen.
- Wenn die Feature-Class Teil einer Topologie oder eines geometrischen Netzwerks ist.
- Wenn Sie in einer Geodatenbank mit versionierten Datensätzen arbeiten.
- Bei Feature-Classes und einigen Objekten mit einer Erweiterung in der Klasse (z. B. in einigen Fachschalen).

Die beiden ersten Anwendungsfälle treten für die meisten GIS-Anwender am ehesten auf. Im Beispiel wird der erste Fall behandelt. Zunächst aber der allgemeine Aufruf für eine Editor-Sitzung sowie die Eigenschaften und Methoden:

```
Editor(workspace)
```

Als `workspace` werden nur Geodatenbanken anerkannt. FeatureDatasets und Verzeichnisse führen zu Ausnahmen vom Typ `RuntimeError: cannot open workspace`.

Eigenschaft	Erklärung
`isEditing`	Ist in der Editor-Sitzung der Editiermodus aktiviert? `True`.
`workspacePath`	Gibt den Pfad des Editor-Objekts zurück. Diese Eigenschaft ist bei Esri nicht dokumentiert.

Methode (Parameter)	Erklärung
`startEditing( {mit_widerruf}, {multiuser_modus})`	Startet die Editor-Sitzung. Beide Parameter sind boolesche Werte. Sie sollten sie auf dem Standardwert `True` belassen, also ohne Parameter die Funktion aufrufen.
`stopEditing(sichern)`	Beendet die Sitzung. Ist Sichern `True`, werden die Änderungen behalten, dies ist der Standard. Anderenfalls werden die verworfen.

`startOperation()`
`stopOperation()`
`abortOperation()`
	Eine Editier-Operation kann hiermit gestartet, gestoppt und abgebrochen werden. Stoppen ist Beenden mit Speichern, Abbrechen ohne Speichern.

`undoOperation()` `redoOperation()`	Macht eine Operation rückgängig bzw. stellt sie wieder her.

Der `da.Editor` unterstützt das `with`-Statement, sodass ein ordnungsgemäßer Abschluss der Editiersitzung gewährleistet ist. Zusammen mit einem `try/except`-Statement können Sie immer für einen geordneten Programmablauf sorgen.

Beispiel: Abgesichertes Berechnen eines Feldwerts

Es ist immer fatal, wenn eine Feldwertberechnung mittendrin abbricht. Dann ist ein Teil bereits verändert, ein anderer nicht. Eine Editor-Sitzung verhindert diesen unsicheren Zustand.

In diesem Beispiel soll im Datensatz *A:\Daten\Deutschland.gdb\Administration\Kreis_ND* die relative Differenz zweier Werte in Prozent angegeben werden. Bei Divisionen besteht immer die Gefahr, dass im Quotienten eine null steht und so eine `ZeroDivisionError`-Ausnahme ausgelöst wird.

Schauen Sie sich zunächst die bereits bestehenden Zahlen in dem Feld *PROZ_DIFF_AB* an. Dann führen Sie das Skript wie unten angegeben durch. Es wird eine Ausnahme ausgelöst. Kontrollieren Sie anschließend nochmals die Zahlen. Alles sollte beim Alten geblieben sein.

Wenn Sie nun die Zeilen 6a bis 6e für sich alleine durchführen, ist die Sicherung durch die Editier-Sitzung nicht mehr vorhanden. Wieder wird eine Ausnahme ausgelöst. Allerdings ist ein Teil berechnet worden, wie Sie an den Werten feststellen können. In der Zeile des Landkreises Leer sind sowohl *Typ_A* als auch *Typ_B* gleich *0*. Dies hat die Berechnung abbrechen lassen.

```
1  >>> import arcpy as ap
2  >>> fgdb = r'A:\Daten\Deutschland.gdb'
3  >>> fc = r'Administration\Kreis_NDS'
4  >>> felder = ['Typ_A','Typ_B', 'PROZ_DIFF_AB']
5  >>> ap.env.workspace = fgdb
6  >>> try:
6a ...     with ap.da.Editor(fgdb) as edit:
6b ...         with ap.da.UpdateCursor(fc,felder) as cursor:
6c ...             for typA, typB, prozDiff in cursor:
6d ...                        prozDiff = 100.0 * (typA - typB) /
                                                         (typA + typB)
6e ...                        cursor.updateRow([typA, typB, prozDiff])
6f ... except:
6g ...     print u'Fehler aufgetreten! Bitte Prüfen Sie das Ergebnis.'
      Fehler aufgetreten! Bitte Prüfen Sie das Ergebnis.
```

Promptzeile	Erläuterung
1-4	*arcpy* wird geladen. Zudem werden festgelegt: der Workspace für die Editor-Funktion, der relative Pfad von dort zur Feature-Class sowie die benötigten Felder.
5	Wechsel in die Geodatenbank, da `fc` ein relativer Pfad ist.
6-6e	Der gesamte Vorgang ist mit einem `try/except` abgesichert.
6a	Das `with`-Statement öffnet ein `Edit`-Objekt, und die Editier-Operationen können gestartet werden. Bei einer Ausnahme schließt das `Edit`-Objekt die Sitzung ohne Abspeichern. Tritt keine Ausnahme auf, werden die Operationen gespeichert, und die Sitzung wird dann geschlossen.
6b-6e	Das Vorgehen mit `UpdateCursor` ist aus den vorherigen Beispielen bekannt. Der Fehler wird in der Zeile 6d ausgelöst, wenn die Summe aus den Feldern *Typ_A* und *Typ_B* null ergibt. Eine Anmerkung am Rande: Rechnen Sie diese Formel innerhalb einer Feldberechnung, so gibt es keine Ausnahme. Der Wert in der Zeile mit Landkreis Leer bleibt unberechnet. Ob diese ‚Hilfe' von ArcGIS sinnvoll ist, mag dahingestellt sein.
6f+6g	Wird eine Ausnahme erzeugt, sorgt das `Editor`-Objekt für einen Abschluss ohne Sicherung der bisherigen Rechnung. `except` sorgt für eine Fehlerausgabe.

6 ArcGIS-Werkzeuge mit Python

In *ArcPy* stehen Ihnen alle in Toolboxes definierten Werkzeuge zur Verfügung. Dies gilt nicht nur für die Systemwerkzeuge, sondern auch für die von Drittanbietern oder von Ihnen selbst erstellten Werkzeuge.

Die simple Einbindung dieser ArcGIS-Werkzeuge in Python-Skripte ist eine der herausragenden Eigenschaften von *ArcPy*. Auch Anfänger können so schnell einfache Abläufe automatisieren.

6.1 Quellen für den richtigen Code

Es gibt verschiedene Wege, den Code dafür zu generieren.

1. Im Fenster *Ergebnisse* können Sie jeden ausgeführten Geoprozess als Schnipsel (engl. *snippet*) eines Python-Codes in die Zwischenablage kopieren.
2. Jedes Modell aus dem ModelBuilder können Sie sich als Python-Code exportieren.
3. In der Hilfe die Dokumentation zur Syntax für das Werkzeug herauslesen und dann selbst in einer IDE anwenden.
4. Die Internetrecherche bietet ebenfalls den Weg von Copy & Paste.

6.1.1 Ergebnisse

Beim Ausführen eines Werkzeugs entweder mithilfe des zugehörigen Dialogfelds oder im Python-Fenster werden die Einstellungen zur Ausführung in das Fenster *Ergebnisse* protokolliert. Das Fenster öffnen Sie entweder über den Button oder über das Menu *Geoverarbeitung → Ergebnisse*.

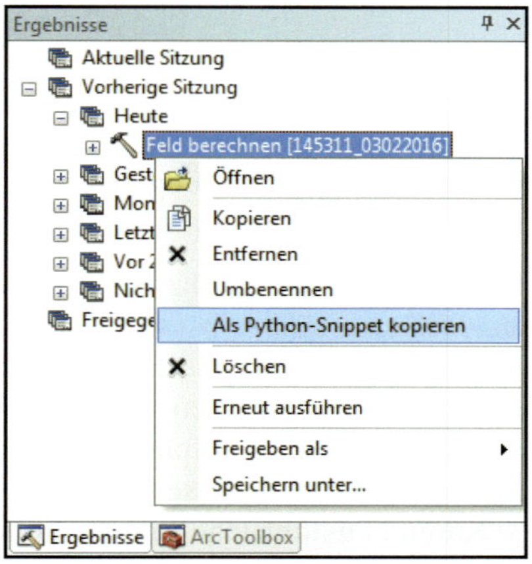

Um die Einstellungen als Python-Code-Schnipsel (engl. *snippet*) in die Zwischenablage zu kopieren, wählen Sie im Kontext-Menü des ausgeführten Werkzeugs *Als Python-Snippet kopieren*. Wenn Sie die Zwischenablage in einen Editor einfügen, beispielsweise Notepad++ einfügen, sehen Sie das einzeilige Kommando.

In der Abbildung haben wir zur besseren Lesbarkeit die Codezeile umgebrochen.

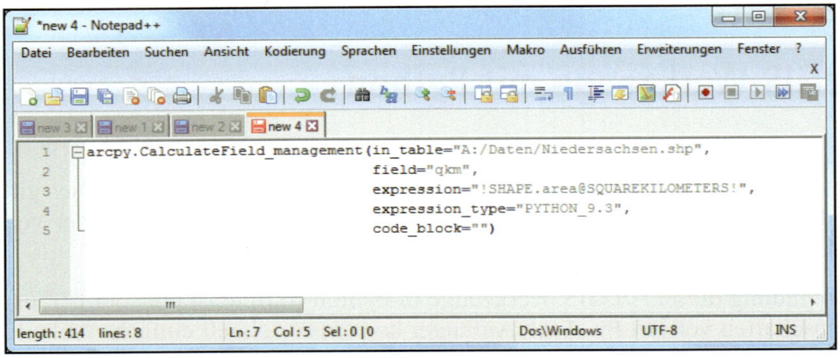

Der Export berücksichtigt nicht die Einstellungen in den Umgebungsvariablen. Hierzu müsste das ausgeführte Werkzeug in ein Modell des ModelBuilders gezogen werden (siehe unten). In den Pfaden werden die einfacheren Slashes '/' statt der maskierten Backslashes '\\' verwendet.

6.1.2 ModelBuilder

Ein Modell des ArcGIS ModelBuilders kann über das Menü *Modell → Exportieren → in Python-Skript…* als Python-Skript gespeichert werden. Hier werden alle Einstellungen, einschließlich der Umgebungsparameter, internen Variablen (in der allgemeinen Form *%<Name>%*) usw. berücksichtigt.

Wann entscheidet sich ein Entwickler dazu, die schöne grafische Oberfläche des ModelBuilders zu verlassen und sich in eine Python-Entwicklungsumgebung zu begeben? Dann, wenn ihm die Steuerung des Programmablaufs im ModelBuilder zu kompliziert wird oder gar unmöglich ist.

Wir haben diesen Systemwechsel anfänglich einige Male begangen. Die Nacharbeit, in Python den Code zu simplifizieren, ist extrem hoch. Als Beispiel: Wird auch nur eine Umgebungsvariable gesetzt, so werden vor dem Werkzeugaufruf alle Umgebungsvariablen gespeichert und umgestellt und danach wieder alle zurückgesetzt. Dies ergibt dann rund 140 Zeilen Programmcode, von denen letztendlich nur drei Zeilen notwendig sind.

Inzwischen sind wir dazu übergegangen, uns im ModelBuilder die Programmstruktur anzuschauen und selbst in Python zu übersetzen. Dennoch verwenden wir den ModelBuilder oftmals, um dort „auf die Schnelle" eine Folge von Arbeitsschritten zu entwickeln und zu kontrollieren. Dann schauen wir uns die Grafik des fertigen Modells an und nehmen sie als Ablaufplan für unseren Python-Code. Zur Nutzung des ModelBuilders finden Sie in dem im selben Verlag erschienenen Buch „ArcGIS Geoverarbeitung" im 3. Kapitel ausführliche Informationen.

6.1.3 ArcGIS Hilfe nutzen

Für jedes Systemwerkzeug finden Sie in der Hilfe unter dem Punkt *Syntax* die allgemeine Definition des Werkzeugs mit seinem Namen zum Aufrufen, seinen Parametern mit ihren Datentypen und möglichen Schlüsselwörtern. Zudem finden Sie unter *Codebeispiel* kurze Skriptsequenzen, die das Anwenden des Werkzeugs in ein, zwei Beispielen zeigen. Per Copy & Paste lässt sich so das Grundgerüst für das Werkzeug in das eigene Skript einfügen.

Für alle Werkzeuge von Drittanbietern oder aus Ihrer eigenen Schmiede gilt: Als Anwender sind Sie davon abhängig, wie gut die Entwickler ihre Werkzeuge dokumentiert haben. Esri stellt dafür jedenfalls detaillierte Anweisungen bereit[9].

Beispiel: ArcGIS Hilfe am Werkzeug *Ausschneiden* analysieren

Das Werkzeug *Ausschneiden* befindet sich im Toolset *Extrahieren* der Toolbox *Analysis Tools*. Das Werkzeug mit seiner Oberfläche dürfte Ihnen vertraut sein.

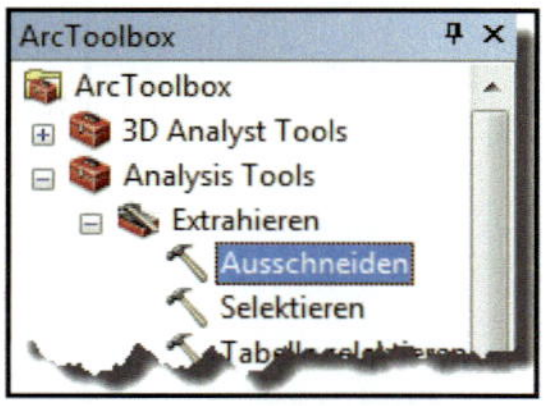

Im Kontextmenü zum Werkzeug finden Sie die Hilfe. Im Abschnitt *Syntax* ist dort die Anweisung zum Aufruf des Werkzeugs über Python beschrieben. Die Regeln für die Schreibweise wurden im Eingang des Buchs erläutert. Auf die hier verwendete Schreibweise *<Werkzeugname>_<Werkzeugkasten>* gehen wir im folgenden Abschnitt noch ein. Jeder Parameter wird in der anschließenden Tabelle erläutert. Üblich ist es, für die optionalen Werte den Standardwert in der Erläuterung zu beschreiben. Dies fehlt hier leider.

Syntax

Clip_analysis (in_features, clip_features, out_feature_class, {cluster_tolerance})

Parameter	Erläuterung	Datentyp
in_features	Die auszuschneidenden Features.	Feature Layer
clip_features	Die Features zum Ausschneiden der Eingabe-Features.	Feature Layer
out_feature_class	Die zu erstellende Feature-Class	Feature Class
cluster_tolerance (optional)	Der Mindestabstand zwischen allen Feature-Koordinaten sowie die Strecke, die eine Koordinate auf der X- bzw. Y-Achse (oder beiden) verschoben werden kann. Legen Sie den Wert für Daten mit einer geringeren Koordinatengenauigkeit höher und für Datasets mit sehr hoher Genauigkeit niedriger fest.	Linear unit

9 http://desktop.arcgis.com/en/arcmap/10.3/analyze/creating-tools/a-quick-tour-of-documenting-tools-and-toolboxes.htm

Im anschließenden Abschnitt „Codebeispiel“ finden Sie zwei Beispiele. Eines bezieht sich auf die interaktive Verwendung innerhalb einer Python-Konsole, das andere ist Teil einer eigenen Python-Datei.

Wenn Sie den Code innerhalb der Konsole oder einer IDE wie PyScripter verwenden, erhalten Sie für die Funktion selbst eine anwählbare Vorschlagsliste; die einzelnen Schlüsselwörter der Parameter können Sie im PyScripter allerdings nicht auswählen. Hier bleibt nur ein Abschreiben oder das Copy & Paste aus der Hilfe. Schlüsselwörter in Auswahllisten erhalten Sie nur in den Python-Fenstern von ArcGIS.

Codebeispiel

Ausschneiden – Beispiel (Python-Fenster)

Das folgende Skript im Python-Fenster veranschaulicht, wie Sie die Funktion "Ausschneiden" im unmittelbaren Modus verwenden.

```
import arcpy
from arcpy import env

env.workspace = "C:/data"
arcpy.Clip_analysis("majorrds.shp", "study_quads.shp", "C:/output/studyarea.shp")
```

Ausschneiden – Beispiel 2 (eigenständiges Python-Skript)

Das folgende Skript im Python-Fenster veranschaulicht, wie Sie die Funktion "Ausschneiden" in einem eigenständigen Skript verwenden.

```
# Name: Clip_Example2.py
# Description: Clip major roads that fall within the study area.

# Import system modules
import arcpy
from arcpy import env

# Set workspace
env.workspace = "C:/data"

# Set local variables
in_features = "majorrds.shp"
clip_features = "study_quads.shp"
out_feature_class = "C:/output/studyarea.shp"
xy_tolerance = ""

# Execute Clip
arcpy.Clip_analysis(in_features, clip_features, out_feature_class, xy_tolerance)
```

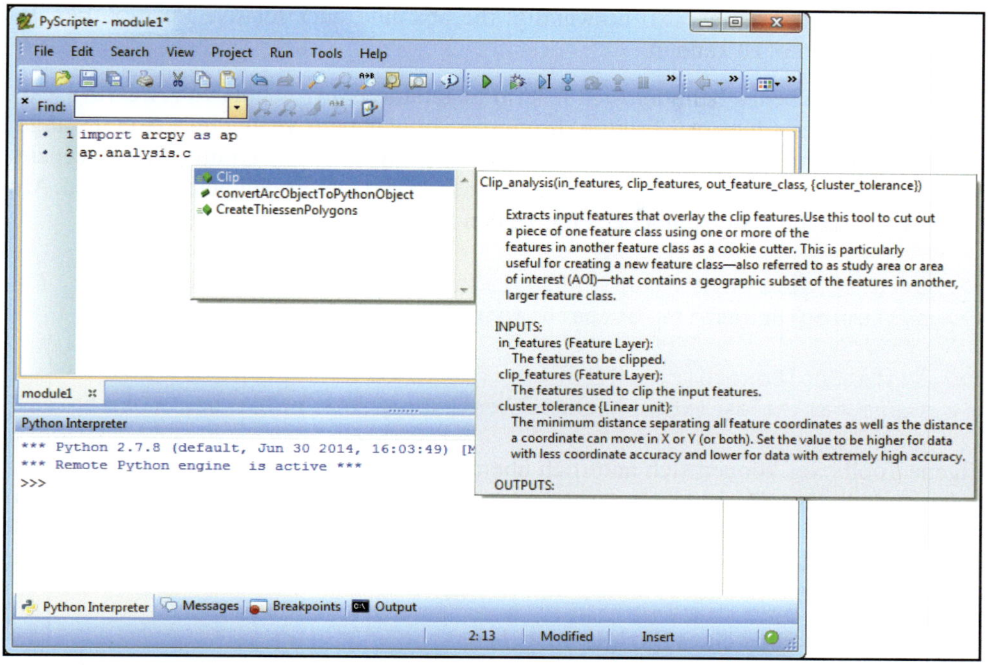

6.2 Zugriff auf die ArcGIS-Werkzeuge

Der Zugriff auf ein Werkzeug erfolgt in maximal zwei Stufen. Zunächst müssen Sie gegebenenfalls die Toolbox, die Ihr gewünschtes Werkzeug enthält, laden. Im zweiten Schritt rufen Sie dann das Werkzeug auf. Das im vorherigen Beispiel verwendete Werkzeug *Ausschneiden* gehört zu einer System-Toolbox. System-Toolboxes werden mit dem Laden eines Moduls zur Verfügung gestellt. In diesem Fall werden die *Analysis Tools* mit *arcpy* aktiviert. Das Laden der Toolbox konnte somit entfallen.

6.2.1 Eigene und System-Toolboxes laden

Möchten Sie eine Toolbox in ArcPy laden, so geschieht dies über den Aufruf `ap.ImportToolbox(<pfad_zur_toolbox>, {<alias>})`[10].

Beispiel:

Die Funktion benötigt einen absoluten oder relativen Pfad. Bei einem relativen Pfad dienen sowohl die Umgebungsvariablen von ArcGIS (`ap.env.workspace`) als auch das aktuelle Verzeichnis des Betriebssystems (`os.getcwd()`) als Ausgangspunkte der

[10] Es gibt aus alten ArcGIS-Versionen noch `AddToolbox()`. Diese Funktion ruft inzwischen aber selbst nur `ImportToolbox()` auf.

Suche. Zum Laden ist es also notwendig, die absolute oder relative Position der gewünschten Toolbox zu kennen.

Die System-Toolboxes befinden sich fest im Installationsverzeichnis von ArcGIS Desktop in dem Unterordner *\ArcToolbox\Toolboxes*. In welchem Verzeichnis ArcGIS abgelegt wurde, erfahren Sie durch `GetInstallInfo` (siehe auch Abschnitt 6.2.3 „Lizenzierung und Installation“). Das Schlüsselwort `InstallDir` liefert den gesuchten Pfad. Mit `os.path.join` lässt sich dann der Pfad zu den System-Toolboxes erzeugen.

```
>>> arcgis_InstallDir = ap.GetInstallInfo('Desktop')['InstallDir']
>>> systemToolBoxesDir= os.path.join(arcgis_InstallDir,'ArcTool
                                                  box','Toolboxes')
>>> systemToolBoxesDir
u'c:\\program files (x86)\\arcgis\\desktop10.3\\ArcToolbox\\Toolboxes'
```

Eigene Toolboxes können sich natürlich überall befinden. Allerdings werden Sie sicherlich innerhalb Ihrer Projekte mit zuverlässiger Struktur an Pfaden arbeiten. Wenn Sie nun wissen, dass die Toolboxes sich in einem übergeordneten Verzeichnis zu den Skripten befinden[11], müssen Sie nur die Lage Ihres Skriptes herausbekommen. Dies geschieht mit der Anweisung `os.path.dirname(__file__)`.

Beispiel: Verzeichnis eines Skripts ausgeben

Fügen Sie folgende Zeilen in ein neues Python-Skript ein. Dann speichern Sie es an einem beliebigen Ort. Wenn Sie es aufrufen, erhalten Sie ein DOS-Fenster mit dem Pfad zur Datei.

```
1 import os
2 print os.path.dirname(__file__)
3 raw_input('Return zum Beenden')
```

Promptzeile	**Erläuterung**
1	Importieren des Moduls zum Arbeiten im Betriebssystem.
2	Aus dem Gesamtpfad der Datei wird der Verzeichnisname ermittelt.
3	Damit sich das DOS-Fenster nicht gleich schließt, kommt eine Anfrage an den Benutzer.

Sie können jetzt mit einem weiteren `os.path.dirname()` das übergeordnete Verzeichnis ermitteln.

Um zu beurteilen, ob es überhaupt notwendig ist, für ein Werkzeug eine Toolbox zu laden, benötigen Sie Methoden oder Attribute, die Ihnen den Zustand beschreiben.

[11] Warum die Struktur so sein sollte, ist in Kap. 7.8 „Zur Organisation von Python-Toolboxes“ beschrieben.

In Python können Sie sich alle geladenen Toolboxes auflisten lassen. Ergebnis ist eine Liste von Zeichenfolgen. Jede Zeichenfolge besteht aus dem Namen der Toolbox und, in Klammern, dem Alias zum Aufrufen: <Bezeichnung_der_Box> (<Aliasname_der_Box>). Die Rückgabe lässt sich durch Wildcards steuern.

Beispiel: Alle geladenen Toolboxes mit ‚ana' im Namen

```
>>> ap.ListToolboxes('*ana*')
[u'3D Analyst Tools(3d)',
 u'Analysis Tools(analysis)',
 u'Data Management Tools(management)',
 u'Geostatistical Analyst Tools(ga)',
 u'Network Analyst Tools(na)',
 u'Spatial Analyst Tools(sa)',
 u'Tracking Analyst Tools(ta)']
```

Dabei gilt es eine Altlast und einen Fehler zu beachten[12]: Bei den ersten Schritten von ArcGIS in die Python-Welt mit der Version 9.x wurde der Groß- und Kleinschreibung nicht durchgängig Beachtung geschenkt. Bei den Wildcards spielt sie immer noch keine Rolle. Die Suche nach `'*ANalySis'` bringt das gleiche Ergebnis wie die Suche nach `'*analysis'`. Zudem gibt es bei `ListToolboxes()` den Fehler, dass in der Rückgabe zwar das Alias in Klammern auftaucht, dieses bei der Suche aber nicht vorhanden ist. Wollen Sie eine vollwertige, Python-konforme Suche durchführen, übergeben Sie die ungefilterte Liste als Bedingung an eine List-Comprehension in der Art `[i for i in ap.ListToolboxes() if i.endswith('(analysis)')]`. Dies ist ein schöner Beleg dafür, dass Programme von Menschen gemacht werden und daher selbst manchmal „menscheln". Zum anderen ist es ein Beispiel dafür, dass proprietäre Software auch Nachteile in der Entwicklung hat.

Ob eine Toolbox, zum Beispiel die *Tracking Analyst Tools*, bereits geladen ist, erfahren Sie entsprechend einfach, aber falsch, durch den Ausdruck `bool(ap.ListToolboxes('*ta'))`.

In ArcGIS können Sie über das Kontextmenü die Eigenschaften zu jeder Toolbox abrufen.

[12] Siehe hierzu: https://geonet.esri.com/message/593422#comment-593422

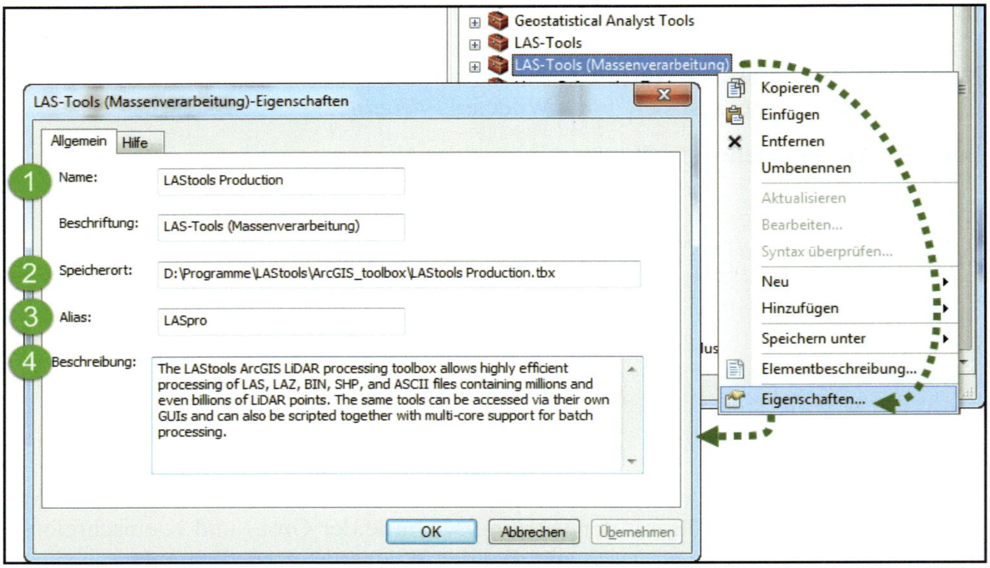

In der Abbildung ist eine Toolbox zu sehen, die unter www.lastools.org heruntergeladen werden kann.

Mit Python sind diese Informationen über private Attribute zu erreichen. Nach unserem Kenntnisstand ist dies der einzige Weg. Wir halten ihn für unglücklich, da solche privaten Attribute eigentlich gar nicht an der „Oberfläche" genutzt werden sollen. In der nachfolgenden Auflistung stehen die Nummern für die Position, an der diese Eigenschaft in der grafischen Oberfläche zu finden ist.

Methode	**Erklärung**
`__alias__`	Aliasname für diese Toolbox. [3]
`__doc__`	Beschreibung der Toolbox (ohne Lokalisierung!). [4]
`__file__`	Nur bei System-Toolboxes: Pfad zur Codequelle. Dies ist in der Regel ein kompiliertes Python-Skript. (*.*pyc*)
`__pathname__`	Nur bei geladenen Toolboxes: Pfad zur Toolbox. [2]
`__package__`	Anwendung, mit der die System-Toolbox geladen wurde. Anderenfalls: `None`-Type.
`__all__`	Liste aller Werkzeuge der Toolbox.

Die Beschriftung für eine Toolbox erhält man mit diesem zugegebenermaßen komplexen Ausdruck: `ap.ListToolboxes('*'+ <Toolbox>.__alias__)[0].split('(')[0]`

Der schon erwähnte Fehler in der Funktion ist hier bereits berücksichtigt.

Für den nächsten Abschnitt interessant ist das Attribut `<toolbox>.__all__`, mit dem Sie die Liste aller Werkzeuge erhalten.

6.2.2 Auf Werkzeuge zugreifen

Der Werkzeugname ist nur innerhalb einer Toolbox eindeutig. Dies wird am Beispiel der gleichnamigen Werkzeuge *Clip* deutlich, die es sowohl in den *Analysis Tools* als auch in den *Management Tools* gibt. Toolsets spielen hingegen, wie etwa *Extraktion* bei *Ausschneiden (Clip),* keine Rolle. Ein Werkzeug ist also immer nur im Zusammenhang mit der Toolbox eindeutig. Mit der Funktion ListTools() werden alle verfügbaren Werkzeuge aller geladenen Toolboxes aufgelistet. Mit den Wildcards lässt sich die Rückgabemenge wiederum einschränken.

Beispiel: Einfache Abfrage

```
>>> ap.ListTools('*analysis*')
[u'Buffer_analysis',
 u'Clip_analysis',
 u'Erase_analysis',
 [...]
 u'GroupingAnalysis_stats',
 u'OptimizedHotSpotAnalysis_stats',
 u'EmergingHotSpotAnalysis_stpm']
```

Wie in der Hilfe wird auch hier der Aufruf eines Werkzeugs aus <Toolname>_<ToolboxAlias> generiert. In der Liste erscheinen allerdings nicht nur Werkzeuge aus der Toolbox-Analysis, sondern auch jene, die diese Zeichenfolge im Werkzeugnamen selbst tragen.

Da immer die Gefahr besteht, dass auch innerhalb des Werkzeugs der Name der Box auftauchen kann, sollte in der Wildcard des Alias die gesuchte Toolbox explizit am Ende der Zeichenfolge stehen ('*analysis'). Diese Bedingung lässt sich auch mit einem Listenausdruck erzeugen. Hierbei kann dann auch gleich der Name der Box entfernt werden.

Beispiel: Sichere Werkzeugabfrage ohne Toolboxnamen

```
>>> box = '_analysis'
>>> [i.replace(box,'') for i in ap.ListTools() if i.endswith(box)]
[u'Buffer',
 u'Clip',
 u'Erase',
[...]
 u'Union',
 u'TabulateIntersection',
 u'PolygonNeighbors']
```

Welche Schreibweise ? <tool>_<toolbox> versus <toolbox>.<tool>

Gleich welche Schreibweise zum Werkzeugaufruf Sie verwenden, die unterschiedlichen Wege führen zu demselben Werkzeug. Im Gegensatz zur Hilfe verwenden wir jedoch bei den System-Toolboxes aus zwei Gründen lieber die Schreibweise `<toolbox>.<tool>`: Zum einen erscheint es uns konformer mit der Pythonsyntax, das Werkzeug als Teil einer Box genauso zu schreiben wie eine Funktion in einem Modul oder die Methode eines Objekts. Dies mit einem Unterstrich mitten in einer Zeichenfolge zu konstruieren, ist unüblich für Python.

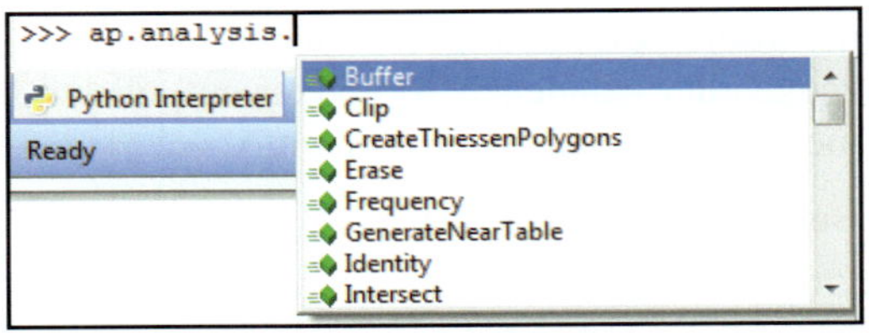

Der zweite Grund ist pragmatischer Natur: Wenn Sie `ap.<eine_Toolbox>.` Eingeben, erscheinen nur noch die Werkzeuge, welche zur Toolbox gehören. Dadurch wird die Auswahl über die Liste einfacher. Aus denselben Gründen verwenden wir bei hinzugeladenen Toolboxes ebenfalls lieber das von `ImportToolbox` zurückgegebene Objekt denn den Aliasnamen hinter dem Werkzeug.

6.2.3 Lizenzierung und Installation ermitteln

Wenn Sie ein Werkzeug aufrufen können, bedeutet dies nicht, dass Sie es auch nutzen dürfen. Einige Werkzeuge oder Werkzeugteile sind nicht für ArcGIS Desktop Basic oder Standard freigegeben. Ebenso kann es sein, dass es bei einer Erweiterung an der Installation oder der Lizenzierung fehlt. Für diesen Fragenkomplex gibt es verschiedene Funktionen. Alle arbeiten mit Schlüsselwörtern als Parameter und geben auch Schlüsselwörter als Antwort zurück (Ausnahme: `GetInstallInfo`).

Funktion	**Erklärung**
`CheckExtension (erweiterung)`	Überprüft die Verfügbarkeit einer Erweiterung. `erweiterung` steht in der Regel für den Kurznamen der Erweiterung, wie z. B. `3D` für den ArcGIS *3D-Analyst*. Weitere Werte sind unter anderem: `Network`, `Spatial`, `GeoStats`, `Tracking`, `ArcScan`, `Business`, `Schematics`, `Datareviewer`, `DataInteroperability`, `JTX` (=> Workflow Manager). Rückgabewerte sind: `Available` Lizenz ist verfügbar. `Unavailable` Zurzeit keine Lizenz verfügbar. `NotLicensed` Erweiterung ist nicht lizenziert. `Failed` Systemfehler bei der Anfrage.

`CheckOutExtension (erweiterung)`	`CheckOutExtension` holt sich eine Lizenz. Rückgabewerte sind `NotInitialized` Desktop-Lizenz nicht vorhanden. `Unavailable` Lizenz ist nicht verfügbar. `CheckedOut` Lizenz wurde erfolgreich abgerufen. In der Hilfe nicht dokumentiert ist: `NotLicensed` Es liegen gar keine Lizenzen vor.
`CheckInExtension (erweiterung)`	`CheckInExtension` gibt eine Lizenz wieder zurück. Rückgabewerte sind: `NotInitialized` Desktop-Lizenz nicht vorhanden. `Failed` Systemfehler bei der Anfrage. `CheckedIn` Lizenz wurde erfolgreich zurückgegeben.
`ProductInfo()`	Meldet den aktuellen Status der Produkt-Lizenzierung. Rückgabewerte sind `NotInitialized` Kein einziges Produkt. `ArcView` ArcGIS Desktop Basic `ArcEditor` ArcGIS Desktop Standard `ArcInfo` ArcGIS Desktop Advanced `Engine` Engine runtime `EngineGeoDB` Engine-Geodatabase-Update `ArcServer` Server.
`CheckProduct(product)`	Gibt den Lizenzstatus des Produkts zurück. `product` selbst ist aus der Liste von `ProductInfo()`. Es gibt fünf Status: `AlreadyInitialized` Produktlizenz wurde bereits erteilt. `Available` Produktlizenz ist verfügbar. `Unavailable` Produktlizenz ist nicht verfügbar. `NotLicensed` Produkt ist nicht lizenziert. `Failed` Systemfehler bei der Anfrage.

SetProduct(product)	Setzt das entsprechende Produkt aktuell. Rückgabe ist: CheckedOut AlreadyInitialized Lizenz schon erhalten. NotLicensed Failed Systemfehler bei der Anfrage.
ListInstallations()	Gibt eine Liste aller Installationstypen von Esri ArcGIS auf der Maschine zurück. In der Regel wird es eine Einerliste sein. >>> ap.ListInstallations()[0] u'desktop'
GetInstallInfo()	Gibt ein Python-Wörterbuch mit den Eigenschaften der ArcGIS-Installation zurück. Schlüsselwörter sind: SourceDir Installationsquelle InstallDate Installationsdatum SPBuild ServicePack ProductName Name des Produkts BuildNumber Interne build-Nummer InstallType Art der Installation (Typical, N/A) Version Produktversion SPNumber Nummer vom ServicePack Installer Kontoname vom Installierer InstallDir Installationsziel InstallTime Installationszeit Gibt es keinen Wert, so wird 'N/A' und nicht '' zurückgegeben (siehe Beispiel unten)!

Wird ein falscher Schlüsselname übergeben, so ist die Rückgabe in der Art 'Nicht erkannter [Erweiterungs|Produkt]code <codename>'.

Die Funktion GetInstallInfo() gibt ein Wörterbuch zurück, welches einige interessante Details der jeweiligen Installation enthält. Sollten Sie mehrere Produkte von Esri auf Ihrer Maschine haben, können Sie mit dem Produktnamen (Desktop, Server, Engine) als Parameter beim Aufruf der Funktion die Einstellungen eindeutig abrufen.

```
>>> ap.GetInstallInfo('Desktop')
{'BuildNumber': u'4322',
 'InstallDate': u'15.12.2014',
 'InstallDir': u'c:\\program files (x86)\\arcgis\\desktop10.3\\',
 'InstallTime': u'15:42:45',
 'InstallType': u'N/A',
 'Installer': u'lulferts',
```

```
'ProductName': u'Desktop',
'SPBuild': u'N/A',
'SPNumber': u'N/A',
'SourceDir': u'\\\\odin\\ArcGIS_Desktop_103_143350\\Desktop
                                                   \\SetupFiles\\',
'Version': u'10.3'}
```

6.2.4 Ergebnisse verarbeiten

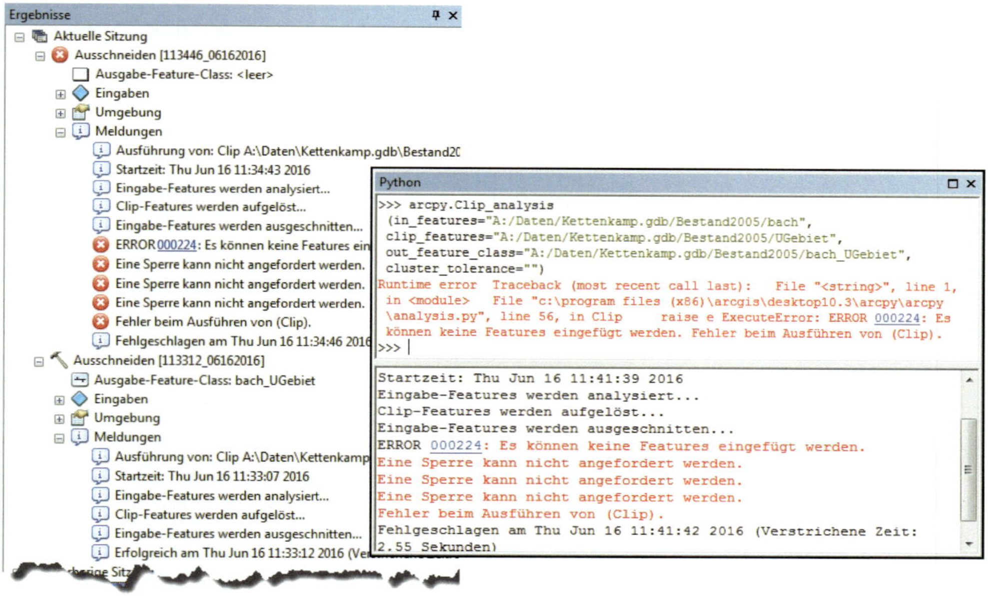

Jedes Werkzeug erzeugt Meldungen, die im Dialogfenster des Werkzeugs unter den Ergebnissen (siehe links) und/oder im Statusfeld des Python-Fensters erscheinen (siehe unten). Hierbei kann es sich „nur“ um Information handeln, es gibt aber auch Warnungen und Fehlermeldungen. Werden Werkzeuge in Skripten verwendet, dringen diese Meldungen nicht an die Oberfläche. Oftmals muss jedoch aufgrund des Abschlusses eines Werkzeugs über den weiteren Verlauf des Prozesses entschieden werden. Die Rückgabe der Anwendung eines Werkzeugs ist ein *Result*-Objekt.

Jede Meldung hat dabei eine Wichtigkeitsstufe (engl. *severity*). Die Stufe der Wichtigkeit einer Meldung wird durch eine Zahl wiedergegeben: 0 = Information, 1 = Warnung und 2 = Fehler. Die Eigenschaften und Methoden der Klasse `Result` sind nachfolgend aufgelistet. Einige der Eigenschaften und Methoden sind nur für Geoverarbeitungsservices sinnvoll.

Eigenschaft	Erklärung
`inputCount`	Gibt die Anzahl der Eingaben zurück.
`outputCount`	Gibt die Anzahl der Ausgaben zurück.
`messageCount`	Gibt die Anzahl der Meldungen zurück.
`maxSeverity`	Gibt die maximale Gewichtung zurück.
`resultID`	Gibt die eindeutige Ergebnis-ID zurück. Wenn es sich bei dem Werkzeug nicht um einen Geoverarbeitungsservice handelt, ist `resultID` gleich „“.
`status`	Gibt den Status des Auftrags auf dem Server zurück. 0 Neu 1 Übergeben 2 Wartet 3 Wird ausgeführt 4 Erfolgreich 5 Fehlgeschlagen 6 Zeitlimit überschritten 7 Wird abgebrochen 8 Abgebrochen 9 Wird gelöscht 10 Gelöscht

Methode	Erklärung
`getSeverity(index)`	Gibt die Gewichtung einer bestimmten Meldung zurück.
`getMessage(index)`	Gibt eine bestimmte Meldung zurück.
`getMessages(gewichtung)`	Gibt die Meldungen der `gewichtung` zurück. Wird keine oder 0 übergeben, werden alle Meldungen berücksichtigt. Jeder andere Wert ergibt eine leere Zeichenfolge.
`getInput(index)` `getOutput(index)`	Über den `index` wird ein einzelner Parameter zurückgegeben. Ein- und Ausgabe werden getrennt betrachtet. Bei einem Datensatz- oder einem Rasterdaten-Objekt wird das Objekt zurückgegeben, nicht jedoch bei einem Layer.
`cancel()`	Bricht den Auftrag auf dem Server ab.

Sollte die Anwendung eines Werkzeugs einen Fehler erzeugen, so kommt es gar nicht mehr dazu, ein *Result*-Objekt zu erzeugen. Hier bietet arcpy eine Reihe von Funktionen an, die Meldungen des letzten ausgeführten Werkzeugs speichern. Es sind unter anderem: `GetMessageCount`, `GetMaxSeverity`, `GetMessage`, `GetMessages`. Ihre Bedeutungen sind die gleichen wie beim *Result*-Objekt.

Beispiel: Meldungen verarbeiten

Sie können den Code im Kartendokument *Beispiel_Meldungen.mxd*, das sich im Kapitelverzeichnis im Ordner *Daten* befindet, einfach nachvollziehen.

```
>>> ap = arcpy
>>> zielFC_A =  r'Bestand2005\bach_UGebiet'
>>> result_A = ap.analysis.Clip('bach', 'UGebiet', zielFC_A)
>>> result_A.maxSeverity
0
>>> result_A.getInput(1)
u'UGebiet'
>>> result_A.getOutput(0)
u'A:\\Daten\\Kettenkamp.gdb\\Bestand2005\\bach_UGebiet'
>>> result_A.getMessage(0)
u'Ausf\xfchrung von: Clip bach UGebiet A:\\Daten\\Kettenkamp.
                                  gdb\\Bestand2005\\bach_UGebiet #'
>>> result_A.getMessage(result_A.messageCount -1)
u'Erfolgreich am Fri Jun 17 09:03:04 2016 (Verstrichene Zeit:
                                                  1,66 Sekunden)'
>>> result_A.getMessages(0)
u'Ausf\xfchrung von: Clip bach UGebiet A:\\Daten\\Kettenkamp.
                                                            gdb\\
Bestand2005\\bach_UGebiet #\nStartzeit: Fri Jun 17 09:03:03 2016
\nEingabe-Features werden analysiert...\nClip-Features werden
aufgel\xf6st...\nEingabe-Features werden ausgeschnitten...
                                                     \nErfolgreich
am Fri Jun 17 09:03:04 2016 (Verstrichene Zeit: 1,66 Sekunden)'
>>> result_B = ap.analysis.Clip('bach', 'TeilGebiet',
        ap.CreateUniqueName('bach_UGebiet', ap.env.workspace+'/
                                                     Bestand2005')
>>> result_B.maxSeverity
1
>>> result_B.getOutput(0)
u'A:\\Daten\\Kettenkamp.gdb/Bestand2005\\bach_UGebiet0'
>>> result_B.getMessages(1)
u'WARNING 000117: Warnung! Leere Ausgabe wurde generiert.\n'
>>> print result_B.getMessages(0)
Ausführung von: Clip bach TeilGebiet A:\Daten\Kettenkamp.gdb\
                                   Bestand2005\bach_TeilGebiet #
Startzeit: Fri Jun 17 09:07:09 2016
Eingabe-Features werden analysiert...
Clip-Features werden aufgelöst...
Eingabe-Features werden ausgeschnitten...
WARNING 000117: Warnung! Leere Ausgabe wurde generiert.
```

```
   Erfolgreich am Fri Jun 17 09:07:11 2016 (Verstrichene Zeit:
                                                   1,35 Sekunden)
15 >>> zielFC_C =  r'Bestand\bach_Gebiet'
16a>>> try: result_C = ap.analysis.Clip('bach', 'TeilGebiet', zielFC_C)
16b... except: pass
   ...
17 >>> result_C
   Runtime error
   Traceback (most recent call last):
     File "<string>", line 1, in <module>
   NameError: name 'result_C' is not defined
18 >>> ap.GetMaxSeverity()
2
19 >>> print ap.GetMessages(2)
   ERROR 000210: Ausgabe Bestand\bach_Gebiet kann nicht erstellt werden.
   Fehler beim Ausführen von (Clip).
```

Prompt-zeile	Erläuterung
1	Statt des langen `arcpy` kann nun ap genutzt werden.
2-9	Erstes Beispiel: Ein Geoprozess ganz ohne ‚Probleme'.
2	Ziel der Ergebnisdatei als relativer Pfad.
3	Der Layer `bach` wird auf den Layer `UGebiet` zugeschnitten. Die Rückgabe dieses Geoprozesses wird an `result_A` gebunden.
4	Das höchste Gewicht der Meldungen ist `0`. Es sind also nur Informationen, keine Warnungen oder Fehler dabei.
5	Der erste Eingabeparameter ist der Layer `UGebiet`.
6	Von der Ausgabe wird der absolute Pfad zurückgegeben.
7	Die erste Meldung. Dies ist immer die Wiedergabe des Geoprozesses als Kommandozeile.
8	Die letzte Meldung mit dem Zeitstempel des Endes. Da `getMessage` eine Funktion und keine Liste der Meldungen ist, kann auch nicht über negative Zahlen indiziert werden.
9	Mit `getMessages` erhalten Sie alle Meldungen der Gewichtungsklasse. Der Sinn, weshalb 0 dann wiederum doch alle Meldungen ausgibt, hat sich uns noch nicht erschlossen. Die Zeichenfolge stellt die Umlaute und die Zeilenumbrüche als Escape-Sequenzen dar.
10-14	Zweites Beispiel: Ein Geoprozess mit Warnungen.
10	Die Ausgabe ist veränderlich: `createUniqueName` erzeugt einen eindeutigen Namen für den Zieldatensatz, und der Prozess verwendet ihn.

11	`result_B` hat mindestens eine Warnung unter seinen Mitteilungen.
12	Der Pfad des Zieldatensatzes kann abgefragt werden.
13	Nur die Warnmeldungen werden ausgegeben.
14	Mit der `print`-Anweisung erscheinen die Meldungen in ‚klarer Form'.
15-19	Drittes Beispiel: Ein Geoprozess erzeugt eine Ausnahme (einen ‚Fehler').
15	Der Pfad zum Zieldatensatz wird nicht funktionieren, da es kein Feature-Dataset *Bestand* gibt.
16a+b	Der Geoprozess wird innerhalb einer `try/except`-Anweisung durchgeführt. Der möglicherweise angesprochene Ausnahmeblock führt dann nichts durch. Es steht am Ende des Prozesses also nicht fest, wie der Status von `result_C` ist. Verwenden Sie bitte ein `except: pass`-Konstrukt nur sehr gewissenhaft![13]
17	`result_C` ist nicht definiert! Der Prozess muss eine Ausnahme erzeugt haben, und es wurde kein `Result`-Objekt erzeugt.
18	Geoprozess hat aber bis zum Schluss noch Meldungen gesendet, die nun über entsprechende Funktionen abgerufen werden können. Es gab tatsächlich eine Fehlermeldung.
19	Die Ursache wird beschrieben.

Bei ‚Fehlern' kommt Pythons Behandlung von Ausnahmen ebenfalls zum Tragen, wie sie im Abschnitt 3.1.6 „Ausnahmen" beschrieben wird

6.3 Werkzeuge für einen Prozess verwenden

Kommen wir nach einigem Vorlauf nun zum Kern dieses Abschnitts, dem Verwenden von Werkzeugen innerhalb der Python-Konsole oder eines Skripts.

- Sie wissen, welches Werkzeug den gewünschten Prozess durchführen kann.
- Sie haben den Pfad und Namen der Toolbox, welche das Werkzeug enthält, und haben diese geladen.
- Sie kennen die Parameter des Werkzeugs entweder aus einer der Hilfen oder aufgrund häufiger Verwendung aus dem Gedächtnis.
- Sie haben die aktuellen Werte für diese Parameter verfügbar. Dies kann im Einzelnen eine feste Zeichenfolge oder, an einer Variablen gebunden, ein aktueller Wert beziehungsweise ein aktuelles Objekt sein. Vielleicht nutzen Sie auch den Standardwert eines optionalen Parameters.
- Sie haben sich Gedanken darüber gemacht, was geschehen soll, wenn das Werkzeug nicht erfolgreich arbeitet. Dies spielt in der Python-Konsole natürlich kaum eine Rolle, da Sie dies dann in der Situation entscheiden können.

[13] PEP20 ‚Zen of Python': (10) Fehler sollten nie schweigend verlaufen. (11) Außer man hat sie explizit zum Schweigen gebracht.

Der eigentliche Aufruf eines Werkzeugs ist dann eine ziemlich triviale Sache. Die hauptsächliche Leistung besteht in der Abarbeitung der fünf oben genannten Punkte. Wir werden daher im Folgenden eben diese Arbeitsschritte beispielhaft behandeln.

Die nachfolgend definierte Aufgabe klingt simpel, und sie ist es auch. Allerdings gibt es einige Hindernisse auf dem Weg zum fertigen Skript. Wir hätten Ihnen ein bequemeres Beispiel liefern können, welches Klippen und Untiefen umgeht. Dies entspräche dann allerdings nicht Ihrer alltäglichen Arbeit. Kämpfen wir uns also gemeinsam durch diese „einfache Aufgabenstellung"!

6.3.1 Vorstellung der Aufgabe

Zunächst möchten wir Ihnen die Aufgabe „OSM-Daten für ein Projektgebiet herunterladen und zuschneiden", für die ein Skript geschrieben werden soll, vorstellen.

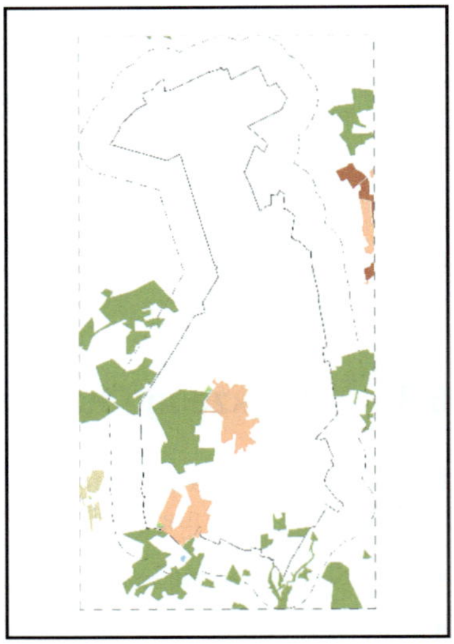

Für Projektgebiete sollen aufbereitete Daten aus *OpenStreetMap* („*OSM*") als Hintergrunddaten verwendet werden. Damit die Daten aktuell bleiben, müssen sie regelmäßig vom *OSM*-Server heruntergeladen werden. Benötigt werden nur flächige Features, die einen Eintrag im Feld `landuse` besitzen bzw. Wasserflächen sind (im Feld `natural` den Wert `'water'` haben). Von diesen Geometrien soll auch nicht der Zuschnitt auf das jeweilige Projektgebiet genommen werden, sondern das umschreibende Rechteck eines Puffers von 500 Metern. Die Abbildung rechts zeigt ein Projektgebiet mit Puffer, umschreibendem Rechteck und den verarbeiteten *OSM*-Daten.

In ArcGIS gibt es kein entsprechendes Werkzeug, um Daten von einem Server herunterzuladen. Zudem müssten die Daten dann aus dem *planet*-Format (`*.osm`) umgewandelt werden. Da Sie sicherlich nicht alleine mit dem Problem stehen, *OSM*-Daten verarbeiten zu wollen, gilt es, passende Codes oder Werkzeuge zu finden.

6.3.2 Ein neues Werkzeug untersuchen

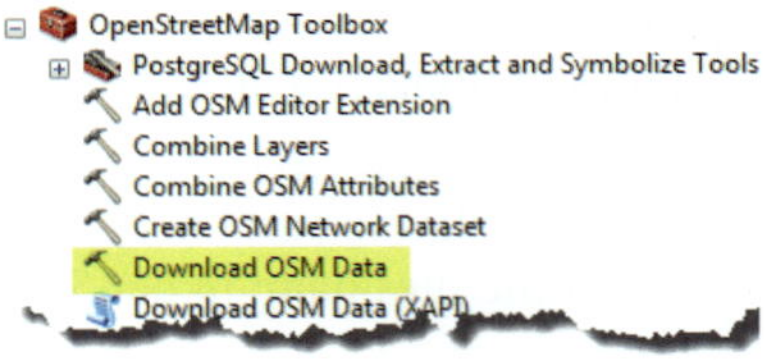

Bei einer Internetrecherche werden Sie mit dem *ArcGIS Editor for OpenStreetMap* eine passende Toolbox bei Esri finden[14]. Laden Sie das Paket bitte herunter und installieren es. Innerhalb dieser Toolbox finden Sie mit *Download OSM Data* das richtige Werkzeug für die anstehende Aufgabe.

[14] Quelle: http://www.arcgis.com/home/item.html?id=16970017f81349548d0a9eead0ebba39. Im Kapitelordner gibt es einen entsprechenden Link.

Schauen Sie sich als Einstieg zum Kennenlernen des Werkzeugs die Hilfe zur Syntax an:

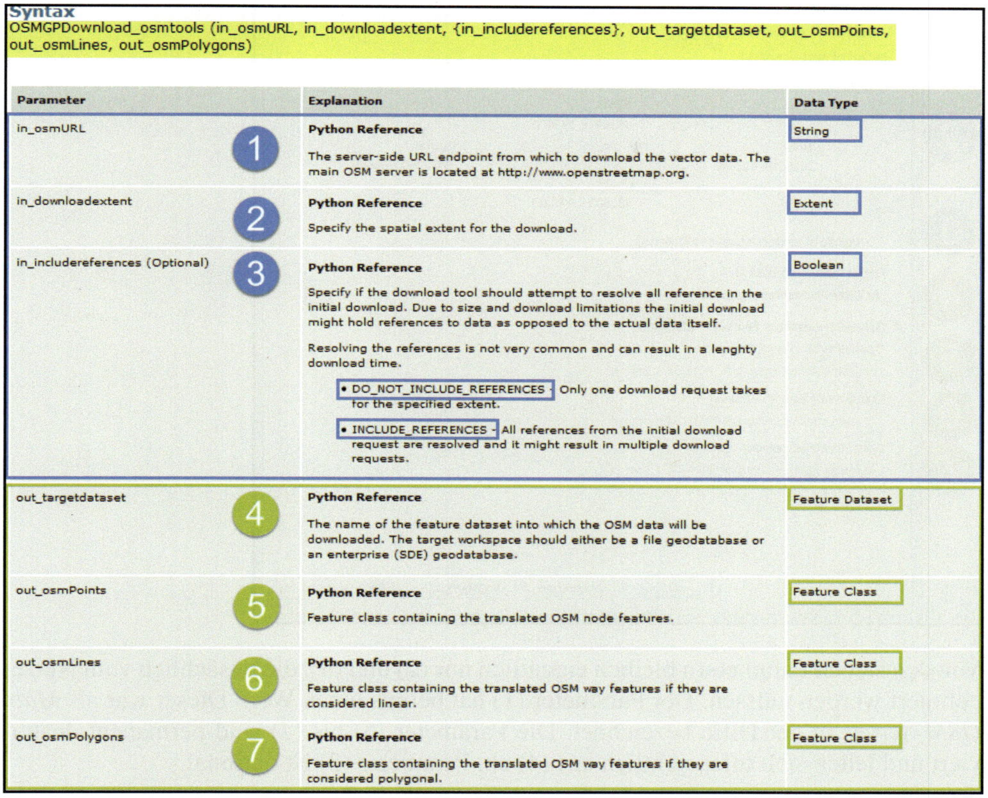

Syntax

OSMGPDownload_osmtools (in_osmURL, in_downloadextent, {in_includereferences}, out_targetdataset, out_osmPoints, out_osmLines, out_osmPolygons)

Parameter	Explanation	Data Type
in_osmURL (1)	**Python Reference** The server-side URL endpoint from which to download the vector data. The main OSM server is located at http://www.openstreetmap.org.	String
in_downloadextent (2)	**Python Reference** Specify the spatial extent for the download.	Extent
in_includereferences (Optional) (3)	**Python Reference** Specify if the download tool should attempt to resolve all reference in the initial download. Due to size and download limitations the initial download might hold references to data as opposed to the actual data itself. Resolving the references is not very common and can result in a lenghty download time. • DO_NOT_INCLUDE_REFERENCES - Only one download request takes for the specified extent. • INCLUDE_REFERENCES - All references from the initial download request are resolved and it might result in multiple download requests.	Boolean
out_targetdataset (4)	**Python Reference** The name of the feature dataset into which the OSM data will be downloaded. The target workspace should either be a file geodatabase or an enterprise (SDE) geodatabase.	Feature Dataset
out_osmPoints (5)	**Python Reference** Feature class containing the translated OSM node features.	Feature Class
out_osmLines (6)	**Python Reference** Feature class containing the translated OSM way features if they are considered linear.	Feature Class
out_osmPolygons (7)	**Python Reference** Feature class containing the translated OSM way features if they are considered polygonal.	Feature Class

Es gibt sieben Parameter, davon ist nur der dritte optional. Vom Namen her sind die ersten drei Eingabe-, die letzten vier Ausgabeparameter. Der erste Eingabeparameter ist vom Objekttyp her eine Textfolge, der zweite eine Ausdehnung und der dritte ein boolescher Wert.

Die Syntax bezieht sich sowohl auf die Werkzeugoberfläche als auch auf die Verwendung als Code. Boolesche Werte werden in ArcGIS Desktop über Schlüsselwörter in Großbuchstaben, hier `DO_NOT_INCLUDE_REFERENCES` und `INCLUDE_REFERENCES`, realisiert. Die vier Ausgabeparameter sind ein FeatureDataset und drei Feature-Classes. Bei dem „*should be*"-Hinweis zum FeatureDataset können Sie davon ausgehen, dass die Empfehlungen getestet wurden.

Beispiel: OSM-Werkzeug anwenden, um die Arbeitsweise zu verstehen

Führen Sie nun einen ersten Testlauf mit einem kleinen Datensatz durch. Öffnen Sie dazu im Kapitelordner das Kartendokument *Beispiel_OSM.mxd*, eine Feature-Class mit dem Untersuchungsgebiet:

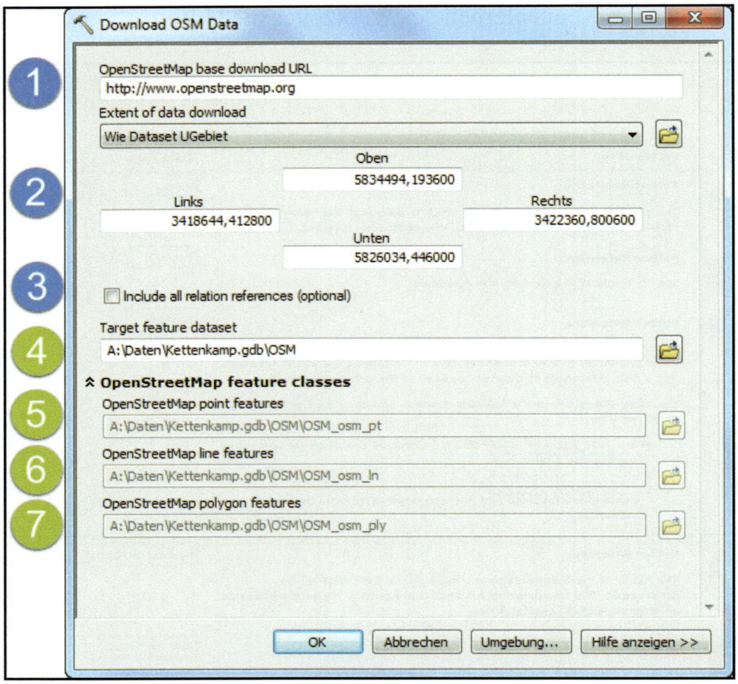

Von den sieben Parametern bleiben eigentlich nur (2) und (4), die tatsächlich vom Nutzer definiert werden müssen. Der Parameter (1) hat bereits einen Wert. Dieser war als *Main OSM-Server* in der Hilfe bezeichnet. Die Parameter (5) bis (7) sind permanent deaktiviert und leiten sich offensichtlich aus (4) ab. Parameter (3) ist optional.

Das Mitteilungsfenster zeigt folgenden Aufruf des Werkzeugs (die Zeile wurde zur besseren Lesbarkeit umgebrochen):

```
Ausführung von: OSMGPDownload
http://www.openstreetmap.org
"3418644,4128 5826034,446 3422360,8006 5834494,1936"
DO_NOT_INCLUDE_REFERENCES
A:\Daten\Kettenkamp.gdb\OSM
A:\Daten\Kettenkamp.gdb\OSM\OSM_osm_pt
A:\Daten\Kettenkamp.gdb\OSM\OSM_osm_ln
A:\Daten\Kettenkamp.gdb\OSM\OSM_osm_ply
```

Nur die Ausdehnung ist in Anführungszeichen gesetzt, da diese Zeichenfolge Leerzeichen enthält. Der nicht gesetzte Haken wurde in das Schlüsselwort umgewandelt.

Wenn Sie nun beim ausgeführten Werkzeug mittels des Kontext-Menüs das Python-Schnipsel in die Zwischenablage kopieren und in einem Editor eingefügt haben, sehen Sie einen dem vorherigen Aufruf sehr ähnlichen Ausdruck. Zur besseren Lesbarkeit ist die Zeile erneut umgebrochen.

```
ap.OSMGPDownload_osmtools(in_osmURL="http://www.openstreetmap.org",
          in_downloadextent="7,79805642071861 52,5627123801862
                             7,85493409168924 52,6392715978756",
          in_includereferences="DO_NOT_INCLUDE_REFERENCES",
          out_targetdataset="A:/Daten/Kettenkamp.gdb/OSM",
          out_osmPoints="A:/Daten/Kettenkamp.gdb/OSM/OSM_osm_pt",
          out_osmLines="A:/Daten/Kettenkamp.gdb/OSM/OSM_osm_ln",
          out_osmPolygons="A:/Daten/Kettenkamp.gdb/OSM/OSM_osm_ply")
```

Das Codeschnipsel würde, so direkt in der Python-Konsole ausgeführt, aus verschiedenen Gründen Fehler werfen (unter anderem ist das Feature-Dataset jetzt vorhanden). Interessant an dem Codeschnipsel ist jedoch vor allen Dingen, dass die Ausdehnung andere Werte besitzt. Die Koordinaten sind nicht mehr in Gauß-Krüger3, sondern offenbar in WGS84 dargestellt.

Die Eingabeoberfläche übergibt wohl doch nicht nur die simplen Zeichenfolgen, sondern noch mehr Informationen. Dies geschieht in Form der Objekte. Die Feature-Class *UGebiet* hat eine Ausdehnung in ihrem Koordinatensystem. Diese Ausdehnung lässt sich in andere Systeme umrechnen. ArcGIS weiß diese Eigenschaften intelligent miteinander zu nutzen. Für die Verwendung von Parametern in Werkzeugen bedeutet dies: Es ist besser, mit den Objekten zu arbeiten als mit Zeichenfolgen. Ausnahme: Es ist praktischer, und Sie sind sich sicher darin, was Sie machen.

Die Objekte können dabei auch von einem anderen Typ sein. Wichtig ist nur, dass sie die erforderlichen Parameter als Teil in sich tragen. So kann hier statt einer Feature-Class auch ein `Geometry`-Objekt mit einem Koordinatensystem verwendet werden.

Beispiel: Verwendung eines Werkzeugs mit einem Geometry-Objekt

Öffnen Sie die Python-Konsole in ArcMap.

```
1 >>> ap = arcpy
2 >>> ap.ListToolboxes()
  [u'3D Analyst Tools(3d)', u'Analysis Tools(analysis)',...
  [...]
   (lasTools)', u'OpenStreetMap Toolbox(osmtools)', ...
3 >>> ap.osmtools.OSMGPDownload
   Runtime error
   Traceback (most recent call last):
   File "<string>", line 1, in <module>
   AttributeError: 'module' object has no attribute 'osmtools'
4 >>> osmTBX = ap.ImportToolbox(r'c:\program files (x86)\arcgis\des-
     top10.3\ArcToolbox\Toolboxes\OpenStreetMap Toolbox.tbx', 'osm')
5 >>> out_fds="A:/Daten/Kettenkamp.gdb/OSM"
6 >>> out_pts = out_fds+'/punkte'
7 >>> out_lines = out_fds+'/linien'
8 >>> out_polygons = out_fds+'/flaechen'
```

```
 9 >>> reference ="DO_NOT_INCLUDE_REFERENCES"
10 >>> in_fc = r'A:\Daten\Kettenkamp.gdb\Bestand2005\UGebiet'
11 >>> with ap.da.SearchCursor(in_fc,['SHAPE@']) as cur:
   ...     geom =[i[0] for i in  cur][0]
   ...
12 >>> del cur
13 >>> geom
   <Polygon object at 0x60944310[0x60944220]>
14 >>> geom.spatialReference
   <SpatialReference object at 0x60944190[0x43b85bf0]>
15 >>> geom.spatialReference.name
   u'DHDN_3_Degree_Gauss_Zone_3'
16 >>> bereich = geom.buffer(500)
17 >>> bereich
   <Polygon object at 0x3e1b2290[0x60944660]>
18 >>> ap.osm.OSMGPDownload("http://www.openstreetmap.org", bereich,
                 reference,out_fds,out_pts,out_lines,out_polygons)
   <Result 'A:\\Daten\\Kettenkamp.gdb\\OSM'>
19 >>>
===========================================
Ausführung von: OSMGPDownload http://www.openstreetmap.org
                                                    "7,78966840351582
52,5567114519869 7,86153276124734 52,6423927574683" DO_NOT_
                                          INCLUDE_REFERENCES A:\Daten
\Kettenkamp.gdb\OSM A:\Daten\Kettenkamp.gdb\OSM\OSM_osm_pt A:\Daten\
                                                   Kettenkamp.gdb\OSM
\OSM_osm_ln A:\Daten\Kettenkamp.gdb\OSM\OSM_osm_ply
Startzeit: [...]
Debugging...
Starting OSM Data download request...
Counting elements in OSM file...
Counted 5308 nodes, 675 ways, and 28 relations.
5308 nodes loaded...
Building point indexes...
675 ways loaded...
Building line indexes...
Building polygon indexes...
Ausführung von: RepairGeometry A:\Daten\Kettenkamp.gdb\OSM\OSM_osm_
                                                      ln DELETE_NULL
Startzeit: [...]
Erfolgreich am [...](Verstrichene Zeit: 0,06 Sekunden)
Ausführung von: RepairGeometry A:\Daten\Kettenkamp.gdb\OSM\OSM_osm_
                                                     ply DELETE_NULL
Startzeit: [...]
WARNING 000986: C:\Users\lulferts\AppData\Local\Temp\arcEDB8\OSM_
                                               osm_ply0.txt enthält
```

```
eine vollständige Liste der nicht einfachen Features.
WARNING 000461: Feature 1 wurde aufgrund von falscher Ringanordnung
                                                         repariert.
[...]
WARNING 000461: Feature 49 wurde aufgrund von falscher Ringanordnung
                                                         repariert.
Erfolgreich am [...] (Verstrichene Zeit: 1,16 Sekunden)
Resolving multi-part geometries...
15 relations loaded...
Updating remaining references...
Erfolgreich am [...] (Verstrichene Zeit: 5 Minuten 7 Sekunden)
```

Promptzeile	Erläuterung
1	Statt des langen `arcpy` kann nun `ap` genutzt werden.
2	Die verfügbaren Toolboxes werden aufgelistet. OpenStreetMap-Toolbox ist auch dabei.
3	Die Verwendung des Werkzeugs schlägt fehl, da die Toolbox noch nicht geladen wurde.
4	Laden der Toolbox aus dem Standardwerkzeugverzeichnis unter der Bezeichnung `osm`. Die Rückgabe der Funktion wird an die Variable `osmTBX` gebunden. Die Toolbox ist nun sowohl unter `osm` als auch `osmTBX` erreichbar. Der Aliasname für die Toolbox muss nicht dem Namen aus `ListToolboxes()` entsprechen. Dies ist auch sinnvoll, da nie sichergestellt ist, dass alle Drittanbieter untereinander für eindeutige Namen sorgen.
5-10	Definition der Parameter als Zeichenfolgen.
11	Aus der Eingabe-Feature-Class wird nur die Geometriespalte durchsucht. Von allen ausgelesenen Zeilen wird nur die Geometrie des ersten Elements gebucht. Die Feature-Class im Beispiel besteht auch nur aus einem Feature.
12	Das Löschen von `cur` hebt die Schemasperre der Feature-Class auf.
13-15	Kurze Kontrolle: geom ist ein `Polygon object`, das ein `spatialReference object` besitzt mit `'DHDN_3_Degree_Gauss_Zone_3'` als Eigenschaft für den Namen.
16	Die Längeneinheit von Gauss-Krüger ist Meter. Daher kann der geplante Pufferabstand 500 Meter so als Zahl übernommen werden, um das für das Herunterladen abzufragende Rechteck als `bereich` festzulegen.
17	Kontrolle: Auch `bereich` ist natürlich vom Typ `Polygon object`.
18	Das Werkzeug wird mit den nötigen Parametern aufgerufen. Da vergessen wurde, den Server zu definieren, steht dessen URL nun direkt im Aufruf.
Meldungen	Das Werkzeug arbeitet fehlerfrei. Die Koordinaten des Bereichs werden wieder in WGS84 angegeben.

Der Puffer des Projektgebiets hätte auch mit dem Werkzeug aus den Analysis-Tools, `ap.ananylsis.buffer()`, erzeugt werden können. Allerdings wären dann die Pfadangabe der Ergebnis-Feature-Class und ihr Löschen am Ende des Prozesses notwendig gewesen. Das ‚mächtige' Werkzeug ist eben für die Erzeugung dauerhafter Daten gedacht und fängt mit seinen Parametern viel mehr unterschiedliche Eingabesituationen ab. Die ‚kleine' Methode eines `Geometrie`-Objektes ist da flüchtiger und diffiziler, aber auch schlanker. Sie werden oftmals die Wahl zwischen beiden Ansätzen haben, die dann immer auf die Situation bezogen gefällt werden muss. In dem aktuellen Beispiel wird natürlich immer auf das Werkzeug zurückgegriffen.

Ein Blick in die Geodatenbank zeigt zudem, dass noch weitere Datensätze erzeugt wurden, die in der Hilfe nicht beschrieben sind. Zwei Tabellen sind oberhalb des FeatureDatasets erzeugt worden. Beide werden für die Projektaufgabe nicht benötigt.

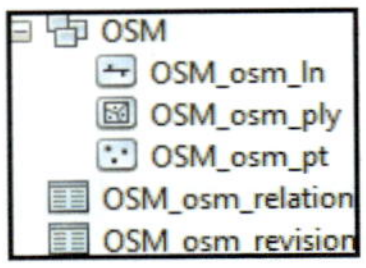

6.3.3 Den Gesamtprozess entwickeln

Nachdem nun das Werkzeug *Download OSM-Data* genügend erkundet ist, können wir uns erneut dem Gesamtprozess zuwenden. Mittels des *ModelBuilders* lässt sich das angedachte Konzept des Prozesses gut erstellen. Sie finden das Modell im Kapitelordner unter *\Daten\Toolbox.tbx\OSM Daten laden und zuschneiden.*

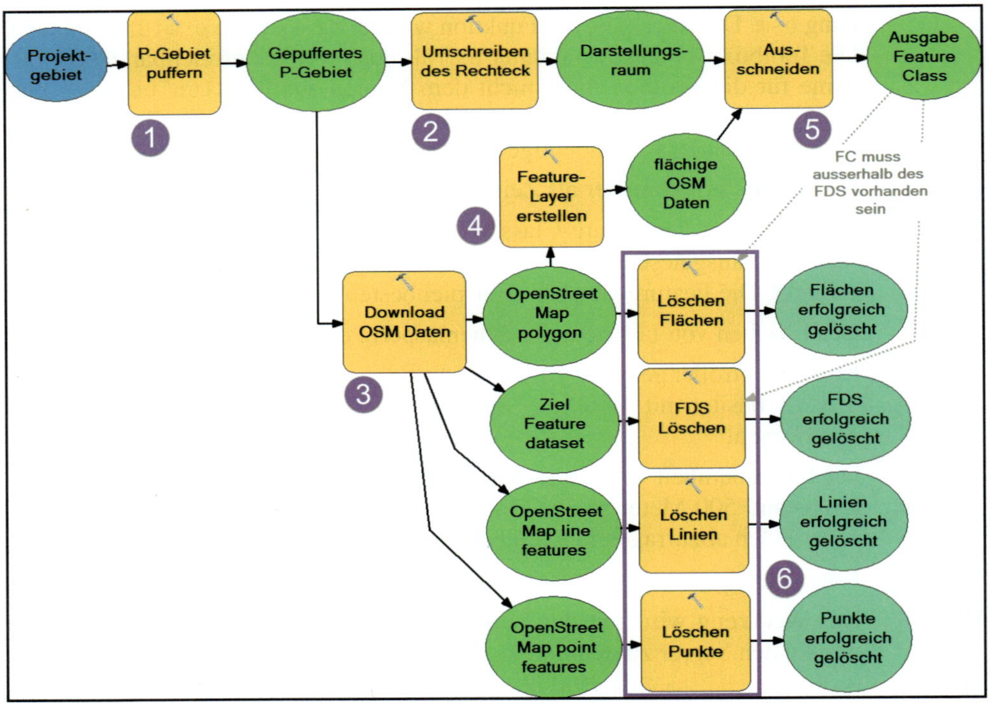

Einige Anmerkungen zum Ablaufplan:

- Die Nummern geben die Reihenfolge im Python-Skript an.
- Die räumliche Ausdehnung des Downloads kann statt von der gepufferten Fläche ebenso gut aus dem daraus abgeleiteten umschreibenden Rechteck erfolgen.
- Das Werkzeug `FeatureLayer erstellen` hat gegenüber dem Werkzeug `Selektieren` mehrere Vorteile:
  - Zum einen werden nur die Datensätze übernommen, die die Suchbedingung erfüllen.
  - Zum anderen lassen sich nicht benötigte Spalten ausblenden.
  - Außerdem wird kein neuer Datensatz erzeugt, der dann wiederum am Ende gelöscht werden müsste.
- Sämtliche Zwischenergebnisse, einschließlich der von *Download OSM-Data* erzeugten, hier nicht dargestellten Tabellen, sind temporär.

Beispiel: OSM-Prozess mit Werkzeugen umsetzen

Damit der Prozess immer wieder aufgerufen werden kann, muss er in eine Python-Datei geschrieben werden. Öffnen Sie Ihren Python-Editor und erzeugen Sie eine neue Datei. Sie finden die fertige Python-Datei im Kapitelordner unter *Skripte\clipOSM.py*.

```
[...]
import bookTools as tools
ap = tools.ap
#-----------------------------------------------------------------
def clipOSM(gebiet, zielFC, puffer='500 Meters'):
[...]
    scratchGDB = tools.scratchGDB
    tempDatas =[]
    # (1) P-Gebiet puffern ---------------------------------
    tools.AddMessage('Puffer das Projektgebiet')
    pufferFC = tools.createUniqueScratchName('S1_Buffer')
    ap.analysis.Buffer(gebiet, pufferFC, puffer, dissolve_option=
                                                             "ALL")
    tempDatas.append(pufferFC)

    # (2) Umschreibendes Rechteck
    tools.AddMessage('Erzeuge umschreibendes Rechteck')
    rechteckFC = tools.createUniqueScratchName('S2_Rectangle')
    if ap.CheckProduct("ArcInfo")== 'Available':
        ap.management.MinimumBoundingGeometry(pufferFC, rechteckFC,
                                                       'ENVELOPE')
    else:
        tools.geomExtentsToFC(pufferFC, rechteckFC)
    tempDatas.append(rechteckFC)
```

```

    # (3) Download OSM-Daten ----------------------------------------
    tools.AddMessage('Beginne mit dem OSM-Download')
    osmTBX = ap.ImportToolbox(tools.SYSTEMTOOLBOXESDIR + \
                             '/OpenStreetMap Toolbox.tbx', 'osm')
    outFDS = tools.createUniqueScratchName('OSM_Download')
    fdsName = outFDS.replace(scratchGDB+'\\','')
    basis = outFDS+'/'+ fdsName
    ptsFC = basis + '_osm_pt'   # ptsFC = outFDS+‘/osmPunkte‘
    plsFC = basis + '_osm_ln'   # plsFC = outFDS+‘/osmLinien‘
    pgsFC = basis + '_osm_ply'  # pgsFC = outFDS+‘/osmFlaechen‘
    OSM_SERVER = "http://www.openstreetmap.org"
    ap.osm.OSMGPDownload(OSM_SERVER,
                         pufferFC,
                         '#',
                         outFDS,
                         ptsFC,plsFC,pgsFC)
    tempDatas += [ptsFC,plsFC,pgsFC,outFDS]
    for ends_with in ['relation', 'revision']:
        tempDatas.append('{0}\\{1}_osm_{2}'.format(scratchGDB,
                                                  fdsName,
                                                  ends_with))

    # (4) Feature-Layer erstellen ------------------------------
    tools.AddMessage(u'Selektiere gewünschte Datensätze & Attribute')
    fieldinfo = ap.FieldInfo()
    fields = [f.name for f in ap.ListFields(pgsFC)]
    for fname in fields:
        view='VISIBLE' if fname in ['landuse','natural'] else
                                                         'HIDDEN'
        fieldinfo.addField(fname, fname, view, '')
    sqlExpression =  "landuse<>''or natural='water'"
    layerName = 'gesuchteFlaechen'
    ap.management.MakeFeatureLayer(in_features=pgsFC ,
                                   out_layer= layerName,
                                   where_clause= sqlExpression,
                                   workspace= '',
                                   field_info= fieldinfo)

    # (5) Auschneiden ---------------------------------------
    msg = 'Scheide diese Daten auf das umschreibende Rechteck zu'
    tools.AddMessage(msg)
    ergebnis = ap.analysis.Clip(in_features=layerName,
                                clip_features=rechteckFC,
                                out_feature_class=zielFC)

```

```
80      # (6) Löschen / "Aufräumen" ------------------------------
81      tools.AddMessage(u'Entferne temporäre Datensätze')
82      for ds in tempDatas:
83          res = ap.management.Delete(ds)
84          if res.maxSeverity>0:
85              tools.AddMessage(res.getMessages(res.maxSeverity))
86      return ergebnis
87  #--------------------------------------------------------------
88  if __name__ == '__main__':
89      gebiet =  r'A:\Daten\Kettenkamp.gdb\Bestand2005\UGebiet'
90      ziel = r'A:\Daten\Kettenkamp.gdb\Bestand2005\OSM_Daten'
91      puffer = '500 Meters'
92  ##    gebiet = ap.GetParameter(0)
93  ##    puffer = ap.GetParameterAsText(1)
94  ##    ziel = ap.GetParameterAsText(2)
95      result = clipOSM(gebiet, ziel, puffer)
96      ap.SetParameterAsText(0, result)
```

Promptzeile	**Erläuterung**
1-10	Kommentarkopf, im Buch ausgeblendet.
11	Wie üblich sollten grundsätzliche Funktionen in einer eigenen Python-Datei hinterlegt sein und dann in dem einzelnen Skript als Modul geladen werden.
12	Das *arcpy* aus dem Modul wird im Skript als `ap` verwendet.
13	Der Prozess wird im Skript als eine Funktion geschrieben. Parameter sind das Gebiet und die Ausgabe-Feature-Class. Der Puffer ist optional und hat den Standardwert 500 Meter.
15-18	Kommentar.
19	Der Pfad zur Scratch-Geodatenbank wird abgefragt. Gegebenenfalls wird sie von ArcGIS erzeugt.
20	Die Liste für alle temporären Daten, die am Ende gelöscht werden sollen, wird eingerichtet.
22	Wird ein Werkzeug in einem Skript verwendet, dringen seine Meldungen nicht nach außen. Mit dieser Zeile gibt es wenigstens ein bisschen „Unterhaltung“ gegen die Ungeduld des Anwenders. Hier wird die Nachricht `msg` sowohl an die ArcGIS-Konsole als auch an die Python-Konsole ausgegeben. Die Funktion dahinter ist folgende:

```
def AddMessage(msg):
    print(msg)
    ap.AddMessage(msg)
```

Bei entsprechender Vorbereitung kann die Nachricht dann zusätzlich in eine Protokolldatei geschrieben werden.

23 In `scratchGDB` wird nachgeschaut, ob ein Datensatz mit dem Namen `S1_Buffer` bereits besteht. Wenn ja, kommt ein Zahlenindex hinter den Namen. Das vorangestellte `S1_` steht für den Arbeitsschritt und soll die Daten in der Anzeige chronologisch sortieren. Dies macht die Fehleranalyse einfacher. Da Datensätze in einer GDB nicht mit einem Buchstaben beginnen dürfen, kommt das „S“ davor.

24 Das Werkzeug `Buffer` aus der `Analysis`-Toolbox wird mit den Parametern aufgerufen. Die ersten drei sind obligat, `dissolve_option` ist der dritte der optionalen Parameter. Um die beiden ersten übergehen zu können, wird er direkt über den Namen aufgerufen.

25 Der Pfad zum Ergebnis wird zur Liste der Temporär-Dateien hinzugefügt.

30-33 Das Werkzeug `MinimumBoundingGeometry` selbst ist zwar für die ArcGIS *Basic*-Version verfügbar, die Option `ENVELOPE` darin aber nur für die Advanced-Version. Je nach Zustand wird das originale Werkzeug oder der eigene „Nachbau“ benutzt.

30 Wenn über die ArcGIS Advanced-Version verfügt wird,…

31 … wird das Werkzeug `MinimumBoundingGeometry` verwendet. Die ersten beiden Parameter sind obligat, der optionale Parameter `geometry_type` ist der nächste und braucht daher nicht mit seinem Namen aufgerufen zu werden.

32 Ansonsten…

33 … muss ein selbst geschriebenes Skript die gleiche Arbeit erledigen. Die aufgerufene Funktion ist nur nachrichtlich dargestellt, da ihr Inhalt nicht Thema dieses Abschnitts ist.

```
def geomExtentsToFC(inFC, zielFC):
u"""Erzeugt für jedes Feature der 'inFC' das Umschreibende
                                                   Rechteck.
Rückgabe: Werkzeug-Ergebnis der in 'zielFC' kopierten
                                               Rechtecke."""
with ap.da.SearchCursor(inFC,['SHAPE@']) as cur:
   pls= [ap.Polygon(ap.Array([ext.lowerLeft, ext.upperLeft,
                        ext.upperRight, ext.lowerRight,
                        ext.lowerLeft]))
                        for ext in [f[0].extent for f in cur]]
return ap.management.CopyFeatures(pls,zielFC)
```

Im Kapitel 4.3 „Die Geometrie untersuchen“ finden Sie die hierbei verwendeten Methoden und Eigenschaften.

34 Der Pfad zum Ergebnis wird zur Liste der Temporär-Dateien hinzugefügt.

38+39 Die Open Street Map Toolbox wird unter dem Alias osm geladen. Die Rückgabe der Funktion ImportToolbox wird an osmTBX gebunden. Werkzeuge der Toolbox sind somit über:

ap.osm.<Werkzeugname>,
ap.<Werkzeugname>_osm oder
osmTBX.<Werkzeugname> aufzurufen.

40 Das zu erzeugende FeatureDataset erhält einen eindeutigen Namen. Bitte achten Sie bei der Namenabfrage in einer Geodatenbank immer darauf, in der Wurzel der Datenbank zu bleiben und keinesfalls in ein FeatureDataset zu wechseln. Näheres dazu finden Sie im Kapitel 5 „Daten erzeugen".

41 Der generierte Name des FeatureDatasets wird für die Ableitung der Namen der einzelnen Feature-Classes benötigt.

42-45 Werkzeuge sind oftmals eine Blackbox, so auch hier:
Die drei Feature-Classes (Punkte, Linien, Polygone) des OSM-Downloads sind als Parameter deklariert. Sie sollten also anpassbar sein. Dies ist allerdings, wie sich bei der Entwicklung des Skripts zwischenzeitlich zeigte, mitnichten so! Wir haben anfänglich die als Kommentare markierten Zeilen verwendet. Das Werkzeug wirft keine Fehler auf. Allerdings werden zugleich die Definitionen der Namen nicht beachtet. Unsere Erklärung dafür:

Die Entwickler der Werkzeugoberfläche sollten wohl dafür sorgen, dass der Anwender informiert wird, wie die Ergebnisse heißen werden. Die Skriptentwickler haben eine Änderung wohl nie geplant. Besser wäre es gewesen, zwischen Parameter und Information, die in die Hilfe gehört, zu unterscheiden. Nun muss der Nutzer jedoch mühsam den Pfad der neuen Datensätze selbst ableiten: <Pfad_zur_GDB>/<FDS_Name>/<FDS_Name>_osm_[pt|ln|ply]. Dies geschieht in diesen Zeilen.

46 Die URL zum Openstreetmap-Server wird definiert.

47-51 Das Werkzeug zum Download wird aufgerufen, und alle Parameter werden übergeben. Für den dritten, optionalen Parameter soll der Standardwert übernommen werden.
Im Gegensatz zu der bisherigen Schreibweise hat hier (fast) jeder Parameter seine eigene Zeile. Unseres Erachtens ist dadurch gerade bei einer großen Anzahl von Werten die Lesbarkeit besser. Zudem lassen sich Kommentare gut einfügen.

52 Alle vier Ergebnisse werden zu einer Liste gepackt. Diese wird mit der Liste der temporären Daten verschmolzen. Ergebnis ist somit eine flache, keine geschachtelte Liste. Das FeatureDataset ist nicht zufällig das letzte Element.

53+54 Auch für die in der Hilfe nicht erwähnten Tabellen werden die Namen aus dem Feature-Dataset abgeleitet und dann der Löschliste hinzugefügt.

60-64 Der Ansatz, über einen Layer einen Teildatensatz aus dem Download der flächigen Elemente zu erhalten, kann mit dem Werkzeug *Layer erstellen* realisiert werden. Dieses Werkzeug verlangt unter anderem ein `field_info`. Ein Objekt vom Typ `FieldInfo` beschreibt den alten und den neuen Namen, die Sichtbarkeit sowie die Teilungsregel jeden Attributes eines Datensatzes. Es definiert somit die Sicht auf die Tabelle (engl. *tableview*). Für diesen Prozess werden nur die Spalten *natural* und *landuse* benötigt. Alle anderen können unsichtbar bleiben.

Zudem bietet der Layer die Möglichkeit, nur einen Teil der Datensätze zu übernehmen. Dies geschieht über den Parameter `where_clause` mittels eines SQL-Ausdrucks. Nur die Wasserflächen aus *natural* und Flächen, die eine Bezeichnung in *landuse* haben, sollen übernommen werden.

60 Das Objekt vom Typ `FieldInfo` wird erzeugt.

61 Alle Feldnamen in der Polygon-Feature-Class werden aufgelistet.

63+64 Für jeden Feldnamen wird nun durchgeführt:

- Setze view auf '`VISIBLE`' wenn der Feldname in der Liste ['`landuse`','`natural`'] auftaucht, sonst setze die Variable auf '`HIDDEN`'. Dieses Konstrukt nennt sich *bedingte Variablenzuweisung*.
- Füge `fieldInfo` ein neues Feld mit unverändertem Namen, der entsprechenden Sichtbarkeit und ohne Teilungsregel hinzu.

65 Der SQL-Ausdruck zur Auswahl der gesuchten Features ist eine einfache Zeichenfolge, wie Sie sie auch in dem Werkzeug *Selektieren* eintragen würden. Glücklicherweise kennt Python zwei Zeichen, um einen String zu markieren: den Hochstrich und die Anführungszeichen. Da das Statement den Hochstrich innerhalb der Zeichenfolge verwendet, werden einfach die Anführungszeichen zum Begrenzen genutzt.

66 Das Werkzeug wird gleich einen Layer erzeugen, der dann einen Namen erhalten muss.

67-71 Aus der *Management-Toolbox* wird das Werkzeug `MakeFeatureLayer` mit all seinen Parametern aufgerufen. In diesem Fall werden sie alle, egal ob obligatorisch oder optional, mit ihrem Parameternamen aufgerufen. Unserer Meinung nach erhöht dies nochmals die Lesbarkeit des Codes.

Die Wirkungsweise des Werkzeugs über eine Python-Kommandozeile können Sie am besten in ArcMap erkennen, da dort der Layer in der Regel der Anzeige hinzugefügt wird.

77-79 Als letztes Werkzeug für den Prozess wird *Ausschneiden* verwendet. Der Pfad zur Ergebnis-Feature-Class ist der Parameter `zielFC`, mit dem diese Funktion `clipOSM` aufgerufen wurde.
Die Rückgabe des Werkzeugs wird an `ergebnis` gebunden.

82-84	Alle Datensätze aus der Liste `tempDatas` werden mit dem *Löschen*-Werkzeug entfernt. Das Ergebnis jeden Löschens wird auf die Art der Meldungen hin untersucht. Wurden nicht nur Mitteilungen, sondern Warnungen oder Fehler ausgegeben, so werden diese vom Skript ausgegeben.
87-95	Dieser Teil wird nur ausgeführt, wenn die Python-Datei selbst aufgerufen wird. Er wird nicht ausgeführt, wenn die Datei importiert wird. In Verbindung mit dem Umstand, den Prozess in einer eigenen Funktion zu schreiben, können Sie `clipOSM` als Werkzeug aufrufen oder als Funktion importieren.
88-90	Dies sind die festen Variablen der Parameter für die Testläufe. Sie können sie im Skript gegebenenfalls anpassen.
91-93+95	Wenn Sie diese Python-Datei selbst als Werkzeug nutzen wollen, werden in diesen Zeilen die Parameter an die Variablen gebunden.
94	Hier wird die Funktion mit den entsprechenden Parametern aufgerufen.

Zum Umschalten vom Testmodus in den Produktivmodus als Werkzeug müssen Sie die Zeilen 88-90 als Kommentare markieren und die Zeilen 91-93 auskommentieren. Ein Codeblock ein-/auskommentieren geht im PyScripter mit STRG+Ä.

Nun fehlt nur noch die Eingabeoberfläche für dieses Werkzeug in einer Toolbox. Wie dies funktioniert, wird im Kapitel 7 „Vom Skript zum Werkzeug“ beschrieben.

6.4 Umgebungseinstellungen

Die Umgebungseinstellungen sind zusätzliche Parameter, die „im Hintergrund mitlaufen“, da sie in den Dialogfeldern der Werkzeuge nicht angezeigt werden. Sie werden in einem eigenen Dialogfenster festgelegt und haben, je nach Ort der Einstellung, nur in einem oder über den einzelnen Geoprozess hinaus Bestand. Die Umgebungseinstellungen bilden im *ArcPy* mit `arcpy.env` eine eigene Klasse und haben Funktionen, mit denen sie verwaltet werden können. Bis auf drei Ausnahmen, `scratchFolder`, `scratchGDB` und `packageWorkspace`, besteht bei allen schreibender Zugriff.

Eine vollständige Liste der Umgebungsvariablen der `env`-Klasse finden Sie im Internet[15] oder in der Hilfe unter *Desktop → Geoprocessing → ArcPy → ArcPy-Klassen → General → env*. Bei den Namen ist die Groß- und Kleinschreibung relevant.

In Python behalten Umgebungseinstellungen solange ihren Wert, bis sie neu definiert werden. Dabei gelten sie für alle verwendeten Geoprozesse. Die Änderung einer Umgebungseinstellung mit ArcPy ist somit gleichbedeutend mit der Änderung direkt in der Wurzel der ArcToolbox von ArcMap.

[15] http://desktop.arcgis.com/de/arcmap/10.3/analyze/arcpy-classes/env.htm

Folgende Funktionen stehen zur Verfügung:

Funktion	Erklärung
`GetSystemEnvironment-(sysVar)`	Gibt den Wert der Systemvariablen zurück. Groß- und Kleinschreibung ist nicht relevant. Eine unbekannte Variable erzeugt eine leere Zeichenfolge.
`ListEnvironments({muster})`	Gibt eine Liste aller Umgebungsvariablennamen zurück. Die Menge kann mit `muster` eingeschränkt werden.
`ClearEnvironment(envVar)`	Setzt die Umgebungsvariable auf den Standardwert (bei der Installation) zurück.
`ResetEnvironments()`	Setzt alle Umgebungsvariablen auf den Standardwert zurück.
`SaveSetting(dateiname)`	Speicherung der Umgebungsvariablen mit ihren aktuellen Einstellungen in einer XML-Datei.
`LoadSettings(dateiname)`	Laden der Umgebungsvariablen aus einer XML-Datei.

Beispiel: Arbeit mit Umgebungseinstellungen

Bei der Verarbeitung von Rasterdaten werden mit dem Rasterfang, der Zellauflösung und der Kompression viele Umgebungseinstellungen benötigt. Im Folgenden sollen die Rasterdaten des CORINE-Projekts verwendet werden, um die Landnutzungsverteilung in den Kreisen Niedersachsens zu analysieren. Der Code behandelt nur einen Arbeitsschritt daraus: aus dem Gesamtraster jeweils die Kreisfläche ausgeschnitten und eine Rasterattributtabelle erzeugt. In diesem Schritt müssen die Umgebungseinstellungen genutzt werden. Richten Sie Ihr Augenmerk also vor allen Dingen auf die Aktionen mit den `env`-Objekten. Am Anfang werden die Einstellungen der Umgebungseinstellungen gesichert. Dann werden sie für den Prozess angepasst und auf jeden Fall (`finally`) wiederhergestellt.

```
import os, arcpy as ap

corine_Nds = r'A:\Daten\CLC_2006_NDS.tif'
kreise_Nds = r'A:\Daten\Niedersachsen.shp'
tmp_ordner = ap.CreateUniqueName('corineStat',
                                ap.GetSystemEnvironment('TEMP'))
os.makedirs(tmp_ordner)

old_workspace = ap.env.workspace
old_cellsize = ap.env.cellSize
old_compression = ap.env.compression
old_snap = ap.env.snapRaster
old_coord= ap.env.outputCoordinateSystem

ap.env.workspace = tmp_ordner
```

```
16 arcpy.env.compression = 'LZW'
17 ap.env.cellSize = "25"
18 ap.env.outputCoordinateSystem = kreise_Nds
19
20 with ap.da.SearchCursor(kreise_Nds, ['FID','shape@']) as cur:
21     kreise = [i for i in cur]
22 del cur
23 try:
24     for kreis in kreise:
25         id,geom = kreis
26         name = 'Kreis_%s'%id
27         raster= name + '.tif'
28         ap.management.CopyFeatures(geom.projectAs(corine_Nds),
                                                          name+'.shp')
29         rechteck = str(ap.Describe(name+'.shp').Extent)
30         ap.management.Clip(in_raster= corine_Nds,
31                            rectangle= rechteck,
32                            out_raster= raster,
33                            in_template_dataset= name+'.shp',
34                            nodata_value= 256,
35                            clipping_geometry= 'ClippingGeometry',
36                            maintain_clipping_extent= 'MAINTAIN_
                                                              EXTENT')
37         ap.management.BuildRasterAttributeTable(raster)
38 except:
39     print "Es ist ein Fehler bei %s aufgetreten"%name
40 finally:
41     ap.env.workspace = old_workspace
42     ap.env.cellSize = old_cellsize
43     ap.env.compression = old_compression
44     ap.env.snapRaster = old_snap
45     ap.env.outputCoordinateSystem = old_coord
```

Promptzeile	**Erläuterung**
1	Laden der benötigten Module.
3+4	Die Pfade zu den Eingangsdatensätzen.
5-7	Ein Ordner für alle (Zwischen-)daten wird angelegt. Mit `GetSystemEnvironment` wird der Temporärordner des Systems ausgelesen. Dort wird durch `CreateUniqueName` der Pfad für einen neuen Unterordner generiert und mit `os.makedirs` erzeugt.
9-13	Sicherung der aktuellen Zustände der zu ändernden Umgebungseinstellungen in Variablen.

15-18 Umsetzen der Werte für die anstehenden Geoprozesse. Welcher Datentyp und/ oder Objekttyp für die einzelne Umgebungseinstellung verwendet werden kann, ist in der Hilfe gut beschrieben.

15 Das aktuelle Arbeitsverzeichnis in das Zielverzeichnis der Daten zu legen, erspart die Pfadangabe in den einzelnen Arbeitsschritten.

20-39 Das eigentliche Ausschneiden findet hier statt. Wichtig ist es, alle kritischen Bereiche in eine `try`/`except`-Konstruktion zu packen, denn …

40-45 … mit dem `finally`-Block wird dafür gesorgt, dass alle Umgebungseinstellungen auf ihren ursprünglichen Wert zurückgestellt werden.

Wenn Sie im Windows-Explorer in der Titelleiste den aktuellen Pfad durch `%TEMP%` ersetzen, gelangen Sie direkt in Ihr Temporär-Verzeichnis. Dort sollten Sie ein oder mehrere Verzeichnisse finden, die mit *corineStat* beginnen und die Ergebnisse der Geoprozesse beinhalten.

6.5 SQL-Abfragen

Eine SQL-Abfrage wird in *Arcpy* immer als Zeichenfolge definiert. In diesem Abschnitt geht es nicht darum, SQL-Abfragen zusammenzustellen. Es geht ausschließlich darum, die für sich richtige Formulierung eines SQL-Ausdrucks in eine passende Zeichenfolge zu bringen. Daher gibt es eine enge Beziehung zum Abschnitt 3.3.4 „Zeichenketten".

Bei der Formulierung der Syntax gibt es zwei Herausforderungen, wie die folgende Auflistung zeigt:

SQL-Abfrage	Anwendungsort
`Kreisname = 'Emden'`	File-Geodatabase
`"Kreisname" = 'Emden'`	Dateien im Shape-Format
`[Kreisname] = 'Emden'`	Personal-Geodatabase, Access-Datenbanken

Zum einen gibt es mitunter in der SQL-Abfrage gleichzeitig Hochzeichen und Anführungsstriche. Wie soll Python beide verarbeiten und zeitgleich eines der Zeichen als Begrenzung verwenden? Die Lösung liegt in der Verwendung von Escape-Sequenzen:

```
>>> print "\"Kreisname\" = 'Emden'"
"Kreisname" = 'Emden'
>>> print '"Kreisname" = \'Emden\''
"Kreisname" = 'Emden'
```

Zum einen muss die richtige Notation zur Begrenzung der Feldbezeichner gefunden werden. Wenn die Datenquelle flexibel ist, kann sie im Skript nicht fest codiert werden. Mit der Funktion `AddFieldDelimiters` werden beide Herausforderungen auf einmal gelöst. An die Funktion werden die Quelltabelle und der Feldname übergeben. Die

Rückgabe ist dann der Feldname einschließlich der passenden Symbole für den Feldbezeichner.

Beispiel: Einfachen SQL-Ausdruck flexibel formulieren

```
>>> feldname = 'Kreisname'
>>> kreis = 'Emden'
>>> shp = r'A:\Daten\Niedersachsen.shp'
>>> fgdb = r'A:\Daten\File-Geodatabase.gdb\Niedersachsen'
>>> pgdb = r'A:\Daten\Personal-Geodatabase.mdb\Niedersachsen'
>>> print "%s = %s"%(ap.AddFieldDelimiters(shp, feldname), kreis)
"Kreisname" = Emden
>>> print "%s = %s"%(ap.AddFieldDelimiters(fgdb, feldname), kreis)
Kreisname = Emden
>>> print "%s = %s"%(ap.AddFieldDelimiters(pgdb, feldname), kreis)
[Kreisname] = Emden
```

Für komplexere SQL-Ausdrücken empfiehlt sich die Verwendung der `format`-Methode für Zeichenfolgen in Verbindung mit einem Python-Wörterbuch (*dictionary*).

Beispiel: SQL-Ausdruck mittels format-Methode erzeugen

Anlass der SQL-Abfrage ist der Vergleich zweier Temperaturen untereinander und anhand von Grenzwerten. Interessant für die Programmierung ist die Verwendung von vier variablen Werten, die teilweise mehrfach genutzt werden.

```
1 >>> tbl = r'A:\Daten\Klimadaten.mdb\Temperaturen'
2 >>> sqlAusdruck = "({taupkt}<{maxT} AND {siedepkt}>{minT}) OR {taupkt}=
                                                              {siedepkt}"
3 >>> feldA = 'Temp_Z23' # Feld für die Temperatur zum einem Taupunkt
4 >>> feldB = 'Temp_Z14' # Feld für die Temperatur zum anderen Siedepunkt
5 >>> limitA, limitB = 34.6, -2.4 # Grenzwerte

6 >>> where_clause = sqlAusdruck.format(taupkt=ap.AddFieldDelimit
                                                        ers(tbl,feldA),
  ...                         siedepkt=ap.AddFieldDelimiters(tbl,feldB),
  ...                         minT = t1,
  ...                         maxT = t2)
7 >>> print where_clause
  "(Temp_Z23"<34 AND "Temp_Z14">50) OR "Temp_Z23"="Temp_Z14"

8 >>> sql_parameters = {'taupkt':  ap.AddFieldDelimiters(tbl, feldA),
...                    'siedepkt': ap.AddFieldDelimiters(tbl, feldB),
...                      'maxT':   limitA,
...                      'minT':   limitB}
9 >>> sqlAusdruck='''
  ...                   ({taupkt} < {maxT}
```

```
...                    AND {siedepkt} > {minT})
...                  OR {taupkt} = {siedepkt}
...              '''
10>>> where_clause = sqlAusdruck.format(**sql_parameters)
11>>> print where_clause

             ([Temp_Z23] < 34.6
                AND [Temp_Z14] > -2.4)
              OR [Temp_Z23] = [Temp_Z14]
```

Promptzeile	Erläuterung
1	Die abzufragende Tabelle liegt vom Pfadnamen her in einer Personal-Geodatabase. Die Tabelle existiert nicht!
2	Wenn Sie diese Codezeile konzentriert lesen und Ihnen dadurch das fachliche Ziel des SQL-Ausdrucks klar wird, verstehen Sie, warum der Autor ein großer Anhänger der `format`-Methode im Zusammenspiel von Wörterbüchern ist. Die Suchbedingung ist erfüllt, wenn der Taupunkt kleiner als der Maximalwert und zugleich der Siedepunkt größer als der Minimalwert ist oder alternativ, wenn der Taupunkt gleich dem Siedepunkt ist. Die Zeichenfolge in den geschweiften Klammern ist der Name, mit dem diese variable Textstelle angesprochen werden kann.
3-5	Die zugehörigen Feldnamen aus der Tabelle und ihre Grenzwerte werden in Variablen festgelegt.
6	Der SQL-Ausdruck wird mittels der `format`-Methode über die den Namen zugeordneten Werte befüllt. Hierbei erhalten die Felder durch `AddFieldDelimiters` die passenden Begrenzungssymbole.
7	Wiedergabe des SQL-Ausdrucks.
8	Mit einem *dictionary* lassen sich die Namen und Werte noch besser lesbar verbinden.
9	Auch der SQL-Ausdruck lässt sich mit dreifachen Anführungs-/Hochzeichen in einem Textblock gut lesbar darstellen.
10+11	Mit dem doppelten Asterisk wird das *dictionary* ausgepackt und an die `format`-Methode übergeben.
11	Der Ausdruck zeigt eine gut lesbare SQL-Anweisung.

In diesem Beispiel sind weder die Feldnamen noch die Tabelle oder die *Access*-Datenbank vorhanden. Die Funktion `AddFieldDelimiters` generiert für den Pfad passende Zeichenfolgen, sie kontrolliert nicht die Existenz der Parameter. Dazu stehen die ArcPy-Funktionen `Exists()` und `ListFields()` oder `Describe`-Objekte zur Verfügung.

Mit dem Ende dieses Kapitels stehen Ihnen nun alle Möglichkeiten offen, in Kommandozeilen und/oder Skripten Ihre Prozesse zu beschreiben und zu automatisieren. Im nächsten Kapitel geht es um die Frage, wie Sie daraus Werkzeuge machen, die dem Nutzer eine Oberfläche – mit entsprechenden Parametern versehen – zur Verfügung stellt.

7 Vom Skript zum Werkzeug

Die Ihnen bisher vorgestellten Skripte sind starr und nur für jeweils einen einzigen Fall anwendbar. Diesen Skripten fehlen Übergabewerte, Parameter genannt, welche das Verfahren innerhalb des Skripts mit unterschiedlichen Einstellungen ermöglichen.

Daher sollte ein Skript immer mit Parametern arbeiten, sowohl bei der Eingabe als auch für die Ausgabe. Die Anzahl und Art der Parameter hängt von der Aufgabe und der gewollten Flexibilität ab, mit der das Skript angesprochen werden soll.

Die Bestückung der Parameter durch den Nutzer kann manchmal fehlerhaft sein. So wird vielleicht statt des Pfads zur Feature-Class der Pfad zum Rasterdatensatz übergeben. Würden diese Fehler erst im Skript abgefangen werden, so hat der Nutzer keine Chance, seinen Fehler zu korrigieren. Es sollte also bereits bei der Übergabe der Parameter die Operabilität sichergestellt werden.

Zudem ist es für den Nutzer angenehm, wenn er für die Eingabe der Werte eines Parameters nur aus sinnvollen Werten wählen kann. Für die Eingabe eines Monats wäre eine Liste mit den zwölf Monatsnamen, für die Angabe eines pH-Werts ein Schieber von 0 bis 14 sicherlich eine große Erleichterung. Für den Nutzer ist dies angenehm, für den Entwickler eine Möglichkeit, Fehleingaben zu vermeiden. So hätte die Beschränkung der Auswahl auf Feature-Classes den Fehler vom vorherigen Absatz vermieden. Solche Auswahlen können von anderen Parametern abhängen. Als Beispiel sei die Liste der Felder einer zuvor ausgewählten Feature-Class genannt.

Sind die Parameter geprüft („validiert") und das Skript läuft ab, so sind Meldungen über Fortschritt, Zwischenergebnisse, ungewöhnliche Ergebnisse oder gar Fehler sinnvoll. Das Skript wird dadurch vom Nutzer besser verstanden. Nachweislich beruhigt diese Kommunikation zudem den Nutzer und hindert ihn, irgendwelche unbedarften Aktionen durchzuführen.

ArcGIS stellt mit den Python-Toolboxes und *arcpy*-Funktionalitäten eine Palette an Möglichkeiten zur Verfügung, mit der Sie alle diese vorher genannten Eigenschaften umsetzen können. Dabei erhält der Nutzer am Ende eine Eingabemaske, die genau dem Design der Standardwerkzeuge entspricht.

Sie finden die Skripte, Datensätze und nun auch die Werkzeugkästen zu diesem Kapitel wie immer im Ordner zu diesem Kapitel.

Bei den Toolboxen verwenden wir immer dann die klassischen *tbx*-Dateien, wenn der Fokus der Betrachtung auf dem dazugehörigen Skript liegt. Nur wenn es um die Erstellung der Toolbox selbst geht, nutzen wir mit den *pyt*-Dateien den neuen Typ der Python-Toolbox.

7.1 Parameter übergeben

Die Übergabe von Parametern geschieht im einfachsten Fall als Kommandozeilenparameter. Dies bedeutet für unsere konkreten Anwendungsfälle, dass Sie in einem DOS-Fenster den Pfad zu einer Python-Datei und die notwendigen Parameter als Textfolge eingeben und mit einem Zeilenumbruch (engl. *return*) abschicken. Neben diesem CLI (engl. *command-line interface*) gibt es auch die GUI (engl. *graphical user interface*), die grafische Benutzerschnittstelle. Hierzu zählen die Eingabemasken der Toolbox von ArcGIS. Dabei erfolgt die Verarbeitung in mehreren Schichten. Sie geben in ArcGIS über die GUI des Werkzeugs die Werte für einen Geoprozess ein. Diese Werte werden dann an das Skript als Parameter übergeben. Sie hätten dies alternativ auch über die Eingabe im Python-Fenster realisieren können. Die Schichten kommunizieren über definierte Schnittstellen miteinander. Das Arbeiten mit solchen Schichtenmodellen ist bei der Programmentwicklung durchaus üblich.

Die erste Schicht:

Eingabe der Werte über eine grafische Oberfläche.

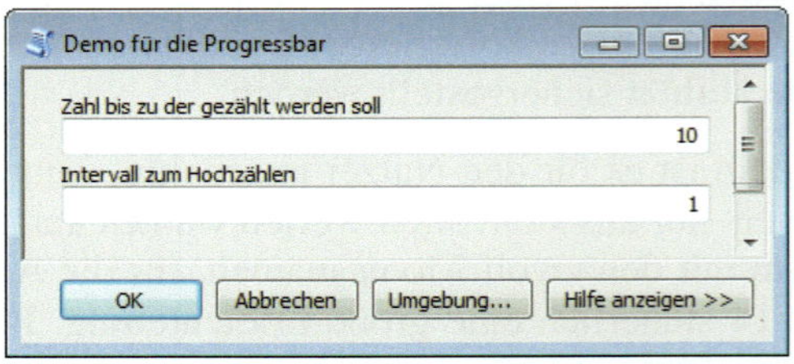

Zweite Schicht:

Übergabe dieser Werte an das Programm oder Skript.

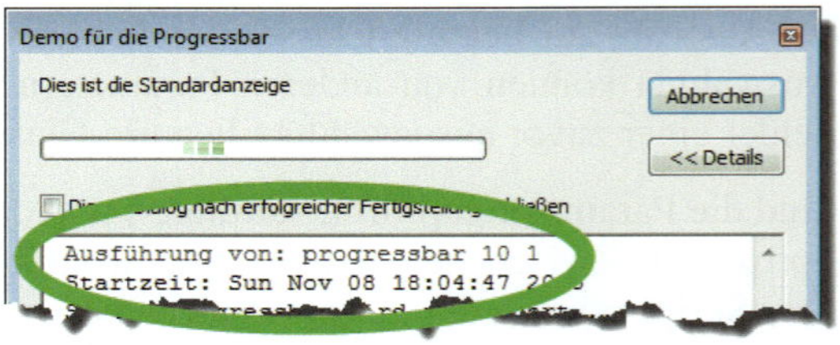

Alternativ: Weglassen der GUI und direkte Eingabe über eine Kommandozeile

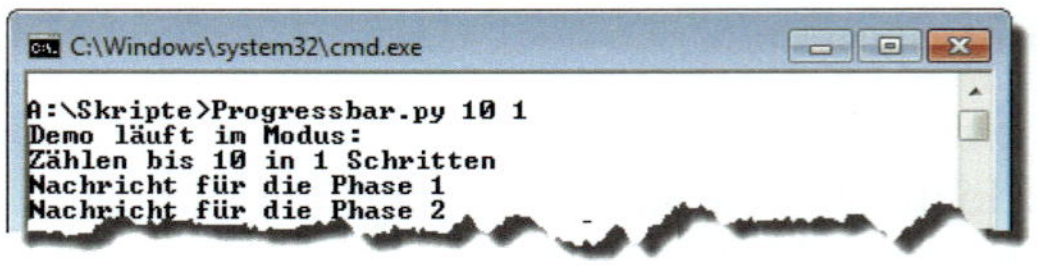

Letztendlich landen Ihre Werte in dem Skript und werden dort verarbeitet.

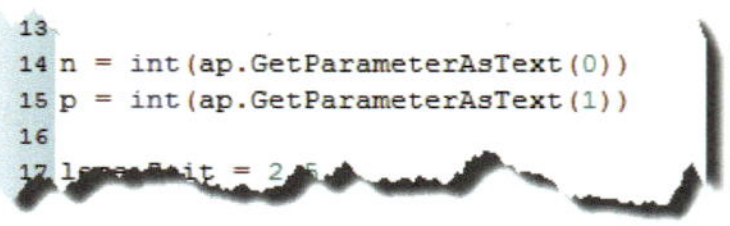

7.1.1 Parameterübergabe in Python

Bevor Sie gleich die Übergabe der Parameter in ArcGIS genauer kennenlernen, möchten wir Ihnen kurz zeigen, dass Python selbst natürlich auch Parameter an Skripte übergeben kann.

Die Trennung beim Aufruf erfolgt durch Leerzeichen. Bei Texteingaben mit Leerzeichen (z. B. Dateipfade) sind diese daher immer mit Anführungsstrichen (") zu maskieren.

Beispiel: Testen von Parametern in der Kommandozeile des DOS-Fensters

Öffnen Sie das DOS-Fenster und wechseln Sie in das Verzeichnis des Skripts. Mit Kommandozeilenparameter rufen Sie es auf und können, wie in der unteren Abbildung zu sehen, Parameter daran austesten.

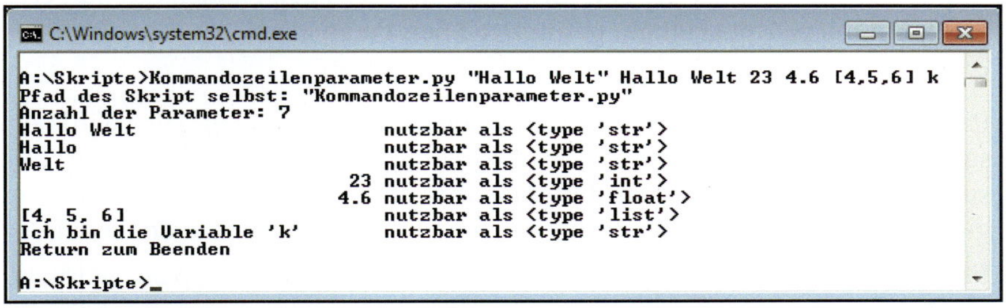


```
# -*- coding: UTF-8 -*-
#-----------------------------------------------------------------
# Name:        Kommandozeilenparameter.py
...
#-----------------------------------------------------------------
import sys
k = "Ich bin die Variable 'k'"

print 'Pfad des Skripts selbst: "{0}"'.format(sys.argv[0])

parameter = sys.argv[1:]
print 'Anzahl der Parameter: {0}'.format(len(parameter))

for param in parameter:
    try:
        auswertung = eval(param)
    except:
        auswertung = param
    print '{0:30} nutzbar als {1}'.format(auswertung, type
                                              (auswertung))

raw_input('Return zum Beenden')
```

Promptzeile	Erläuterung
1-10	Kommentarkopf.
11	Das Modul `sys` stellt Informationen über den Python-Interpreter zur Verfügung. Hierzu gehören auch die Kommandozeilenparameter.
12	Festlegen der Variable `k`. Der Zweck dazu offenbart sich unten im Code.
13+15	Mit `sys.argv` erhalten Sie eine Liste, die als erstes den Namen des aufgerufenen Python-Skripts enthält, gefolgt von den Parametern.
19-24	Schleife für jeden Parameter.
19-23	Parameter sind grundsätzlich zunächst einmal Zeichenfolgen. Hier wird versucht, die Zeichenfolge mit `eval(param)` auszuwerten. Schlägt dieser Versuch fehl, so wird `param` im Original verwendet. Eine solche Auswertung gibt Ihnen die Möglichkeit, auch Zahlen und Listen ‚zurückzuverwandeln'.
24	Für jeden Parameter werden die Auswertung und sein Datentyp ausgedruckt. Die Umwandlung der Parameter mit Zahlen als Zeichenfolge in „echte" Zahlen wird durch die rechtsbündige Formatierung deutlich. Interessant ist zudem der letzte Parameter. Die Evaluierung der Zeichenfolge `'k'` ergibt den Inhalt der Variablen `k`. Dieser Umstand, dass bei Zeichenfolgen aus Buchstaben eigentlich eine gleichnamige Variable aufgerufen wird, ist auch die Ursache für die `try/except`-Konstruktion. Ein `eval('Hallo')` erzeugt die Ausnahme `NameError: name 'Hallo' is not defined`.
26	`raw_input` dient dem Nutzer eigentlich dazu, innerhalb eines Skripts noch Eingaben zu machen. Hier wird es aber für den Fall verwendet, dass der Nutzer die Python-Datei per Doppelklick ausführt. Dann würde sich das DOS-Fenster nach Ende des Skripts sofort wieder schließen.

7.1.2 Parameterübergabe in ArcGIS

Auch in ArcPy erfolgt die Übergabe von Parametern als Liste. Allerdings lässt sich die Liste hier nicht direkt nutzen, sondern nur über Funktionen. Außerdem ist das erste Element nicht der Pfad zum Skript, sondern der erste Übergabewert. Daher unterscheidet sich die Indexzahl für denselben Parameter zwischen den ArcPy-Funktionen und dem `sys.argv` um –1.

Folgende grundlegend relevante Funktionen gibt es in ArcPy zur Parameterübergabe:

Funktion	Erklärung
`GetParameterAsText (index)`	Gibt den Wert als Text an der Position `index` aus der Liste der Eingangsparameter zurück.
`GetParameter (index)`	Gibt das Objekt an der Position `index` aus der Liste der Eingangsparameter zurück.

`SetParameterAsText (index, wert)`	Setzt in der Liste der Ausgangsparameter an der Position `index` den Parameter auf die Zeichenfolge `wert`.
`SetParameter (index, wert)`	Setzt in der Liste der Ausgangsparameter an der Position `index` den Parameter auf `wert`.

Beispiel: Analyse der Parameter mit ArcPy

Das nun vorzustellende Werkzeug erfüllt keine fachliche Aufgabe. Es dient nur zur Erläuterung in diesem Buch. Sie finden das Werkzeug in der *Test_Werkzeuge.tbx* im Kapitelordner. Das Skript finden Sie im Unterordner *Skripte*. Sie sollten das Werkzeug einmal im ArcCatalog und einmal in ArcMap (Öffnen der *Parameter.mxd*) verwenden. Es gibt dabei kleine Unterschiede. Hier abgebildet sehen Sie den Durchlauf in ArcMap.

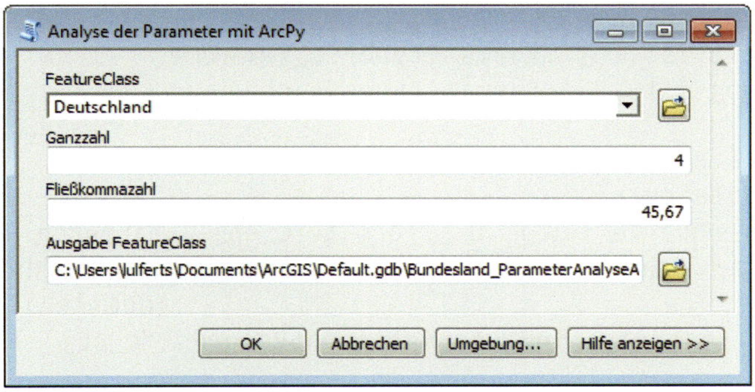

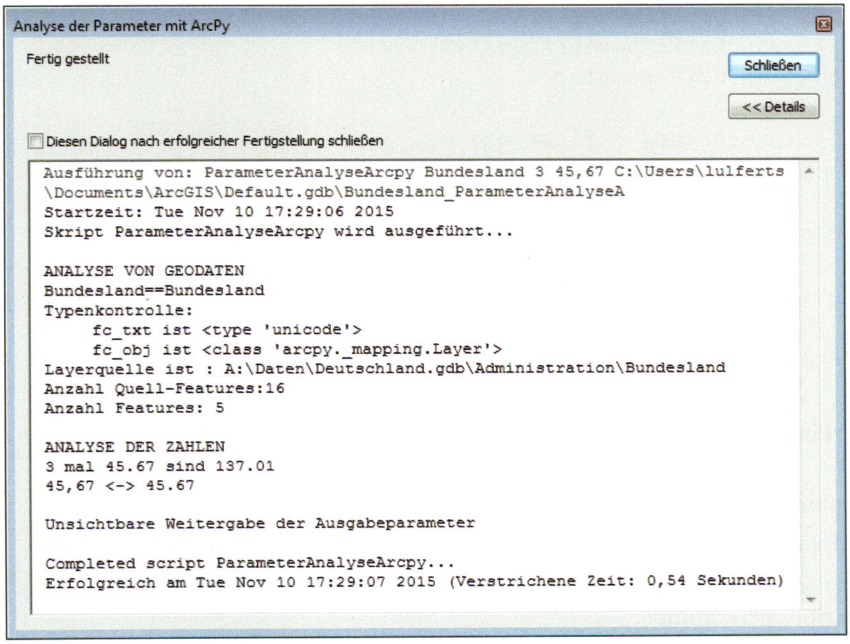

```
1 # -*- coding: UTF-8 -*-
2 #-------------------------------------------------------------------
3 # Name:         ParameterAnalyse_mit_arcpy.py
...
10 #-------------------------------------------------------------------
11 import arcpy as ap
12 from bookTools import countRecords
13
14 ap.AddMessage('\nANALYSE VON GEODATEN')
15 fc_txt = ap.GetParameterAsText(0)
16 fc_obj = ap.GetParameter(0)
17
18 ap.AddMessage('{0}=={1}'.format(fc_obj, fc_txt))
19 ap.AddMessage('Typenkontrolle:')
20 ap.AddMessage('\tfc_txt ist {0}'.format(type(fc_txt)))
21 ap.AddMessage('\tfc_obj ist {0}'.format(type(fc_obj)))
22
23 if hasattr(fc_obj, 'dataSource'):
24     quelle = fc_obj.dataSource
25     ap.AddMessage('Layerquelle ist : {0}'.format(fc_obj.dataSource))
26     ap.AddMessage('Anzahl Quell-Features: {0}'.format(countRecords
                                                              (quelle)))
27 ap.AddMessage('Anzahl Features: {0}'.format(countRecords(fc_obj)))
28
29 ap.AddMessage('\nANALYSE DER ZAHLEN')
30 integer_obj = ap.GetParameter(1)
31 float_txt = ap.GetParameterAsText(2)
32 float_obj = ap.GetParameter(2)
33
34 produkt = integer_obj * float_obj
35 ap.AddMessage('{0} mal {1} sind {2}'.format(integer_obj,float_obj,
                                                               produkt))
36 ap.AddMessage('{0} <-> {1}'.format(float_txt, float_obj))
37
38 ap.AddMessage('\nUnsichtbare Weitergabe der Ausgabeparameter\n')
39 out_fc = ap.GetParameter(3)
40 ap.SetParameter(0, out_fc)
```

Promptzeile	Erläuterung
1-10	Kommentarkopf.
11+12	Import der Module. `countRecords` wird in der Zeile 26 verwendet.
14-27	Der erste Parameter (Feature-Class) wird als Text und als Objekt in das Skript übernommen.

18 Die Werte scheinen oberflächlich gleich.

19-21 Allerdings sind ihre Typen unterschiedlich. Einer ist immer ein Text; das Objekt ist entweder ein `arcpy._mapping.Layer` oder ein `geoprocessing value object`.

23-27 Der größte Vorteil eines Parameters als Objekt tritt bei den Layern auf.

24 Ein Layer hat zu einer Feature-Class bekanntermaßen weitere Eigenschaften: Neben dem Layer-Namen auch den Quellpfad …

27 … sowie eine eigene Sicht auf die Daten.

26+27 Sechzehn ist die Anzahl der Bundesländer. Fünf ist die Anzahl der im Kartendokument markierten Features des Layers.

29-36 Die Analyse von Zahlen zeigt vor allen Dingen Unterschiede bei den Gleitkommazahlen.

30-32 Einlesen der Parameter als Text und Objekte.

34+35 Die Objekt-Parameter lassen sich direkt für mathematische Operationen verwenden.

36 Der Unterschied bei den Gleitkommazahlen zeigt sich in der Berücksichtigung der Lokalisierung: Die deutschen ‚Komma-Trenner' werden durch Python-gerechte ‚Punkt-Trenner' ersetzt.

38-40 Der Eingabeparameter für das Ergebnis wird einfach als Ausgabeparameter weitergegeben. Wozu, der Pfad ist dann doch bekannt?
Die Begründung sehen Sie, wenn Sie das Skript im ModelBuilder verwenden:

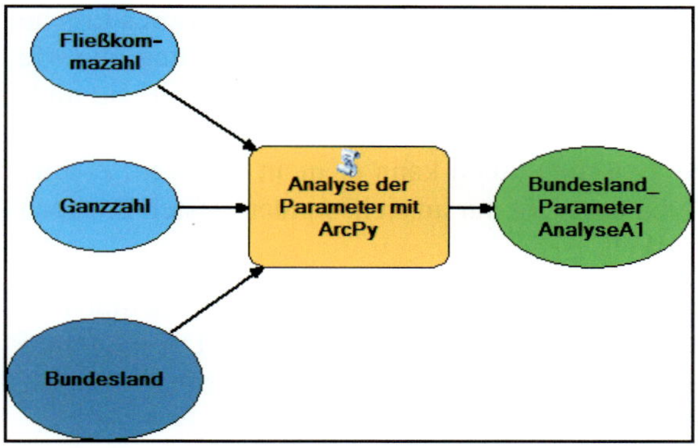

Nur durch die Verwendung von `setParameter` kann das Werkzeug sinnvoll in einen Prozessablauf eingebunden werden. Ob Sie dabei ein Objekt oder einen Text weitergeben, ist ähnlich wie bei der Eingabe zu entscheiden.

Welche der beiden Arten, Texte oder Objekte, nun besser ist, hängt von der Verwendung des Skripts ab. Texte sind robuster in der Anwendung. Für sie ist es egal, ob die Eingabe in ArcMap, ArcCatalog oder aus einem DOS-Fenster kommt. Dafür besitzen sie nicht den Informationsgehalt, den die Objekte mit übergeben. Für den Anfang ist die Text-Variante einfacher zu verstehen. Wenn Sie die Funktionalität einer Layer-Ansicht auf die Daten nutzen wollen, sind die Objekte hier die erste Wahl. Sie können innerhalb eines Skripts ja zudem beide Typen verwenden und mittels von `if`-Statements (wie in Zeile 23 des Skripts) das Optimale aus den Parametern herausholen.

7.2 Werkzeugkiste bauen und befüllen: die Python-Toolbox

Eine Python-Toolbox ist eine einfache Textdatei, wie alle Python-Skripte. Auch die syntaktischen Regeln entsprechen denen eines Python-Skripts. Damit zeigt sich bereits der erste Unterschied zwischen der klassischen Toolbox *(*.tbx)* und einer Python-Toolbox *(*.pyt)*. Eine tbx-Datei besteht aus proprietärem Code, der sich nur innerhalb von ArcGIS lesen und bearbeiten lässt. Zudem findet dort die Validierung der eingegebenen Werte über die sogenannte ToolValidator-Klasse statt. Diese ist wie Python-Code verwendbar. Sie wird bei jeder Bearbeitung aus dem proprietären Code der klassischen Toolbox generiert und nach Ende der Bearbeitung wieder codiert. Die Codepflege und die Arbeit mit eigenen Modulen sind dadurch erschwert. Wir empfehlen Ihnen, die klassische Toolbox für einfache Lösungen zu verwenden, die keine tiefergehenden Validierungen verlangen. Sie ist grafisch einfach und schnell zusammenzustellen. In allen anderen Fällen ist die Python-Toolbox die erste Wahl. Im Kapitelordner finden Sie im Verzeichnis *TBX_to_PYT* eine Toolbox mit nur einem Werkzeug. Diese übersetzt den Inhalt einer klassischen Toolbox in eine Python-Toolbox.

Die Python-Toolbox selbst ist nicht Teil von *ArcPy*, ihre ArcGIS-Objekte allerdings schon. Sie kann somit nicht mittels `import` geladen werden. Ihre Funktionsfähigkeit besitzt sie ausschließlich in der Umgebung der ArcGIS-Anwendungen. Die gesamte Steuerung der Python-Toolbox über Python-Code kann man unseres Erachtens daher als *Wrapper* betrachten. In der EDV ist *Wrapper* eine Softwarelösung, die wie ein Adapter die Verbindung zwischen verschiedenen Softwarewelten herstellt, sie umhüllt (engl. *to wrap*). Der Adapter versucht, so gut wie möglich zwischen den Hüllen zu kommunizieren. Widersprüchlichkeiten zwischen ihnen kann er nicht auflösen. Zweifeln Sie daher bei Ungereimtheiten im Verhalten nicht nur an sich, sondern testen Sie auch auf Anomalien in der Python-Toolbox-Welt.

Bevor Sie mit diesem Kapitel fortfahren, sollten Sie sich gegebenenfalls das Kapitel 3.9 „Objektorientierte Programmierung und Objekte" anschauen. Die gesamte Python-Toolbox ist objektorientiert und zum besseren Verständnis sollten Sie zumindest die grundlegenden Begriffe dazu verstehen.

7.2.1 Erstellen einer Toolbox-Datei

Im Kapitel 8 „Anhänge" finden Sie unter „IDE mit PyScripter" die entsprechenden Einstellungen, damit Sie eine Python-Toolbox aus ArcGIS heraus mit dem PyScripter bearbeiten können. Diese Einstellungen sollten Sie vor den Übungen vorgenommen haben.

Eine neue Python-Toolbox erzeugen Sie am einfachsten über das Kontextmenü in ArcCatalog beziehungsweise dem Catalog-Window in ArcMap.

- Markieren Sie einen Ordner.
- Aktivieren Sie das Kontextmenü mit der rechten Maustaste.
- Wählen Sie Neu → Python-Toolbox
- Geben Sie der Toolbox einen passenden Namen (z. B. „ersteToolbox").
- Klappen Sie die Toolbox auf, so finden Sie darin ein Werkzeug *Tool* 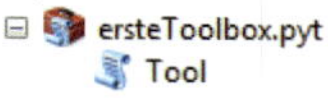

- Wählen Sie aus dem Kontextmenü der Toolbox *Bearbeiten ...*

Eine Toolbox sieht so wie das Grundgerüst eines objektorientierten Python-Skripts aus, und genau das ist sie auch.

Wenn Sie die Vorlage für neue Toolboxes ändern wollen, so editieren Sie dazu im Ordner `C:\Program Files (x86)\ArcGIS\Desktop10.3\ArcToolbox\Scripts` die Datei `PythonToolboxTemplate.pyt`.

Beispiel: Der Inhalt der Vorlagedatei von Esri für eine Python-Toolbox

Eine Python-Toolbox-Datei ist als objektorientiertes Python konzipiert. Sie besteht aus wenigstens zwei Klassen: der Definition der Toolbox selbst als Klasse Toolbox (im Beispiel grün), sowie als mindestens ein Werkzeug mit beliebigen Klassennamen (im Beispiel blau).

Der nachfolgende Code entspricht im Kern der Vorlage von Esri. Allerdings wurden die Kommentare entfernt und die Werte für die Eigenschaften auf geeignetere Werte gesetzt. Wie sich dies auf die grafische Oberfläche auswirkt, zeigen die Abbildungen. Sie finden die erste `Toolbox.pyt` im Verzeichnis *Skripte des Ordners* zu diesem Kapitel.

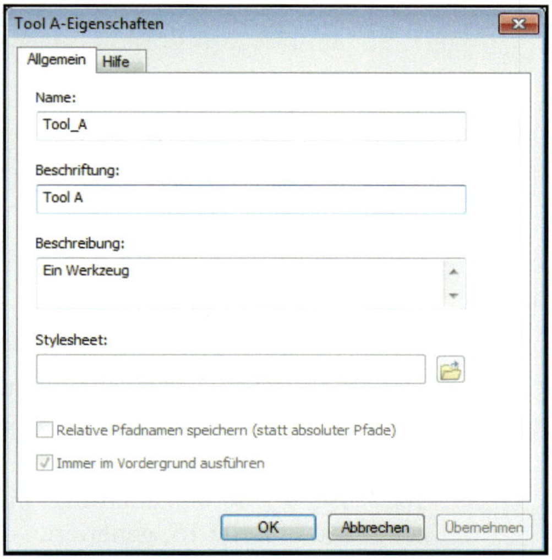

```
1 # -*- coding: UTF-8 -*-
2 import arcpy
3
4 class Toolbox(object):
5     def __init__(self):
6         self.label = "Toolbox Nr 1"
7         self.alias = "Werkzeugkasten Nummer 1"
8         self.tools = [Tool_A]
9
10 class Tool_A(object):
11     def __init__(self):
12         self.label = "Tool A"
13         self.description = "Ein Werkzeug"
14         self.canRunInBackground = False
15         self.category= 'Sammlung'
16
17     def getParameterInfo(self):
18         params = False
19         return params
20
21     def isLicensed(self):
22         return True
23
24     def updateParameters(self, parameters):
25         return
26
27     def updateMessages(self, parameters):
28         return
29
30     def execute(self, parameters, messages):
31         return
```

Code-zeile	**Erläuterung**
1	Kommentarzeile für die Satzzeichen.
2	arcPy und gegebenenfalls benötigte Module werden hier importiert.
4-9	Die Definition für die Toolbox selbst. Sie bildet die Hülle für die einzelnen Werkzeuge. Diese Klasse muss als Namen immer `Toolbox` haben. Mögliche Toolsets ( ) werden allerdings nicht hier, sondern in dem jeweiligen Werkzeug, wie in Zeile 15, generiert.
5	Der Konstruktor (siehe Kapitel 3.9 „Objektorientierte Programmierung und Objekte") `__init__()` ist die einzige Methode der Toolbox. Er dient ausschließlich dazu, die Eigenschaften für die Toolbox selbst festzulegen.

6-8 Die Eigenschaften der Toolbox selbst. Die Erläuterung erfolgt weiter unten. Die Toolbox verfügt tatsächlich nicht über mehr Fähigkeiten.

Es fehlt der Zugriff auf die Beschreibung. Die Eigenschaft *description* gibt es nur für die einzelnen Werkzeuge. Dies ist im Desktop ArcGIS bis einschließlich Version 10.3.3 so. Die Anwendung ArcGISPro bietet jedoch bereits jetzt diese Eigenschaft an. Von daher ist eine Änderung in den nächsten Versionen zu erwarten.

Auch die Festlegung des Namens der Toolbox erfolgt nicht als Eigenschaft. Sie wird durch den Dateinamen der **.pyt*-Datei festgelegt.

10-30 Definition eines Werkzeugs:
Jedes Werkzeug bildet eine Klasse. Jede dieser Klassen hat den gleichen Umfang an Methoden und Eigenschaften. Sie besitzen sechs Methoden, von denen zwei (dunkelblau) Pflicht sind. Die Eigenschaften sind sehr zahlreich und werden auf den folgenden Seiten genauer erklärt.

Eigenschaften von Toolbox

Eigenschaft	Erklärung
`alias`	Festlegung Aliasname des Werkzeugs. Dieser wird benötigt, um ein Werkzeug daraus aufzurufen, und zwar über `ap.<toolname>_<alias>` beziehungsweise über `ap.<alias>.<toolname>`. Daher ist zu beachten, dass er keine Leerzeichen oder Sonderzeichen beinhaltet.
`label`	Beschriftung in den Eigenschaften.
`tools`	Liste aller Werkzeuge, die im Katalogfenster angezeigt werden sollen. Die Liste muss nicht alle in der *pyt*-Datei definierten Werkzeuge aufführen. Nicht genannte Werkzeuge sind „deaktiviert“. Die Reihenfolge der Werkzeuge ist ohne Bedeutung für ihr Erscheinen im Katalogfenster. Die Sortierung erfolgt innerhalb des jeweiligen Toolsets alphabetisch nach dem Wert in der Eigenschaft `label` des Werkzeugs. Werkzeuge ohne Toolset werden unten eingereiht. Die Toolsets selbst werden ebenfalls alphabetisch sortiert.

Das Hauptaugenmerk einer Python-Toolbox liegt eindeutig in der Definition der einzelnen Parameter der jeweiligen Werkzeuge. Bevor wir die Möglichkeiten der Werkzeuge erläutern, wollen wir zunächst auf den Methodenablauf bei der Nutzung einer Python-Toolbox sowie auf das Erkennen und Behandeln von Fehlern in der Box oder den Werkzeugen eingehen.

7.2.2 Methodenabfolge in einer Toolbox

Wenn Sie eine Python-Toolbox nutzen, so werden auch hier Ihre Aktionen in verschiedenen Schichten verarbeitet und wieder zurückgegeben. Neben der grafischen Oberfläche gibt es als Schichten die Methoden der Toolbox sowie die Mechanismen aus dem Esri-Kern. Mit dem Initiieren der Toolbox, sei es durch Öffnen des Verzeichnisses oder

Aktualisieren der Toolbox selbst, wird die Syntax der gesamten *pyt*-Datei geprüft. Ist diese nicht korrekt, so wird ein Mechanismus ausgelöst, der im nachfolgenden Abschnitt 7.2.3 „Fehler in der Toolbox oder den Werkzeugen" beschrieben wird. Wenn die Syntax korrekt ist, erfolgt in der Auswertung der einzelnen Werkzeuge auf Basis ihrer Methoden `__init__ ()`, `getParameterInfo()` und `isLicensed()` die Generierung der Darstellung der Toolbox im Katalogfenster. Erst nun entstehen die Toolsets sowie die Namen und Symbole der einzelnen Werkzeuge.

Wird ein einzelnes Werkzeug gestartet, wird aus der Methode `getParameterInfo()` seine Oberfläche mit den möglichen Standardwerten generiert. Mit jeder Änderung wird beim Verlassen eines Parameters die `updateParameters()`-Methode ausgelöst. Hier kann die neue Situation auf ihre Richtigkeit und ihre Folgen, wie die Abhängigkeiten zwischen Parametern, geprüft werden. Danach folgen interne Prüfroutinen der Geoverarbeitung. Ihre Meldungen werden an die Toolbox zurückgegeben und können von ihnen in *updateMessages()* modifiziert werden. Erst danach gelangen sie als Meldungen an die grafische Oberfläche. Dieses Verfahren läuft so lange in der Schleife, bis der Anwender mit dem Drücken des OK-Buttons signalisiert, dass alle Einstellungen stimmen. Dann wird erst die `execute()`-Methode ausgeführt. Das Verfahren ist hier noch einmal in einem Ablaufdiagramm dargestellt.

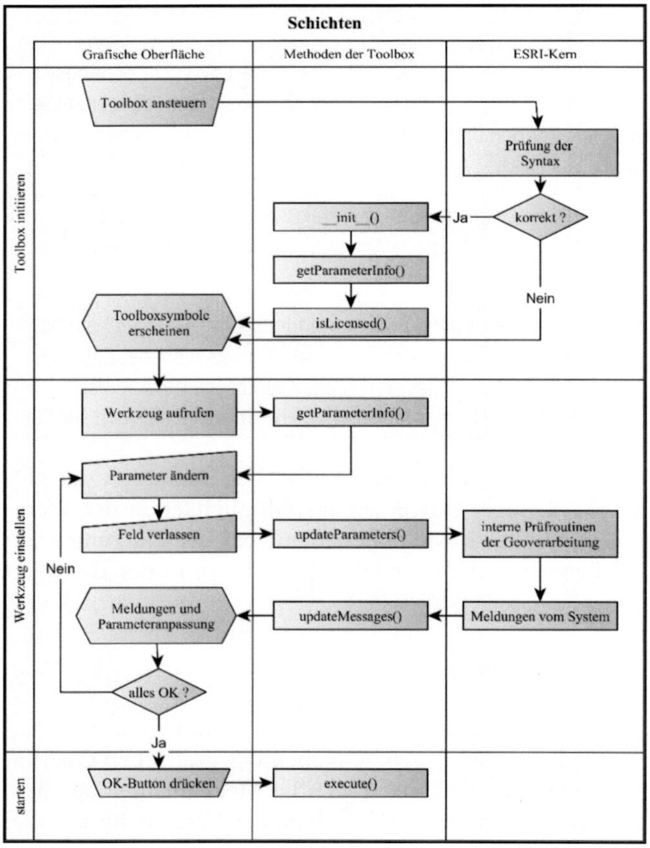

Gerade das Initiieren der Toolbox kann einige Zeit beanspruchen. So benötigt die Toolbox *Liste aller Datentypen.pyt* etwa 20 Sekunden, bis ihr Inhalt zur Verfügung steht. Die Ladezeit verringert sich bei einer erneuten Nutzung in der nächsten Sitzung nicht, da wohl keine kompilierten Dateien wie bei den Python-Skripten hinterlegt werden. Wenn Sie oder Ihre Nutzer ungeduldig sind, sollten Sie die Werkzeuge auf mehrere Toolboxen verteilen.

7.2.3 Fehler in der Toolbox oder den Werkzeugen

Ein Toolbox- oder ein Werkzeug-Symbol mit einem roten Kreuz gibt einen Syntaxfehler an. Um die Ursache der Ausnahme zu erfahren, wählen Sie im Kontextmenü bei der Toolbox *„Syntax überprüfen…“* beziehungsweise beim Werkzeug *„Grund…“*. In beiden Fällen erscheint das Dialogfeld *„Python-Fehler“* mit der für Python typischen Beschreibung der Ausnahme.

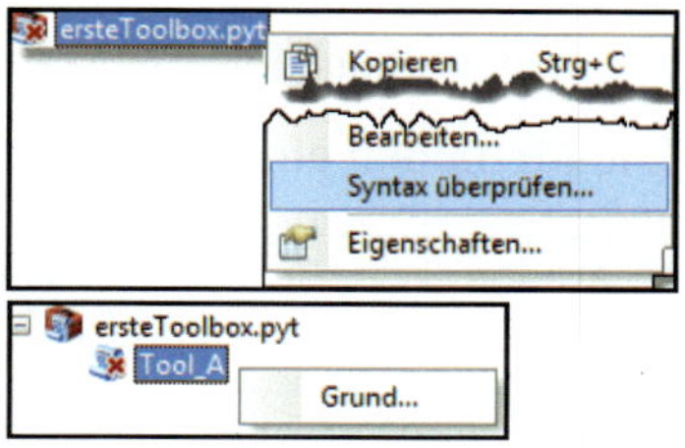

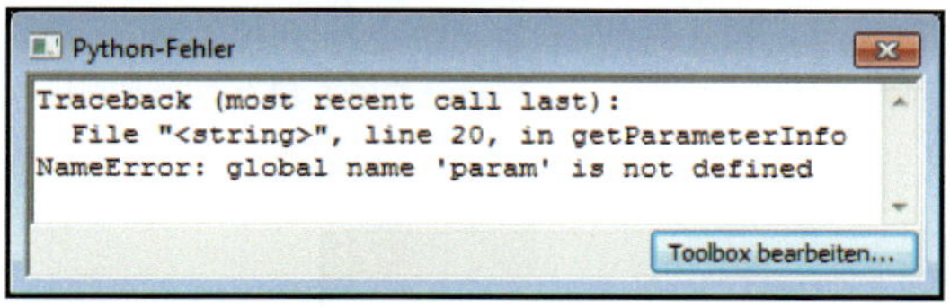

Bei den Werkzeugen werden die Methoden `__init__`, `getParameterInfo` und `isLicensed` beim Öffnen der Toolbox untersucht; die anderen Methoden führen nur dann zu einer Ausnahme, wenn syntaktische Fehler sich auf den Gesamtcode auswirken. Ein Beispiel hierfür wären fehlende schließende Klammern oder Anführungsstriche.

Die Namen von Klassen, Methoden und Eigenschaften sind Klein-/Großschreibung signifikant wie bei jedem Python-Code. *Die ArcPy*-Schlüsselwörter für Eigenschaften, die immer als Textfolgen übergeben werden, sind es allerdings nicht. Dennoch sollten Sie sich einen durchgängigen Stil aneignen, allein schon um ein Suchen/Ersetzen zu erleichtern. Wir verwenden als Vorgaben die jeweilige Schreibweise aus der ArcGIS Hilfe. Sicher ist eines: Sollten sich verschiedene Bezeichnungen nur durch Groß-/Kleinschreibung unterscheiden, so führt dies manchmal zu unerwünschten Effekten. Ein Beispiel dafür finden Sie im nächsten Abschnitt.

7.2.3.1 Fehler beheben

Um einen Fehler zu beheben, betätigen Sie im Dialog der Fehlermeldung den Schalter *„Toolbox bearbeiten…“* oder nutzen Sie im Kontextmenü der Toolbox die Option *„Bearbeiten…“*. Es wird der von Ihnen eingestellte Editor (siehe auch *PyScripter* in den *Anhängen*) geöffnet.

Nach der Bearbeitung muss die Toolbox über das Kontextmenü mit *Aktualisieren* neu eingelesen werden. Sollten Sie als Vorgeschrittener in der Toolbox andere Module mittels `import` geladen haben und müssen diese verändern, so werden deren Änderungen nach unseren Beobachtungen nur dadurch übernommen, dass Sie ArcMap/ArcCatalog schließen und neu öffnen[16].

7.3 Definieren eines Werkzeugs

Jedes Werkzeug in einer Toolbox bildet eine Klasse. Jeder Werkzeugklasse stehen dabei, die Oberfläche des Werkzeugs betreffend, immer die gleichen Eigenschaften und Methoden zur Verfügung. Sie können natürlich weitere Eigenschaften und Methoden für Ihre Arbeit im Hintergrund definieren. Diese haben dann aber höchstens mittelbar Einfluss auf die Oberfläche des Werkzeugs.

Die Methoden eines Werkzeugs

Methode	Erklärung (Nutzung)
`__init__()`	Initialisiert die Werkzeugklasse. (Erforderlich)
`getParameterInfo()`	Definiert die Parameter des Werkzeugs. (Optional)
`isLicensed()`	Gibt zurück, ob die Ausführung des Werkzeugs lizenziert ist. (Optional). Ein nicht lizenziertes Werkzeug wird durch ein Schloss symbolisiert. Wird es dennoch gestartet, erscheint folgendes Dialogfeld. 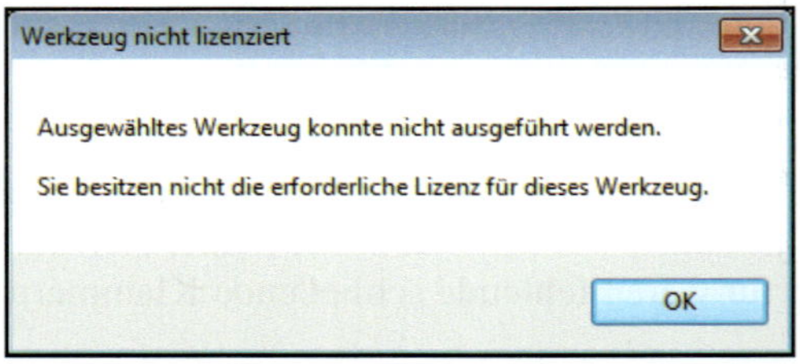
`updateParameters()`	Wird bei jeder Parameteränderung im Werkzeugdialogfeld aufgerufen. Im Anschluss an `updateParameters` ruft die Geoverarbeitung ihre eigene interne Prüfroutine auf. (Optional)
`updateMessages()`	Wird im Anschluss an die interne Prüfroutine aufgerufen. Sie können die von der internen Prüfung erstellten Meldungen überprüfen und ggf. ändern. (Optional)
`execute()`	Der Quellcode des Werkzeugs. (Erforderlich)

[16] Beim Start der Toolbox werden alle darin geladenen Module pythonkonform zu *.pyc kompiliert. In Python würde deren Löschung eine erneute Kompilierung nach sich ziehen. Dies ist bei ArcGIS nicht der Fall. Womöglich legt ArcGIS eine Kopie ab und verwendet diese, ohne die Referenz aufrechtzuhalten.

Die Initiierung der Eigenschaften erfolgt, wie in Python-Klassen üblich, durch die Methode `__init__()`. Folgende Parameter stehen Ihnen dabei zu Verfügung[17]:

Eigenschaft	Erklärung
`canRunInBackground`	Ist `canRunInBackground` auf `False` festgelegt, wird das Werkzeug immer im Vordergrund ausgeführt, unabhängig von der Einstellung unter Hintergrundverarbeitung im Dialogfeld Geoverarbeitungsoptionen. Wenn es nicht festgelegt oder auf `True` festgelegt ist, wird die aktuelle Einstellung unter Hintergrundverarbeitung im Dialogfeld Geoverarbeitungsoptionen verwendet. In den Eigenschaften ist die Option *Immer im Vordergrund ausführen* permanent gegraut.
`category`	Der Name des Toolsets, in dem sich das Werkzeug befindet. Groß-/Kleinschreibung wird teilweise berücksichtigt. Definieren Sie daher den Namen eines Toolsets als Variable und verwenden Sie diese in den Werkzeugen.
`description`	Die Beschreibung des Werkzeugs in den Eigenschaften.
`label`	Die Beschriftung ist der Anzeigename für das Werkzeug, der im Katalogfenster angezeigt wird.
`stylesheet`	Hierüber kann das zu verwendende *Stylesheet* (Farbe, Hintergrundbild, Anordnung der Buttons usw.) geändert werden. Voreinstellung ist das Standard-*Stylesheet*.

Groß-/Kleinschreibung wird in der Darstellung zwar berücksichtigt, führt bei gleicher Zeichenfolge aber immer zu Problemen. Wird beispielsweise neben dem Toolset `Sammlung` ein weiteres mit dem Namen `sammlung` angelegt, so werden beide zwar angelegt, das Werkzeug kann jedoch woanders erscheinen.
Ist der Name zweier Werkzeugklassen bis auf die Groß-/Kleinschreibung gleich, so wird die erste Klasse nicht angezeigt – auch dann nicht, wenn sie bei der Initiierung der Toolbox in der Eigenschaft `tool` auftaucht.

Umlaute werden nicht umgesetzt. Hier hilft nur die Nutzung der Escape-Sequenzen. In der Beschreibung werden zudem Zeilenumbruch `\n` und Tabulator `\t` nicht unterstützt.

[17] Auflistung ist weitestgehend inhaltsgleich mit der ArcGIS Hilfe dazu: http://resources.arcgis.com/de/help/main/10.2/index.html#/na/001500000024000000/

Beispiel: Auswirkungen der Eigenschaften und Methoden auf die Oberfläche eines Werkzeugs

Die unten abgebildete Oberfläche einer Toolbox soll exemplarisch die zuvor besprochenen Einstellungen zeigen. Der zugehörige Code folgt im Anschluss. Rechts sehen Sie zudem die Eigenschaften des letzten Werkzeugs. Auf die sonst übliche Beschreibung der einzelnen Codezeilen wird verzichtet, da die Effekte bereits vorher beschrieben wurden. Um den Code kurz zu halten wurde, wenn möglich, auf die optionalen Methoden verzichtet

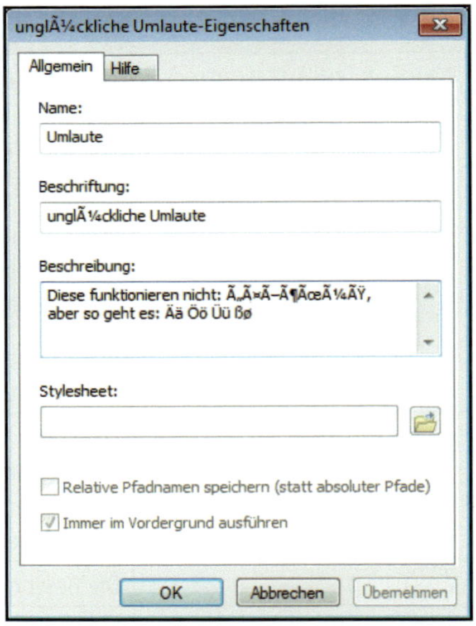

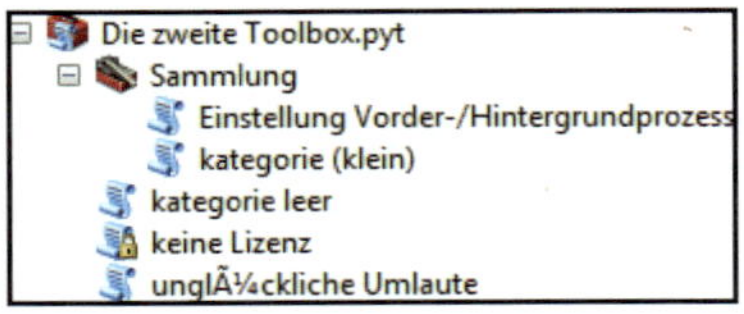


```
# -*- coding: UTF-8 -*-
import arcpy as ap

class Toolbox(object):
    def __init__(self):
        self.label = "Die zweite Toolbox"
        self.alias = "Toolbox2"
        self.description = u"Eine leicht veränderte Vorlage"
        self.tools = [LeereKategorie, nichtLizenziert, Umlaute,
                      kategorie, Kategorie,Background]

class unsichtbar(object):
    """Unsichtbar, da nicht in tools der Toolbox festgelegt"""
    def __init__(self):
        self.label = "Tool B"
        self.description = "Ein anderes Werkzeug"
        self.canRunInBackground = False
        self.category= 'Sammlung'
    def execute(self, parameters, messages):
        return

class Background(object):
    """Soll der Prozess auch im Hintergrund laufen können?"""
    def __init__(self):
        self.label = "Einstellung Vorder-/Hintergrundprozess"
        self.description = "Ein Werkzeug"
```

```
        self.canRunInBackground = True
        self.category= 'Sammlung'
    def execute(self, parameters, messages):
        return

class Kategorie(object):
    """Der Klassenname beginnt mit einem Grossbuchstaben"""
    def __init__(self):
        self.label = "Kategorie"
        self.description = u"Fast ähnliche Kategorie"
        self.canRunInBackground = True
        self.category= 'Sammlung'
    def execute(self, parameters, messages):
        return

class kategorie(object):
    """Der Klassenname beginnt mit einem Kleinbuchstaben"""
    def __init__(self):
        self.label = "kategorie (klein)"
        self.description = "Fast ähnliche Kategorie"
        self.canRunInBackground = True
        self.category= 'Sammlung'
    def execute(self, parameters, messages):
        return

class LeereKategorie(object):
    """Leere Zeichenfolge ist wie False oder nicht vorhanden"""
    def __init__(self):
        self.label = "kategorie leer"
        self.description = "Werkzeug in der Kategorie ohne Buchstaben"
        self.canRunInBackground = True
        self.category= ''
    def execute(self, parameters, messages):
        return

class nichtLizensiert(object):
    """Werkzeug bekommt ein Schlosssymbol"""
    def __init__(self):
        self.label = "keine Lizenz"
        self.description = "Werkzeug ohne Freigabe"
        self.canRunInBackground = True
        self.category= ''
    def isLicensed(self):
        return False
    def execute(self, parameters, messages):
        return
```

```

class Umlaute(object):
    """Umlaute sind etwas schwerer zu handhaben"""
    def __init__(self):
        self.label = u"unglückliche Umlaute"
        txt = u"Diese funktionieren nicht: ÄäÖöÜüß,          "
        txt += u"aber so geht es: \xC4\xE4 \xD6\xF6 \xDC\xfc \xDF\xF8 "
        self.description = txt
        self.canRunInBackground = False
        self.category= ''
    def execute(self, parameters, messages):
        return
```

7.4 Die Parameter eines Werkzeugs

Durch Parameter werden Werkzeuge erst variabel einsetzbar. Die Werte für die Parameter setzt der Anwender im Werkzeugdialogfeld fest. Dieser Dialog hat mehrere Vorteile. Dem Anwender kann durch Filter, Auswahllisten und so weiter die Eingabe erleichtert werden. Zudem sorgt das Melden von Fehleingaben oder der Abgleich von Abhängigkeiten einzelner Parameter untereinander für die Korrektheit der Daten. Dies alles geschieht im Dialog; der Anwender hat also Gelegenheit zu eigenverantwortlichen Korrekturen seiner Eingaben. Im ausführenden Skript sorgt diese vorgeschaltete Validierung der Werte für eine erhebliche Entlastung, da keine Kontrollstrukturen eingebaut werden müssen.

In einer Python-Toolbox werden die Werkzeugparameter in der Methode `getParameterInfo()` definiert. Dabei werden *Parameterobjekte* erzeugt. Parameterobjekte besitzen viele Eigenschaften, auf die lesend und schreibend zugegriffen werden kann. Viele erwarten Schlüsselwörter, besitzen also letztendlich ‚nur' eine bestimmte Menge von Optionen. Hier zunächst die Parametereigenschaften, die immer definiert sein sollten:

Eigenschaft	Erklärung
`displayName`	Der Anzeigename, wie er im Dialogfeld des Werkzeugs angezeigt wird. Die Zeichenfolge kann Leer- und Sonderzeichen enthalten.
`name`	Der Syntaxname, wie er in der Syntax des Werkzeugs in Python angezeigt wird. Der Name muss den Schreibregeln von Python entsprechen.
`datatype`	Jedem Parameter in der Python-Toolbox ist ein Datentyp zugewiesen. Wenn Sie das Dialogfeld des Skriptwerkzeugs öffnen, überprüft die Geoverarbeitung (die Schicht des Esri-Kerns) den Parameterwert anhand des Datentyps. Der Datentyp wird auch bei der Suche nach Daten verwendet. Im Dialogfeld für die Suche werden nur Daten angezeigt, die mit dem Datentyp des Parameters übereinstimmen. Eine Liste von Parameterdatentypen finden Sie im Abschnitt 7.4.5 „Parameterdatentypen".

`parameterType`	Die Notwendigkeit eines Parameters. Es gibt drei Stufen: ***Required*** (Erforderlich): Das Werkzeug kann erst ausgeführt werden, wenn ein Wert angegeben ist. ***Optional*** (Optional): Für den Parameter ist kein Wert erforderlich. ***Derived*** (Abgeleitet): Der Parameter gilt nur für Ausgabeparameter (siehe `direction` weiter unten). Abgeleitete Ausgabeparameter werden nicht im Werkzeugdialogfeld angezeigt.
`direction`	Gibt an, ob der Parameter eine Ein- oder Ausgabe für das Werkzeug ist. Wenn `parameterType` auf „Abgeleitet" festgelegt ist, muss der Parameter `direction` auf „Ausgabe" festgelegt sein.

Beispiel: Parameter für ein Werkzeug zur Berechnung der Kompaktheit von Flächen

Wenn Sie eine Berechnung zur Kompaktheit von Flächen durchführen wollen, so benötigen Sie drei Parameter:

- Für den Input ist eine Feature-Class (FC) oder ein Feature-Layer (FL) zwingend erforderlich.
- Zudem benötigen Sie einen Namen für das Feld. Wenn Sie diesen durch das Werkzeug bereits vorschlagen, so ist die Eingabe nicht zwingend notwendig (optional).
- Das Ergebnis dieser Berechnung ist keine neue, sondern eine veränderte FC/FL. Sie ist aus dem ersten Parameter abgeleitet, vom Anwender nicht beeinflussbar und taucht daher nicht an der Oberfläche des Werkzeugs auf.

Hier nun abgebildet auf der linken Seite die gewünschte Darstellung im Katalogfenster und rechts die Werkzeug-Oberfläche.

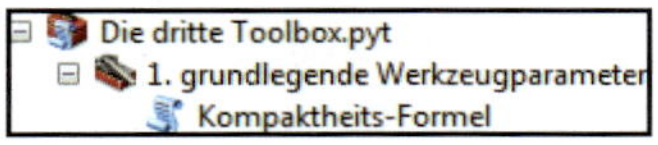

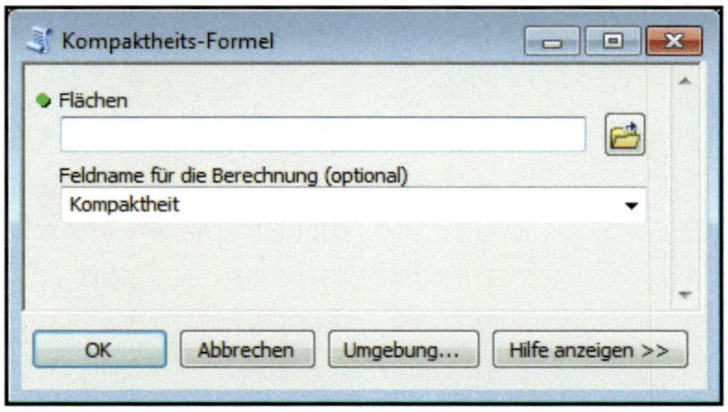

```
import arcpy as ap
bsp1 = '1. grundlegende Werkzeugparameter' # Name des Toolsets

class Toolbox(object):
    def __init__(self):
        """Werkzeuge mit Beispielen zur Erstellung von Werkzeug-Parametern"""
        self.label = "Die dritte Toolbox"
        self.alias = ""
        self.tools = [Tool_1]

class Tool_1(object):
    """Grundlegende Einstellungen von Werkzeug-Parametern"""
    def __init__(self):
        self.label = "Kompaktheits-Formel"
        self.description = "Berechnung des Kompaktheitsgrades von Polygonen"
        self.category = bsp1
        self.canRunInBackground = False

    def getParameterInfo(self):
    # Festlegen der Parameterdefinitionen
        # Eingangsparameter Polygone
        param1 = ap.Parameter(
                        displayName= u"Fl\xe4chen",
                        name = "in_polygons",
                        datatype = "GPFeatureLayer",
                        parameterType = "Required",
                        direction = "Input")

        # Eingangsparameter Feldname
        param2 = ap.Parameter()
        param2.displayName = "Feldname f\xfcr die Berechnung"
        param2.name = "fieldname"
        param2.datatype = "Field"
        param2.parameterType = "Optional"
        param2.direction = "Input"
        param2.value = "Kompaktheit"

        # Ausgangsparameter = EingangsparameterPolygone
        param3 = ap.Parameter()
        param3.displayName = "Ergebnis"
        param3.name = "result"
        param3.datatype = "GPFeatureLayer"
        param3.parameterType = "Derived"
        param3.direction = "Output"
```

```
45          param3.parameterDependencies = [param1.name]
46          param3.schema.clone = True
47
48          params = [param1, param2, param3]
49          return params
50
51      def execute(self, parameters, messages):
52          inPolygons,field,result = parameters
53          ap.SetParameter(0,result)
54          return
```

Codezeile	Erläuterung
4-9	Definition der Toolbox selbst
11-54	Die Werkzeugklasse mit den beiden notwendigen Methoden `__init__()` und `execute()` sowie nun zusätzlich mit dem Kern dieses Beispiels:
19-49	Die Methode `getParameterInfo()`mit den drei Parametern. Der Eingangsparameter Polygone, der daraus abgeleitete Ausgangsparameter sowie der optionale Parameter des Feldnamens.
22-27	Syntax für die Definition der Parameter, wie sie in den Esri-Beispielen verwendet werden. Es wird ein Objekt der ArcPy-Klasse-Parameter erzeugt und sofort „befüllt", indem die erforderlichen Eigenschaften als Schlüsselwörter bei der Initiierung übergeben werden.
30-36	Diese Schreibweise bevorzugen wir: Es wird zunächst das Objekt der Klasse erzeugt. Dieses erhält danach seine einzelnen Eigenschaften mit den Werten zugewiesen. Dies hat folgende Vorteile: ▪ Bei der Eingabe unterstützt die IDE, indem die Eigenschaften als Liste angeboten und so Schreibfehler vermieden werden. ▪ Tritt dennoch ein Schreibfehler auf oder ist der Datentyp falsch, so wird die Zeile identifiziert. Bei der Esri-Schreibweise ist die Fehlerzeile immer der Beginn der Definition des Objekts. ▪ Der Code ist meist weiter links eingerückt, womit ein Überschreiten der 80 Zeichen unwahrscheinlicher ist. ▪ Die Schreibweise ist einheitlich, da die nachgeschobenen Definitionen gleich zu denen der ersten Festlegungen aussehen. Zudem beginnen wir, entgegen der Esri-Notation, die Parameter mit dem Index `1` statt mit `0`. Dies führt zu weniger Verwirrung in der Anwendung.
23, 31, 40	Der **Anzeigename** in der Werkzeug-Oberfläche, wie in der obigen Abbildung zu sehen. Denken Sie bei den Umlauten unbedingt an den Escape-Code.

24, 32, 41 Der **Syntaxname** bei der Verwendung im Skript. Hier ist eine mit Python konforme Syntax anzustreben, wie der Beginn mit Kleinbuchstaben. Zur Wirkungsweise siehe dazu auch die nachfolgende Abbildung.

25, 33, 42 Der **Datentyp** `datatype` bestimmt zunächst das Erscheinungsbild des Parameters in der Werkzeug-Oberfläche. Zu sehen ist dies am Ordnersymbol neben dem ersten Parameter und dem Listenfeld bei dem zweiten.
Im Methodenablauf wirkt sich der Datentyp zusätzlich auf die Überprüfungsroutinen nach einer Eingabe aus.

45 Es entsteht bei diesem Prozess kein neuer Datensatz; die Ausgabe ist abgeleitet (siehe auch nächster Abschnitt). Von welchem der Eingabeobjekte die Ausgabe abhängt, wird hier festgelegt.

Die Nutzung des Werkzeugs in einem Python-Interpreter:

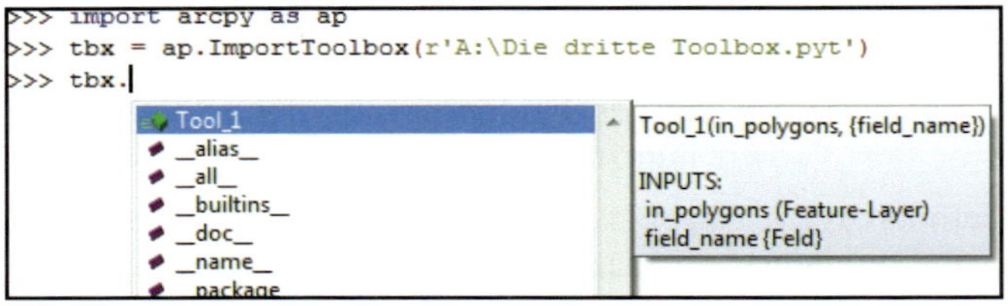

Schön zu sehen ist, wie sowohl das Werkzeug als auch seine Parameter angezeigt werden. Der dritte Parameter wird nicht angezeigt, da er abgeleitet ist.

`field_name` als optionaler Wert ist bei den Werkzeug-Parametern eingeklammert, und in der Parameterliste der INPUTS steht sein Datentyp in geschweifter Klammer.

`direction`: **Was ist Eingabe, was ist Ausgabe?**

Die Antwort lautet umgangssprachlich zunächst einfach: „Eingabe ist, was vorne reinkommt; Ausgabe, was hinten rauskommt." In der Python-Toolbox ist die Antwort hingegen etwas differenzierter: Eingabe sind alle Werte für die Verarbeitung des Prozesses oder vorhandene persistente Daten. Ausgabe sind alle Werte, die der Prozess zurückgibt oder noch nicht vorhandene persistente beziehungsweise abgeleitete Daten.

Aus Sicht des Anwenders zeigt sich der Unterschied in der Werkzeug-Oberfläche daran, dass Eingabedatensätze ausgewählt werden müssen. Bei den Ausgabedatensätzen ist der Nutzer immer dazu ‚verdammt', neue Namen für Datensätze zu erfinden. Nur bei den abgeleiteten Daten wird er nicht abgefragt. Der feine Unterschied wird unter anderem im Beispiel „Mehrfaches Zuschneiden" deutlich.

7.4.1 Abgeleitete Ausgaben

Im Zusammenhang mit der Feldwertberechnung tauchte nun bereits mehrmals der Begriff ‚abgeleitete Ausgabe' (engl. *derived output*) auf. Es stellen sich daher zwei Fragen:

„Wie ist die Definition einer abgeleiteten Ausgabe?" und „In welchen Fällen treffen wir auf abgeleitete Ausgaben?".

Abgeleitete Ausgaben sind Elemente, die durch Prozesse auf bereits vorhandene Daten erzeugt werden. Es werden dabei nur das Datenschema oder die Datenwerte geändert. Somit entsteht kein neuer Datensatz, sondern ein vorhandener wird geändert. Im ModelBuilder wird beim entsprechenden Vorgang der Begriff ‚abgeleitete Daten' (*engl. derived data*) verwendet.

Im Zusammenhang mit der Python-Toolbox kann ein abgeleiteter Ausgabeparameter in folgenden Fällen angewendet werden:

Beschreibung	Beispiel eines Werkzeugs
Im Eingangsdatensatz werden die Werte neu bestimmt.	*Feldwertberechnung:* Spalten werden neu berechnet.
Im Eingangsdatensatz werden Features entfernt oder hinzugefügt.	*Features löschen:* Zeilen werden entfernt.
Das Schema des Eingangsdatensatzes ändert sich.	*Feld hinzufügen:* Spalten werden erzeugt.
Der Ausgabedatensatz wird aus anderen Parametern zusammengestellt.	*Feature-Class in Feature-Class:* Ausgabeverzeichnis und -dateiname sind zwei Parameter.
Die Ausgabe ist ein skalarer Wert.	*Anzahl erhalten:* Gibt die Anzahl der Zeilen eines Datensatzes wieder.
Die Ausgabe erfolgt an einem definierten Ort.	Von dem Prozess erstellen Sie eine Protokolldatei, die an zentraler Stelle abgelegt wird.

Beim letzten Fall mögen Sie denken, der Wert sei doch überflüssig, da das Skript die Ausgabe selbst generiert hat und von daher gar nicht an der Benutzeroberfläche mitgeschleppt werden muss. Dies ist aber sehr wohl der Fall, da ansonsten das Ergebnis im Workflow des ModelBuilders nicht mehr greifbar ist. Der zweite Fall, *Hinzufügen und Entfernen von Features*, wird im Übrigen in der Esri Hilfe nicht erwähnt, gehört unseres Erachtens aber dazu.

7.4.2 Auswahl einschränken: Filter setzen

Filter bieten dem Nutzer bei der Eingabe eines Parameters nur eine eingeschränkte Auswahl, die gültigen Werte, aus einer Menge an. Dies bietet zum einen dem Nutzer mehr Komfort und Sicherheit. Er hat eine übersichtlichere Auswahl an Wahlmöglichkeiten und kann so oft auswählen, statt schreiben zu müssen. Wenn eigenhändig Werte eingegeben werden, so werden diese gegen den Filter getestet und nur die dann verbleibenden Optionen angezeigt. Somit sind selbst lange Listen an möglichen Werten gut handhabbar. Zum anderen sorgen Filter für Sicherheit und Komfort in der Programmierung, da keine Validierung der Werte stattfinden muss.

In der Python-Toolbox wird bei der Verwendung bestimmter Parametertypen automatisch auch ein Filterobjekt erstellt. Diese Klasse `filter` besitzt zwei Eigenschaften:

Eigenschaft	Beschreibung
`type`	Filtertyp, bei „Long"- und „Double"-Parametern, da Sie dort zwischen einem Bereich und einer Liste wählen können. Bei allen anderen muss diese Eigenschaft leer sein.
`list`	Eine Filterliste der zulässigen Werte für den Filter. Eine leere Liste `[]` erlaubt alle Werte. Erst durch die Nennung eines Werts schließen Sie die übrigen damit aus.

Die Möglichkeiten von Filtern offenbaren sich am stärksten bei Zahlen und Textfolgen. Hier sind sie nicht auf einige Optionen reduziert. Textfolgen dienen häufig dazu, Schlüsselwörter für Aktionen zu definieren. Ein Beispiel ist der Parameter *Dissolve-Typ* im Werkzeug *Puffern*. Ganzzahlen sind den Textfolgen ähnlich im Verhalten, da es auch bei ihnen innerhalb eines Bereichs nur eine endliche Zahl an Lösungen, also Optionen gibt. Bei Gleitkommazahlen hingegen definieren sie einen Wertebereich durch Ober- und Untergrenze. Dazwischen gibt es jedoch unendlich viele Lösungen. Eine besondere Liste sind die Feldnamen. Sie entstehen während der Eingabe durch einen zuvor festgelegten Datensatz wie den einer Feature-Class. Wie Sie eine solche Liste erzeugen, wird im Abschnitt 7.4.6 „Abhängigkeiten" gezeigt.

Alle diese Konstellationen besitzen ihre eigenen Darstellungselemente. Zunächst zeigen wir Ihnen den Einsatz von Text- und Zahlenfiltern für Einzelwerte.

Beispiel: Filter für Einzelwerte setzen

Dazu wurde die dritte Toolbox um ein Werkzeug erweitert. Sie besitzt nun diese weitere Werkzeugoberfläche:

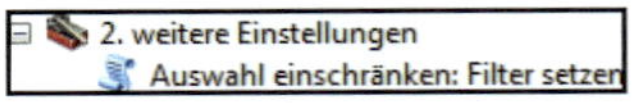

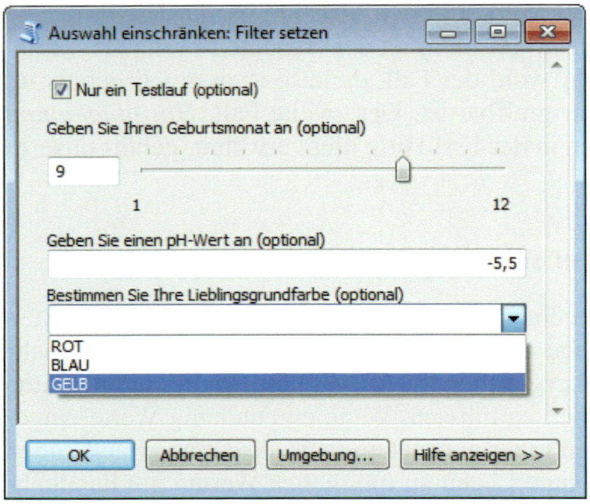

Nachfolgend die entsprechende Ergänzung des Codes. Die Zeilennummerierung beginnt der Einfachheit halber bei `1`. Im Kopf von *„Die dritte Toolbox.pyt"* wurde eine Variable für den Namen des Toolsets definiert: `bsp2 = '2. weitere Einstellungen'`. Zudem muss die Liste bei `self.tools` um `Tool_filter_setzen` ergänzt werden.

```
class Tool_filter_setzen(object):
    def __init__(self):
        self.label = "Auswahl einschr\xe4nken: Filter setzen"
        self.description = "Beispiele zur Listenauswahl"
        self.category = bsp2
        self.canRunInBackground = False

    def getParameterInfo(self):
    # Festlegen der Parameterdefinitionen
    # Schlüsselwort aussuchen
        param1 = ap.Parameter()
        param1.displayName = "Bestimmen Sie Ihre Lieblingsgrundfarbe"
        param1.name = "lieblingsfarbe"
        param1.datatype = "GPString"
        param1.parameterType = "Optional"
        param1.direction = "Input"
        param1.filter.type = 'ValueList'
        param1.filter.list = ['ROT','BLAU', 'GELB']
    # Zahl aus einem Bereich
        param2 = ap.Parameter()
        param2.displayName = "Geben Sie Ihren Geburtsmonat an"
        param2.name = "monat"
        param2.datatype = "GPLong"
        param2.parameterType = "Optional"
        param2.direction = "Input"
        param2.filter.type = 'Range'
        param2.filter.list = [1,12]
    # Zahl aus einer Domäne
        param3 = ap.Parameter()
        param3.displayName = "Geben Sie einen pH-Wert an"
        param3.name = "phWert"
        param3.datatype = "GPDouble"
        param3.parameterType = "Optional"
        param3.direction = "Input"
        param3.filter.type = 'Range'
        param3.filter.list = [-7, +7]
    # Boolesche Auswahl
        param4 = ap.Parameter()
        param4.displayName = "Nur ein Testlauf"
        param4.name = "testlauf"
        param4.datatype = "GPBoolean"
        param4.parameterType = "Optional"
```

```
43          param4.direction = "Input"
44          param4.filter.list = ['TESTLAUF','ERNSTFALL']
45
46          params = [param4, param2, param3, param1] #
47          return params
48
49      def execute(self, parameters, messages):
50          return
```

Codezeile	Erläuterung
	Die meisten Codezeilen sind aus dem vorherigen Beispiel bekannt. Daher gehen wir nur auf die zusätzlichen Eigenschaften ein.
17 f., 26 f., 35 f., 44	Die Parameterklasse birgt eine eigene Klasse in sich: `filter`. Diese Klasse besitzt zwei Eigenschaften:
17, 26, 35	`filter.type` definiert die Art des Filters. Mögliche Werte sind `ValueList` und `Range`. Diese Eigenschaft darf nur bei Zahlen oder Textfolgen genutzt werden. Details dazu sind weiter unten angegeben.
18, 27, 36, 44	Bei der Eigenschaft `filter.list` wird immer eine Liste übergeben. Wenn bei `type` das Schlüsselwort `ValueList` verwendet wurde, kann diese Liste eine beliebige Anzahl von Elementen beinhalten. Elemente können neben Texten auch Zahlen sein.
27, 36	Wurde bei `type` das Schlüsselwort `Range` verwendet, besteht die Liste immer aus zwei Zahlen: der einschließenden Untergrenze und der einschließenden Obergrenze.
23, 32	Entscheidend für unterschiedliche Parameteroberflächen ist die Eigenschaft `datatype`. Beim Geburtsmonat ist sie eine Ganzzahl, beim pH-Wert eine Gleitkommazahl.
41+44	Ist der Datentyp `GPBoolean`, so besteht die Filterliste aus zwei Schlüsselwörtern. Hierbei steht der erste Wert für `True` (Haken ist gesetzt), der zweite für `False`.
46	Die Abfolge der Eingaben in der Werkzeug-Oberfläche wird durch die Reihenfolge der Parameter in der Rückgabeliste von `getParameterInfo` bestimmt.

Im Dialogfenster für die Meldungen erscheint als Ergebnis:

```
Ausführung von: Tool_filter_setzen TESTLAUF 9 -5,5 GELB
Startzeit: Fri ....... 2015
Skript Tool_filter_setzen wird ausgeführt...
Completed script Tool_filter_setzen...
Erfolgreich am Fri ....... 2015 (Verstrichene Zeit: 0,00 Sekunden)
```

Beim booleschen Parameter wird nicht `True` oder `False` übergeben, sondern das in der Liste definierte Schlüsselwort. Sollte ein Filter optional sein und nicht verwendet werden, so wird ein Hash # zurückgegeben.

Zum Ende dieses Abschnitts erfolgt die Auflistung der verwendbaren Kombinationen von Schlüsselwörtern.

Nur bei den ersten beiden Filtertypen dürfen bei `filter.type =...` die entsprechenden Werte aus der ersten Spalte verwendet werden. Alle anderen Datentypen haben nur einen Filtertyp. Bei ihnen braucht daher `filter.type` nicht verwendet zu werden beziehungsweise muss ihm eine leere Zeichenfolge zugewiesen werden (`filter.type=""`). Welche Datentypschlüsselwörter zu welchem Filtertyp gehören, ist empirisch ermittelt, da wir dazu keine Dokumentation gefunden haben. Die Auflistung kann somit unvollständig sein.

Verwendbare Kombinationen von Schlüsselwörtern[18]

Filtertyp	Datentypen	Schlüsselwörter/Listenelemente
ValueList	GPString, GPLong, GPDouble, GPBoolean	Zeichenfolgen oder numerische Werte.
Range	GPLong, GPDouble	Zwei Zahlen als einschließender Bereich zwischen Minimal- und Maximalwert.
FeatureClass	DEFeatureClass, DEShapeFile, GPFeatureLayer	Featuretyp: „Point", „Multipoint", „Polyline", „Polygon", „MultiPatch", „Sphere", „Annotation", „Dimension".
Datei	DETextfile, DEFile, DELayer[18]	Liste der Dateisuffixe: zum Beispiel „tiff", „jpg", „txt", „csv", „dwg".
Feld	field	Feldtyp: „Short", „Long", „Single", „Double", „Text", „Date", „OID", „Geometry", „Blob", „Raster", „GUID", „GlobalID", „XML".
Workspace	DEWorkspace	Typ des Arbeitsverzeichnisses: „File System" (Ordner für Dateien), „Local Database" (Personal- oder FileGeodatabase, aber auch SpatiaLite und wohl weitere), „Remote Database" (Datenbankverbindung wie ArcSDE, PostGIS usw.).

Es können mehrere Werte für den Filter durch eine Liste kombiniert werden. Hier als Beispiel eine Liste erlaubter Datentypen bei der Auswahl eines Felds:

```
inField.filter.list = ["Short", "Long", "Single", "Double"]
```

Sollten Sie Filter auf einen ungeeigneten Datentyp anwenden wollen, so meldet das Werkzeug einen Fehler der Art:

Traceback (most recent call last): File "<string>", line 200, in **getParameterInfo AttributeError: ‚NoneType' object has no attribute ‚list'**

[18] Warum `DELayer` in dieser Liste auftaucht, wo doch Layer-Dateien nur das Suffix lyr haben, hat sich uns nicht erschlossen.

Was ist aber zu tun, wenn Sie für die Auswahl eines Rasterdatensatzes nur *.tif-Dateien zulassen wollen? Dann müssen Sie auf den originären Datentyp `GPRasterData` verzichten und stattdessen den Typ `DEFile` verwenden und dann den Filter setzen.

7.4.3 Mehrwertige Parameter

Sind in der Eingabe eines Parameters mehrere Werte erwünscht, so wird die Parametereigenschaft `multiValue` auf `True` gesetzt. Standardmäßig steht sie auf `False`. Der in der Eigenschaft `datatype` hinterlegte Typ des Parameters entscheidet über das Erscheinungsbild in der Benutzeroberfläche: Bei Feldern sowie Ganz- und Gleitkommazahlen und Zeichenfolgen mit einer begrenzten Anzahl an Werten werden Listen mit Kontrollkästchen erzeugt. In allen anderen Fällen erscheint das Standard-Steuerelement für mehrwertige Parameter.

Beispiel: Filter-Werkzeug als mehrwertige Parameter

Für dieses Beispiel braucht das zuvor erzeugte Filter-Werkzeug nur kopiert und dann leicht modifiziert zu werden. Es erhält einen neuen Namen (`Tool_filter_setzen_multiple`), der auch oben in die `self.tool`-Liste eingetragen wird. Die Dialogtexte sollten angepasst werden. Zu guter Letzt das Entscheidende: Jeder Parameter erhält eine neue Zeile:

```
param<Nr>.multiValue = True
```

So erhalten Sie ein neues Werkzeug mit folgender Oberfläche:

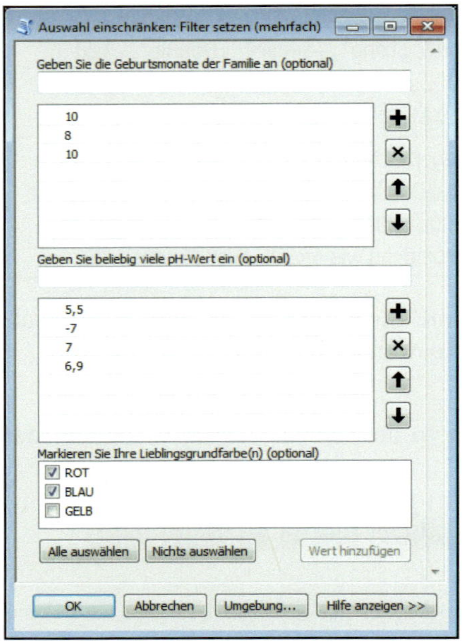

Im Dialogfenster für die Meldungen erscheint als Ergebnis:

```
Ausführung von: Tool_filter_setzen_multiple 10;8;10 5,5;-7;7;6,9 ROT;BLAU
Startzeit: Fri ....... 2015
Skript Tool_filter_setzen_multiple wird ausgeführt...
Completed script Tool_filter_setzen_multiple...
Erfolgreich am Fri ....... 2015 (Verstrichene Zeit: 0,00 Sekunden)
```

Bei mehrwertigen Parametern werden die einzelnen Werte durch ein Semikolon getrennt. Wenn Sie einen solchen Parameter als Textfolge in Ihrem Skript verarbeiten, reicht ein `ap.GetParameterAsText().split(';')` bei Texten, `[int(i) for i ap.GetParameterAsText().split(';')]` bei Ganzzahlen sowie ein `[float(f) for f in ap.GetParameterAsText().replace(',','.').split(';')]` bei Gleitkommazahlen aus, um daraus eine entsprechende Liste zu erzeugen. Eleganter ist sicherlich die Arbeit mit der Funktion `getParameter()`, die das Objekt übernimmt.

Im zweiten Beispiel für mehrwertige Parameter möchten wir Ihnen das Standard-Steuerelement für Datensätze vorstellen.

Beispiel: Mehrfaches Zuschneiden

Mehrere Datensätze sollen auf ein Gebiet zugeschnitten werden. Die Ergebnisdatensätze werden in einem neuen Workspace abgelegt.

Sie finden das Beispiel als weiteres Werkzeug *Mehrfaches Zuschneiden* im Toolset *2. Weitere Einstellungen*.

Unten sehen Sie das Werkzeug, wie es bei der Verwendung innerhalb von ArcMap aussieht. Im Beispiel wurden auch bereits Werte eingetragen.

Bei den Eingangs- und Clip-Features tauchen Listenfelder auf. Zudem besitzen die Eingangs-Features verschiedene Symbole.

Hier nun der entsprechende Codeausschnitt aus *Die dritte Toolbox.pyt*. Die nun schon bekannten Änderungen in der Klasse `Tool` sind nicht dargestellt.

```
class multi_clip(object):
    def __init__(self):
        self.label = "Mehrfaches Zuschneiden"
        self.description = "Zuschneiden mehrerer Datensätze auf ein Gebiet"
        self.category = bsp2
        self.canRunInBackground = False

    def getParameterInfo(self):
    # Die zuzuschneidenden Features aus verschiedenen FC-Datensätzen/Layern
        inFeatures = ap.Parameter()
        inFeatures.displayName = "Eingangs-Features"
        inFeatures.name = "in_Features"
        inFeatures.datatype = "GPFeatureLayer"
        inFeatures.multiValue = True
        inFeatures.parameterType = "Required"
        inFeatures.direction = "Input"
    # Die zuzuschneidenden Polygon-Features eines Datensatzes
        clipFeatures = ap.Parameter()
        clipFeatures.displayName = "Clip-Features"
        clipFeatures.name = "clip_Features"
        clipFeatures.datatype = "GPFeatureLayer"
        clipFeatures.parameterType = "Required"
        clipFeatures.direction = "Input"
        clipFeatures.filter.list = ['Polygon']
    # Das noch nicht vorhandene Zielverzeichnis
        outWS = ap.Parameter()
        outWS.displayName = "Ziel-Workspace"
        outWS.name = "outWS"
        outWS.datatype = "DEWorkspace"
        outWS.parameterType = "Required"
        outWS.direction = "Output"

        params = [inFeatures, clipFeatures, outWS]
        return params

    def execute(self, parameters, messages):
        return
```

Codezeile	Erläuterung
	Die meisten Codezeilen sind aus dem vorherigen Beispiel bekannt. Daher gehen wir nur auf die neuen Eigenschaften oder Werte ein.
13	`GPFeatureLayer` als Parameterdatentyp umfasst Features-Classes und Feature-Layer; daher auch das Listenfeld beim ersten Parameter. Es ist die Liste der in Frage kommenden Layer in diesem Kartendokument. Bei den Layern werden gegebenenfalls, wie Sie es von ArcMap her kennen, nur die markierten Features verarbeitet.
14-16	Der Parameter beinhaltet mehrfache, erforderliche Eingabedatensätze.
22-23	Auch der zweite Parameter, `clipFeatures`, ist ein erforderlicher Eingabedatensatz vom Typ `GPFeatureLayer`. Allerdings nur einfach, und zudem …
24	… ist die Auswahl der `clipFeatures` durch `filter.list` mit `Polygon` auf einen flächigen Geometrietyp beschränkt. Daher erscheinen nur Polygon-Layer in der Liste und nur Polygon-Feature-Classes und Shapes im Datenbrowser.
29-31	Der letzte Parameter ist ein erforderlicher Workspace für die Ausgabe.

7.4.4 Wertetabellen

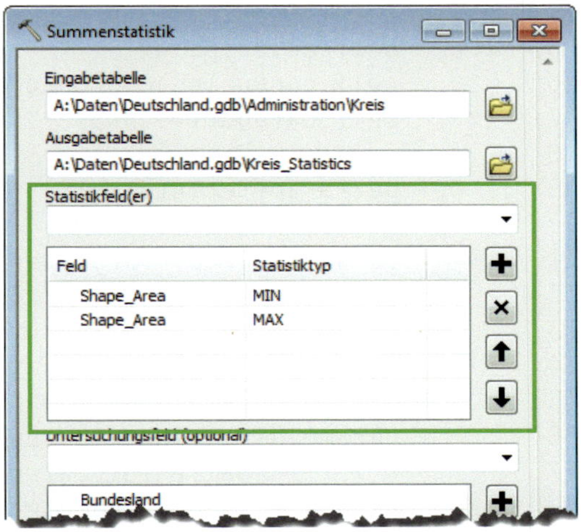

Eine noch komplexere Form der Parameter ist die Wertetabelle (engl. *value table*). Es handelt sich hierbei um eine zweidimensionale Tabelle. Sie können damit nicht nur mehrere Werte definieren, sondern den einzelnen Werten weitere beschreibende Details mitgeben. Das Werkzeug *Summenstatistik* aus den *Analysis-Tools* verwendet eine solche *Multi-ValueTable*.

Beispiel: Zeitreihen zusammenfassen

Beispiel für ein eigenes Werkzeug, bei dem Sie eine Wertetabelle als Parameter benötigen, wäre folgende Situation: Sie besitzen mehrere Datensätze mit dem gleichen Schema an Attributen. In der Realität könnte es der Energiebedarf jedes Gebäudes einer Stadt nach den Monaten eines Jahrs sein. Wenn Sie diese Datensätze zusammenfassen, haben die Felder die gleichen Namen und würden von ArcGIS die wenig aussagekräftigen Suffixe „_1", „_2" usw. erhalten. Daher soll für jeden eingehenden Datensatz ein benutzerdefinierter Präfix definiert werden können. Zudem wollen Sie die Reihenfolge beeinflussen können. Sie finden das Werkzeug *Zeitreihen zusammenfassen (Version freie Eingabe)* in der dritten Toolbox im Toolset *3. Wertetabellen*.

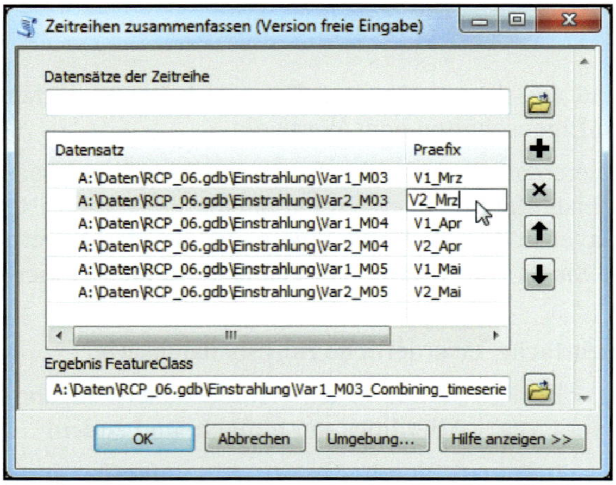

Der dazugehörige Code verlangt natürlich in der `__init__()`-Methode der `Toolbox`-Klasse die Erweiterung der Liste von `self.tools` um `combining_timeseries_V1`.

```
class combining_timeseries_V1(object):
    def __init__(self):
        """Beispiel einer Wertetabelle mit freien Eingaben."""
        self.label = "Zeitreihen zusammenfassen (Version freie
                                                        Eingabe)"
        self.description = ""
        self.canRunInBackground = False
        self.category = bsp3

    def getParameterInfo(self):
     # Ausgabe FeatureClass
        param0 = arcpy.Parameter()
        param0.displayName ='Ergebnis FeatureClass'
        param0.name ='out_featureclass'
        param0.datatype ="DEFeatureClass"
        param0.parameterType ='Required'
        param0.direction ='Output'
        # Wertetabelle für Datensätze mit Präfix-Namen
        param1 = arcpy.Parameter()
        param1.displayName='Datens\xe4tze der Zeitreihe'
        param1.name='in_featuresList'
        param1.datatype='GPValueTable'
        param1.parameterType='Required'
        param1.direction='Input'
        param1.columns = [['GPFeatureLayer', 'Datensatz'],
                          ['GPString', 'Pr\xe4fix']]
        return[param1, param0]
```

```
27
28      def execute(self, parameters, messages):
29          return
```

Codezeile	Erläuterung
1-8	Definition des Werkzeugs selbst.
10-16	Zunächst Festlegen der Ausgabe. Die Reihenfolge an der Werkzeug-Oberfläche wird durch die Liste bei Rückgabeliste (Z. 26) festgelegt.
18-25	Definition der Wertetabelle für Datensätze mit Präfix-Namen.
21	Der Datentyp wird auf Wertetabelle, `GPValueTable`, gesetzt.
24	Mit diesem Datentyp verfügt der Parameter über die Eigenschaft `columns`, dt. *Spalten*. Es ist jeweils eine Liste aus den zwei Textpärchen Datentyp und Spaltenbezeichnung. Die linke Spalte fragt nach Feature-Layern, die rechte erwartet eine Texteingabe. Als Überschrift steht in der linken Spalte „Datensatz" und in der rechten „Präfix".

Wenn Sie gerade überlegen, wie Sie eine Wertetabelle mit einer Feature-Class in der ersten Spalte und daraus abgeleitet in der zweiten Spalte deren Feldnamen erzeugen können, dann haben Sie mit ArcGIS 10.2 einen längeren Weg vor sich, der sich ab der Version 10.3 aber erheblich vereinfacht (siehe beides im Ordner *Exkurs – Wertetabellen mit Listen*). Ab der Version 10.3 können Sie für jedes Feld in der Wertetabelle die zum Typ passenden Filter setzen. Wir wollen Ihnen dies an einem leicht veränderten Zeitreihen-Werkzeug zeigen.

Beispiel: Datensätze einem Monat zuordnen

In diesem Werkzeug können Sie einer Reihe von Datensätzen jeweils einen Monat zuordnen. Dieses Werkzeug leitet den Anwender noch mehr; es ist keine freie Eingabe möglich.

Zur Realisierung wurde im vorherigen Werkzeug der Code der Zeilen 24+25 leicht verändert beziehungsweise ergänzt.

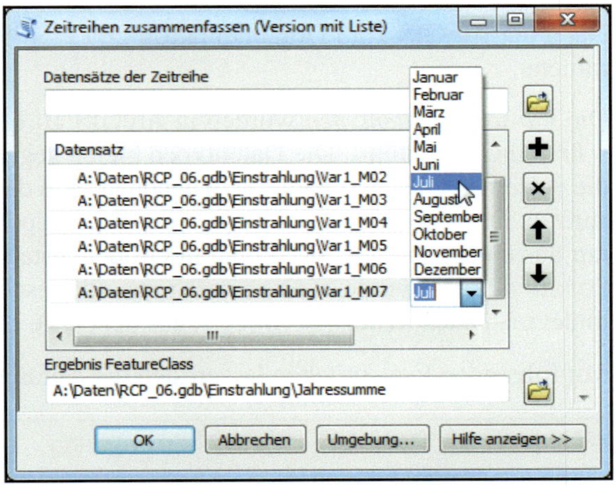


```
24      monate = ['Januar','Februar','M\xe4rz','April','Mai','Juni',
25                ‚Juli‘,'August','September', 'Oktober',
                                            ‚November‘,'Dezember']
26      param1.columns = [['GPFeatureLayer', 'Datensatz'],
27                        ['GPString', 'Monat']]
```

```
28        param1.filters[1].type = 'ValueList'
29        param1.filters[1].list = monate
```

Codezeile	Erläuterung
24+25	Alle Monatsnamen werden als Liste generiert.
26+27	Das zweite Tabellenfeld bekommt eine andere Bezeichnung für die Oberfläche.
28+29	Ein Parameter vom Typ `GPValueTable` verfügt über die bereits vorgestellte Klasse `filters`. Das Feld wird hierbei über seinen Index angesprochen. Bei `GPValueTable` mit vielen Feldern empfehlen wir Ihnen zuerst Definitionen der Felder, um dann entsprechend übersichtlicher die Eigenschaften festzulegen:

```
fieldMonth = param1.filter[1]
fieldMonth.type = 'ValueList'
fieldMonth.list = monate
```

Die Spalte Monat wird als Werteliste definiert.

In dieser Zeile sind die erlaubten Werte aufgelistet. Da sich die Monatsnamen in vielen Skripten verwenden lassen, wäre es sinnvoll, sie in einem eigenen zentralen Modul zu hinterlegen und hier nur dazuzuladen (z. B. `tools.monate`).

7.4.5 Parameterdatentypen

Nach der ArcGIS 10.3 Dokumentation gibt es 139 verschiedene Datentypen für die Parameter.

Die *Parameterdatentypen* wurden in ArcGIS 10.1 SP1 als Fortführung der *Parameterbeschreibung* eingeführt. Die Datentypen bieten gegenüber den Beschreibungen den Vorteil, die einzelnen Gebietsschemata, zu denen ja auch das *German Supplement* gehört, zu unterstützen. Der Unterschied im Namen der Datentypen zu den Beschreibungen besteht meist nur aus einer führenden Kennung in Großbuchstaben. Aus `Double` wurde `GPDouble`, aus `FeatureLayer` wurde `DEFeatureLayer`. Identische Namen zu den Parameterdatentypen findet man auch in den *ArcObjects*, aus denen sie offensichtlich abgeleitet wurden.

Mit folgenden Eselsbrücken lassen sich die Anfangskennungen merken und einsortieren:

Führende Kennung	Mögliche Bedeutung	Beschreibung
DE	Data Environment/ Dataset Entity	Zur Behandlung von (Geo-)Datensätzen, wie sie in ArcCatalog/ CatalogWindow erscheinen bzw. eingerichtet werden könnten.
GP	Geoprocessing	Zur Behandlung von Objekten, wie sie in den allgemeinen Geoverarbeitungswerkzeugen auftauchen.

GP3D	GP 3D-Analyst	Spezielle Objekte für den 3D-Analyst.
GPGA	GP Geostatistical Analyst	Spezielle Objekte für den GeostatisticalAnalyst.
GPNA & NA	GP NetworkAnalyst	Spezielle Objekte für den NetworkAnalyst.
GPSA	GP SpatialAnalyst	Spezielle Objekte für den SpatialAnalyst.

Lediglich drei Parameter haben keine führende Kennung: `analysis_cell_size`, `Field` und `Index`.
Auch wenn Sie eine Erweiterung nicht lizenziert haben, können Sie dennoch die speziell dafür definierten Parametertypen verwenden.

Eine überarbeitete Dokumentation aller Parameter analog der ArcGIS-Dokumentation finden Sie in den Anhängen dieses Buchs aufgelistet. Für die praktische Arbeit mit den Parametern steht aber unseres Erachtens nicht diese Liste im Vordergrund. Wir bevorzugen aus der Liste abgeleitete Hilfen:

- Ein nach dem Datentypschlüsselwort sortiertes PDF-Dokument zur Volltextrecherche.
- Eine Toolbox *Alle ParameterTypen.pyt* gruppiert nach den führenden Kennungen.
- Eine persönliche „Top50 der Werkzeugparameter" als Toolbox mit zurzeit 35 Parametern.

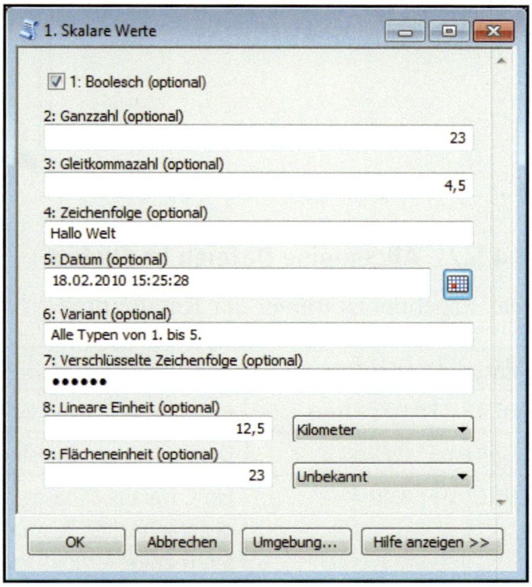

Die Toolbox *Alle ParameterTypen.pyt* wurde mit einem Python-Skript generiert. Mit ihr kann die Wirkungsweise eines Parametertyps getestet werden. Die Verteilung der Parameter in der Toolbox auf verschiedene Werkzeuge ist im Übrigen aus der Not geboren, da sowohl ArcMap als auch ArcCatalog als Anwendungen abstürzen, wenn ein Werkzeug mit 139 Parametern geladen wird.

Das PDF und die beiden Toolboxes finden Sie im Kapitelordner im verzeichnis *Arbeitslisten_Parameterdatentypen*. Unsere „Top50 der Werkzeugparameter" stellen wir Ihnen nun vor.

7.4.5.1 Skalare Werte

Nur diese Gruppe beinhaltet für die einzelnen Parameterdatentypen unterschiedliche Elemente an der Oberfläche, die Sie hier sehen.

Parameterdatentyp	Beschreibung [Beispiel Wiedergabe im Dialogfeld]
GPBoolean	Boolescher Wert. ["NO_VALUE"]
GPLong	Ganzzahl. [23]
GPDouble	Gleitkommazahl. [4,5.]
GPString	Zeichenfolge. ["Hallo Welt"]
GPDate	Datum als Tag, Tageszeit oder Kombination aus beidem. ["18.02.2010 15:25:28"]
GPVariant	Alle vorher genannten Typen.
GPEncryptedString	Verschlüsselte Zeichenfolge für Kennwörter. [*****]
GPLinearUnit	Strecke aus der Maßzahl und dem Maß. ["12,5 Kilometers"]
GPArealUnit	Fläche aus der Maßzahl und dem Maß. ["23 Unknown"]

Bei allen anderen Parametern gilt: Das Ergebnis des Parameterdatentypen ist ein Katalogpfad, der Parameter auf der Werkzeugoberfläche wie folgt dargestellt:

Als Singlevalue-Parameter

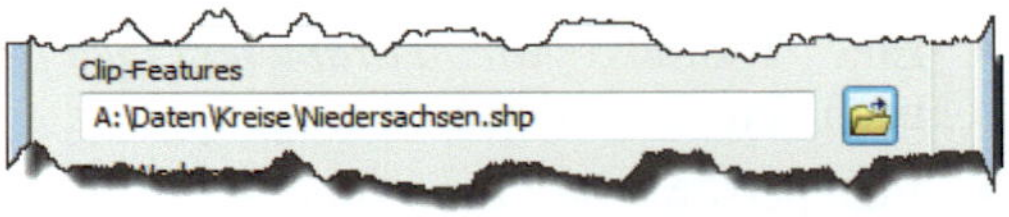

Als Multivalue-Parameter

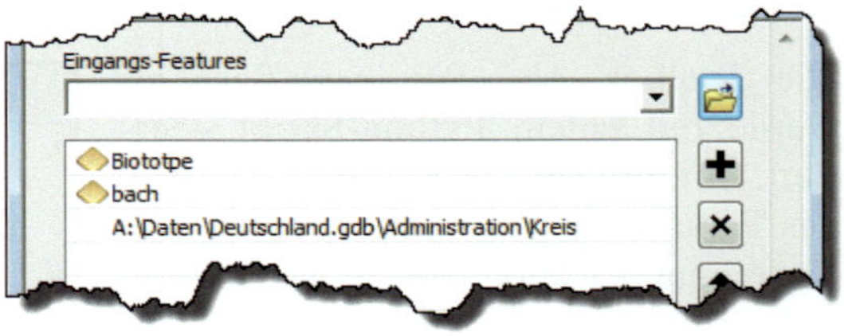

7.4.5.2 Allgemeine Dateien im System

Das Ergebnis ist immer der Katalogpfad zu dem ausgewählten Wert des Parameters.

Parameterdatentyp	Beschreibung
DEArcInfoTable	Eine Tabelle in einer INFO-Datenbank.
DECatalogRoot	Der Knoten der obersten Ebene im Kataloginhaltsverzeichnis.
DECoverage	Ein Coverage-Dataset, ein proprietäres Datenmodell zum Speichern von geographischen Features als Punkte, Bögen und Polygone mit zugeordneten Feature-Attributtabellen.
DEDiskConnection	Ein Zugriffspfad zu einem Datenspeichergerät.

`DEFolder`	Gibt einen Speicherort auf einem Datenträger an, in dem Daten gespeichert werden.
`DETool`	Ein Geoverarbeitungswerkzeug.
`DEToolbox`	Eine Geoverarbeitungs-Toolbox.
`DEWorkspace`	Ein Container wie z. B. eine Geodatabase oder ein Ordner.

7.4.5.3 Dateien

Das Ergebnis ist immer der Katalogpfad zu dem ausgewählten Wert des Parameters.

Parameterdatentyp	Beschreibung
`DEDbaseTable`	Im dBASE-Format gespeicherte Attributdaten.
`DEFile`	Eine Datei auf dem Datenträger.
`DELayer`	Eine Datei mit der Erweiterung .lyr, die die Layer-Definition einschließlich Symbologie und Rendering-Eigenschaften enthält.
`DEMapDocument`	Eine Datei (*.mxd), in der die Karte, deren Layout und die zugehörigen Layer, Tabellen, Diagramme und Berichte enthalten sind.
`DEPrjFile`	Eine Datei (*.prj), in der Koordinatensysteminformationen für räumliche Daten gespeichert werden.
`DESpatialReferencesFolder`	Ein Ordner auf dem Datenträger, der Koordinatensysteme speichert.
`DETable`	Tabellendaten
`DETextfile`	Im ASCII-Format gespeicherte Daten.
`DEType`	Ein in ArcCatalog sichtbares Dataset. (Abstrakter Parameterdatentyp)

7.4.5.4 Vektordatensätze

Das Ergebnis ist immer der Katalogpfad zu dem ausgewählten Wert des Parameters.

Parameterdatentyp	Beschreibung
`DECadDrawingDatset`	Eine Vektordatenquelle mit einer Mischung aus Feature-Typen mit Symbologie. Das Dataset ist nicht für Feature-Class-basierte Abfragen oder Analyse geeignet.
`DECoverageFeature-Class`	Eine Coverage-Feature-Class wie "Point", "Arc", "Node", "Route", "Route System", „Section", "Polygon" und "Region".
`DEFeatureClass`	Eine Sammlung räumlicher Daten mit dem gleichen Shape-Typ: Punkt, Multipoint, Polylinie und Polygon.

DEShapefile	Räumliche Daten im Shapefile-Format.
GPFeatureRecord-SetLayer	Interaktive Features (Tabelle und Vektoren). Die Features werden gezeichnet, wenn das Werkzeug ausgeführt wird.

7.4.5.5 Rasterdatensätze

Das Ergebnis ist immer der Katalogpfad zu dem ausgewählten Wert des Parameters.

Parameterdatentyp	Beschreibung
DEMosaicDataset	Eine Sammlung von Raster- und Bilddaten, die das Speichern, Anzeigen und Abfragen der Daten ermöglicht. Es handelt sich hierbei um ein Datenmodell in der Geodatabase, mit dem eine Gruppe von Raster-Datasets (Bildern) verwaltet werden, die als Katalog gespeichert und als mosaikiertes Bild angezeigt werden.
DERasterBand	Ein Layer in einem Raster-Dataset. Eine Sammlung von Raster-Datasets, die in einer Tabelle definiert sind. Jeder Tabellendatensatz definiert ein Raster-Dataset im Katalog.
DERasterCatalog	Eine Sammlung von Raster-Datasets, die in einer Tabelle definiert sind; jeder Tabellendatensatz definiert ein Raster-Dataset im Katalog.
DERasterDataset	Ein einzelnes aus einem oder mehreren Rastern erstelltes Dataset.
DEWMSMap	Die Karte eines Web Map Services (WMS).

7.4.5.6 Datenbanken und ihre Elemente

Parameterdatentyp	Beschreibung
DEFeatureDataset	Eine Sammlung von Feature-Classes, die einen gemeinsamen geographischen Bereich und dasselbe Raumbezugssystem besitzen.
DEGeoDataServer	Ein komplexes Objekt, das eine Geodatabase referenziert.
DEGeodatasetType	Eine Datensammlung in einer Geodatabase mit einem gemeinsamen Thema.
DERelationshipClass	Die Details zur Beziehung zwischen Objekten in der Geodatabase.
DERemoteDatabaseFolder	Der Ordner mit den Datenbankverbindungen in ArcCatalog.
DEServerConnection	Eine Serververbindung.

7.4.6 Abhängigkeiten

Ist ein Parameter von einem anderen abhängig, so wird dies durch die Eigenschaft `parameterDependencies` definiert. Es gibt für Eingabe- und Ausgabeparameter jeweils eine Situation, bei der Abhängigkeiten auftreten:

Bei einem abgeleiteten Ausgabeparameter wird die Abhängigkeit auf den Eingabeparameter festgelegt, der durch diesen Prozess verändert wird. Der abhängige Parameter erscheint in diesem Fall nicht auf der Werkzeug-Oberfläche. Beispiel hierfür ist das ArcGIS-Werkzeug *Feldberechnung* oder auch das Werkzeug zur *Berechnung der Kompaktheit von Flächen* am Anfang des Kapitels.

Bei einem Eingabeparameter verweist die Abhängigkeit auf das Parameterobjekt, welches für den abhängigen Parameter die zulässigen Werte festlegt. Für folgende Eingabedatentypen kann auf entsprechende Parameterdatentypen verwiesen werden:

Eingabedatentyp	Datentyp des abhängigen Parameters	Beschreibung
Feld, SQL-Ausdruck	Tabelle	Die Tabelle mit den Feldern.
INFO-Feld, INFO-Ausdruck	INFO-Tabelle	Die INFO-Tabelle mit den Feldern.
Coverage-Feature-Class	Coverage	Das Coverage mit den Features.
Flächeneinheiten, lineare Einheiten	GeoDataset	Geographisches Dataset, das zum Ermitteln der Standardeinheiten verwendet wird.
Koordinatensystem	Workspace	Workspace, der zum Ermitteln des Standardkoordinatensystems verwendet wird.
Hierarchie-Einstellungen für Network-Analyst	Netzwerk-Dataset	Netzwerk-Dataset mit den Informationen zur Hierarchie.
Geostatistische Wertetabelle	Geostatistischer Layer	Der Analyse-Layer mit den Tabellen.

Beispiel: Abgeleiteter Parameter

In der Kompaktheitsformel wird kein neuer Datensatz erzeugt, sondern in der Eingabe-Feature-Class ein neues Feld erzeugt und berechnet. Dazu hier noch einmal ein Auszug aus dem Code, wobei die entscheidenden Zeilen farbig hinterlegt sind:

```
[...]
        # Ausgangsparameter = Eingangsparameter Polygone
        param3 = ap.Parameter()
        param3.displayName = "Ergebnis"
        param3.name = "result"
        param3.datatype = "GPFeatureLayer"
        param3.direction = "Output"
        param3.parameterType = "Derived"
        param3.parameterDependencies = [param1.name]
        param3.schema.clone = True
[...]
```

Codezeile	Erläuterung
43	Der Parameter selbst muss von der Richtung her ein Ausgabeparameter sein …
44	… und zudem ein abgeleiteter Typ sein.
45	Die Abhängigkeit verweist auf den entsprechenden Namen des bestimmenden Parameters, ...
46	… dessen Schema in der Regel ebenfalls übernommen wird. Was dies im Detail bedeutet, wird im Abschnitt weiter unten beschrieben.

7.4.7 Standardwerte

Der Standardwert (engl. *default value*) ist derjenige Wert eines Parameters, der beim Öffnen eines Werkzeugs angezeigt wird. Dies kann geschehen, indem mit der Parametereigenschaft `value` ein Wert definiert wird oder indem der Wert einer Umgebungseinstellung mit `defaultEnvironmentName` herangezogen wird. Bei der Verwendung von `value` stehen Ihnen natürlich alle Python-Funktionalitäten zur Verfügung. Ist kein Vorgabewert definiert, so bleibt der Parameter beim Öffnen leer. Werden beide Eigenschaften definiert, so wird der Wert von `defaultEnvironmentName` übernommen.

Die Nutzbarkeit der Eigenschaft `defaultEnvironmentName` sehen wir nur sehr eingeschränkt. Es lässt sich `value` im Zusammenspiel `ap.env.variablenname` viel flexibler einsetzen und ersetzt `defaultEnvironmentName` vollwertig. Dies zeigen die Parameter im anschließenden Beispiel.

Innerhalb eines Skripts wird der Standardwert verwendet, wenn für den entsprechenden Parameter der Hash (das Rautezeichen #) übergeben wird.

Beispiel: Verwendung von Vorgabewerten

Bei diesem Werkzeug werden fünf Anforderungen für Vorgabewerte dargestellt:

- Der Name des Bearbeiters ist starr festgelegt.
- Der Name des Bearbeiters wird mit dem angemeldeten Account abgeglichen.
- Das Ausgabeverzeichnis ist zunächst das aktuelle Verzeichnis.
- Das Ausgabeverzeichnis ist zunächst der aktuelle Workspace von ArcGIS.
- Als Vorschlagwert, ob das Ergebnis der Karte hinzuzufügen sei, wird aus der Umgebungseinstellung gelesen.

Die Abbildung zeigt das Ergebnis in ArcMap. In ArcCatalog ist der Parameter „Aktueller Workspace von ArcGIS“ leer.

```
class Default_Values(object):
    def __init__(self):
        self.label = "Vorgabewerte"
        self.description = "Einsatz von Vorgabewerten"
        self.canRunInBackground = False
        self.category = bsp4

    def getParameterInfo(self):
        param0 = arcpy.Parameter()
        param0.displayName ='Bearbeiter (fest)'
        param0.name ='staff_fix'
        param0.datatype ="GPSTring"
        param0.parameterType ='Required'
        param0.direction ='Input'
        param0.value = 'Monika Mustermann'

        param1 = arcpy.Parameter()
        param1.displayName ='Bearbeiter (variabel)'
        param1.name ='staff_from_account'
        param1.datatype ="GPSTring"
        param1.parameterType ='Required'
        param1.direction ='Input'
        param1.value = os.environ['USERNAME']

        param2 = arcpy.Parameter()
        param2.displayName ='aktuelles Verzeichnis vom OS'
        param2.name ='current_workig_directory'
        param2.datatype ="DEWorkspace"
        param2.parameterType ='Required'
        param2.direction ='Input'
        param2.value = os.getcwd()

        param3 = arcpy.Parameter()
        param3.displayName ='aktueller Workspace von ArcGIS'
        param3.name ='arcgis_workspace'
        param3.datatype ="DEWorkspace"
        param3.parameterType ='Required'
        param3.direction ='Input'
        param3.defaultEnvironmentName = "workspace"
        param3.value = os.getcwd()
##          ws = ap.env.workspace
##          param3.value = ws if ws else os.environ[‚TEMP‘]
```

Im Folgenden werden nur die hinterlegten Zeilen behandelt; die anderen sollten in ihrer Wirkung bekannt sein.

Code-zeile	**Erläuterung**
12+15	Mit `value` kann ein Wert festgelegt werden. Er muss natürlich zum Parameterdatentyp (hier `GPSTring`) passen. In diesem simpelsten Fall ist dieser Wert im Skript fest codiert.
20+23	Weitaus häufiger wird `value` durch eine Funktion oder Eigenschaft festgelegt. In diesem Fall ist der Vorgabewert der Name des angemeldeten Users des Windows-Betriebssystems. Neben den Funktionen und Eigenschaften sind auch Konstruktionen vorstellbar wie das Auslesen von Konfigurationsdateien oder die Abfrage aus Datenbanken.
28+31	Als ArcGIS-Workspace wird das aktuelle Verzeichnis in der Systemumgebung von dem Betriebssystem verwendet. Interessant ist, dass hier die Übergabe zwischen dem reinen Python und der Toolbox-Umgebung als Zeichenfolge stattfindet, denn nichts anderes erzeugt `os.getcwd()`. Der Parameterdatentyp `DEWorkspace` kann die Zeichenfolge verarbeiten. Eine solche Python-typische Robustheit funktioniert leider aber nicht immer, wie die deaktivierten Zeilen 47+55 zeigen.
36, 37+39, 40	In diesem Parameter kommt die Eigenschaft `defaultEnvironmentName` zum Einsatz. Passend zum Parameterdatentyp `DEWorkspace` wird als Vorgabewert der aktuelle Workspace (Z. 39) festgelegt. Eine parallele Verwendung der Eigenschaft `value` (Z. 40) wird damit außer Kraft gesetzt. In ArcCatalog ist der Workspace aber zunächst leer. Die Auswertung von `defaultEnvironmentName` ist es dann auch. Da es aber ein erforderlicher Parameter ist (Z. 39), erscheint im Werkzeug der grüne Punkt als Eingabeaufforderung bzw. würde im Skript eine Ausnahme erzeugt werden.
41+42	Eine Alternative zu dieser in unseren Augen unglücklichen Konstruktion stellen diese beiden Zeilen Code dar, welche die beiden vorherigen Zeilen (Z. 39+40) ersetzen würden. Genau wie bei `defaultEnvironmentName` wird der Workspace von ArcGIS abgefragt. Allerdings wird er als Variable gebunden. In der nächsten Zeile steht die kompakte Schreibweise einer einfachen Verzweigung: Setze den Parametervorgabewert auf den ArcGIS-Workspace, wenn der ArcGIS-Workspace vorhanden ist. Sonst nehme das aktuelle Temporär-Verzeichnis des Betriebssystems.

Welche Umgebungseinstellungen Ihnen zur Verfügung stehen, können Sie über die Funktion `ap.ListEnvironments()` abrufen. Mit nachfolgendem Skript rufen Sie die Namen, den aktuellen Wert und seinen Python-Datentyp ab:

```
>>> for env in ap.ListEnvironments():
...     setting = getattr(ap.env, env)
...     typ = str(type(setting))[7:-2]
...     print "{0:28}: {1} ({2})".format(env,setting, typ)
...
newPrecision                 : SINGLE (unicode)
autoCommit                   : 1000 (int)
XYResolution                 : None (NoneType)
[...]
packageWorkspace             : C:\Users\lulferts\AppData\Local\Temp
                                                          (unicode)
addOutputsToMap              : True (bool)
```

7.4.8 Parameterschema

Soll das Schema des Ausgabedatensatzes, die Struktur, nicht den allgemeinen Umgebungseinstellungen (siehe Kapitel 6.4 „Umgebungseinstellungen“) entsprechen, so kann es über das Parameterschema verändert werden. Das Parameterschema steht ausschließlich für Objekte der folgenden Datentypen zur Verfügung:

- Feature-Classes
- Tabellen
- Raster
- Workspaces

Bei Verwendung des Schlüsselworts `FirstDependency` wird die entsprechende Eigenschaft des ersten abhängigen Parameters genutzt. Ist dieser selbst eine Liste aus Datensätzen, wird hieraus der erste genommen. Hat eine Regel-Eigenschaft `<eigenschaft>-Rule` das Schlüsselwort `AsSpecified`, so verweist dieses auf eine andere Eigenschaft mit eben diesem Namen. Bei `cellSizeRule` kann also auf `cellSize` verwiesen werden. Tauchen bei den Regel-Eigenschaften die Schlüsselwörter `Min` und `Max` auf, können diese zur Untersuchung der abhängigen Parameter genutzt werden.

Eigenschaft	Objekttyp / Schlüsselwörter / Beschreibung
`type` (nur lesend)	Art des Datensatzes: `Feature, Table, Raster, Container` (für Workspaces und Feature-Datasets).
`clone`	*Boole:* Soll eine exakte Kopie des Datensatzes erzeugt werden?
`extentRule`	`AsSpecified, FirstDependency, Intersection, Union, Environment.`
`extent`	*Python-Liste*: `[<xmin>, <ymin>, <xmax>, <ymax>]` oder ein String `"<xmin> <ymin> <xmax>, <ymax>"` Es ist kein `Extent`-Objekt!

`additionalChildren`	*Python-Liste* mit Datasets, die einem Workspace-Schema hinzugefügt werden sollen.
Tabellen	
`fieldsRule`	`None, FirstDependency, FirstDependencyFIDs, All, AllNoFIDs, AllFIDsOnly.` Die letzten drei sind verwendungsgleich zum Parameter `join_attributes` aus der *Overlay*-Toolbar.
`additionalFields`	*Python-Liste* mit Feldobjekten.
Features	
`featureTypeRule`	`AsSpecified, FirstDependency.`
`featureType`	Featuretyp: `Simple, Annotation, Dimension.`
`geometryTypeRule`	Geometrietyp: `Unknown, FirstDependency, Min& Max` (0 = (Multi-)Punkt, 1 = Linie, 2 = Polygon), `AsSpecified.`
`geometryType`	`Point, Multipoint, Polyline, Polygon.`
Raster	
`cellSizeRule`	`AsSpecified, FirstDependency, Min, Max, Environment` Ganzzahlen sind immer kleiner als Gleitkommazahlen!
`cellsize`	Ganzzahl oder Gleitkommazahl.
`rasterRule`	`FirstDependency, Min & Max` (Ganzzahl wird kleiner als Gleitkommazahl angesehen), `Integer, Float.`
`rasterFormatRule`	`Img, Grid.`

Beispiel: Beim Ausschneiden die Ausdehnung der Eingabe behalten

In Kapitel 2 „Einstieg in Python“ haben wir Ihnen am Beispiel *Funktion „ERASE“ emulieren* gezeigt, wie Sie dieses ArcGIS-Advanced-Werkzeug nachbilden können. Die Oberfläche ist mit der ‚klassischen‘ Toolbox entwickelt worden.

Soll nun das Ergebnis, das in der Regel eine Teilfläche der Eingabe ist, die ursprüngliche Ausdehnung behalten (möglicher Grund: Weiterverarbeitung als Raster), muss beim Parameterschema `extentRule` und vielleicht auch `extent` angepasst werden.

7.5 Verhalten während der Eingabe

Der große Vorteil der Werkzeugoberfläche ist nicht nur die performante Eingabemöglichkeit für den Nutzer, sondern auch die Möglichkeit des Werkzeugs, auf eben diese Eingaben zu reagieren. Sei es, um dem Nutzer Werte auf Basis vorgenommener Einstellungen für Parameter vorzuschlagen, wie zum Beispiel den Ausgabedatensatz aus dem ersten Eingabedatensatz abzuleiten, oder sei es, um die Filterliste eines Parameters der Situation anzupassen bzw. dem Nutzer Warnhinweise oder gar einen Fehler zu melden.

Mit `getParameterInfo()` sind die Parameterobjekte definiert worden. In der nun folgenden Phase der Validierung können Sie mit der Methode `updateParameters()`festlegen, wie Parameter auf Benutzereingaben reagieren und untereinander interagieren.

Nach Start des Werkzeugs und jeder folgenden Eingabe des Nutzers bei einem Parameter wird zunächst die Methode `updateParameters()` des Werkzeugs aufgerufen. Dort haben Sie die Möglichkeit, Eigenschaften aller Parameter zu ändern. Danach kontrollieren interne Prüfroutinen der Geoverarbeitung die Parameter. Die daraus resultierenden Meldungen des Systems werden an das Werkzeug zurückgegeben. Sie können mit `updateMessages()` dann als letzte Instanz weitere Informationen an die Oberfläche senden. Danach hat der Nutzer die Möglichkeit, erneut zu agieren. Diese Schleife kann nur durch die Betätigung des OK-Schalters oder durch Abbruch beendet werden. Unten sehen Sie noch einmal einen Teil des Segments „Werkzeug einstellen" aus der Abbildung im Abschnitt 7.2.2 „Methodenabfolge in einer Toolbox".

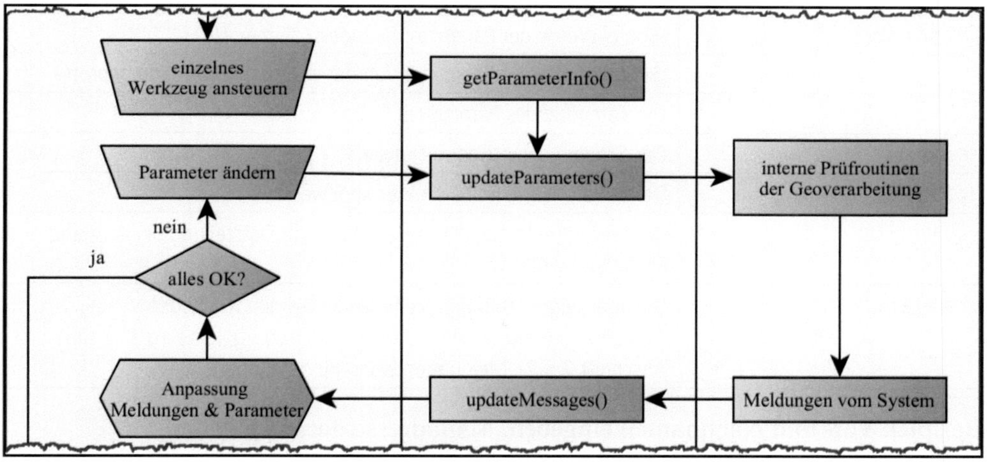

7.5.1 Validierung von Eingaben

Parameterobjekte verfügen über einige Eigenschaften, mit denen ihr jeweiliger Status abgefragt werden kann. Einige kennen Sie bereits aus der Phase der Parameterdefinition. In der jetzigen Phase der Validierung ist der Zugriff auf diese Eigenschaften oftmals nur lesend. Die Methoden dienen vornehmlich für Fehlermeldungen und Warnungen. Sie werden im entsprechenden Abschnitt 7.5.2 „Meldungen während der Eingabe" erläutert.

Nachfolgend werden die Eigenschaften der Parameterobjekte in der `updateParameters()`-Methode der Werkzeugklasse aufgelistet. Falls nicht anders aufgeführt, ist die Rückgabe eine Zeichenfolge. Der Asterisk * verweist auf einen schreibenden Zugriff.

Eigenschaft		Objekttyp / Schlüsselwörter / Beschreibung
`name`		Parametername.
`direction`		Schlüsselwörter für die Richtung des Parameters: `Required, Optional, Derived.`
`datatype`		Die Parameterdatentypen.
`parameterType`		Der Parametertyp.
`parameter-Dependencies`	*	Liste der Indexwerte für jeden abhängigen Parameter.
`value`	*	Der Wert des Parameters.
`default-EnvironmentName`		Der Wert des Parameters wird aus dem Wert einer Umgebungsvariablen abgeleitet.
`enabled`	*	[Boole] Ist der Parameter verfügbar, also aktiviert?
`altered`		[Boole] Wurde der Parameter geändert?
`hasBeenValidated`		[Boole] Wurde der Parameter von der internen Prüfroutine geprüft?
`category`	*	Die Kategorie des Parameters.
`schema`		Das Schema des Ausgabe-Datasets.
`filter`		Der auf die Werte im Parameter angewendete Filter.
`symbology`	*	Der Pfad zu einer Layer-Datei (.lyr), die zur Darstellung der Ausgabe verwendet wird.
`message`		Die angezeigte Meldung. Siehe hierzu bei den Methoden `SetErrorMessage()` und `SetWarningMessage()` im Abschnitt 7.5.2 „Meldungen während der Eingabe".

Beispiel: Vor- und Nachnamen eingeben, Mailadresse daraus ableiten

Alle Beispiele in diesem Abschnitt basieren auf folgender Aufgabe: Räumliche Daten sollen firmenintern durch ein Werkzeug standardisiert angefordert werden können („Kartendienst"). Neben den Personendaten des Bestellenden werden das Gebiet und, davon abhängig, die angeforderten inhaltlichen Ebenen der Karten abgefragt.

Als Erstes soll sichergestellt werden, dass der Anwender zunächst seinen Vornamen eingeben muss, bevor der Nachname freigegeben wird. Sind beide eingegeben, wird die Mailadresse freigegeben. Für sie wird ein Vorgabewert aus den beiden vorherigen Parametern abgeleitet.

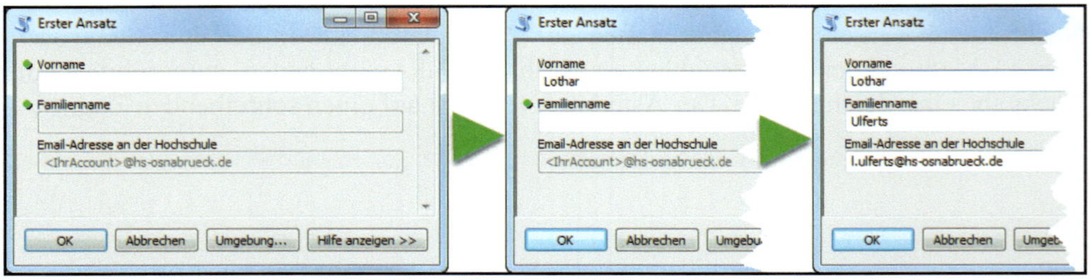

Zum Test nutzen Sie bitte im Ordner *Kartendienst* aus der Toolbox *01 Vor- und Nachnamen eingeben und Email-Adresse daraus ableiten.pyt* das Werkzeug *Erster Ansatz*.

```
# -*- coding: UTF-8 -*-
import arcpy as ap

# Elemente der Mailadresse:
HOST = 'hs-osnabrueck.de'
# Mustervorgabe: <erster Buchstabe Vorname>.<Nachname>@<HOST>
MAIL_PATTERN = '{0}.{1}@' + HOST

class Toolbox(object):
    def __init__(self):
        """Front-End-Werkzeuge des Kartendienstes"""
        self.label = "Kartendienst"
        self.alias = "KD"
        self.tools = [Order1, Order2, StatusTest]

class Order1(object):
    def __init__(self):
        """Erstellung einer ZIP-Datei mit den Daten einer Bestellung"""
        self.label = u" Erster Ansatz"
        txt  = "Erst den Vornamen, dann den Namen eingeben."
        txt += "\nGegebenenfalls die Mailadresse \xe4ndern"
        self.description = txt

    def getParameterInfo(self):
        """Defintion der Parameter"""

        # Eingabe Vorname
        vorname = ap.Parameter()
        vorname.displayName = u'Vorname'
        vorname.name = "vorname"
        vorname.datatype = "GPString"
        vorname.parameterType = "Required"
        vorname.direction = "Input"

        # Eingabe Nach- (= Familien)name
        nachname = ap.Parameter()
        nachname.displayName = u'Familienname'
        nachname.name = "name"
        nachname.datatype = "GPString"
        nachname.parameterType = "Required"
        nachname.direction = "Input"
```

```
        nachname.enabled = False

        # Eingabe Mailadresse
        email = ap.Parameter()
        email.displayName = u'Email-Adresse an der Hochschule'
        email.name = "email"
        email.datatype = "GPString"
        email.parameterType = "Required"
        email.value = '<IhrAccount>@'+ HOST
        email.direction = "Input"
        email.enabled = False

        return [vorname, nachname, email]

    def isLicensed(self):
        return True

    def updateParameters(self, parameters):
        u"""Änderung von Werten und Eigenschaften der Parameter
            bevor die systemeigene Prüfung durchgeführt wird. Diese
            Methode wird immer aufgerufen, wenn ein Parameter
                                    geändert worden ist."""
        vorname, nachname, email = parameters
        if vorname.altered:
            vorname.value = s.strip(vorname.value)
            if vorname.value:
                nachname.enabled= True

        if nachname.altered:
            nachname.value = s.strip(nachname.value)
            if nachname.value:
                email.enabled= True
                email.value = mailPattern.format(vorname.value[0],
                                    nachname.value).lower()

    def updateMessages(self, parameters):
        pass
    def execute(self, parameters, messages):
        pass
```

Code-zeile	Erläuterung
1-57	Die bereits behandelten Abschnitte der Definition der Toolbox und der Parameter sowie die Bestätigung der Lizenz.
4-7	Konstanten[19] zur Generierung der Mailadresse. Sie werden durch Großbuchstaben als solche kenntlich gemacht (PEP8).
24-54	Die Parameter `vorname`, `nachname` und `email` sind alle vom Typ `GPString` und Pflichtfelder (Z. 31 f., 39 f., 48 f.). Bis auf den ersten Parameter sind alle zunächst deaktiviert (Z. 42, 52). Die Mailadresse hat als einzige bereits einen Vorgabewert (Z. 50).
59-74	Der Methode `updateParameters()` gilt das Hauptaugenmerk. Sie wird im Folgenden noch genauer erklärt.
76-79	Die Methoden `updateMessages()` und `execute()` werden in den folgenden Abschnitten behandelt und bleiben zunächst leer.
63	Als Erstes wird die Parameterliste aufgelöst und den einzelnen Elementen sinnvolle Namen gegeben. Reihenfolge und Inhalt der Liste sind durch die Rückgabe von `getParameterInfo()` bestimmt (Z. 54). In den Beispielen von Esri und auch im Internet findet dieses Auflösen nicht statt. Dort wird der Parameter über seinen Listenindex angesprochen. Also statt `email` steht dann `parameters[2]`. Für uns sind diese Codes schwerer zu lesen. Mit der Verwendung der gleichen Namen für die Parameterobjekte wie in `getParameterInfo()` ist der Code leichter nachzuvollziehen.
64	Wenn der Vorname vom Nutzer geändert wurde, …
65	… dann nimm die Eingabe und kürze die Leerzeichen am Anfang und am Ende und setze das Ergebnis als Wert. Mit dieser Maßnahme werden die „unsichtbaren" Leerzeichen entfernt. Besteht die Eingabe nur aus Leerzeichen, so ist der Wert danach eine leere Zeichenfolge und somit als boolescher Wert `False`.
66	Wenn `vorname` nicht leer ist, …
67	… aktiviere den Parameter `nachname`.
69-72	Wird der Parameter `nachname` geändert, so wird er auf gleiche Weise kontrolliert wie der `vorname`. Bei einem Wert wird dann `email` aktiviert.
73+74	Aufgrund der logischen Abhängigkeiten der Parameter untereinander sind mit dem Freischalten der Mailadresse auf jeden Fall Vor- und Nachname gegeben und eine Standard-Mailadresse lässt sich generieren: Der erste Buchstabe des Vornamens und der ganze Nachname wird in die Vorgabe eingefügt und dann in Kleinbuchstaben umgewandelt.

[19] *Konstante* meint hier den Bezeichner in einem Programm für eine Größe, die nach der Zuweisung nicht mehr verändert werden soll. Konstanten sind jedoch nicht ‚pythonic', denn streng genommen gibt es sie nicht.

Defizite im ersten Ansatz zum Werkzeug

Sie haben sicherlich das Werkzeug ein wenig ausprobiert und ein paar Ungereimtheiten entdeckt. Der Wechsel von einem Parameter zum anderen und die Übernahme von Tastatureingaben zeigt, nennen wir es einmal, „unerwartetes Verhalten“.

Beispiel 1: Sie starten das Werkzeug und geben einen Vornamen ein. Dann wandern Sie mit dem Tabulator in das nächste Feld. Es ist nun freigegeben. Geben Sie jetzt den Text für einen Nachnamen ein, so kommt kein Text. Stattdessen ertönt die Glocke für nicht platzierbare Texteingabe. Wenn Sie mit der Maus in das Feld Familienname gehen, funktioniert die Texteingabe.

Beispiel 2: Sie starten das Werkzeug und geben einen Vornamen ein. Dann klicken Sie mit der Maus einmal in das Feld für den Familiennamen. Es wird aktiviert. Geben Sie nun den Text für einen Namen ein. Der Text erscheint nicht! Klicken Sie jedoch erneut einmal in ein beliebiges Feld, so erscheint der Text im Familiennamen und die Mailadresse wird auch freigegeben und mit einem neuen Wert befüllt.

Die **Ursache** ist in beiden Fällen die gleiche: Sie meinen, in das Feld des Familiennamens zu gehen, verlassen aber dadurch zunächst erstmal nur das Feld mit dem Vornamen. Nicht die Tastatureingaben melden dem `Order1`-Objekt, dass ein Parameter geändert wurde, sondern das Verlassen eines Eingabefelds. Dies ist für sich auch logisch, da ja sonst nach jedem Tastaturanschlag eine Validierung stattfinden würde. Der Nutzer käme in diesem Fall gar nicht dazu, einen Pfad oder Ähnliches einzugeben, da die halbfertige Zeichenfolge ständig Fehler verursacht. Somit wird erst mit dem Verlassen des Felds `updateParameters()` aufgerufen. Zu diesem Zeitpunkt haben Sie aber das nächste Feld schon angefasst. Dieses ist aber noch gar nicht aktiviert! Es geschieht erst in diesem Augenblick. Durch einen weiteren Klick erfolgt dann der erneute Aufruf von `updateParameters()` und das erwartete Verhalten wird „nachgeholt“. Erstaunt hat uns hierbei am meisten, dass in Beispiel 2 der Text nachträglich in das Feld eingetragen wird. Die **Konsequenz** daraus ist, den Anwender nicht durch Sperren von Parametern in der Reihenfolge zu gängeln, sondern darauf zu bauen, dass er sich gewohnheitsmäßig von oben nach unten durcharbeitet und außerdem `updateParameters()` für die nötigen Kontrollen sorgt.

Beispiel 3: Die Unveränderlichkeit der Mailadresse. Sollte sie abweichend von der Vorgabe sein, so wird beim Verlassen des Email-Felds sofort der Vorgabename wieder eingesetzt. **Ursache** dafür ist natürlich der Durchlauf von `updateParameters()`. Als **Konsequenz** sollte die Generierung des Namens nur einmal nach Eingabe der beiden vorherigen Felder erfolgen, danach nicht mehr.

Beispiel 4: Es ist für den Nutzer irritierend, wenn die Mailadresse als Pflichtfeld (siehe Zeile 49) keinen grünen Punkt hat.
Ursache hierfür ist die ständige Belegung des Felds mit einem Wert. Anfänglich ist es der Musterhinweis `<IhrAccount>@hs-osnabrueck.de`. Danach kann wegen des vorher beschriebenen Verhaltens der Inhalt gar nicht gelöscht werden, sondern wird ständig neu berechnet. Nur bei Eingabe von Vor- und Familienname und dem anschließenden Löschen dieser Werte kann als Letztes auch die Mailadresse gelöscht werden. Dann sind alle drei Parameter mit einem grünen Punkt versehen.

Als **Konsequenz** sollte zum einen der Inhalt eines Felds nicht dazu verwendet werden, um Informationen an den Nutzer abzusetzen. Zum anderen muss immer bedacht werden, dass Felder in beliebiger Reihenfolge und wiederholt geändert werden können.

Insgesamt gilt es, den Nutzer möglichst frei agieren zu lassen und sich auf eine Kontrolle der Werte nach der Eingabe zu konzentrieren.

Beispiel: Verbesserte Form der Eingabe von Namen und Mailadresse

Gegenüber dem ersten Ansatz soll nun anfänglich die Mailadresse leer bleiben und alle Parameter aktivieren. Eine durch den Nutzer vorgenommene Änderung der Mailadresse soll bestehen bleiben. Ausnahme: Als Service soll beim vollständigen Löschen des Felds die Adresse aus den aktuellen Werten neu generiert werden. Nutzen Sie hierzu das Werkzeug *Zweiter Ansatz*.

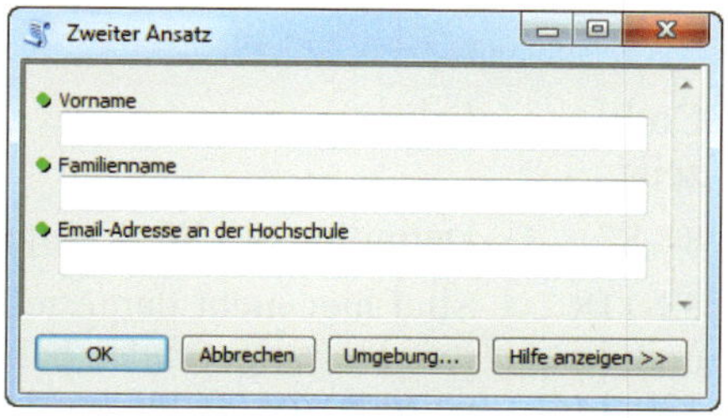


```
class Order2(object):
    def __init__(self):
        """Erstellung einer ZIP-Datei mit den Daten einer Bestel-
                                                         lung"""
        self.label = u" Zweiter Ansatz"
        txt  = "Wie der Erste, jedoch freier in der Abarbeitung und "
        txt += "mit erneuter Initiierung der Mailadresse"
        self.description = txt
[...]
    def updateParameters(self, parameters):
        u"""Änderung von Werten und Eigenschaften der Parameter
            bevor die systemeigene Prüfung durchgeführt wird.
            Diese Methode wird immer aufgerufen, wenn ein Para-
            meter geändert worden ist."""
        vorname, nachname, email = parameters

        if not vorname.hasBeenValidated and vorname.altered:
                vorname.value = vorname.value.strip()

        if not nachname.hasBeenValidated and nachname.altered:
                nachname.value = nachname.value.strip()

        if not email.altered: # email ist leer
            if vorname.altered and nachname.altered: # beide
                                                       haben Werte
                defaultAddress = MAIL_PATTERN.format(vorname.
                                       value[0], nachname.value)
                try: defaultAddress = defaultAddress.lower()
```

```
136                except: pass
137            else: pass # email ist leer, mindestens eines der
                                                    anderen auch
138        elif not email.hasBeenValidated: # email nicht leer und aktiv
139            try: email.value = email.value.lower()
140            except: pass
[...]
146
```

Codezeile	**Erläuterung**
81-87	Definition des Werkzeugs.
88-118 und 139-146	Sind hier nicht dargestellt, da dort, bis auf eine Ausnahme, keine Änderungen stattgefunden haben. Die Ausnahme ist: In `updateParameters()` wurden alle Zeilen zur Definition der Eigenschaften `enabled` und `value` gelöscht.
125+126	Wenn `vorname` bei der letzten Aktion des Nutzers nicht zu den passiven Feldern gehört (siehe unten) und es einen Wert besitzt, dann entferne führende und nachfolgende Leerzeichen.
128+129	Das gleiche Verfahren wird auf `nachname` angewendet.
131	Wenn die Mailadresse (noch oder wieder) leer ist …
132	… und zudem Vorname und Nachname einen Wert haben,
133-136	dann generiere eine Vorgabe für die Mailadresse.
133+134	Setze zunächst die Mailadresse aus den Komponenten nach der Vorlage zusammen und speichere dies unter `defaultAddress`.
135	In einem zweiten Schritt versuche die Adresse in Kleinbuchstaben umzuwandeln.
136	Bei einem Fehlschlag mache nichts. Warum die Behandlung der Mailadresse erweitert wurde, wird unten näher erläutert.
137	Anderenfalls mache nichts. Dieses „Anderenfalls" heißt hier: Die Mailadresse ist leer und mindestens eines der beiden anderen Felder ebenfalls.
138	`elif` wird nur angesteuert, wenn die `if`-Bedingung nicht erfüllt wurde. Somit heißt die gesamte Bedingung hier: Die Mailadresse wurde durch den Nutzer geändert und ist nicht leer.
139	Versuche die Eingabe des Nutzers in Kleinbuchstaben umzuwandeln und als neuen Wert zu speichern
140	Bei einem Fehlschlag mache nichts.

133-136 sowie 139+140 Warum die Erweiterung zur Analyse der Mailadresse?
Der erste Ansatz des Werkzeugs hatte noch ein weiteres Defizit: Tauchen Sonderzeichen (ß, Ä, ä, Ö, ö, Ü, ü) in der Adresse auf, so erzeugt die Methode `lower` eine Ausnahme. Rote Fehlersymbole erscheinen auf der Werkzeugoberfläche. Da dies kein Problem der Toolbox, sondern der Python-Funktion ist, wurde es unerwähnt gelassen.
Durch die geschichtete Abarbeitung der Schritte Mailadresse erzeugen (Z. 133 f.) und der Umwandlung in Kleinbuchstaben (Z. 135) wird beim Auftreten von Sonderzeichen zumindest die Adresse generiert und mit den fehlerhaften Zeichen dargestellt.
Für die Toolbox bleibt hier aber eine Aufgabe: Sie sollte dem Nutzer mitteilen, dass nicht erlaubte Zeichen ersetzt werden müssen. Zu den nicht erlaubten Zeichen gehören bei einer Mail neben den Sonderzeichen ja auch Leerzeichen und einige andere. Wie dies geschieht, wird im Abschnitt 7.5.2 erläutert.

Beschreibung der Zustände durch altered und hasBeenValidated

Um die richtigen Entscheidungen zu treffen, ist es wichtig zu wissen, in welchem Feld der Nutzer gerade gewesen ist und welchen Status die Eigenschaft `value` hat. Ist ein Wert vorhanden, so ist `altered` = `True`. Wurde das Feld nicht angesteuert (passives Feld), so ist `hasBeenValidated` = `True`. Welche Bedeutung die Kombinationen haben, ist in der nachfolgenden Tabelle dargestellt. Hierbei ist `False` als 0 und `True` als 1 markiert

Beim Start des Werkzeugs	Ab der ersten Interaktion	altered	hasBeen-Validated
Dem Parameter wurde weder in `getParameterInfos()` noch in `upgradeParameters()` ein Wert zugeordnet, er ist `None`. → Feld hat keinen Vorgabewert.	Der Parameter wurde bearbeitet und der Wert ist jetzt `None`. → Aktives Feld wurde gerade geleert.	0	0
Dem Parameter wurde in einer der beiden Methoden ein Wert zugeordnet. → Feld hat einen Vorgabewert.	Der Parameter wurde gerade bearbeitet. Ein Wert ist vorhanden. → Aktives Feld wurde befüllt.	1	0
	Der Parameter wurde (noch) nicht bearbeitet und hat (deswegen) den Wert `None`. → Passives Feld ist immer noch leer.	0	1
	Der Parameter wurde gerade nicht bearbeitet. Ein Wert ist vorhanden. → Passives Feld hat immer noch einen Wert.	1	1

Die Wirkung von Aktionen auf die beiden Eigenschaften können Sie interaktiv mit dem dritten Werkzeug in der aktuellen Toolbox „Status anzeigen“ nachvollziehen.

7.5.1.1 Interaktive Features

In der Regel werden die räumlichen Informationen, mit denen ein Werkzeug arbeiten soll, durch eine Feature-Class oder einen Layer übergeben. Soll die Information jedoch ad hoc durch den Nutzer erstellt werden, so können mit dem Parametertyp `GPFeatureRecordSetLayer` interaktive Features und Tabellensätze angeboten werden. Der Name des Parametertyps setzt sich aus den im Hintergrund arbeitenden Objekten zusammen. Es werden `FeatureSet`- oder `RecordSet`-Objekte erzeugt, die als `Layer`-Objekte in ArcMap erscheinen. In diesem Abschnitt steht die Arbeit mit diesem Parametertyp zur Steuerung des Verhaltens von Werkzeugen im Vordergrund.

Wird `GPFeatureRecordSetLayer` in der Umgebung von ArcCatalog genutzt (Abbildung rechts), so gibt es nur die Option „Datensätze auswählen“, analog zu `DEFeatureClass` oder `DETable`. Erfolgt der Einsatz jedoch in ArcMap-Umgebung (Abbildung unten), wird ein Layer erzeugt (1) und der Parameter schafft eine Umgebung wie in einer Editor-Sitzung (2). Die Auswahl eines Datensatzes besteht aber weiterhin.

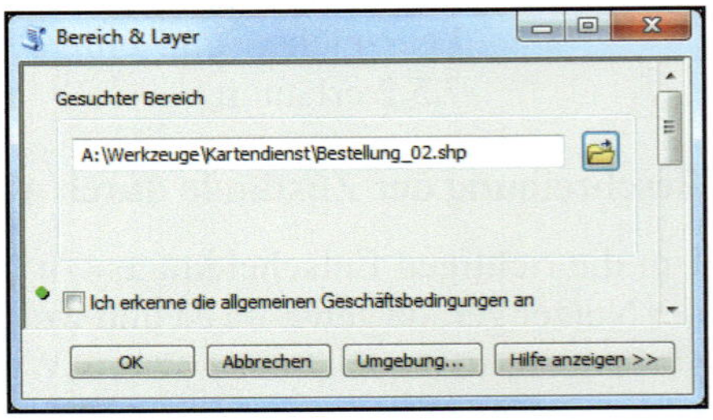

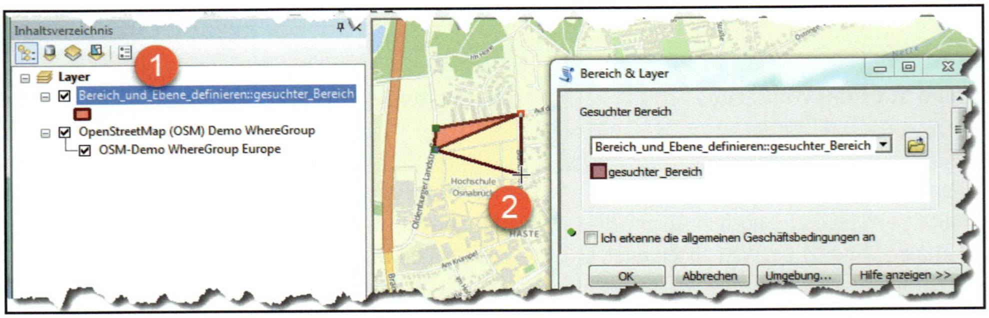

Das Erscheinungsbild der `FeatureSets` wird aus den Definitionen einer Layer-Datei generiert. Es gibt also vollen Zugriff auf alle Layer-Fähigkeiten.

Beispiel: Raum und Ebenen der anzufordernden Daten festlegen

Wenn die persönlichen Daten eingegeben worden sind, soll der Nutzer mitteilen, für welchen Bereich und welche inhaltlichen Ebenen Kartenmaterial benötigt wird. Bei den Ebenen soll zwischen Themen für große Maßstäbe, wie der AK5/DGK5 oder dem DGM1, und Themen für kleine Maßstäbe, wie der DTK50, unterschieden werden. Wird ein großer Bereich ausgewählt, so sollen nur die kleinmaßstäbigen Ebenen angeboten werden. Um das Werkzeug besser zu verstehen, wird in der Entwicklungsphase ein Parameter für Informationen definiert, der später deaktiviert werden soll. Die Kontrolle des Werkzeugs findet in ArcMap-Umgebung statt.

Zum Testen nutzen Sie bitte das Werkzeug der Toolbox *02 Interaktive Features.pyt*.

Bei der Verwendung des Werkzeugs werden Sie sich bestimmt einige Male gewundert haben. Zum einem über fehlende Reaktionen nach dem Digitalisieren: Der Parameter durchläuft nicht durch Abschluss eines Polygons die Methode `updateParameters()`, sondern erst beim Verlassen des Parameters. Dies kann das Anhaken der AGB sein oder aber auch das Ansteuern der Schalter *OK* oder *Abbrechen*. Um die beiden Letzteren aber nicht auszulösen, gehen Sie mit noch gedrückter Maustaste vom Schalter herunter und lassen dann erst die Maustaste los.
Bei dem vollständig zusammengestellten Werkzeug wird dieses Problem kaum ins Gewicht fallen, da es dort genug Parameter zum Ansteuern gibt und die Rückmeldung der Flächengröße nicht erscheint.

Gewundert haben Sie sich zum anderen auch das eine oder andere Mal über zu kleine Zahlenwerte für die Flächen: Wenn Sie in ArcMap mit einem Layer arbeiten, hat dieser seine eigene Sicht auf den Datensatz: Sind Elemente markiert, so werden nur diese betrachtet. Diese Regel für eine Sicht auf die Dinge gilt auch für den `GPFeatureRecordSetLayer`.

Betrachten wir nun den Code, dem dieses Werkzeug zugrunde liegt:

```
# -*- coding: UTF-8 -*-
import arcpy as ap
from  os import path as pth

EBENE_1 = ['AK5', 'DGK5', 'DOP', 'DTK25']
EBENE_2 = ['DTK25', 'DTK50', 'DTK100', 'DTK200']
SCHWELLWERT = 12*1000**2 # 12 km² in m²

class Toolbox(object):
    def __init__(self):
        self.label = "Toolbox"
        self.alias = ""
        self.tools = [BereichUndEbenenDefinieren]

class BereichUndEbenenDefinieren(object):
    def __init__(self):
        self.label = "Bereich & Layer"
        self.description = "gew\xfcnschte Bereiche und Ebenen"
        self.canRunInBackground = False

    def getParameterInfo(self):
        # Eingabe der Fläche
        bereich = ap.Parameter()
        bereich.displayName = u'Gesuchter Bereich'
        bereich.name = "gesuchter_Bereich"
        bereich.datatype = "GPFeatureRecordSetLayer"
        bereich.parameterType = "Required"
```

```
        bereich.direction = "Input"
        bereich.value = pth.join(pth.dirname(__file__),
                                 'data\\Datenanforderung.lyr')

        # Auswahl der Ebenen
        ebenen = ap.Parameter()
        ebenen.displayName = "Gew\xfcnschte Inhaltsebenen"
        ebenen.name = "inhaltliche_ebenen"
        ebenen.datatype = "GPSTring"
        ebenen.parameterType = "Required"
        ebenen.direction = "Input"
        ebenen.filter.type = 'ValueList'
        ebenen.multiValue = True
        ebenen.enabled = False

        # AGB Anerkennen
        agb = ap.Parameter()
        txt = 'Ich erkenne die allgemeinen Gesch\xe4ftsbedingungen an'
        agb.displayName = txt
        agb.name = "agb"
        agb.datatype = "GPBoolean"
        agb.parameterType = "Required"
        agb.direction = "Input"

        # Dummyfeld für Texte
        dummy = ap.Parameter()
        txt  = u'Information zur Fl\xe4chengr\xf6\xdfe '
        txt += u'des ausgew\xe4hlten Bereiches [qm]'
        dummy.displayName = txt
        dummy.name = "info"
        dummy.datatype = "GPString"
        dummy.parameterType = "Required"
        dummy.direction = "Optional"
        dummy.enabled = False

        return [bereich, dummy, agb, ebenen]

    def isLicensed(self):
        return True

    def updateParameters(self, parameters):
        bereich, dummy, agb, ebenen = parameters

        flaeche = summationArea(bereich.value,'ETRS 1989 UTM Zone 32N')
        dummy.value = readableScore(flaeche)
        if flaeche > 0:
```

```
74              ebenen.enabled= True
75              neueListe = EBENE_1 if flaeche < SCHWELLWERT else EBENE_2
76              if ebenen.filter.list != neueListe:
77                  ebenen.value = abgleich(ebenen.value, neueListe)
78                  ebenen.filter.list = neueListe
79          else:
80              ebenen.value = None
81
82          if agb.value == True:
83              ebenen.enabled = True
84          else:
85              ebenen.value = None
86              ebenen.enabled = False
87
88          return [bereich, dummy, agb, ebenen]
89
90      def updateMessages(self, parameters):
91          return
92
93      def execute(self, parameters, messages):
94          """The source code of the tool."""
95          for param in parameters:
96              val = param.value
97              ap.AddMessage('%17s: %s\n%19s%s'%(param.name, val,''
                                                            ,type(val)))
98          return
```

Codezeile	Erläuterung
2+3	Laden der Module. `pth` wird in den Zeilen 29 f. benötigt.
5-7	Festlegung der wählbaren inhaltlichen Ebenen für kleine und große Bereiche sowie Festlegung des SCHWELLWERTs zwischen diesen beiden Zuständen.
9-66	Definition des Werkzeugs, der Parameter und der Lizenz.
22-30	Der erste Parameter ist vom Datentyp `GPFeatureRecordSetLayer`.
29+30	Dieser Datentyp benötigt den Pfad zu einer Layer-Datei. Um diesen Pfad variabel zu halten, wird mit `__file__` der Pfad zur ausführenden Datei (Python-Toolbox) aufgerufen. Hieraus wird der Name des Verzeichnisses abgeleitet und um *data\Datenanforderung.lyr* ergänzt. Die Layer-Datei muss somit immer in einem Unterverzeichnis der aufrufenden Toolbox liegen. Der in der Layer-Datei genannte Pfad zur Datenquelle muss natürlich ebenfalls relativ sein.
68-88	Die Methode `updateParameters()`, in der die Parameter `bereich` (Zeile 71-80) und `agb` (Zeilen 82-86) untersucht werden, um damit `ebenen` und `dummy` zu steuern.

69 Die an die Methode übergebenen `parameters` werden an die passenden Variablennamen gebunden.

71 Die Flächengröße der übergebenen Polygone wird berechnet und an `flaeche` gebunden. Das Parameterobjekt `bereich` hält in der Eigenschaft `value` das oder die ausgewählten Polygone. Diese Polygone sind, je nachdem ob ein Layer oder eine Digitalisierung oder ein Datensatz aus dem Catalog genutzt wurde, unterschiedliche Objekttypen: `geoprocessing Layer Object` oder `geoprocessing record set object` oder ein `geoprocessing value Object`. Beachten Sie, dass diese Objekte unterschiedliche Eigenschaften und Methoden haben. So kennt nur `layer object` die Eigenschaft `CatalogPath`. Alle Objekte sollten aber Polygone beinhalten, deren Flächen bestimmt werden können. Die Funktion `summationArea()` erledigt dies. Sie wird weiter unten separat erläutert.

72 Der `dummy`-Parameter wird mit der Flächengröße befüllt. Damit diese besser lesbar ist, erhält die Quadratmeterzahl Tausenderpunkte. Dies erledigt die Funktion `readableScore()`, die ebenfalls unten erläutert wird.

73 Wenn Flächen vorhanden sind, ist deren Summe immer größer null.

74 In diesem Fall wird `ebenen` (wieder) aktiviert. Für den anderen Fall siehe Zeilen 79 f.

75 Die Liste der wählbaren Ebenen wird festgelegt und an `neueListe` gebunden. Wenn die Fläche den SCHWELLWERT unterschreitet, wird `EBENE_1` genommen, sonst `EBENE_2`.
Die hier angewendete Komprimierung einer `if-then-else`-Anweisung in eine Zeile[20] verkürzt die Länge des Skripts und es lässt sich auch flüssig lesen. Wir haben jedoch Probleme damit, diese Zeile im Überflug auch als `if`-Verzweigung zu erkennen und benutzen sie daher selten.

76 Die aktuell wählbaren Ebenen entsprechen nicht denen der neuen Liste.

77 Deshalb wird mit der Funktion `abgleich` die Schnittmenge aus den aktuell ausgewählten und den nun wählbaren Werten gebildet. Die Funktion selbst wird unten erläutert. Diese Liste ist der neue Wert für `ebenen`.

78 Anschließend werden aus `neueListe` die wählbaren Ebenen neu definiert.

79 Der Wert von `flaeche` ist nicht größer null. Dieser Fall tritt bei einer *FeatureClass*, einem *Layer* oder einem *RecordSet* ohne ein einziges Feature auf. Unter dieser Bedingung wird der Parameter der wählbaren Ebenen deaktiviert. Testen können Sie es mit *Bestellung_4_Leer*.

80 Die Auswahl des Nutzers wird gelöscht.

82-86 Die Anerkennung der Allgemeinen Geschäftsbedingungen steuert den Parameter zur Auswahl der Ebenen.

82+83 Wenn sie anerkannt werden, wird die Auswahl der Ebenen aktiviert.

[20] Das Konstrukt erschien als PEP308 (https://www.python.org/dev/peps/pep-0308/). Seine Entstehung ist typisch für Python.

84-86 Anderenfalls werden die Auswahlliste und die Auswahl gelöscht. Der Parameter `ebenen` bekommt damit einen grünen Punkt und das Werkzeug ist in diesem Zustand nicht ausführbar.

88 Die veränderten Parameter werden in der gleichen Reihenfolge wie beim Eingang zurückgegeben.

92-97 Von den Eingaben des Nutzers werden der Parametername, sein Wert in Textform und der dahinterstehende Python-Datentyp als Meldung ausgegeben. Sie sehen somit, wie ArcGIS seine Geometrien handelt.

Die Anwendung der interaktiven Eingabe von Geometrien erfordert bei `getParameterInfo()`also eine passende Layer-Datei mit entsprechender Quelle. In `updateParameters`() bietet dieses Objekt dann den gleichen Umfang an Eigenschaften und Methoden wie jeder x-beliebige Geometrie-Layer. Wenn Sie nicht die Geometrie, sondern den Zugriff auf Sachdaten benötigen, können Sie mit den gleichen Anweisungen in der Python-Toolbox auch eine interaktive Tabelle erzeugen. Viele Einstellungen sowohl der Layer-Datei, unter anderem die Symbologie, als auch das Schema der Datenquelle, hier beispielsweise Domänen, werden an die Oberfläche des Werkzeugs weitergegeben. Zu den nicht übernommenen Eigenschaften gehört die Beschriftung. Welche Systematik hinter diesen Ein- und Ausschlüssen steckt und wo sie dokumentiert wird, ist uns leider nicht bekannt.

Unabhängig vom Projekt „Kartendienst“ können Sie in der nachstehenden Abbildung sehen, wie sich im Werkzeug Layer-Definition und Datenschema auswirken. Hierin sind einigen Werten der flächigen Objekte Symbole zugeordnet. Diese Symbole tauchen im temporären Layer, bei den Parametern des Werkzeugs und beim Digitalisieren auf (1). Bei den punktuellen Objekten ist das Attribut *Einstufung* durch eine Domäne geregelt. Die zugeordnete Symbologie erscheint ebenfalls (2). Die Wirkung der Domäne zeigt sich dann auch bei den Sachdaten. Benutzereingaben werden auf ihre Richtigkeit kontrolliert, bei codierten Werten erscheint eine Auswahlliste (3).

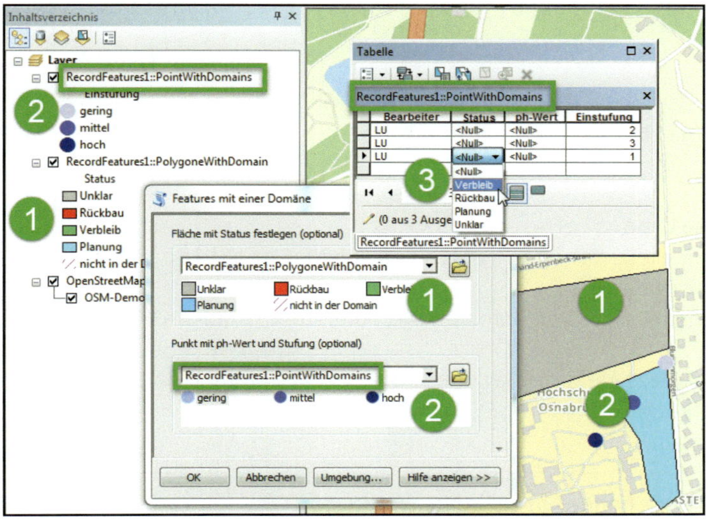

In dem entsprechenden Ordner zu diesem Kapitel finden Sie im Kapitelordner unter *Werkzeuge* ein Kartendokument *interaktive Features mit Domänen.mxd* und die *Toolbox Digitalisieren mit Domänen.pyt,* um das ‚Look & Feel' selbst zu testen. Digitalisieren Sie im Kartendokument mit den entsprechenden Layern Geometrien und legen Sie die Sachdaten fest. Führen Sie das Werkzeug aus und vergleichen das Verhalten. Aktivieren Sie das Werkzeug in der Sitzung über das *Ergebnisse-Fenster* erneut. Gegebenenfalls müssen Sie die Anzeige erneuern, um zuvor digitalisierte Geometrien wieder zu sehen.

Es folgt nun, wie oben angesprochen und der Vollständigkeit halber, die Erläuterung der selbst definierten Funktionen. Dies geschieht so kurz wie möglich, da sie von der Schichtung her nicht Aufgaben der Python-Toolbox sind, sondern ganz allgemein in Skripten mit ArcPy nutzbar sind. Sie sind jedoch ein gutes Beispiel dafür, wie sinnvoll definierte Funktionen in einem modularen System für Synergien sorgen.

```
def summationArea(fc, destSR=None):
    u"""Berechnet die Flächensumme der Features von fc. Optional
    in den Einheiten von destSR, wobei eine Transformation berück-
    sichtigt wird."""
    srcSR = ap.Describe(fc).SpatialReference
    if not destSR:  destSR = srcSR

    if not isSameSpatialReference(srcSR, destSR):
        transformation = bestTransformation(srcSR, destSR)
    else:
        transformation = ''
    try:
        summe = 0.00
        with ap.da.SearchCursor(fc, ['SHAPE@']) as cur:
            for row in cur:
                summe += row[0].projectAs(destSR, transformation).
                                                                    area
        del cur
    except:
        summe = False
    return summe
#-----------------------------------------------------------------
def bestTransformation(srcFs, destSR):
    u"""Gibt den Namen der geeignetsten Transformation zurück"""
    desc = ap.Describe(srcFs)
    transformations = ap.ListTransformations(desc.SpatialReference,
                                             destSR, desc.Extent)
    try: bestMatch = transformations[0]
    except: bestMatch = ''
    return bestMatch
#-----------------------------------------------------------------
def isSameSpatialReference(sr1, sr2):
```

```
32      """Prüft, ob zwei Raumbezugssysteme gleich sind"""
33      return sr1.exportToString() == sr1.exportToString()
```

Codezeile	Erläuterung
1-33	Die drei Funktionen `summationArea()`, `bestTransformation()` und `isSameSpatialreference()` gehören zusammen, da die beiden Letzteren von der Ersten aufgerufen werden.

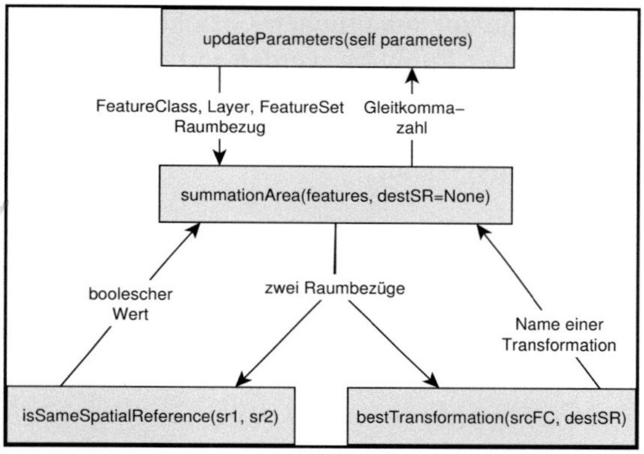

Codezeile	Erläuterung
1-4	Das Ziel von `summationArea` beschreibt der docstring (Z. 2 ff.).
5	Bestimmen des Bezugssystems der Quelle.
6	Wenn kein Zielbezugssystem genannt wird, setze es der Quelle gleich.
8-11	Wenn beide Systeme nicht gleich sind, dann ermittle den Namen der geeignetsten Transformation zwischen ihnen, ansonsten setze `transformation` auf eine leere Zeichenfolge.
12-17	Versuche folgende Schritte: Die Summe der Flächen wird ‚genullt'. Dann werden die Features lesend geöffnet und nur die Geometriespalte verwendet. Der Cursor wandert durch jede Zeile und projiziert unter Verwendung der Transformation die Geometrie in das Zielbezugssystem. Von diesem Objekt wird dann die Flächengröße ermittelt. Diese Zahl wird zu der Flächensumme addiert. Dies geschieht auch, wenn eigentlich keine Projektion und/oder Transformation nötig ist. Somit ist diese Funktion nicht immer die schnellste, sie ist aber universell einsetzbar. Performanter wäre sie nur mit der Definition von anonymen Funktionen (`lambda`).
18+19	Wenn der Versuch fehlschlägt, setze `summe` auf `False`.

20 Die Summe kann nun drei grundsätzlich unterschiedliche Werte aufweisen: Sie ist `False`, wenn irgendetwas beim Aufsummieren falsch gelaufen ist. Vielleicht existiert die Quelle gar nicht. Sie ist `0.00`, wenn gar keine Features vorhanden sind, wie bei einer leeren Feature-Class, oder es der falsche Geometrietyp (Linie, Punkt) ist. Bei einem geplanten Einsatz ist der Wert immer größer null. Nur in diesem Fall ist der boolesche Wert der Rückgabe `True`.

22-29 `bestTransformation` ist die Fortentwicklung des Beispiels *Transformation von ETRS89 in Gauß-Krüger* aus dem Kapitel 4 „Daten untersuchen".

31-33 ArcPy bietet keine Methode zur inhaltlichen Gleichheit zweier `SpatialReference`-Objekte. In dieser Funktion werden mit der Methode `exportToString()` die Definitionen beider Raumbezugssysteme in Zeichenfolgen umgewandelt und miteinander verglichen. Wenn diese beiden identisch sind, sind es auch die Raumbezugssysteme.[21]

Die Auswahl der Werte des Parameters für die inhaltlichen Ebenen wird in einem ArcPy-spezifischen Objekt, dem `ValueTable`, bereitgestellt. Warum Esri nicht auf den Python-Datentyp `list` zurückgreift, ist nicht zu erklären. Die in dieser Toolbox zur Verarbeitung notwendigen Schritte sind in drei kleinen Funktionen definiert. [21]

```
35 def schnittmenge(valueTable, liste):
36     u"""Schnittmenge einer eindimensionalen ap.ValueList mit einer
                                                            Python-Liste
37     als Python-Liste"""
38     return compareLists(valueTable2List(valueTable), liste)[0]
39 #----------------------------------------------------------------
40 def compareLists(listA,listB):
41     u"""Vergleicht zwei Listen miteinander. Rückgabe sind drei Listen:
42  Vorhanden in A und B (Schnittmenge), nur in A vorhanden, nur in
43     B vorhanden."""
44     a,b = set(listA), set(listB)
45     return map(lambda x: sorted(list(x)), [a&b, a-b, b-a])
46 #----------------------------------------------------------------
47 def valueTable2List(valueTable):
48   """Wandelt eine (zweidimensionale) arcpy.ValueTable in eine
49     (geschachtelte) Python-Liste aus strings um. Bei Misserfolg
                                             ist es eine leere Liste"""
50     vt = valueTable
51     try:
52         if vt.columnCount == 1:
53             return vt.exportToString().split(';')
54         else:
```

[21] Siehe: How do you check if two feature classes have the same spatial reference? http://gis.stackexchange.com/questions/170088/

```
55            return [seq.split() for seq in vt.exportToString().
                                                  split(';')]
56      except:
57          return []
```

Code-zeile	Erläuterung
35-57	`schnittmenge()` ruft `valueTable2List()` auf, um den passenden Datentyp für `compareList()` bereitzustellen.

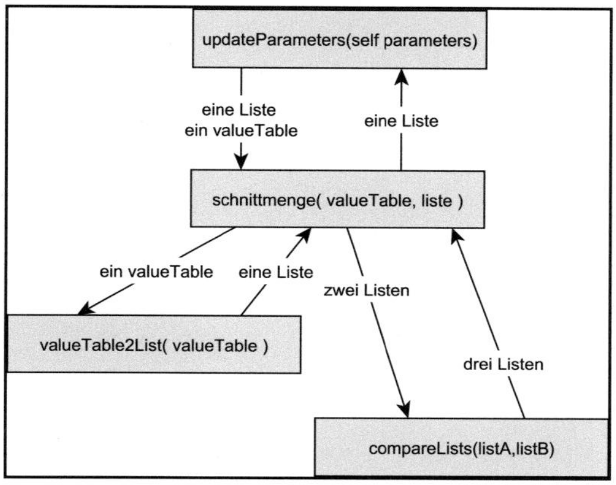

47-57	`ValueTable2List` ist eine allgemein einsetzbare Funktion, um das etwas sperrige ArcPy `ValueTable`-Objekt in den in Python besser zu verarbeitenden Datentyp `list` umzuwandeln.
51+56 f.	Mit dieser `try/except`-Anweisung wird dafür gesorgt, dass immer eine Liste zurückgegeben wird, und sei sie leer.
52	Wenn `valueTable` nur eine Spalte (eindimensionale Liste) besitzt, wird ...
53	eine einfache Liste erzeugt. Dazu wird `valueTable` in eine Zeichenfolge umgewandelt, die an jedem Semikolon aufgesplittet wird.
54	Ist `valueTable` nicht eindimensional, ...
55	so wird eine verschachtelte Liste erzeugt. Dabei wird zunächst wie in der Zeile 53 vorgegangen. Anschließend wird jedes Element der Liste nochmals durch Aufspaltung an den Leerstellen selbst in eine Liste umgewandelt. Dies entspricht der Regelung in der Dokumentation von Esri[22]. Objekte der Klasse `ValueTable` sind unseres Wissens maximal zweidimensional. Explizit festgestellt wird dies in der Dokumentation allerdings nicht.
56+57	Eine Ausnahme in dem `try:` Block kann erzeugt werden, wenn ValueTable `None` ist. Dies ist zum Beispiel beim Start des Werkzeugs der Fall. `ValueTable2List` hilft somit auch, den Code in der Python-Toolbox zu verschlanken.

[22] ValueTable – ArcPy Classes: https://pro.arcgis.com/de/pro-app/arcpy/classes/valuetable.htm

Die zeilenreichste Funktion sorgt für gut lesbare große Zahlen. Wenn Sie sich die Zeilen in Ruhe durchschauen, werden Sie den Ablauf bestimmt nachvollziehen können. Die Funktionen und Operatoren gehören alle zu den Grundwerkzeugen in der Arbeit mit Zeichenfolgen.

```
def readableScore(numerical, sep = '.'):
    """ Grosse Zahlen lesbar machen. Erzeugt aus numerical-Wert
    den Text inkl. sep als Tausendertrenner. Gleitkommazahlen
    werden zu Ganzzahlen gerundet."""
    integer = round(float(numerical),0)
    if integer < 0:
        new = '-'
        integer = -integer
    else: new = ''
    strI = str(integer)[:-2]
    lenI = len(strI)
    lead = lenI%3
    pts =lenI/3
    if lenI > 3:
        if lead:
            new += strI[0:lead] + sep
        for k in range(pts):
            new +=  strI[k*3+lead: k*3+3+lead] + sep
        new = new[:-1]
    else: new += strI
    return new
```

Ihre Hauptaufgabe in der Konzeptentwicklung für die Methode `updateParameters()` ist es zu erkennen, welche Parameter dynamisch nachgesteuert werden müssen. Nicht dynamische Teile können bereits in *getParameterInfo()* endgültig festgelegt werden. Für die dynamischen Parameter müssen Sie feststellen, aus welchen Informationen sich die Anpassungen ableiten. Die Reihenfolge und Verschachtelung der Bedingungen ist hierbei eine nicht zu unterschätzende Aufgabe. Ein gutes Konzept im Vorfeld hilft Ihnen, sich beim Schreiben des Skripts nicht in den `for`-, `if/elif/else`- oder `while-break-finally`-Blöcken zu verlieren.

7.5.2 Meldungen während der Eingabe

Woran es dem Werkzeug bis jetzt mangelt, ist die Kommunikation mit dem Nutzer. Die Effekte einer Eingabe und die daraus abgeleiteten Änderungen sind für ihn oftmals nicht nachvollziehbar. An die Situation angepasste Meldungen sollen dem Nutzer helfen, die richtigen Änderungen vorzunehmen, um das Werkzeug operabel zu machen.

In der Methode `updateMessages()` können Sie dem Nutzer Warnungen und Fehler melden. Reine Mitteilungen sind nicht vorgesehen und eigentlich auch nicht nötig. Sie haben ihren Platz in der Hilfe und Dokumentation. Diese wird weiter unten besprochen.

Von den Parametereigenschaften in der Phase der Validierung ist in diesem Zusammenhang nur eine von Interesse: `message` gibt den derzeitigen Inhalt der Mitteilung zurück. Dagegen beziehen sich fast alle Methoden eines Parameterobjekts auf Meldungen:

Methode	Beschreibung [Rückgabewert]
`setErrorMessage (Zeichenfolge)`	Erzeugt eine Fehlermeldung (Symbol: ⊗) für den Parameter. Die Zeichenfolge beschreibt den Fehler. Eine Fehlermeldung verhindert die Ausführung des Werkzeugs.
`setWarningMessage( Zeichenfolge)`	Erzeugt eine Warnmeldung (Symbol: ⚠) für den Parameter. Die Zeichenfolge beschreibt den Fehler. Bei einer Warnung bleibt das Werkzeug operabel.
`clearMessage()`	Entfernt alle Meldungen und setzt den Status auf „informativ" zurück (`hasError` und `hasWarning` sind dann `False`).
`hasError()`	Hat der Parameter einen Fehler? [Boole]
`hasWarning()`	Hat der Parameter eine Warnung? [Boole]

Das System und Sie können je Parameter immer nur eine Warnung oder einen Fehler herausgeben. Hierbei ist immer die letzte Anweisung bestimmend. Die Definition einer Warnmeldung setzt eine mögliche vorherige Fehlermeldung zurück. `hasError()` ist dann `False` und `message` gibt den Text der Warnmeldung aus. Da die Methode `updateMessages()` nach der systeminternen Generierung von Meldungen aufgerufen wird, haben Sie also alles in der Hand. Im nachfolgenden Beispiel wird ein Konstrukt gezeigt, wie Sie bereits erfolgte Meldungen berücksichtigen können.

Sie brauchen sich kaum Gedanken zum Layout der Meldung zu machen. Steuerzeichen für fett, kursiv usw. werden nicht unterstützt. Zeilenumbrüche finden im Pop-up-Fenster zu der Meldung automatisch statt. Von Ihnen eingefügte Zeilenumbrüche (`'\n'`) werden allerdings berücksichtigt.

Beispiel: Werkzeug mit Meldungen versehen

Bevor wir uns mit den Meldungen beschäftigen, werden die beiden bisher entwickelten Teile, „Eingabe der Personendaten" sowie „Auswahl von Raum und Inhalt", vereinigt. Dazu werden einfach die Codezeilen in sinnvoller Anordnung in einer neuen Datei zusammengeführt. Diese Abschnitte werden daher hier nicht behandelt.

Bei den Meldungen sollen folgende Sachverhalte berücksichtigt werden:

- Fehlermeldungen sollen nicht von Warnungen unterdrückt werden.
- Mehrere Fehler für einen Parameter sollen textlich zusammengefasst werden. Das Gleiche soll bei den Warnungen geschehen.
- Das Werkzeug soll warnen, wenn die Mailadresse nicht die hausinterne Endung (@hs-osnabrueck.de) hat oder problematische Zeichen beinhaltet.
- Ist der Datensatz für den gesuchten Bereich nicht lesbar, soll das Werkzeug den Fehler melden mit dem Grund: Der Datensatz ist nicht vorhanden oder nicht lesbar.

- Ist der Datensatz lesbar, hat aber keine Geometrie in sich, soll eine Warnung ausgegeben werden.
  Warum einmal ein Fehler, das andere Mal eine Warnung? Es ist die Entscheidung des Entwicklers. Im anschließenden Geoprozess wird mit dem Datensatz ein CLIP durchgeführt. Ein defekter Datensatz führt dort zu einem Fehler. Bei einem leeren Datensatz erfolgt eine Warnung.
- Verschwindet die Auswahlliste wegen eines leeren Raums, soll es dazu eine Warnung geben. Eine Warnung deshalb, da keine Auswahl den Geoprozess nicht zu einem Fehler führt. Zudem muss der Parameter als Pflichtparameter sowieso ausgefüllt werden, um das Werkzeug starten zu können.
- Werden angewählte Elemente aus der Auswahl entfernt, weil eine neue Wahl des Raums die Auswahlliste der Ebenen geändert hat, soll eine Warnung mit der Liste entfernter Elemente erscheinen.

```
    def updateMessages(self, parameters):
        vorname, nachname, email, bereich, agb, ebenen = parameters
        # Fehlermeldungen
        msg001 = "Der Datensatz ist fehlerhaft."
        msg002 = "Der Datensatz hat keine Features."
        msg003 = "Dies ist keine Hochschuladresse."
        msg004 = "Die Adresse besitzt nicht erlaubte Zeichen."
        msg005 = "Die Liste der Ebenen kann wegen fehlender " +\
                 "Fl\xe4chengr\xf6\xdfe nicht dargestellt werden"

        # Mailadresse
        if email.altered:
            correctHost = email.value.endswith('@'+ HOST)
            correctSigns = validateSigns(email.value)
            if correctHost and correctSigns:
                email.ClearMessage()
            else:
                msg = msg003 if not correctHost else ''
                if not correctSigns:
                    if msg: msg = "(1) %s\n(2) "%msg
                    msg += msg004
                email.setWarningMessage(msg)
                del msg

        # räumlicher Bereich
        if agb.value == True:
            flaeche = summationArea(bereich.value,'ETRS 1989 UTM
                                                         Zone 32N')
            sysErr = bereich.message if bereich.hasError() else ''
            sysWrn = bereich.message if bereich.hasWarning() else ''
            if flaeche is False:
```

```
162                 msg = msg001
163                 if sysErr:
164                     bereich.setErrorMessage('(1) %s\n(2) %s'%
                                                   (sysErr, msg))
165                 else:
166                     bereich.setErrorMessage(msg)
167                 del msg
168             elif flaeche == 0.00:
169                 msg = msg002
170                 if bereich.hasError():
171                     pass
172                 elif sysWrn:
173                    bereich.setWarningMessage('(1) %s\n(2) %s'
                                                  %(sysWrn, msg))
174                 else:
175                     bereich.setWarningMessage(msg)
176                 del msg
177             else:
178                 bereich.clearMessage()
179
180         # inhaltliche Ebenen
181         if msg002 in bereich.message:
182             msg = msg005
183             if ebenen.hasWarning():
184                 msg = '(1) %s\n(2) %s'%(ebenen.message, msg)
185             ebenen.setWarningMessage(msg)
186             del msg
187
188         return
189
190     def execute(self, parameters, messages):
191         return
```

Codezeile	**Erläuterung**
133	Die an die Methode übergebenen `parameters` werden an die passenden Variablennamen gebunden.
134-140	Die Inhalte der einzelnen Fehlermeldungen werden definiert. Dies am Anfang gruppiert zu erzeugen, schafft einen guten Überblick, was alles behandelt wird. Im Code kann dann nach den Variablennamen gesucht werden.
142-154	Meldungen zum Parameter der Mailadresse an der Hochschule.
143	Wenn die Adresse nicht leer ist ...

144 Stelle fest, ob die Mailadresse mit *@hs-osnabrueck.de* endet. `HOST` ist im Kopf der PYT-Datei definiert. Die string-Methode `endswith()` liefert einen booleschen Wert, der an `correctHost` gebunden wird.

145 Auch `correctSigns` ist ein boolescher Wert, der durch die eigene Funktion `validateSigns()` erzeugt wurde. Sie wird am Ende dieser Beschreibung erklärt.

146+147 Wenn beide `True` sind, setze alle Meldungen für diesen Parameter zurück.

148 Ansonsten ist mindestens eine Bedingung nicht erfüllt.

149 Setze `msg` auf `msg003` (falscher Host), wenn `correctHost` nicht wahr ist, ansonsten setze `msg` als leere Zeichenfolge.

150 Wenn `correctSigns` nicht wahr ist …

151 und `msg` nicht leer ist, baue einen Text mit Aufzählungszeichen und Zeilenumbruch herum.

152 Ob nun eine leere Zeichenfolge oder die Aufzählung, hänge die Mitteilung für problematische Zeichen dahinter.

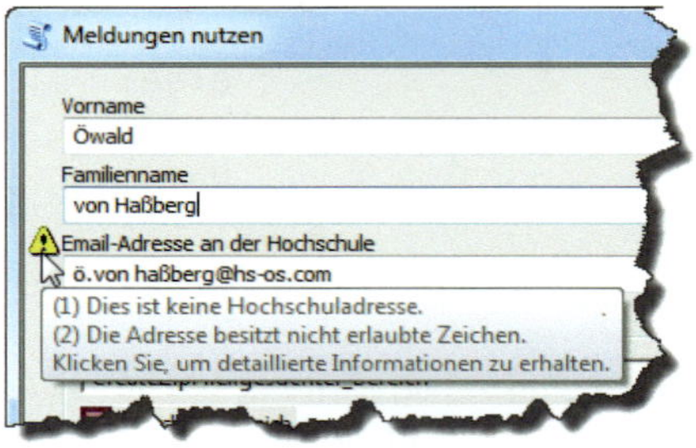

153 Schicke den Text als Warnung an den Parameter `email`.

154 Lösche `msg`. Nicht um Speicher frei zu geben, sondern um keine unerwünschten Effekte bei erneuten Verwendung des Variablennamens weiter unten zu erleben.

156-178 Meldungen zum Parameter *Gesuchter Bereich.*

157 Der Parameter wird nur geprüft, wenn der Haken bei den Allgemeinen Geschäftsbedingungen gesetzt wurde.

158 Die Fläche des Bereichs wird noch einmal berechnet. Warum nicht der Wert aus `updateParameters()` Verwendung findet, wird nach der Beschreibung des Codes erklärt.

159+160 Wenn zu diesem Zeitpunkt der Parameter einen Fehler hat, kann er nur von der systeminternen Prüfung kommen. Binde in einem solchen Fall den Inhalt der Nachricht an die Variable `sysErr`. Sonst setze die Variable als leere Zeichenfolge.

160 Mache das Gleiche mit den Warnungen.

161 Wenn `flaeche` den Wert `False` hat, ist innerhalb der Funktion `summationArea()` etwas schief gelaufen, dort wurde der `except` -Block ausgeführt.

Es besteht ein Unterschied, ob `flaeche False` oder `0.00` ist. Beide Werte für sich sind für eine `if`-Kondition aber `False`. Auch der Vergleichsoperator == hilft hier nicht weiter. Es muss mit `is` genauer nachgefragt werden.

162	Wenn etwas schief gelaufen ist, wird die Meldung für einen fehlerhaften Datensatz verwendet.
163+166	Sollte es schon einen systeminternen Fehler geben, so hänge den des fehlerhaften Datensatzes dahinter und gebe beide als Fehler aus. Sonst gebe die Meldung, so wie sie ist, als Fehler heraus.
168	Der erste Fall ist nicht eingetreten, `flaeche` ist nicht `False`. Daher reicht ein einfacher Vergleich. Es wäre auch `if not flaeche:` gegangen, der Ausdruck `flaeche == 0.00` gibt aber den sachlichen Zusammenhang einer leeren Fläche besser wieder. Die Meldung eines leeren Datensatzes wird verwendet.
170-175	Drei Zustände werden nacheinander abgefragt und lösen eine Handlung aus: Hat der Parameter schon einen Fehler? Wenn dies nicht der Fall ist, vielleicht eine Fehlermeldung?
170+171	Fehler sind wichtiger als Warnungen. Erzeuge keine Warnung, die Fehlermeldungen überschreiben würde. Daher mache in diesem Fall nichts und gehe hinter den `if`-Block.
172+173	Wenn eine Warnmeldung schon vorhanden ist, hänge diese hinten dran und gebe sie aus.
174	In den übrigen Fällen schicke die Meldung raus.
176	Lösche auf jeden Fall wieder `msg`.
177+178	`flaeche` ist weder defekt noch leer. Alles ist OK und mögliche Fehlermeldungen sind zu beseitigen.
180-191	Meldungen zum Parameter *Gewünschte Inhaltsebenen.*
181	Hat der gesuchte Bereich den Fehler einer leeren Fläche gemeldet, so tritt als Folgefehler die Leerung der Auswahlliste auf. Diese Mitteilung wird an `msg` gebunden. Der Vergleich findet mit `in` und nicht mit == statt, da die Meldung `msg002` Teil einer längeren Meldung sein kann.
183-185	Wenn es schon eine Warnung gibt, baue eine Auflistung aus beiden. Gebe das Ergebnis als Warnung heraus. Auf die vorherige Abfrage möglicher Fehler wurde hier verzichtet.
186	Lösche die Variable `msg`.

Warum folgt hier nicht der Code für die Warnung bezüglich der entfernten Elemente der Auswahl? Die Antwort ist die gleiche wie auf die Frage, warum `summationArea()` nochmals berechnet wird, statt den Wert aus `updateParameters()` zu übernehmen.

Entgegen allen Grundgedanken einer objektorientierten Programmierung können Sie in der Python-Toolbox von Esri keine eigenen Eigenschaften über mehrere Methoden nutzen[23]. So kann für den Fall, dass angehakte Ebenen durch die Änderung der Auswahl entfernt wurden, keine geeignete Information von `updateParameters()` an `upDateMessages()` weitergereicht werden. Im Fall zur Berechnung der Fläche lässt sich dies durch eine erneute Anwendung der Funktion umgehen. Für die entfernten Elemente müsste tatsächlich auf eine „Krücke“ zurückgegriffen werden: Der Inhalt der Variablen wird innerhalb von `updateParameters()` in eine Textdatei geschrieben. Dieser Inhalt kann dann in `upDateMessages()` wieder ausgelesen werden. Da dieses Verfahren häufiger benötigt wird, muss eine Klasse mit geeigneten Eigenschaften und Methoden entwickelt werden. Dies würde den Rahmen dieses Buchs sprengen und wird daher nicht behandelt.

Als Letztes wird noch kurz die Funktion zur Kontrolle problematischer Zeichen in der Mailadresse erläutert.

```
275 def validateSigns(adresse):
276     u"""Enthält die Mailadresse unerlaubte Zeichen?"""
277     erlaubt = string.letters + string.digits + '_-.@'
278     for i in adresse.encode('utf-8'):
279         if i not in erlaubt: return False
280     return True
```

Codezeile	Erläuterung
277	Der Ansatz bei dieser Funktion ist: Es gibt eine Liste sicher erlaubter Zeichen. Welches nicht dazu gehört, ist problematisch. Die Liste der sicheren Zeichen besteht aus den Buchstaben a-z und A-Z, den Zahlen 0-9 und den Zeichen `'_-,@'`.
278	Python hält Texte immer in *Unicode* vor. Somit ist das `ä` des UTF-8 in *Unicode* die Zeichenfolge `\xE4`. Daher wird die Adresse zunächst wieder in UTF-8 verschlüsselt, bevor jedes einzelne Zeichen als i in die Bearbeitung geht. Wenn das aktuelle Zeichen nicht in der Liste auftaucht, wird die Funktion mit `False` beendet. Sonst geht es zum nächsten Zeichen. Sind alle Zeichen ohne Auslösung des `return False` durchlaufen, endet der `if`-Block und die Funktion wird mit `return True` beendet.

Sie haben bei `updateMessages()` zwar fünf neue Methoden kennengelernt, es gibt jedoch keine strukturellen Unterschiede zu `updateParameters()`. Eine sehr ernüchternde Erfahrung ist die mangelhafte Möglichkeit, zwischen den Methoden mit eigenen Variablen zu kommunizieren.

[23] Python toolbox tool objects do not remember instance variables between function calls?: http://gis.stackexchange.com/questions/156939
Im Kapitelordner befindet sich eine gleichnamige Toolbox mit dem Beispiel aus dem Forumsbeitrag.

7.5.3 Dokumentation

Eine sehr schöne Eigenschaft der Werkzeugoberfläche ist die Option, an der Seite eine kontextsensitive Hilfe einzublenden. Zudem kann innerhalb des Werkzeugs mit dem Button Hilfe zu Werkzeug bzw. im Kontextmenüpunkt Hilfe des Werkzeugs die vollständige Dokumentation aufgerufen werden. Beide geben dem Nutzer wertvolle Informationen zum Einsatz des Werkzeugs und zum Verhalten der einzelnen Parameter. Der Inhalt der Hilfe kann handwerklich sehr einfach erstellt werden. Die Hauptarbeit liegt eher in der Entwicklung des Konzepts, welche Informationen in welcher Formulierung vermittelt werden sollen.

Über das Kontextmenü des Werkzeugs können Sie unter Elementbeschreibung... die Hilfe bearbeiten. Im Inhaltsverzeichnis von ArcCatalog erscheint der Menüpunkt allerdings nicht. Es öffnet sich eine grafische Oberfläche, in der Sie wie bei einem Content Management System die einzelnen Abschnitte mit Inhalten belegen können.

Abschnitt	Inhalt
Zusammenfassung	Eine kurze Zusammenfassung zur Funktionsweise des Werkzeugs. Diese Zusammenfassung enthält möglicherweise einen Link zu einem anderen Thema mit einer detaillierten Beschreibung zur Funktionsweise des Werkzeugs.
Abbildung	Optionale Abbildung zur Erläuterung der Funktionsweise des Werkzeugs.
Verwendung	Hinweise und Erklärungen zum Verwenden des Werkzeugs. Häufig wird hier das grundsätzliche Konzept zur Funktionsweise des Werkzeugs erklärt.
Syntax	Die genaue Syntax zum Ausführen des Werkzeugs in einem Skript. Im Anschluss daran wird eine Tabelle angegeben, in der alle Parameter mit ihren Namen, Erklärungen und Datentypen (Wert) aufgeführt sind.
Codebeispiel	Enthält ein oder mehr Python-Codebeispiele, in denen das Werkzeug verwendet wird.
Umgebungen	Dies ist eine Liste der Umgebungseinstellungen, die für das Werkzeug berücksichtigt werden.
Verwandte Themen	Eine Liste verwandter Themen, in der immer die Toolset-Übersichtsseite eingeschlossen ist.
Lizenzinformationen	Lizenzen, die für die Verwendung des Werkzeugs erforderlich sind.

Die nachfolgenden Abbildungen zeigen die Darstellung der Kontexthilfe sowie der Hilfe selbst und die Oberflächen des Eigenschaften-Editors. Aus Textverarbeitungsprogrammen sollte Ihnen der Umgang mit dem Editor vertraut sein.

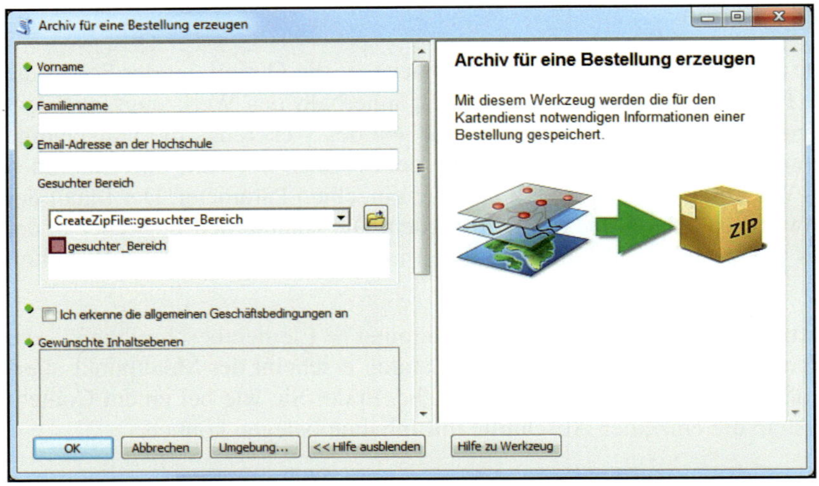

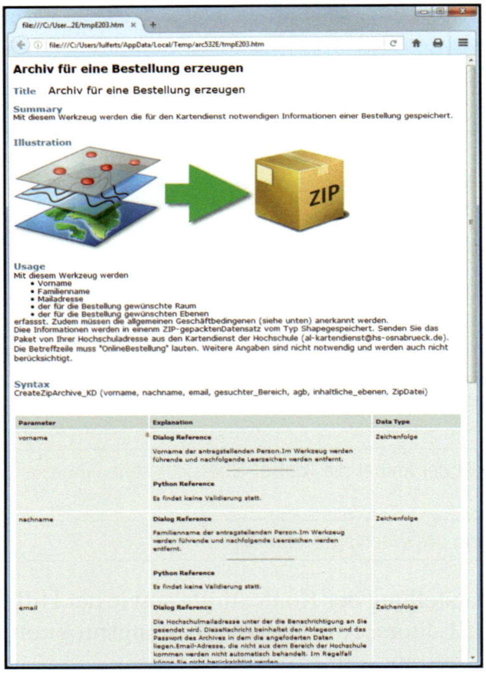

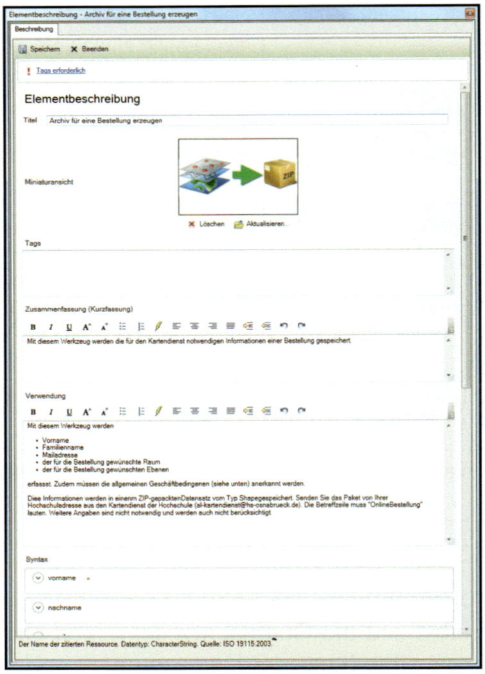

Die Definition eines jeden Werkzeugs wird in einer eigenen XML-Datei gespeichert. Der Name der Datei lautet `<Name der Toolbox>.<Name des Werkzeuges>.pyt.xml`. Mit Erweiterung einer Toolbox entsteht so im Laufe der Zeit eine ganze Schar an Dateien.

Der Abschnitt Syntax wird aus den Daten der aktuellen Python-Toolbox generiert. Bei Änderung des Werkzeugnamens in der Python-Toolbox wird die XML-Datei nicht nachgeführt! Dies müssen Sie händisch machen.

7.6 Starten der Verarbeitung

Hat der Nutzer alle Einstellungen vorgenommen, wird durch Betätigen des [OK] Schalters die `execute()`-Methode ausgelöst. Es werden alle Parameter mit den Ihnen nun bekannten Eigenschaften und Methoden übergeben. Das Werkzeug beginnt nun mit seiner Arbeit, dem Geoprozess.

Es gibt zwei Strategien, den Code zu hinterlegen: Entweder ist der gesamte Prozess innerhalb der Python-Toolbox (im Folgenden ‚Toolbox' genannt) hinterlegt oder diese Anweisungen liegen in einer eigenen Python-Skript-Datei (im Folgenden ‚Skript' genannt) und werden in die Toolbox geladen. Der modulare Aufbau bietet aus unserer Sicht viele Vorteile:

- Die Aufgabe der Toolbox ist die interaktive Aufnahme und Validierung der Parameter. Die Aufgabe des Skripts ist die Verarbeitung dieser Parameter in einem (Geo-) Prozess. Diese Schichten sollten getrennt bleiben.
- Die Funktionalitäten im Skript lassen sich ohne die bzw. außerhalb der Toolbox nutzen.
- Die Toolbox hat sehr viele Zeilen Code. Dort den Code des Skripts anzuhängen, trägt nicht zur Übersichtlichkeit bei.

Beispiel: Mit dem Start des Prozesses die Python-Toolbox fertigstellen

Mit diesem Beispiel wird die Entwicklung des Werkzeugs für den Kartendienst aus Sicht der Python-Anwendung vorläufig abgeschlossen. Der Code für den Geoprozess wird im Skript *create_ZIP_Archive.py* im gleichen Verzeichnis wie die Toolbox hinterlegt. Im Zuge dieser Auslagerung sind einige Änderungen in den bereits vorgestellten Abschnitten der Toolbox sinnvoll. Schließlich muss innerhalb von `execute()` der Prozess angestoßen werden.

Dies sind die entsprechenden Passagen aus der Toolbox:

```
# -*- coding: UTF-8 -*-
from Create_ZIP_Archive import *
#=========================================================
# Die Konstanten befinden sich nun in der Create_ZIP_Archive.py
#=========================================================
[...]
        # ZIP-Archiv für die Ausgabe
        zipfile = ap.Parameter()
        zipfile.displayName = "Name des ZIP-Archives"
        zipfile.name = "ZIP-Datei"
        zipfile.datatype = "DEFile"
        zipfile.parameterType = "Required"
        zipfile.direction = "Output"
        zipfile.filter.list = ['zip']

        return [vorname, nachname, email, bereich, agb , ebenen,
                                                          zipfile]
```

```
[...]
112         flaeche = summationArea(bereich.value, DEFAULT_SR)
[...]
190     def execute(self, parameters, messages):
191         """The source code of the tool."""
192         values = [i.value for i in parameters]
193         CreateZIP(*values)
194         return
195 #==================================================================
196 # Funktionen befinden sich nun in der Create_ZIP_Archive.py
197 #==================================================================
```

Code-zeile	**Erläuterung**
2	Um diese ausgelagerten Elemente in der Toolbox nutzen zu können, wird im Kopf der Toolbox das Skript geladen.
3-5	Die Konstanten im Kopf der Toolbox werden ebenfalls in das Skript ausgelagert.
83-92	In `getParameterInfo()` ist als weiterer Parameter ein Ausgabedatensatz definiert und in die Parameterliste eingepflegt.
112	Der Ziel-Raumbezug ist als Konstante aufgenommen, da er nun in der Toolbox und im Skript verwendet wird.
190-194	Der Aufruf der Funktion für den eigentlichen Arbeitsprozess ist unspektakulär.
192	Zunächst wird aus der Liste der Parameter mittels einer Listenabstraktion der Parameterwert herausgezogen.
193	Die Funktion `CreateZIP()` im Skript *create_ZIP_Archive.py* erwartet sinnvollerweise die Parameterwerte genau in der Form, wie sie an execute() übergeben wurden. Weil aber eine Reihe von Werten erwartet wird und nicht nur eine Liste, wird mit dem Asterisk * die Liste aufgelöst.
ab 195	Die Funktionen aus dem Fuß der Toolbox werden in das Skript ausgelagert.

Was der Prozess in dem Skript mit den Werten letztendlich macht, kann hier nicht eingesehen werden und muss es auch nicht. Die Aufgabe der Toolbox ist mit der Übergabe der validierten Parameter beendet.

7.7 Anmerkungen zur Entwicklung von Python-Toolboxes

Im Folgenden möchten wir Ihnen einige Empfehlungen aus unserer Erfahrung mit der Entwicklung einer Python-Toolbox geben.

Die Arbeit mit PYT-Toolboxes hat uns gelehrt, dort nicht mit dem gleichen tiefen Vertrauen in das logische Verhalten zu arbeiten, wie wir es beim reinen Python gewohnt sind. Es gibt einige Anomalien, manche reproduzierbar, andere eher aufgrund von Symptomen vermutet.

- Nachweislich ist ein Werkzeug einer PYT-Toolbox als Klasse nicht in der Lage, vom Nutzer definierte Eigenschaften von einer Methode auf eine andere Methode zu übergeben.
- Wenn Sie Ihre PY-Skripte als Module in eine PYT-Toolbox laden, sollten diese Skripte anschließend möglichst wenig geändert werden. ArcGIS scheint diese Skripte irgendwo kompiliert zu cachen. Eine Python-konforme Kontrolle, ob sich die Quelle geändert hat, findet nicht statt. Trotz Änderungen und Aktualisieren der PYT-Toolbox wird in den gleichen Fehler gelaufen: Die angegebenen Zeilennummern und ihr Inhalt stimmen mit dem aktuellen PY-Skript nicht überein. Schließen Sie in solchen Fällen die ArcGIS-Anwendung.
- Selbst wenn das importierte Modul unverändert bleibt, gibt es zuweilen Probleme mit den Namensräumen. So wollten wir ursprünglich im Kartendienst im letzten Beispiel nicht einen globalen Import [`from Create_ZIP_Archive import *`] durchführen, da dies den Code schlechter nachvollziehbar macht und auch nicht dem PEP8 entspricht. Stattdessen sollte ein PEP8-konformes [`import Create_ZIP_Archive as cza`] stattfinden. Alle Elemente des Skripts erhalten dann ein `cza.` vorgeschaltet [`HOST` wird zu `cza.HOST`]. Ein auf diese Weise verändertes Skript hat uns dann Fehler gemeldet. Dies muss nicht der Fall sein, wie das Beispiel aus dem Kap. 7.8 „Zur Organisation von Python-Toolboxes“ zeigt, aber es kann. Eine Lösung dafür haben wir nicht gefunden.
- Wenn längere Zeit mit einer PYT-Toolbox experimentiert wurde, kommt es zu eigentümlichen Fehlermeldungen. Auch hier passt dann häufig der Inhalt nicht zu der angegebenen Zeile.

Alles im allem gilt: Zweifeln Sie nicht immer an sich. Halten Sie auch Fehler in der ArcGIS-Anwendung für möglich.

Es lohnt sich aber auf jeden Fall, die PYT-Toolboxes zu nutzen. Sie schaffen dem Nutzer eine sehr angenehme Eingabeoberfläche, in der er sich sofort heimisch fühlt. Der Entwickler kann durch sie die Integrität der Parameter sicherstellen – eine nicht zu unterschätzende Entlastung für den eigentlichen Verarbeitungsprozess.

7.8 Zur Organisation von Python-Toolboxes

Eine Toolbox und die darin verwendeten Skripte wachsen schnell in ihrem Umfang und damit auch der Organisationsgrad dieses Gesamtgebildes. Python bietet mit den *packages* die Möglichkeit, in einer Ordnerstruktur die vielen Dateien zu verwalten.

Wenn Sie ein Verzeichnis erzeugen und in diesem eine `__init__.py` vorliegt, kann Python den Namen dieses Verzeichnisses als Paketnamen nutzen. Die aufrufende Datei muss im übergeordneten Ordner liegen, oder der Pfad des Pakets muss für Python als Suchpfad vorhanden sein. Mit dem Aufruf des Pakets steht der Inhalt der `__init__.py` unter dem Namen des Imports zur Verfügung.

Die Abbildung des Verzeichnisbaums rechts zeigt eine `Toolbox.pyt`, die die Dateien aus `skripte`, aber auch aus `schemata` (zum Beispiel mit Layer-Dateien und Ähnlichem) nutzen kann.

Beispiel: Auszüge aus einer Python-Toolbox mit eigenem Paket

Sie finden die Daten im Kapitelordner unter dem Ordner *Werkzeuge\Organisation_Python-Toolboxes*. Testen Sie zunächst das Werkzeug und schauen sich ein wenig in den Dateien um.

```
# -*- coding: UTF-8 -*-
import skripte as skp
ap = skp.ap        # package arcpy
os = skp.os        # modul os
s = skp.s          # modul string
[...]
class createID(object):
    def __init__(self):
        self.label = u'Identifikationsfeld erzeugen'
        self.category = kat_vorbereitung
        self.canRunInBackground = False
[...]
    def updateMessages(self, parameters):
        tabelle, feldname, praefix, korrektur = parameters
        if feldname.altered:
            feld = feldname.value
            if ap.ListFields(tabelle.value, feld):
                feldname.setWarningMessage(r'Feld ist bereits vorhanden')
            # ap.ValidateFieldName(feld, tabelle.value)!= feld:
            elif not skp.correctFieldname(feld, tabelle.value):
                feldname.setErrorMessage(u'Feldname ist ung\xfcltig.')
            else:
                feldname.clearMessage()

        if korrektur.altered:
            if korrektur.value <= -1:
                msg  = u'Die Korrektur des OID/FID-Werts ist in der Regel'
                msg += u' nur bei einem Wert ab -1 aufwärts sinnvoll.'
                korrektur.setWarningMessage(msg)
            else:
                korrektur.clearMessage()

    def execute(self, parameters, messages):
        tabelle, feldname, praefix, korrektur = parameters
        skp.calculate_IDs(tabelle.value,
                          feldname.valueAsText,
```

```
 94                             praefix.valueAsText,
 95                             korrektur.value)
[...]
150     def execute(self, parameters, messages):
151         inFC, outFC, centroid = parameters
152         centroid = True if centroid.value=='CENTROID' else False
153
154         from skripte import Mittelpunkt
155         Mittelpunkt.main(inFC.value,
156                          outFC.valueAsText,
157                          centroid)
```

Prompt-zeile	Erläuterung
2	Der Inhalte der `__init.py` kann nun unter dem Namen `skp` genutzt werden.
77	Hier wird während der Kontrolle der Benutzereingaben beispielsweise eine Funktion aufgerufen, welche kontrolliert, ob der geplante Feldname in der Zieltabelle erzeugt werden kann.
92-95	In diesem Fall führt das Werkzeug kein eigenes Skript aus, sondern „nur“ eine Funktion in der `__init__.py`.
154	Die einzelnen Dateien eines Pakets können als Module geladen werden, …
155	… damit die Funktionen darin aufgerufen werden.

7.9 Meldungen während der Verarbeitung

Während der Verarbeitung hat der Nutzer zwar keine Möglichkeit mehr, das Werkzeug nachzusteuern; dennoch ist es sinnvoll, ihm Informationen über den Stand der Verarbeitung zu geben. Sei dies auch nur, um seine Ungeduld zu stillen und ihn davon abzuhalten, irgendwelche Knöpfe zu drücken. Meldungen können folgende Informationen an den Nutzer ausgeben:

- die Start- und Endzeit des Vorgangs,
- die verwendeten Parameterwerte,
- allgemeine Informationen über den Fortschritt des Vorgangs (Informationsmeldung),
- Hinweise auf mögliche Probleme (Warnungen),
- Fehler, die die Ausführung des Werkzeugs verhindern können (Fehlermeldungen).

Die beiden ersten Punkte geschehen automatisch durch die Geoverarbeitung. Die Zeiten werden dabei durch  symbolisiert. Der letzte Punkt wird automatisch generiert, wenn das Python-Skript mit einer Ausnahme endet. Alle anderen Punkte werden nur durch eigene Meldungen erzeugt. Es stehen in ArcPy hierfür verschiedene Funktionen zur Verfügung.

Funktion	Beschreibung [Schweregrad, Symbol in Ergebnisse, Textfarbe in Dialog]
`AddMessage (nachricht)`	Erzeugt eine Informationsmeldung mit dem Inhalt von `nachricht`. Eine Informationsmeldung bietet Informationen zur Ausführung. Sie wird nie verwendet, um Probleme anzugeben und liefert nur allgemeine Informationen zum Ausführungsfortschritt. [0, , schwarz]
`AddWarning (nachricht)`	Erzeugt eine Warnmeldung mit `nachricht` als Beschreibung. Warnmeldungen werden generiert, wenn für ein Werkzeug eine Situation eintritt, die zu einem Problem während seiner Ausführung führt, oder wenn das Ergebnis möglicherweise nicht den Erwartungen entspricht. Bei einer Warnung schreitet die Verarbeitung fort. [1, , grün]
`AddError (nachricht)`	Erzeugt eine Fehlermeldung mit `nachricht` als Beschreibung. Mit Fehlermeldungen wird über ein kritisches Ereignis informiert, das die Ausführung eines Werkzeugs verhindert hat. Fehler werden generiert, wenn für Parameter ungültige Werte angegeben sind oder wenn ein für die Ausführung unerlässlicher Prozess bzw. eine Routine fehlgeschlagen ist. Eine Fehlermeldung stoppt die weitere Verarbeitung des Werkzeugs. [2, , rot]

Beispiel: Meldungen bei der Verarbeitung des Kartendienst-Werkzeugs

Die Verarbeitung geschieht in folgenden groben Schritten:

- Die Startzeit wird erfasst, um sie später als Information zu hinterlegen, zudem wird aus ihr ein eindeutiger Dateiname für die temporäre Shape-Datei abgeleitet.
- Es wird im speziellen Ordner temporär eine leere Polygon Shape-Datei ohne Felder als Hülle erzeugt.
- Je nach Inhalt von *gesuchte Bereiche* werden ein oder mehrere Features darin abgelegt.
- Für die Personendaten und den Zeitpunkt werden Felder angelegt und die entsprechenden Werte hinterlegt.
- Gleiches geschieht mit jeder gewünschten Inhaltsebene. Hier wird eine 1 hinterlegt.
- Diese Shape-Datei wird in ein ZIP-Archiv verpackt. Die Quelle wird danach gelöscht.

Da dasThema des Beispiels die Meldungen sind, haben wir die Informationen, Warnungen und Fehler gesondert hervorgehoben.

```
# -*- coding: UTF-8 -*-
import arcpy as ap
import datetime as dt
from glob import globl as dirFile
import zipfile as zip
```

```
import string as s
import os
pth = os.path

# Allgemeine Konstanten
HOST = 'hs-osnabrueck.de'
# Standard Mailadresse: <erster Buchstabe Vorname>.<Nachname>@<HOST>
MAIL_PATTERN = lambda vorname, nachname: vorname[0] +'.'+ nachname +'@'+ HOST

EBENE_1 = ['AK5','DGK5','DOP', 'DTK25']
EBENE_2 = ['DTK25', 'DTK50', 'DTK100', 'DTK200']
SCHWELLWERT = 12*1000**2 # 12 km² in m²
DEFAULT_SR = 'ETRS 1989 UTM Zone 32N'

def CreateZIP(vorname, nachname, email, bereich, agb, ebenen, zipfile):
    zipfile = str(zipfile)

    # Aus dem Zeitstempel einen Dateinamen generieren
    curTime =  dt.datetime.now()
    datum = curTime.strftime("%d.%m.%Y %H:%M:%S")
    shapeName = 'Order_'+ curTime.strftime("%Y%m%d%H%M%S")+ '.shp'
    scratchWS = ap.env.scratchFolder

    # Shape-Datei aus Recordset/ Layer/ Feaure-Class erzeugen
    ap.AddMessage('Erzeuge ShapeFile')
    shpFile = ap.management.CreateFeatureclass(
                                out_path = scratchWS,
                                out_name = shapeName,
                                geometry_type = 'POLYGON',
                                spatial_reference= DEFAULT_SR)[0]
    with ap.da.InsertCursor(shpFile, ["SHAPE@"]) as cur:
        for area in features2geometriesList(bereich, DEFAULT_SR):
            cur.insertRow([area])
    del cur
    ap.AddMessage('\nHinterlege folgende Sachdaten')

    # Felder mit den Personendaten & Datum erzeugen und berechnen
    for val in ['vorname', 'nachname', 'email', 'datum']:
        wert = eval(val)
        ap.AddMessage('%-9s: %s'%(val.upper(), wert))
        ap.management.AddField(shpFile,val,'TEXT',field_length=50)
```

```
            ap.management.CalculateField(shpFile,val,'"%s"'%(wert))
    # Die ausgewähltenen Ebenen als Felder erzeugen
    for ebene in valueTable2List(ebenen): # valueTable2List(ebenen):
        ap.management.AddField(shpFile,ebene,'SHORT',field_length=50)
        ap.management.CalculateField(shpFile,ebene,"1")
    ap.AddMessage('%-9s: %s\n'%('EBENEN', ebenen))
    ap.management.DeleteField(shpFile, 'ID')

    # Den Datensatz in ein ZIP-Archiv packen
    ap.AddMessage('Erzeuge ZIP-Archiv')
    try:
        files = dirFile(scratchWS, pth.basename(shpFile)[:-3]+'*')
        if not files:
            ap.AddError('Keine SHP-Dateien gefunden')
        # Schreibrechte feststellen, gegebenenfalls Ziel ändern
        try:
            open(zipfile,mode='w')
        except IOError:
            msg  = 'Keine Schreibrechte im Zielverzeichnis, '
            msg += 'lege daher die Daten im TEMP-Verzeichnis ab. '
            zipfile = ap.CreateUniqueName(os.path.split(zipfile)[1],
                                          os.environ['TEMP'])
            msg += '["%s"]'%zipfile
            ap.AddWarning(msg)

        zf = zip.ZipFile(zipfile,mode='w')
        os.chdir(scratchWS)
        [zf.write(f) for f in files if not f.endswith('.lock')]
        # Nochmals die Mitteilung an den Nutzer
        msg = 'Archiv ist erzeugt.\n'
        msg += '\n%s'%(80*'=')
        msg += '\nSenden Sie das Archiv von Ihrer Hochschuladresse aus'
        msg += '\n an "al-kartendienst@hs-osnabrueck.de".'
        msg += '\nDie Betreffzeile muss "Online-Bestellung" lauten.'
        msg += '\n%s\n'%(80*'=')
        ap.AddMessage(msg)
    except Exception as e:
        ap.AddError('Erzeugung des Archivs fehlgeschlagen!')
        ap.AddError(e)
```

```
86            zf = False
87            return False
88        finally:
89            ap.management.Delete(shpFile)
90            if zf: zf.close()
91        return zipfile
```

Prompt-zeile	**Erläuterung mit Position in den nachfolgenden Abbildungen**
30, 40, 56	Die einfachste Form der Mitteilung: Ein feststehender Text, der jeweils den nächsten Prozessschritt verkündet. Zeilenumbrüche (`'\n'`) sorgen in *Ereignisse* für eigene Meldungen. (1)
45, 52	Natürlich lassen sich die Informationen auch variabel zusammenstellen. Hierzu werden die Zeichenfolgen mit dem Operator `%` oder die `format()`-Methode definiert. Wenn die Meldung, wie in Zeile 45, in einer Schleife eingebaut ist, erscheint dies in der Summe als tabellarische Information. (2)
65-69	Auch längere Texte lassen sich erzeugen. Während diese im Dialog umgebrochen werden, bilden sie in den Ereignissen lange Zeilen. (3)
70	Der Text wird als Warnung ausgegeben und wird entsprechend hervorgehoben. (4)
57-82 83-85	Der gesamte Vorgang der Erstellung des ZIP-Archivs ist in einen `try/except`-Block verpackt. Sollte etwas schief gehen, wird die Fehlerbehandlung ausgelöst.
84+85	Zwei Fehlermeldungen werden ausgegeben: Zum einem die Information, dass die Erzeugung fehlschlug, zum anderen, welche Ausnahme im Python-Skript ausgelöst wurde. (5)[24]
76-82	Es ist manchmal schwer, im Layout die Balance zwischen dem Dialogfeld und der Darstellung in *Ergebnisse* zu finden. Der automatische Zeilenumbruch im Ersteren und die proportionale Darstellung im Letzteren sind nicht immer unter einen Hut zu bringen. (6)

Folgende Abbildungen zeigen die Meldungen für einen provozierten fehlerhaften Durchlauf des Werkzeugs, wie sie im Dialogfeld und in den Ergebnissen angezeigt werden. Darunter ein Ausschnitt für einen korrekten Durchlauf.

---

[24] Der Fehler lässt sich nur provozieren, wenn Sie nach dem ausgefüllten Werkzeug im ArcGIS Python-Fenster mittels `os.path.environ[‚TEMP']` = ... das Temporär-Verzeichnis auf ein nicht beschreibbares Verzeichnis legen. Danach wird diese ArcGIS-Sitzung allerdings irgendwann abstürzen.

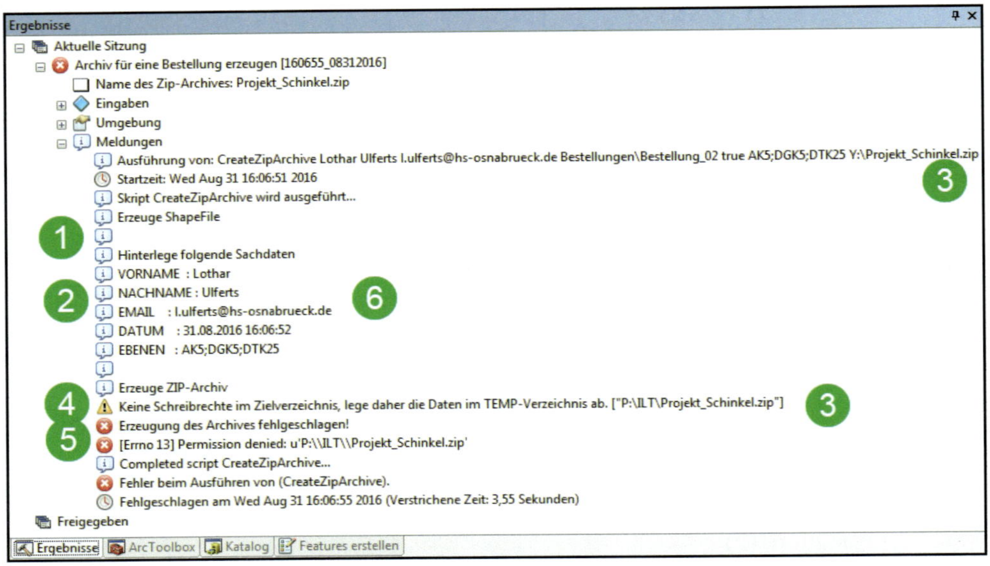
Ergebnisse
Aktuelle Sitzung
Archiv für eine Bestellung erzeugen [160655_08312016]
Name des Zip-Archives: Projekt_Schinkel.zip
Eingaben
Umgebung
Meldungen
Ausführung von: CreateZipArchive Lothar Ulferts l.ulferts@hs-osnabrueck.de Bestellungen\Bestellung_02 true AK5;DGK5;DTK25 Y:\Projekt_Schinkel.zip
Startzeit: Wed Aug 31 16:06:51 2016
Skript CreateZipArchive wird ausgeführt...
Erzeuge ShapeFile
Hinterlege folgende Sachdaten
VORNAME : Lothar
NACHNAME : Ulferts
EMAIL : l.ulferts@hs-osnabrueck.de
DATUM : 31.08.2016 16:06:52
EBENEN : AK5;DGK5;DTK25
Erzeuge ZIP-Archiv
Keine Schreibrechte im Zielverzeichnis, lege daher die Daten im TEMP-Verzeichnis ab. ["P:\ILT\Projekt_Schinkel.zip"]
Erzeugung des Archives fehlgeschlagen!
[Errno 13] Permission denied: u'P:\\ILT\\Projekt_Schinkel.zip'
Completed script CreateZipArchive...
Fehler beim Ausführen von (CreateZipArchive).
Fehlgeschlagen am Wed Aug 31 16:06:55 2016 (Verstrichene Zeit: 3,55 Sekunden)
Freigegeben
Ergebnisse
ArcToolbox
Katalog
Features erstellen
1
2
3
4
5
6

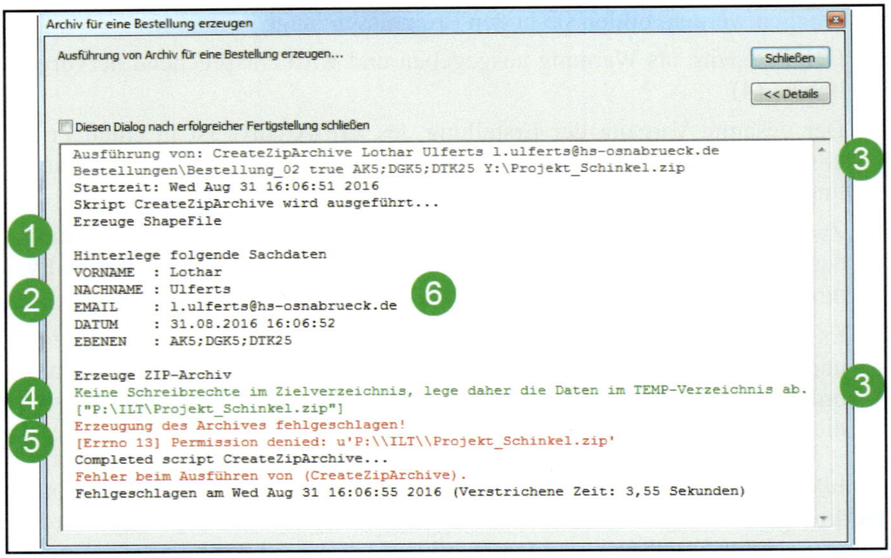
Archiv für eine Bestellung erzeugen
Ausführung von Archiv für eine Bestellung erzeugen...
Schließen
<< Details
Diesen Dialog nach erfolgreicher Fertigstellung schließen
Ausführung von: CreateZipArchive Lothar Ulferts l.ulferts@hs-osnabrueck.de
Bestellungen\Bestellung_02 true AK5;DGK5;DTK25 Y:\Projekt_Schinkel.zip
Startzeit: Wed Aug 31 16:06:51 2016
Skript CreateZipArchive wird ausgeführt...
Erzeuge ShapeFile
Hinterlege folgende Sachdaten
VORNAME : Lothar
NACHNAME : Ulferts
EMAIL : l.ulferts@hs-osnabrueck.de
DATUM : 31.08.2016 16:06:52
EBENEN : AK5;DGK5;DTK25
Erzeuge ZIP-Archiv
Keine Schreibrechte im Zielverzeichnis, lege daher die Daten im TEMP-Verzeichnis ab.
["P:\ILT\Projekt_Schinkel.zip"]
Erzeugung des Archives fehlgeschlagen!
[Errno 13] Permission denied: u'P:\\ILT\\Projekt_Schinkel.zip'
Completed script CreateZipArchive...
Fehler beim Ausführen von (CreateZipArchive).
Fehlgeschlagen am Wed Aug 31 16:06:55 2016 (Verstrichene Zeit: 3,55 Sekunden)
1
2
3
4
5
6

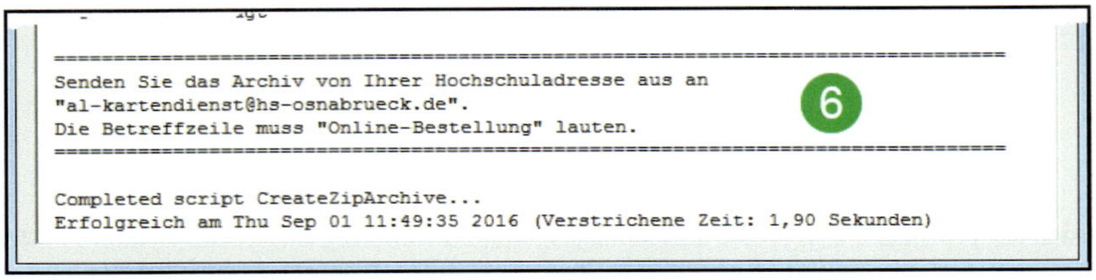
Senden Sie das Archiv von Ihrer Hochschuladresse aus an
"al-kartendienst@hs-osnabrueck.de".
Die Betreffzeile muss "Online-Bestellung" lauten.
Completed script CreateZipArchive...
Erfolgreich am Thu Sep 01 11:49:35 2016 (Verstrichene Zeit: 1,90 Sekunden)
6

7.9.1 Fortschrittsanzeige

Sobald ein Vorgang etwas mehr Zeit zur Verarbeitung benötigt, sollten Sie dem Nutzer Informationen über den Fortschritt des Prozesses geben. Läuft das Werkzeug im Vordergrund, so können Sie hierzu die Fortschrittsanzeige (engl. *progress bar*) verwenden. Nachfolgende Abbildung zeigt die beiden zur Verfügung stehenden Modi und die einzelnen Elemente der Anzeige.

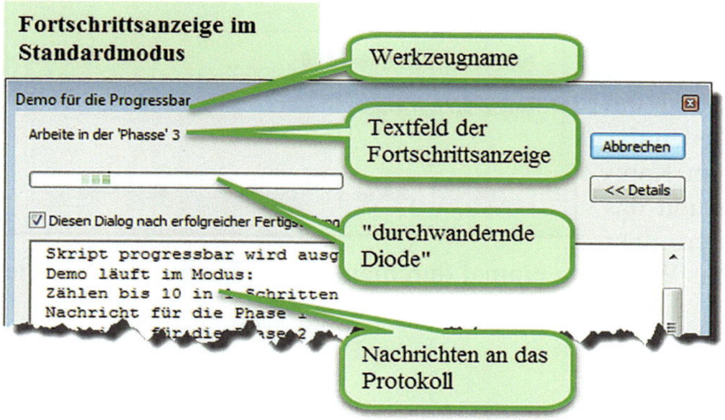

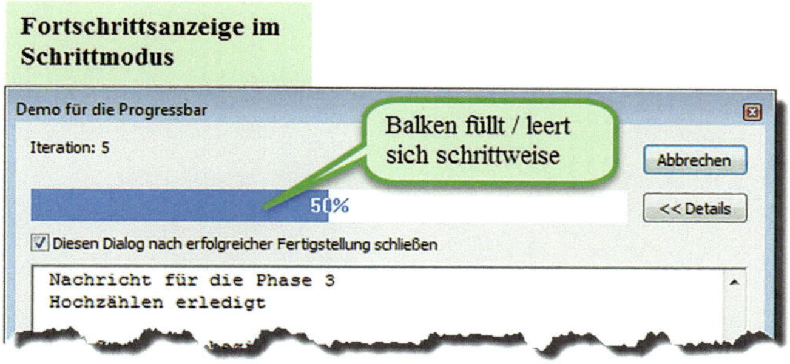

Im Hintergrundmodus beziehungsweise im Nachgang des Durchlaufs sind nur die Nachrichten an das Protokoll noch sichtbar.

Die Funktionen für die Fortschrittsanzeige sind:

Eigenschaft	Erklärung
`SetProgressorLabel (txt)`	Die Anzeige von `txt` oberhalb der Fortschrittsanzeige.
`SetProgressor (typ, txt, start, ende, schritt)`	Legt die Art der Verlaufsanzeige (standardmäßig oder schrittweise), die Beschriftung, den Mindest- und den Maximalwert sowie bei der schrittweisen Verlaufsanzeige das Intervall fest. Bei `typ` handelt es sich um zwei Schlüsselwörter: `DEFAULT` und `STEP`. Als Schlüsselwörter sollten Sie diese, entgegen den Beispielen von Esri, immer in Großbuchstaben schreiben.

`SetProgressorPosition (position)`	Verschiebt die Verlaufsanzeige auf die Position `position` und ist dabei eine Ganzzahl aus dem Bereich von `start` bis `ende`.
`ResetProgressor()`	Setzt die Verlaufsanzeige zurück.

Beispiel: Anwenden der Fortschrittsanzeige

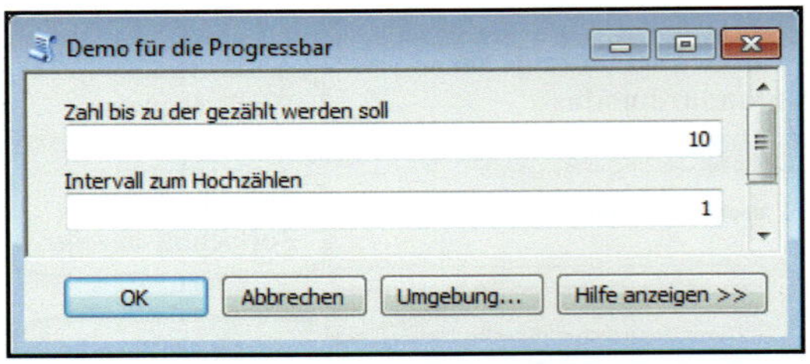

Esri hält ein schönes Beispiel zur Arbeitsweise der Fortschrittsanzeige bereit[25]. Wir haben dieses Skript mit deutschen Texten umgesetzt und ein Werkzeug dafür erzeugt. Sie finden das Werkzeug im Ordner zu diesem Kapitel in der *Test_Werkzeuge.tbx* und das entsprechende Skript im Unterordner *Skripte*. Lassen Sie zunächst das Werkzeug einmal durchlaufen und beobachten Sie die verschiedenen Aktionen.

```
# -*- coding: UTF-8 -*-
...
#---------------------------------------------------------------------
import arcpy as ap
from time import sleep

n = int(ap.GetParameterAsText(0))
p = int(ap.GetParameterAsText(1))
lese_Zeit = 2.5
schleifen_zeit = 0.3

txt_vorlage = u"Demo läuft im Modus:\nZählen bis {0} in {1} Schritten"
ap.AddMessage(txt_vorlage.format(n, p))
#---------------------------------------------------------------------
ap.SetProgressor("default", "Dies ist die Standardanzeige")
sleep(lese_Zeit)

for i in range(1, 4):
    ap.SetProgressorLabel("Arbeite in der 'Phase' {0}".format(i))
    ap.AddMessage(u"Nachricht für die Phase {0}".format(i))
    sleep(lese_Zeit)
#---------------------------------------------------------------------
ap.SetProgressor("step", u"Zähle von 0 bis {0}".format(n), 0, n, p)
sleep(lese_Zeit)

```

[25] http://resources.arcgis.com/en/help/main/10.2/index.html#//001500000032000000

```
33 for i in range(n):
34     if (i % p) == 0:
35         ap.SetProgressorLabel("Iteration: {0}".format(i))
36         ap.SetProgressorPosition(i)
37         sleep(schleifen_zeit)
38
39 ap.SetProgressorLabel("Iteration: {0}".format(i + 1))
40 ap.SetProgressorPosition(i + 1)
41 sleep(schleifen_zeit)
42 #-------------------------------------------------------------------
43 ap.AddMessage(u"Hochzählen erledigt\n")
44 sleep(lese_Zeit)
45 #-------------------------------------------------------------------
46 ap.SetProgressor("default", u"Standardprogressor: Runterzählen")
47 sleep(lese_Zeit)
48
49 ap.SetProgressor("step", u"Zähle rückwärts {0}".format(n), 0, n,
                                                                     p)
50 sleep(lese_Zeit)
51 ap.AddMessage("Der Countdown beginnt...")
52
53 for i in range(n, 0, -1):
54     if (i % p) == 0:
55         ap.SetProgressorLabel("Iteration: {0}".format(i))
56         ap.SetProgressorPosition(i)
57         sleep(schleifen_zeit)
58
59 ap.SetProgressorLabel("Iteration: {0}".format(i - 1))
60 ap.SetProgressorPosition(i - 1)
61 sleep(schleifen_zeit)
62 #-------------------------------------------------------------------
63 ap.AddMessage("Alles abgearbeitet")
64 ap.ResetProgressor()
```

Promptzeile	**Erläuterung**
1-10	Kommentarkopf.
11+12	Import der Module.
	Das wiederholte Aufrufen von `sleep()` im Skript dient der Verlangsamung des Prozesses, damit Sie die Nachrichten und die Texte zur Fortschrittsanzeige lesen können.

14+15 Die Parameter werden als Text eingelesen und sofort in Ganzzahlen umgewandelt. Dabei ist `n` die Zahl, bis zu der gezählt werden soll (Maximalwert) und `p` der Intervallwert zum Hochzählen (Schrittmaß). Die Werte, mit denen man starten sollte, sind als Vorgabewerte in der Werkzeug-Oberfläche hinterlegt.

16+17 `lese_zeit` ist die Zahl der Sekunden zum Lesen der neuen Texte im *ProgressorLabel* beziehungsweise im Protokoll, `schleifen_zeit` die Zahl der Sekunden, die zwischen den Iterationen eingelegt wird.

19+20 Textausgabe für das Protokoll.

22-32 Als Erstes wird der Dialog mit der Standard-Einstellung abgearbeitet, bei dem die Fortschrittsanzeige als durchlaufender Balken erscheint.

22 Daher reichen für `SetProgressor` auch nur zwei Parameter: *Typ* und *Text.*

25-28 In einer Schleife durchläuft `i` die Werte 1,2,3.
Beachten Sie, wie in dem Werkzeugdialog mit jeder Iteration das Textfeld der Fortschrittsanzeige (*progressorlabel*) und die Texte für das Protokoll mit ihrem Inhalt die einzelnen ‚Phasen' `i` durchwandern. Diese Phasen stehen für die Arbeitsgänge in einer konkreten Anwendung von Ihnen.

30-41 Das Ganze nun nochmals im `step`-Modus, also mit der auffüllenden Prozentanzeige. Dabei wandert `i` von null bis eine Zahl unter den Maximalwert.

30 `Setprogressor` benötigt nun noch drei weitere Variablen: Startwert, Endwert und Schrittmaß.

34 Ist `p` ein ganzzahliges Vielfaches von `i`? Dann lässt sich der Fortschritt im Balken anzeigen.
`i` startet mit null, und dies ist auch richtig: Bei Beginn eines Arbeitsschritts ist noch nichts geleistet.

35 Das Textfeld der Fortschrittsanzeige wird aktualisiert.

36 Der Balken wandert eine Position hoch.

39+40 Da `i` nur bis eine Stelle unter den Maximalwert, gibt es hier den ‚Nachschlag' für die 100 % Arbeitsleistung.

43+44 Dem Protokoll wird das Ende des Hochzählens gemeldet.

46-57 Der `step`-Modus geht auch rückwärts.

53 Mit `range(n, 0, -1)` wird vom Maximalwert bis eine Zahl vor null um –1 „hochgezählt".

59+60 Auch diesmal muss es noch einen Nachschlag geben.
Alternativ hätte man bei `range` den zweiten Parameter von `0` auf `-1` setzen können.

63 Dem Protokoll wird Vollzug gemeldet.

64 Der Fortschrittsbalken wird aufgelöst.

Gerade bei zeitlich sehr langen Prozessen ist der Einsatz der *progress bar* zu empfehlen. Der Balken wird für den Fortschritt der Gesamtbearbeitung genutzt, während das *progress label* den Einzelprozess beschreibt.

Mit diesem letzten grafischen Element wird das Kapitel der Werkzeugerstellung abgeschlossen. Aus unserer Sicht haben Sie nun das Basiswissen zur Verfügung, um die sich in Ihrem fachlichen Umfeld wiederholenden Prozesse vom Datenbestand her analysieren zu können, um daraus entsprechende Bearbeitungen abzuleiten. Diese können Sie dem Nutzer in einem vertrauten Umfeld komfortabel zur Verfügung stellen.

8 Anhänge

8.1 Python: Installation und Konfiguration

8.1.1 Grundinstallation

Als Anfänger in der Python-Programmierung wird Ihnen die von ArcGIS vorgeschlagene Standardinstallation sicherlich ausreichen. Wenn Sie dann aber einen Versionswechsel durchführen wollen und Ihr Anspruch an verwendbaren Modulen gestiegen ist, sollten Sie über eine separate Installation von Python nachdenken. Der Vorteil einer an Python orientierten Installation ist vor allem, dass Sie Python-Distributionen nutzen können. Zudem funktionieren einige Module aufgrund des ungewöhnlichen Python-Pfads bei einer ArcGIS-Installation nicht korrekt.

Python-Distributionen sind fertige Pakete mit vielen Modulen und zusätzlichen Python-Programmen wie Entwicklungsumgebungen oder grafischen Modellierern. Distributionen ersparen Ihnen mühsames Zusammensammeln von Modulen und Konfigurieren des Gesamtsystems. Wir verwenden aus der Tradition heraus *Python(x,y)*. Es gibt jedoch auch weitere wie *Enthought* und *Anaconda* beziehungsweise *Miniconda*. Die beiden Letzten haben den gleichen Umfang, jedoch benötigt Anaconda zur Installation Administratorenrechte und ist dann für alle User zugänglich. Für beide gibt es detaillierte Beschreibungen, wie die Einbindung in die Esri-Umgebung durchgeführt werden muss.[26]

Unser Standardweg für eine an Python orientierte Installation ist folgender:

- Bei der Installation von ArcGIS Desktop wählen Sie im Setup bei der Installationsmethode „Benutzerdefiniert“. Im dann folgenden Dialog „Funktionen auswählen“ kreuzen Sie Python an.
- Sie installieren die mit ArcGIS gelieferte Python-Version oder eine Distribution Ihrer Wahl.
- Um die ArcGIS-Module für Python bekannt zu machen, erzeugen Sie eine ASCII-Datei. Sie muss im Unterordner *Lib\site-packages* der Python-Installation liegen und den Suffix *.pth* haben. Der Inhalt sind Pfadnamen zu den ArcGIS-Verzeichnissen *bin*, *arcpy* und Scripts.

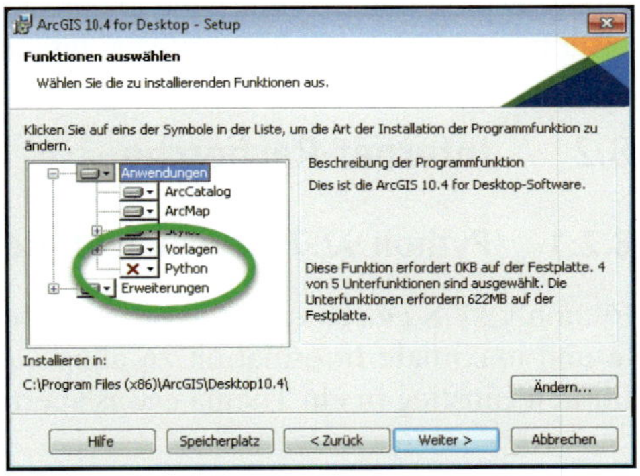

[26] Using Anaconda modules from the Esri python environment (All Users) https://my.usgs.gov/confluence/pages/viewpage.action?pageId=540116867

Hier die *.pth*-Datei für den Computer des Autors:

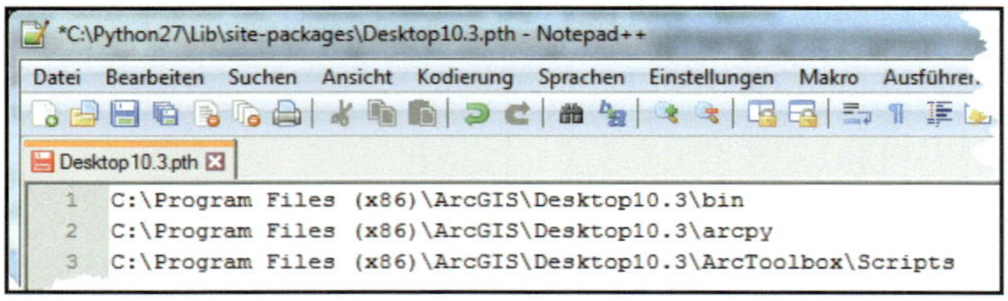

- Wenn Sie jetzt noch sicherstellen, dass eine Systemvariable PYTHONPATH mit den Pfaden
  `C:\Python27;`
  `C:\Python27\DLLs;`
  `C:\Python27\LIB;`
  `C:\Python27\LIB\LIB-TK;`
  `C:\Python27\Scripts`
  existiert, steht einer gemeinsamen Nutzung nichts mehr im Wege.
  (*C:\Python27* ist hier der Installationspfad gewesen und kann daher variieren.)

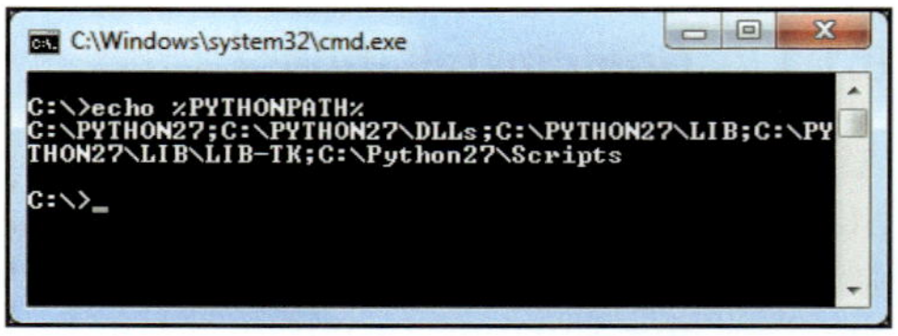

8.1.2 Installation weiterer Module

Nicht kommerzielle Module werden online vom offiziellen Python Package Index (*PyPI*) unter der Adresse *https://pypi.python.org* bereitgestellt. Sie können die Module von dort herunterladen und manuell installieren. Dafür müssen Sie allerdings die zu Ihrem Python passende Version finden. Einfacher geht es mit dem Python Installation Package (*pip*), das selbst ein Python-Modul ist. *pip* sucht für Sie die passende, aktuellste Version heraus, lädt die Daten herunter und installiert sie. Wir haben für Sie im Ordner *Daten* zu diesem Kapitel die *get-pip.py* bereitgestellt. Führen Sie dieses Skript aus, dann steht Ihnen *pip* zur Verfügung. Im DOS-Kommandofenster können Sie dann mit `pip install <package/module>` das gewünschte Modul auf Ihrem PC installieren. Mit *pip* können Sie auch deinstallieren (`uninstall`), sich von einem Modul die Eigenschaften wie Installationspfad und erforderliche andere Komponenten anzeigen lassen (`show`) oder alle installierten Komponenten auflisten lassen (`list`).

8.2 Internet-Recherche

8.2.1 Python v2.7.8 Documentation

Python v2.7.8 *Documentation* [https://docs.python.org/release/2.7.8/] bietet die offizielle und maximale Information zu allen *built-in*-Funktionen und Modulen, ist allerdings für den Einstieg in ein Thema etwas sperrig zu lesen.

8.2.2 Python Module of the Week

Im Python Module of the Week [http://pymotw.com/] werden Module an praktischen Beispielen erläutert. Dies gibt einen guten Einblick in den Leistungsumfang eines Moduls.

8.2.3 PEP

Die Python-Erweiterungsvorschläge (engl. *Python enhancement proposals* (PEPs)), sind die offizielle Dokumentation für die Entwicklung von Python [https://www.python.org/dev/peps/]. Durch die PEPs können Sie den Anlass eines bestimmten Moduls oder einer Funktion nachlesen und so besser erkennen, was das Gesuchte wohl kann und was nicht.

Unter anderem ist dort auch der ZEN OF PYTHON zu finden (PEP20). Auf den ersten Blick scheinen diese Hinweise ein kurioses Hirngespinst zu sein. Sie helfen einem in manchen Situationen aber gut, sich noch einmal grundsätzlich zu überdenken.

Original	Deutsche Übersetzung (http://www.python-kurs.eu/kurs.php)
Beautiful is better than ugly.	Schön ist besser als hässlich.
Explicit is better than implicit.	Explizit ist besser als implizit.
Simple is better than complex.	Einfach ist besser als kompliziert.
Complex is better than complicated.	Kompliziert ist besser als undurchschaubar.
Flat is better than nested.	Flach ist besser als verschachtelt.
Sparse is better than dense.	Spärlich ist besser als beschränkt.
Readability counts.	Lesbarkeit zählt.
Special cases aren't special enough to break the rules.	Spezialfälle sind nicht speziell genug, als dass sie die Regeln sprengen dürften.
Although practicality beats purity.	Obwohl die praktische Anwendbarkeit die Reinheit übertrifft.
Errors should never pass silently.	Fehler sollten nie schweigend verlaufen.
Unless explicitly silenced.	Außer man hat sie explizit zum Schweigen gebracht.
In the face of ambiguity, refuse the temptation to guess.	Im Angesicht der Mehrdeutigkeit widersage der Versuchung zu raten.
There should be one – and preferably only one – obvious way to do it.	Es sollte einen – und bevorzugt genau einen – offensichtlichen Weg geben, es zu tun.
Although that way may not be obvious at first unless you're Dutch.	Obwohl dieser Weg auf den ersten Blick nicht offensichtlich erscheinen mag, außer man ist Holländer.
Now is better than never.	Jetzt ist besser als nie.
*Although never is often better than *right* now.*	Obwohl nie oft besser ist als JETZT SOFORT.
If the implementation is hard to explain, it's a bad idea.	Wenn die Implementierung schwer zu erklären ist, ist es eine schlechte Idee.

If the implementation is easy to explain, it may be a good idea.	Wenn die Implementierung einfach zu erklären ist, könnte es eine gute Idee sein.
Namespaces are one honking great idea – let's do more of those!	Namensräume sind eine glänzende Idee – lasst uns mehr davon machen!

8.2.4 Module-Homepages

Die Homepages der Module sind oftmals gut gepflegt und bieten eine Menge an Informationen. Der Weg dahin ist im *PyPI* (www.pypi.org) dokumentiert. Gerade die für GIS-Anwender interessanten Module wie `numpy`, `scipy`, `pandas`, `sympy`, `matplotlib` haben hervorragende Homepages.

8.3 IDE mit PyScripter

Die Installationsquelle finden Sie unter *http://sourceforge.net/projects/pyscripter/*. Dort finden Sie auch die portable Version.

8.3.1 Anpassung von PyScripter

Unter *Tools* → *Options* → *Editor-Options* sollten Sie Änderungen in den Reitern *Display* und *Options* vornehmen.

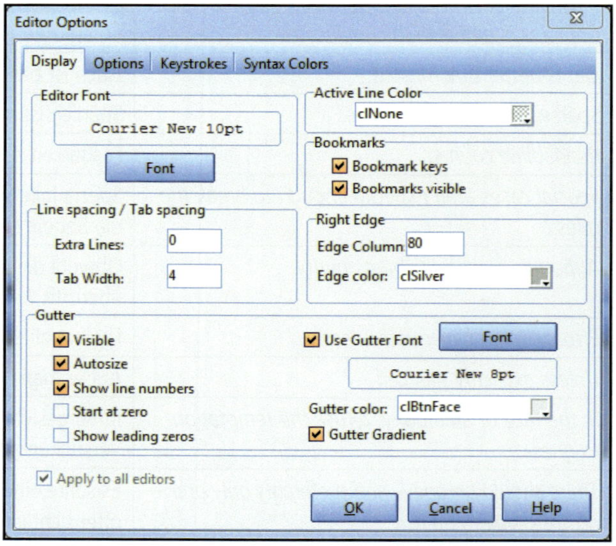

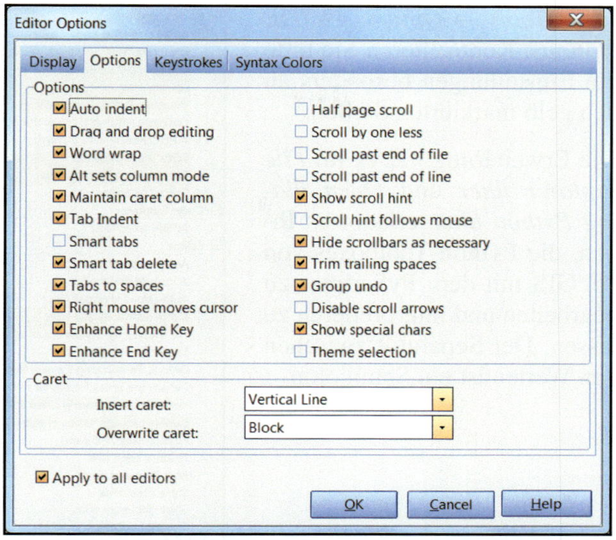

Die Vorlage für neue Python-Dateien legen Sie unter *Tools → Options → FileTemplate...* fest.

Die gelb markierte Änderung nennt sich *Magic Line*. Hier zeigt Python das Encoding des Moduls. Dadurch werden deutsche Sonderzeichen akzeptiert.

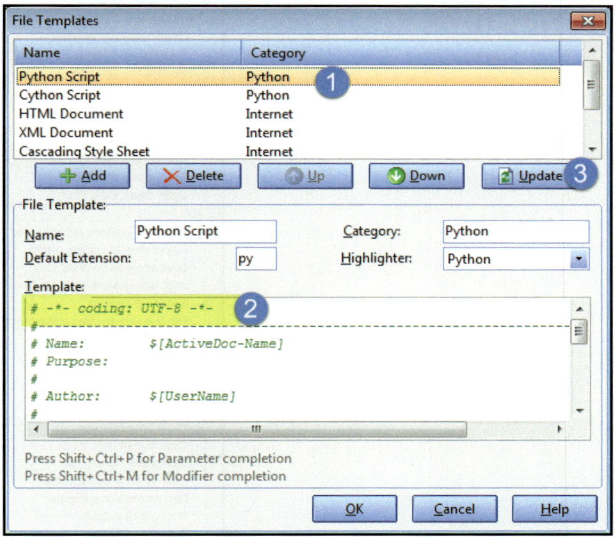

Unter *Tools* → *Options* → *IDE Options*. Kontrollieren Sie bitte die Einstellungen besonders an den gelb markierten Stellen.

Die Erweiterung `*.pyt` im *File explorer filter* und *Open dialog Python filter* erlaubt es Ihnen, die Python-Toolboxes von ArcGIS mit dem PyScripter zu bearbeiten und interpretieren zu lassen. Der Separator zwischen den Werten ist ein Semikolon.

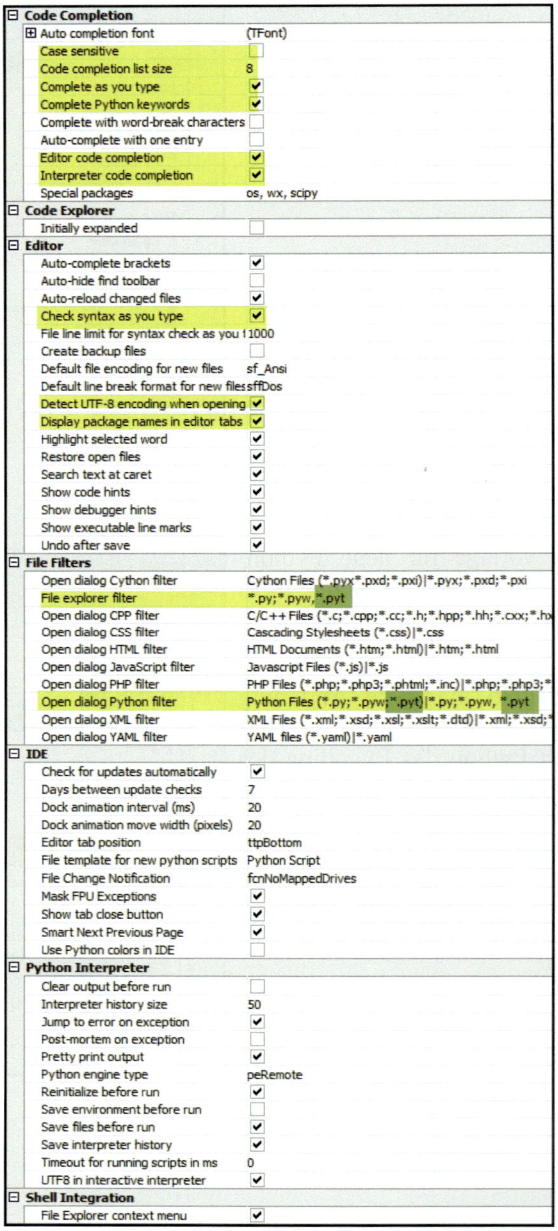

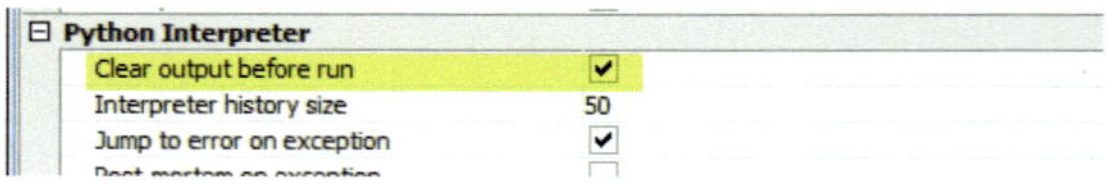

8.3.2 Anpassung in ArcGIS

Damit Sie den PyScripter auch von der Esri Seite aus nutzen können, sollten Sie folgende Anpassungen vornehmen:

ArcCatalog starten

→ Geoverarbeitung

→ Geoverarbeitungsoptionen…

Tragen Sie hier Ihren Pfad zum PyScripter ein.

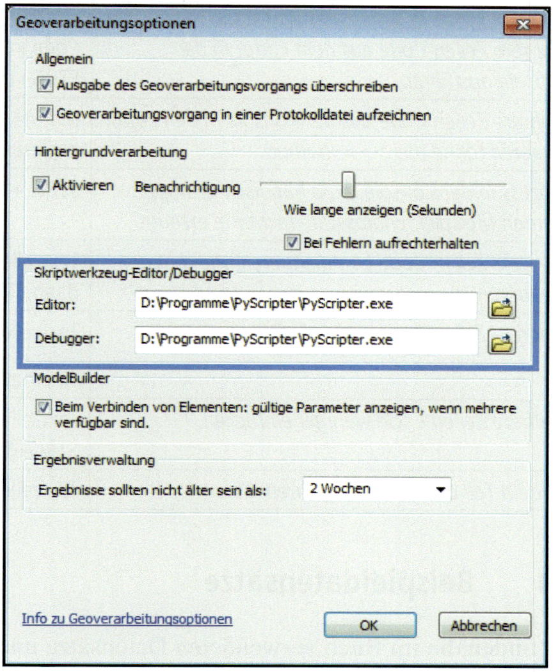

Damit wird nun im Kontext-Menü bei Script-Werkzeugen und Python-Toolboxes bei Bearbeiten PyScripter geöffnet.

8.3.3 Hilfreiche Tastenkombinationen

Wo steht die Definition der Variablen/ des Objekts?	STRG-Taste drücken und mit dem Zeiger auf die Variable/das Objekt wandern. Der Link-Finger erscheint. Durch Anklicken aktivieren.
Mehrere Zeilen Code aus dem Editor in der Konsole ausführen.	Code in die Zwischenablage kopieren und mit STRG+UMSCHALT+V einfügen.
Mehrere Zeilen Code aus der Konsole in den Editor kopieren (ohne das >>> Prompt).	Mit STRG+UMSCHALT+C in die Zwischenablage kopieren und dann im Editor einfügen.
Prozess in der Konsole muss händisch gestoppt werden (Beispiel: Endlosschleife wurde erzeugt).	STRG + F2.
Mehrere Zeilen Code kommentieren und de-kommentieren.	Textzeilen markieren, dann STRG+Ä.
Mehrere Zeilen Code mehr einrücken.	Textzeilen markieren, dann TAB. Alternativ: STRG+SHIFT+I („indent").
Mehrere Zeilen Code weniger einrücken.	Textzeilen markieren, dann SHIFT+TAB, dann STRG+SHIFT+U („undo indent").
Nur ein Teil des Codes ausführen lassen.	Textzeilen markieren, dann STRG+F7.

8.4 Beispieldatensätze

Sie finden die im Buch verwendeten Datensätze und Skripte online unter:
`https://netcase.hs-osnabrueck.de/index.php/s/3LgLCne70Z7uS30`
Für jedes Kapitel gibt es einen Ordner. Für einige Übungen wird das jeweilige Verzeichnis als Laufwerk A: substituiert. Dadurch lässt sich die Übung leichter nachvollziehen und der Code ist 1:1 übernehmbar. Eine Batch-Datei *Dieses Verzeichnis als Laufwerk A substituieren.cmd* finden Sie dann in dem jeweiligen Ordner.

8.5 Parameterdatentypen

Die Auflistungen enthalten alle in der Esri Hilfe angegebenen Parameterdatentypen. Die Gruppierung erfolgt nach der führenden Kennung. Die Nummer zu jedem Datentyp ist identisch mit den Nummern in der Python-Toolbox *Liste aller Datentypen.pyt* und gibt die Reihenfolge in der Esri Hilfe wieder. Vor jeder Gruppe ist die entsprechende Werkzeugoberfläche für die Parameter als Einzelwahl abgebildet. Parameter, die hier nicht auftauchen, jedoch in der Liste stehen, erzeugen keine Elemente auf der Werkzeug-Oberfläche. Um die Oberfläche in der Mehrfachauswahl zu sehen, können Sie die auskommentierte Zeile in dem jeweiligen Parameter in der *Liste aller Datentypen.pyt* aktivieren.

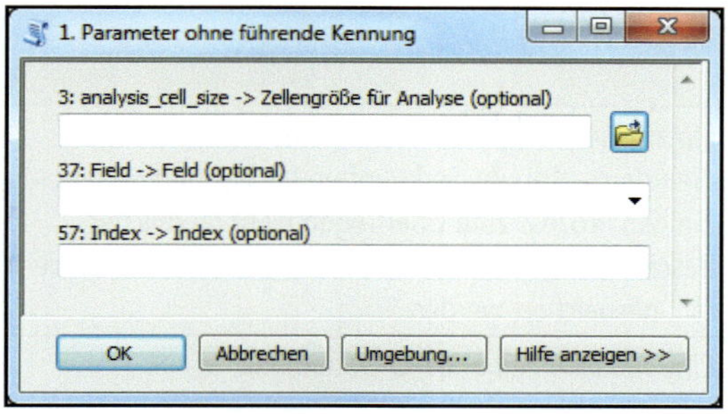

Nr.	Datentyp (Datentypschlüsselwort)	Beschreibung
3	Zellengröße für Analyse (analysis_cell_size)	Die von Rasterwerkzeugen verwendete Zellengröße.
37	Feld (Field)	Eine Spalte aus einer Tabelle, die Werte eines einzelnen Attributs speichert.
57	Index (Index)	Eine Datenstruktur zur Beschleunigung der Suche nach Datensätzen in geographischen Datasets und Datenbanken.

Die Darstellung der DE-Parameter erfolgt nur in einem Ausschnitt, da die Parameterdatentypen von 18 bis 132 in den Oberflächen die gleichen Elemente haben.

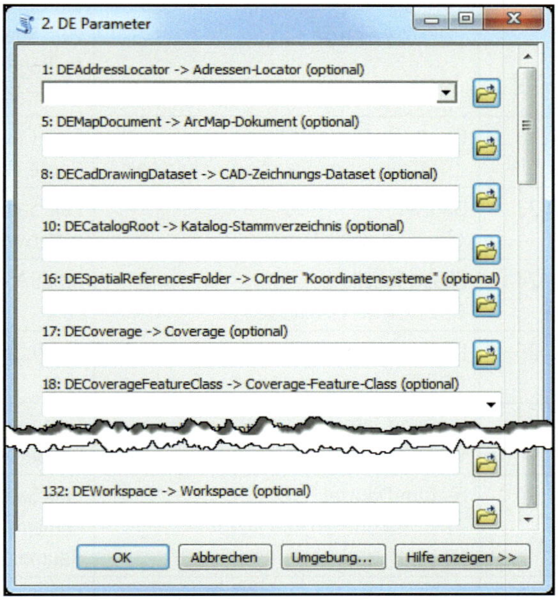

Nr.	Datentyp (Datentypschlüsselwort)	Beschreibung
1	Adressen-Locator (`DEAddressLocator`)	Ein zur Geocodierung verwendetes Dataset, in dem die Adressattribute, verknüpften Indizes und Regeln, die den Prozess zum Übertragen nicht räumlicher Beschreibungen von Orten in räumliche Daten definieren, gespeichert werden.
60	INFO-Tabelle (`DEArcInfoTable`)	Eine Tabelle in einer INFO-Datenbank.
78	Parcel-Fabric (`DECadastralFabric`)	Eine Parcel-Fabric ist ein Dataset zur Speicherung, Wartung und Bearbeitung einer kontinuierlichen Oberfläche von verbundenen Flurstücken oder eines Flurstücknetzwerks.
8	CAD-Zeichnungs-Dataset (`DECadDrawingDataset`)	Eine Vektordatenquelle mit einer Mischung aus Feature-Typen mit Symbologie. Das Dataset ist nicht für Feature-Class-basierte Abfragen oder Analysen geeignet.
10	Katalog-Stammverzeichnis (`DECatalogRoot`)	Der Knoten der obersten Ebene im Kataloginhaltsverzeichnis.
17	Coverage (`DECoverage`)	Ein Coverage-Dataset, ein proprietäres Datenmodell zum Speichern von geographischen Features als Punkte, Bögen und Polygone mit zugeordneten Feature-Attributtabellen.
18	Coverage-Feature-Class (`DECoverageFeatureClasses`)	Eine Coverage-Feature-Class, wie Point, Arc, Node, Route, Route System, Section, Polygon und Region.
22	Dataset (`DEDatasetType`)	Eine Sammlung in Beziehung stehender Daten, die normalerweise gruppiert oder gemeinsam gespeichert sind.
24	dBase-Tabelle (`DEDbaseTable`)	Im dBASE-Format gespeicherte Attributdaten.
26	Laufwerkverbindung (`DEDiskConnection`)	Ein Zugriffspfad zu einem Datenspeichergerät.
33	Feature-Class (`DEFeatureClass`)	Eine Sammlung räumlicher Daten mit dem gleichen Shape-Typ: Punkt, Multipoint, Polylinie und Polygon.
34	Feature-Dataset (`DEFeatureDataset`)	Eine Sammlung von Feature-Classes, die einen gemeinsamen geographischen Bereich und dasselbe Raumbezugssystem haben.
40	Datei (`DEFile`)	Eine Datei auf dem Datenträger.
41	Ordner (`DEFolder`)	Gibt einen Speicherort auf einem Datenträger an, in dem Daten gespeichert werden.
45	GeoDataServer (`DEGeoDataServer`)	Ein komplexes Objekt, das eine Geodatabase referenziert.

44	Geodataset (DEGeodatasetType)	Eine Datensammlung in einer Geodatabase mit einem gemeinsamen Thema.
46	Geometrisches Netzwerk (DEGeometricNetwork)	Ein lineares, durch topologisch verbundene Kanten- und Knoten-Features dargestelltes Netzwerk. Die Feature-Konnektivität basiert auf der geometrischen Übereinstimmung der Features.
50	GlobeServer (DEGlobeServer)	Ein Globe-Server.
51	GPServer (DEGPServer)	Ein Geoverarbeitungsserver.
56	Image-Service (DEImageServer)	Ein Image-Service.
61	LAS-Dataset (DELasDataset)	Ein LAS-Dataset speichert Verweise auf eine oder mehrere LAS-Dateien auf dem Datenträger sowie auf zusätzliche Oberflächen-Features. Eine LAS-Datei ist eine Binärdatei für die Speicherung von LIDAR-Luftbilddaten.
64	Layer-Datei (DELayer)	Eine Datei mit der Erweiterung .lyr, die die Layer-Definition einschließlich Symbologie und Rendering-Eigenschaften enthält.
5	ArcMap-Dokument (DEMapDocument)	Eine Datei, in der die Karte, deren Layout und die zugehörigen Layer, Tabellen, Diagramme und Berichte enthalten sind.
69	MapServer (DEMapServer)	Ein Kartenserver.
70	Mosaik-Dataset (DEMosaicDataset)	Eine Sammlung von Raster- und Bilddaten, die das Speichern, Anzeigen und Abfragen der Daten ermöglicht. Es handelt sich hierbei um ein Datenmodell in der Geodatabase, mit dem eine Gruppe von Raster-Datasets (Bildern) verwaltet werden, die als Katalog gespeichert und als mosaikiertes Bild angezeigt werden.
76	Netzwerk-Dataset (DENetworkDataset)	Eine Sammlung von topologisch verbundenen Netzwerkelementen (Kanten, Knoten und Kantenübergänge), die aus Netzwerkquellen abgeleitet und mit einer Sammlung von Netzwerkattributen verknüpft sind.
82	Projektionsdatei (DEPrjFile)	Eine Datei, in der Koordinatensysteminformationen für räumliche Daten gespeichert werden.
86	Raster-Band (DERasterBand)	Ein Layer in einem Raster-Dataset.
88	Rasterkatalog (DERasterCatalog)	Eine Sammlung von Raster-Datasets, die in einer Tabelle definiert sind; jeder Tabellendatensatz definiert ein Raster-Dataset im Katalog.

91	Raster-Dataset (DERasterDataset)	Ein einzelnes aus einem oder mehreren Rastern erstelltes Dataset.
96	Beziehungsklasse (DERelationshipClass)	Die Details zur Beziehung zwischen Objekten in der Geodatabase.
21	Datenbankverbindungen (DERemoteDatabaseFolder)	Der Ordner mit den Datenbankverbindungen in ArcCatalog.
99	Schematic-Dataset (DESchematicDataset)	Ein Schematic-Dataset enthält eine Sammlung von Schematic-Diagramm-Vorlagen und Schematic-Feature-Classes mit derselben Anwendungsdomäne, z. B. Wasser oder Elektrizität. Es kann in einer Personal-, File- oder ArcSDE-Geodatabase gespeichert sein.
100	Schematic-Diagramm (DESchematicDiagram)	Ein Schematic-Diagramm.
101	Schematic-Ordner (DESchematicFolder)	Ein Schematic-Ordner.
104	ServerConnection (DEServerConnection)	Eine Serververbindung.
105	Shapefile (DEShapefile)	Räumliche Daten im Shapefile-Format.
16	Ordner „Koordinatensysteme" (DESpatialReferencesFolder)	Ein Ordner auf dem Datenträger, der Koordinatensysteme speichert.
110	Tabelle (DETable)	Tabellendaten.
113	Textdatei (DETextfile)	Im ASCII-Format gespeicherte Daten.
116	TIN (DETin)	Eine Vektordatenstruktur, die geographischen Raum in zusammenhängende, nicht überlappende Dreiecke einteilt. Die Stützpunkte der einzelnen Dreiecke sind Referenzdatenpunkte mit X-, Y- und Z-Werten.
118	Werkzeug (DETool)	Ein Geoverarbeitungswerkzeug.
119	Toolbox (DEToolbox)	Eine Geoverarbeitungs-Toolbox.
121	Topologie (DETopology)	Eine Topologie, die Datenintegritätsregeln für räumliche Daten definiert und durchsetzt.
19	Datenelement (DEType)	Ein in ArcCatalog sichtbares Dataset.
126	VPF-Coverage (DEVPFCoverage)	In Vector Product Format gespeicherte räumliche Daten.

127	VPF-Tabelle (`DEVPFTable`)	In Vector Product Format gespeicherte Attributdaten.
128	WCS-Coverage (`DEWCSCoverage`)	Web Coverage Service (WCS) ist eine offene Spezifikation zum Freigeben von Raster-Datasets im Web.
131	WMS-Karte (`DEWMSMap`)	Eine WMS-Karte.
132	Workspace (`DEWorkspace`)	Ein Container wie z. B. eine Geodatabase oder ein Ordner.

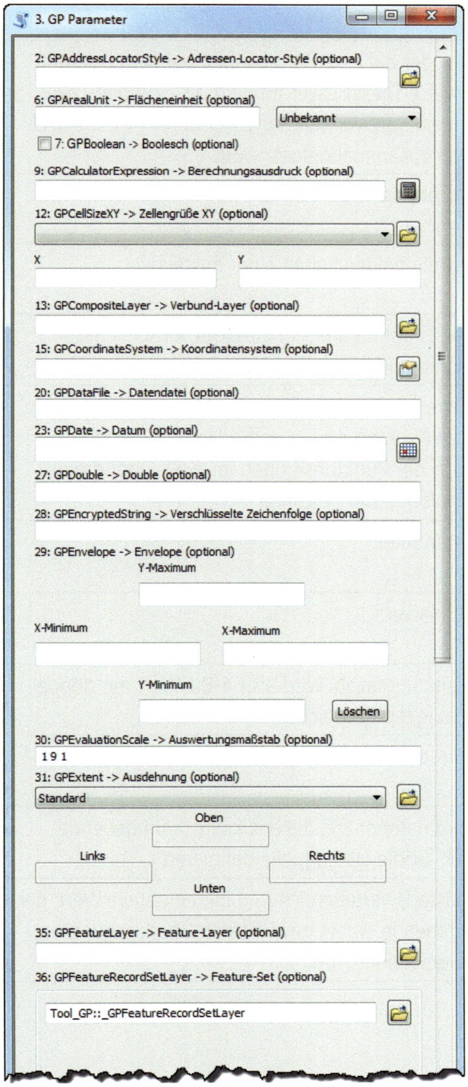

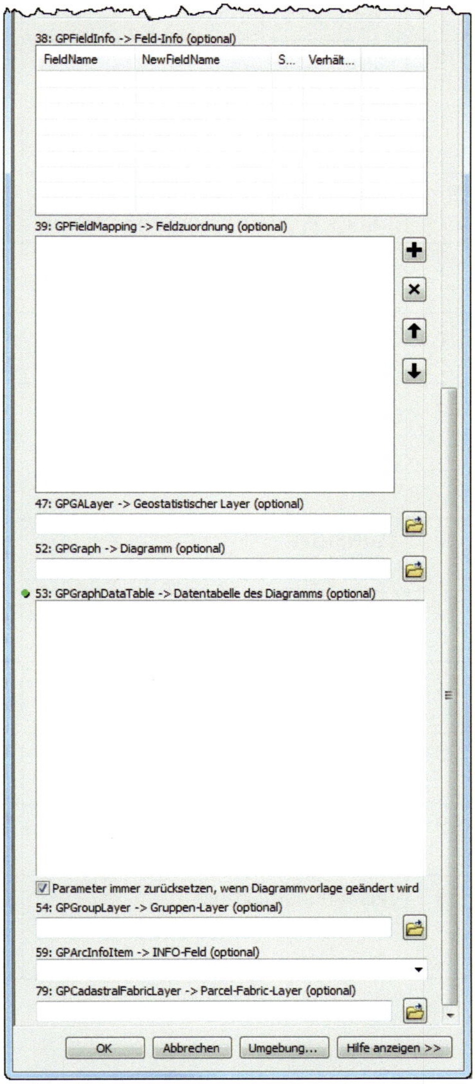

Nr.	Datentyp (Datentypschlüsselwort)	Beschreibung
2	Adressen-Locator-Style (`GPAddressLocatorStyle`)	Eine Vorlage, auf der der neue Adressen-Locator basiert.
59	INFO-Feld (`GPArcInfoItem`)	Ein Feld in einer INFO-Tabelle.
6	Flächeneinheit (`GPArealUnit`)	Ein Flächeneinheitentyp und -wert, z. B. Quadratmeter oder Morgen.
7	Boolesch (`GPBoolean`)	Ein boolescher Wert.
79	Parcel-Fabric-Layer (`GPCadastralFabricLayer`)	Ein Layer, der auf eine Parcel-Fabric auf dem Datenträger verweist. Dieser Layer fungiert als Gruppen-Layer, mit dem ein Satz verwandter Layer unter einem einzelnen Layer zusammengefasst wird.
9	Berechnungsausdruck (`GPCalculatorExpression`)	Ein Berechnungsausdruck.
12	Zellengröße XY (`GPCellSizeXY`)	Definiert die beiden Seiten einer Rasterzelle.
13	Verbund-Layer (`GPCompositeLayer`)	Ein Verweis auf mehrere Child-Layer, einschließlich Symbologie und Rendering-Eigenschaften.
15	Koordinatensystem (`GPCoordinateSystem`)	Ein Referenznetz, wie z. B. das UTM-System, aus mehreren Punkten, Linien und/oder Flächen und ein Regelsatz, der Punktpositionen im zwei- oder dreidimensionalen Raum bestimmt.
20	Datendatei (`GPDataFile`)	Eine Datendatei.
23	Datum (`GPDate`)	Ein Datumswert.
27	Double (`GPDouble`)	Jede Gleitkommazahl wird als 64-Bit-Wert mit doppelter Genauigkeit gespeichert.
28	Verschlüsselte Zeichenfolge (`GPEncryptedString`)	Verschlüsselte Zeichenfolge für Kennwörter.
29	Envelope (`GPEnvelope`)	Die Koordinatenpaare, die das kleinste umgebende Rechteck für die Datenquelle definieren.
30	Auswertungsmaßstab (`GPEvaluationScale`)	Der Maßstabswertebereich und inkrementelle Wert, der auf Eingaben in einem gewichteten Überlagerungsvorgang angewendet wird.

31	Ausdehnung (GPExtent)	Gibt die Koordinatenpaare an, die das kleinste umgebende Rechteck (Xmin, Ymin und Xmax, Ymax) einer Datenquelle definieren. Alle Koordinaten der Datenquelle liegen innerhalb dieser Grenze.
35	Feature-Layer (GPFeatureLayer)	Ein Verweis auf eine Feature-Class, einschließlich Symbologie und Rendering-Eigenschaften.
36	Feature-Set (GPFeatureRecordSetLayer)	Interaktive Features: Die Features werden gezeichnet, wenn das Werkzeug ausgeführt wird.
38	Feld-Info (GPFieldInfo)	Die Details zu einem Feld in einer FieldMap.
39	Feldzuordnung (GPFieldMapping)	Eine Sammlung von Feldern in einer oder mehreren Eingabetabellen.
52	Diagramm (GPGraph)	Ein Diagramm.
53	Datentabelle des Diagramms (GPGraphDataTable)	Eine Datentabelle des Diagramms.
54	Gruppen-Layer (GPGroupLayer)	Eine Sammlung von Layern, die als einzelner Layer angezeigt werden und fungieren. Mit Gruppen-Layern können Sie Karten einfacher organisieren, fortgeschrittene Darstellungsreihenfolgen zuweisen und Layer zum Austausch mit anderen Karten verwenden.
58	INFO-Ausdruck (GPINFOExpression)	Eine Syntax zum Definieren und Bearbeiten von Daten in einer INFO-Tabelle.
62	LAS-Dataset-Layer (GPLasDatasetLayer)	Ein Layer, der auf ein LAS-Dataset auf dem Datenträger verweist. Dieser Layer kann Filter auf LIDAR-Dateien und Oberflächenbeschränkungen anwenden, auf die von einem LAS-Dataset verwiesen wird.
63	Layer (GPLayer)	Ein Verweis auf eine Datenquelle wie Shapefile, Coverage, Geodatabase-Feature-Class oder Raster, einschließlich Symbologie und Rendering-Eigenschaften.
65	Linie (GPLine)	Eine gerade oder geschwungene Form, die von mehreren eindeutigen, verbundenen XY-Koordinatenpaaren definiert wird.
66	Lineare Einheit (GPLinearUnit)	Ein linearer Einheitentyp und Wert, wie z. B. Meter oder Fuß.
67	Long (GPLong)	Ein Ganzzahlwert.
68	M-Domäne (GPMDomain)	Ein Bereich von niedrigstem und höchstmöglichem Wert für M-Koordinaten.

71	Mosaik-Layer (GPMosaicLayer)	Ein Layer, der auf ein Mosaik-Dataset verweist.
77	Netzwerk-Dataset-Layer (GPNetworkDatasetLayer)	Ein Verweis auf ein Netzwerk-Dataset, einschließlich Symbologie und Rendering-Eigenschaften.
80	Punkt (GPPoint)	Ein XY-Koordinatenpaar.
81	Polygon (GPPolygon)	Eine verbundene Folge von XY-Koordinatenpaaren, wobei das erste und das letzte Koordinatenpaar identisch sind.
85	Zufallszahlengenerator (GPRandomNumberGenerator)	Gibt den Startwert und den Generator an, die zum Erstellen von Zufallswerten verwendet werden sollen.
94	Rastertyp (GPRasterBuilder)	Einem Mosaik-Dataset werden Rasterdaten hinzugefügt, indem ein Rastertyp angegeben wird. Der Rastertyp identifiziert Metadaten, z. B. Georeferenzierung, Erwerbsdatum und Sensortyp sowie ein Rasterformat.
87	Raster-Berechnungsausdruck (GPRasterCalculatorExpression)	Ein Raster-Berechnungsausdruck.
89	Rasterkatalog-Layer (GPRasterCatalogLayer)	Ein Verweis auf einen Rasterkatalog, einschließlich Symbologie und Rendering-Eigenschaften.
90	Rasterdaten-Layer (GPRasterDataLayer)	Ein Rasterdaten-Layer.
42	Formuliertes Raster (GPRasterFormulated)	Eine Rasteroberfläche, deren Zellenwerte durch eine Formel oder eine Konstante angegeben werden.
92	Raster-Layer (GPRasterLayer)	Ein Verweis auf ein Raster, einschließlich Symbologie und Rendering-Eigenschaften.
95	Record Set (GPRecordSet)	Interaktive Tabelle: Geben Sie die Tabellenwerte ein, wenn das Werkzeug ausgeführt wird.
98	Route Measure Event Properties (GPRouteMeasureEventProperties)	Gibt die Felder in einer Tabelle an, in denen Ereignisse, die von einem linearen Referenzroutensystem gemessen werden, beschrieben werden.
102	Schematic-Layer (GPSchematicLayer)	Ein Schematic-Layer ist ein Verbund-Layer aus Feature-Layern auf Grundlage der Schematic-Feature-Classes, die mit der Vorlage verknüpft sind, auf der das Schematic-Diagramm basiert.
106	Raumbezug (GPSpatialReference)	Das Koordinatensystem, das verwendet wird, um ein räumliches Dataset zu speichern, einschließlich der räumlichen Domäne.
107	SQL-Ausdruck (GPSQLExpression)	Eine Syntax zum Definieren und Ändern von Daten in einer relationalen Datenbank.

108	String (`GPString`)	Ein Textwert.
109	Zeichenfolge ausgeblendet (`GPStringHidden`)	Eine Zeichenfolge, die durch *-Zeichen maskiert wird. Hinweis: Der Text ist nicht verschlüsselt, wenn er bei der Skripterstellung verwendet wird.
111	Tabellensicht (`GPTableView`)	Eine Darstellung von Tabellendaten zum Betrachten und Bearbeiten, gespeichert im Arbeitsspeicher oder auf Datenträger.
112	Terrain-Layer (`GPTerrainLayer`)	Ein Verweis auf ein Terrain, einschließlich Symbologie und Rendering-Eigenschaften. Er wird verwendet, um ein Terrain zu zeichnen.
117	TIN-Layer (`GPTinLayer`)	Ein Verweis auf ein TIN, einschließlich topologischer Beziehungen, Symbologie und Rendering-Eigenschaften.
122	Topologie-Layer (`GPTopologyLayer`)	Ein Verweis auf eine Topologie, einschließlich Symbologie und Rendering-Eigenschaften.
4	Beliebiger Wert (`GPType`)	Ein Datentyp, der jeden Wert akzeptiert.
123	Wertetabelle (`GPValueTable`)	Eine Sammlung von Spalten mit Werten.
124	Variant (`GPVariant`)	Ein Datenwert, der jeden Basistyp enthalten kann: „Boolean", „Date", „Double", „Long" und „Zeichenfolge".
133	XY-Domäne (`GPXYDomain`)	Ein Bereich von niedrigsten und höchstmöglichen Werten für XY-Koordinaten.
134	Z-Domäne (`GPZDomain`)	Ein Bereich von niedrigsten und höchstmöglichen Werten für Z-Koordinaten.

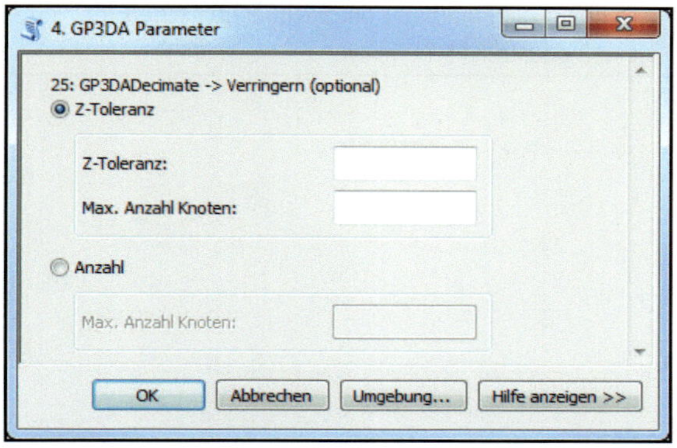

Nr.	Datentyp (Datentypschlüsselwort)	Beschreibung
25	Verringern (`GP3DADecimate`)	Gibt eine Teilmenge der Knoten eines TIN an, um eine generalisierte Version dieses TIN zu erstellen.

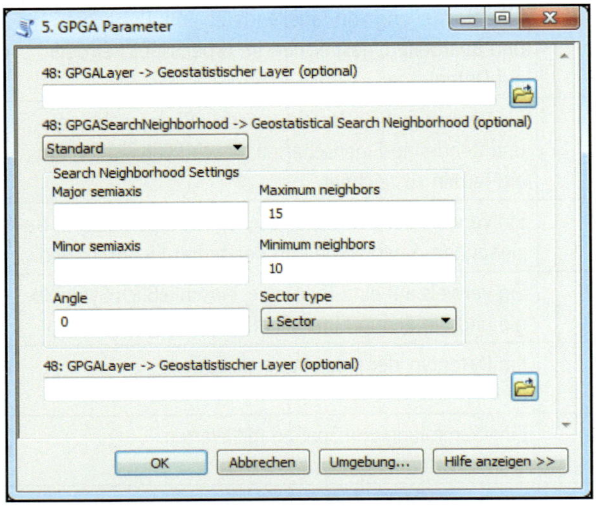

Nr.	Datentyp (Datentypschlüsselwort)	Beschreibung
47	Geostatistischer Layer (`GPGALayer`)	Ein Verweis auf eine geostatistische Datenquelle, einschließlich Symbologie und Rendering-Eigenschaften.
49	Geostatistische Wertetabelle (`GPGAValueTable`)	Eine Sammlung von Datenquellen und Feldern, die einen geostatistischen Layer definieren.
48	Geostatistical Search Neighborhood (`GPGASearchNeighborhood`)	Definiert die Parameter der Suchnachbarschaft für einen geostatistischen Layer.

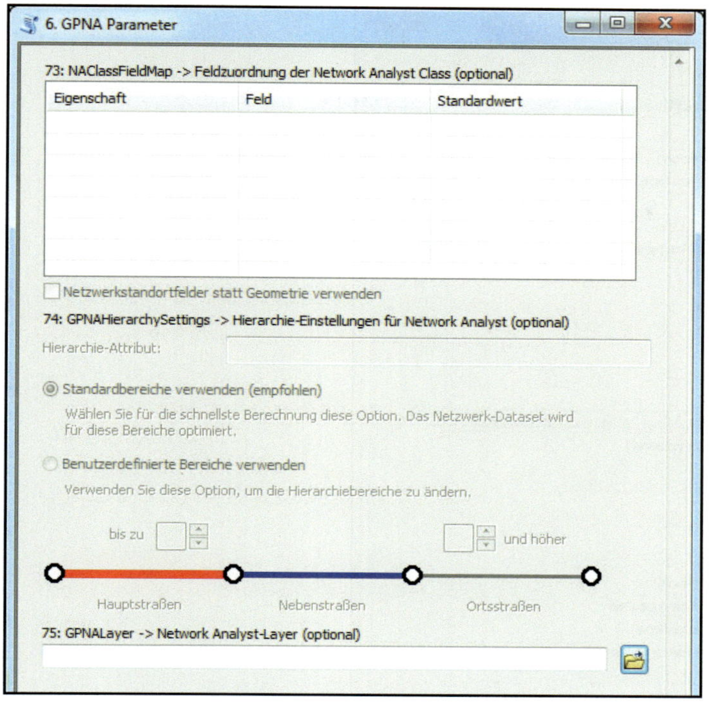

Nr.	Datentyp (Datentypschlüsselwort)	Beschreibung
73	Feldzuordnung der Network Analyst Class (`GPNAClassFieldMap`)	Zuordnung zwischen Standorteigenschaften in Network Analyst-Layer (z. B. Stopps, Einrichtungen und Ereignisse) und eine Punkt-Feature-Class.
74	Hierarchie-Einstellungen für Network Analyst (`GPNAHierarchySettings`)	Ein Hierarchieattribut, das Hierarchiewerte eines Netzwerk-Datasets mithilfe von zwei Ganzzahlwerten in drei Gruppen unterteilt. Die 1. Ganzzahl, „high_rank_ends", legt den Endwert der ersten Gruppe fest; die 2. Zahl, „low_rank_begin", legt den Anfangswert der dritten Gruppe fest.
75	Network Analyst-Layer (`GPNALayer`)	Ein spezieller Gruppen-Layer, der zur Lösung von Problemen bei der Erstellung von Netzwerkrouten dient. Jeder im Speicher eines Network-Analyst-Layers gehaltene Sublayer entspricht einem Aspekt des Routing-Problems und der Routing-Lösung.

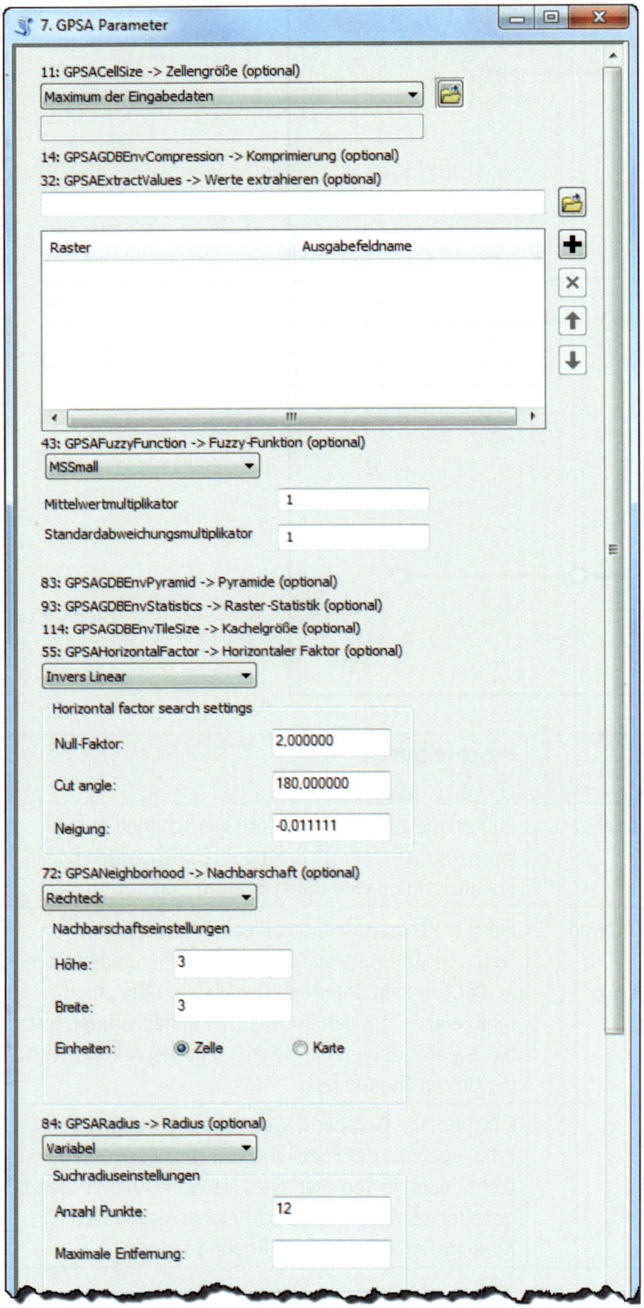
7. GPSA Parameter
11: GPSACellSize -> Zellengröße (optional)
Maximum der Eingabedaten
14: GPSAGDBEnvCompression -> Komprimierung (optional)
32: GPSAExtractValues -> Werte extrahieren (optional)
Raster
Ausgabefeldname
43: GPSAFuzzyFunction -> Fuzzy-Funktion (optional)
MSSmall
Mittelwertmultiplikator
1
Standardabweichungsmultiplikator
1
83: GPSAGDBEnvPyramid -> Pyramide (optional)
93: GPSAGDBEnvStatistics -> Raster-Statistik (optional)
114: GPSAGDBEnvTileSize -> Kachelgröße (optional)
55: GPSAHorizontalFactor -> Horizontaler Faktor (optional)
Invers Linear
Horizontal factor search settings
Null-Faktor:
2,000000
Cut angle:
180,000000
Neigung:
-0,011111
72: GPSANeighborhood -> Nachbarschaft (optional)
Rechteck
Nachbarschaftseinstellungen
Höhe:
3
Breite:
3
Einheiten:
Zelle
Karte
84: GPSARadius -> Radius (optional)
Variabel
Suchradiuseinstellungen
Anzahl Punkte:
12
Maximale Entfernung:

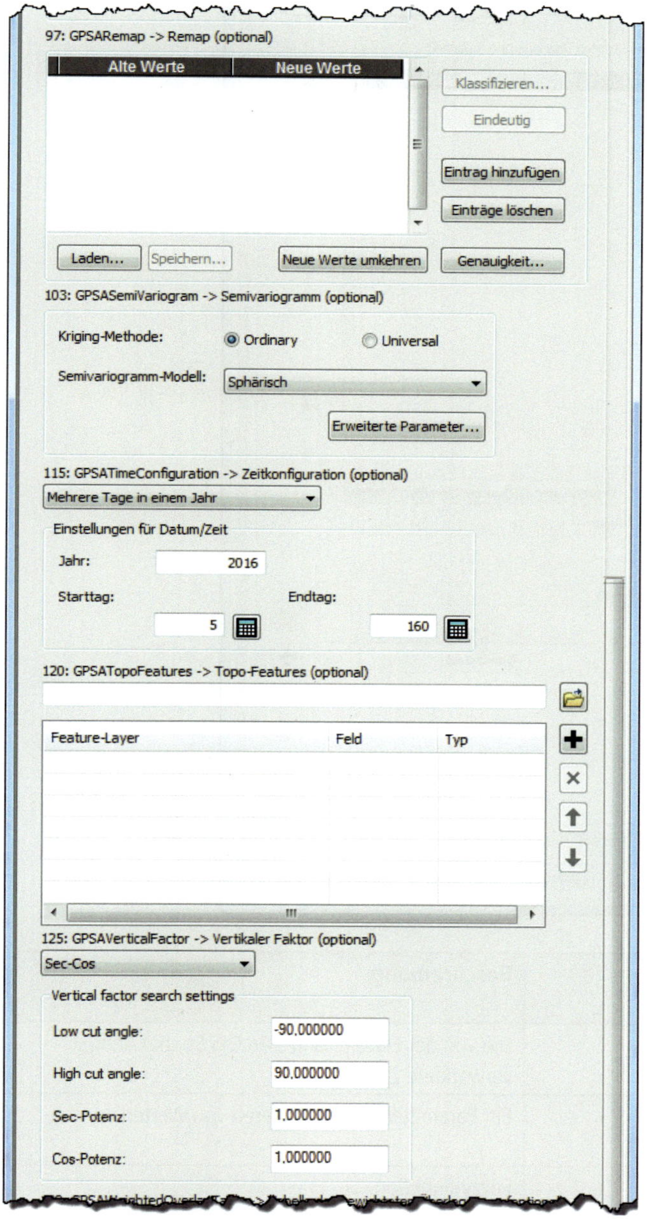
97: GPSARemap -> Remap (optional)
Alte Werte
Neue Werte
Klassifizieren...
Eindeutig
Eintrag hinzufügen
Einträge löschen
Laden...
Speichern...
Neue Werte umkehren
Genauigkeit...
103: GPSASemiVariogram -> Semivariogramm (optional)
Kriging-Methode:
Ordinary
Universal
Semivariogramm-Modell:
Sphärisch
Erweiterte Parameter...
115: GPSATimeConfiguration -> Zeitkonfiguration (optional)
Mehrere Tage in einem Jahr
Einstellungen für Datum/Zeit
Jahr:
2016
Starttag:
Endtag:
5
160
120: GPSATopoFeatures -> Topo-Features (optional)
Feature-Layer
Feld
Typ
125: GPSAVerticalFactor -> Vertikaler Faktor (optional)
Sec-Cos
Vertical factor search settings
Low cut angle:
-90,000000
High cut angle:
90,000000
Sec-Potenz:
1,000000
Cos-Potenz:
1,000000

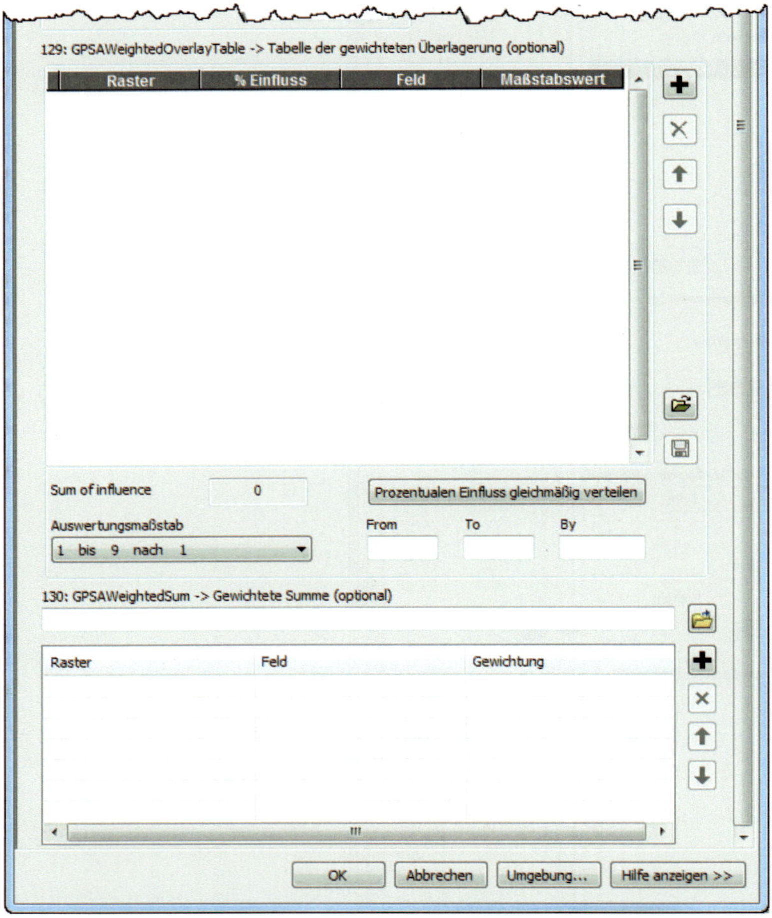

Nr	Datentyp (Datentypschlüsselwort)	Beschreibung
11	Zellengröße (`GPSACellSize`)	Die von der Erweiterung „ArcGIS Spatial Analyst" verwendete Zellengröße.
32	Werte extrahieren (`GPSAExtractValues`)	Ein Parameter zum Extrahieren von Werten.
43	Fuzzy-Funktion (`GPSAFuzzyFunction`)	Fuzzy-Funktion.
14	Komprimierung (`GPSAGDBEnvCompression`)	Gibt den Typ der für ein Raster verwendeten Komprimierung an.
83	Pyramide (`GPSAGDBEnvPyramid`)	Gibt an, ob Pyramiden erstellt werden sollen.

93	Raster-Statistik (GPSAGDBEnvStatistics)	Gibt an, ob Raster-Statistik erstellt wird.
114	Kachelgröße (GPSAGDBEnvTileSize)	Gibt die Breite und die Höhe von in einem Block gespeicherten Daten an.
55	Horizontaler Faktor (GPSAHorizontalFactor)	Die Beziehung zwischen dem horizontalen Kostenfaktor und dem horizontalen relativen Bewegungswinkel.
72	Nachbarschaft (GPSANeighborhood)	Die Form der Fläche um jede Zelle, die zum Berechnen von Statistiken verwendet wird.
84	Radius (GPSARadius)	Gibt an, welche umgebenden Punkte für die Interpolation verwendet werden.
97	Remap (GPSARemap)	Eine Tabelle, die festlegt, wie die Rasterzellenwerte reklassifiziert werden.
103	Semivariogramm (GPSASemiVariogram)	Gibt die Strecke und die Richtung zur Darstellung zweier Standorte an, die zur Quantifizierung der Autokorrelation verwendet werden.
115	Zeitkonfiguration (GPSATimeConfiguration)	Gibt die Zeiträume an, die zum Berechnen der Sonneneinstrahlung an bestimmten Positionen verwendet werden.
120	Topo-Features (GPSATopoFeatures)	Features, die für die Interpolation eingegeben werden.
125	Vertikaler Faktor (GPSAVerticalFactor)	Gibt die Beziehung zwischen dem vertikalen Kostenfaktor und dem vertikalen relativen Bewegungswinkel an.
129	Tabelle der gewichteten Überlagerung (GPSAWeightedOverlayTable)	Eine Datentabelle zum Kombinieren mehrerer Raster. Dabei wird ein allgemeines Werte-Messniveau auf jedes Raster angewandt und jedes Raster seiner Bedeutung entsprechend gewichtet.
130	Gewichtete Summe (GPSAWeightedSum)	Gibt Daten zum Überlagern mehrerer Raster an, die jeweils mit ihrer angegebenen Gewichtung multipliziert und dann aufsummiert werden.

8.6 Formatierungstags

Schrift und Farbe		
Schriftart und/oder Größe	**FNT** `name={TrueType font} size={1} | scale={1-}` Legen Sie Namen und/oder Größe bzw. Maßstab fest.	"<FNT name = 'Arial' size = '12'>" & "Text size = 12" & "</FNT>" & "<FNT name = 'Arial' scale='200'>" & "Text scale = 200" & "</FNT>"

Farbe in RGB oder CMYK	**CLR**
	
	red, green, blue = {0-255}
	cyan, magenta, yellow, black = {0-100}
	Fehlendes Attribut = 0
		`"<CLR blue='255'>farbe</CLR>"`
		farbe
		
		`"<CLR cyan='100'>farbe</CLR>"`
		farbe

Auszeichnungen		
Fett	**BOL**	fett
Kursiv	**ITA**	kursiv
Unterstrichen	**UND**	unterstrichen
Großbuchstaben	**ACP**	großbuchstaben
Kleinbuchstaben	**SCP**	kleinbuchstaben
Hochgestellt	**SUP**	
Tiefgestellt	**SUB**	
Auszeichnung aufheben	**_<Krzl>** Beginnt das Flag zum Auszeichnen mit einem Unterstrich, wird die Auszeichnung aufgehoben.	`"Grundsätzlich ist dieser Text unterstrichen, ein<_UND> Wort </_UND>nur ist es nicht."` Grundsätzlich ist dieser Text unterstrichen, ein Wort nur ist es nicht.
Abstände		
Zeichenabstand	**CHR** spacing = {1-} Wird als Prozentsatz in Bezug auf normalen Zeichenabstand angegeben. 0 % bedeutet keine Anpassung.	
Zeichenbreite	**CHR**	

Wortabstand	**WRD** spacing = {1-} Wird als Prozentsatz des Abstands zwischen Wörtern angegeben. 100 % bedeutet normaler Abstand.	
Zeilenabstand	**LIN** leading = {1-} Wird in Punkten in Bezug auf normalen Zeilenabstand angegeben. 0 Punkte bedeutet keine Anpassung.	

Stichwortverzeichnis

Symbole

A

B

C

D

G

H

I

J

K

L

M

N

O

P

Q

R

S

T

Wichmann
Geoinformationssysteme
Fernerkundung
Geoinformatik
Photogrammetrie
Geodateninfrastruktur
Verkehrsplanung
Visualisierung
GIScience
Geodaten
Vermessung
Kataster
ArcGIS
Digitale Bildverarbeitung
Rolf-Dieter Mummenthey
ArcGIS
Spatial Analyst
Geoverarbeitung mit Rasterdaten
2., neu bearbeitete Auflage
Wichmann
Technikwissen punktgenau:
Einziger deutschsprachiger Titel zu Spatial Analyst!
Neben allgemeinen Erläuterungen zu Rasterdaten dokumentiert das Werk, wie in ArcGIS mit dem speziellen ESRI Datenformat GRID verschiedenste raumbezogene Analysen durch die Erweiterung Spatial Analyst möglich werden.
2., neu bearb. Auflage 2015
218 Seiten
52,– € (Buch/E-Book)
72,80 € (Kombi)
e Book
Preisänderungen und Irrtümer vorbehalten. Das Kombiangebot bestehend aus Buch und E-Book ist ausschließlich auf www.vde-verlag.de erhältlich.
Bestellen Sie jetzt: (030) 34 80 01-222 oder www.vde-verlag.de/161183

Wichmann
Landmanagement
Geoinformationssysteme
Verkehrsplanung
Fernerkundung
Geoinformatik
Visualisierung
GIScience
Geodaten
Photogrammetrie
Geodateninfrastruktur
Digitale Bildverarbeitung
ArcGIS
Kataster
Vermessung
Wolfgang Liebig
ArcGIS Geoverarbeitung
Erstellen von Geoprozessen mit dem ModelBuilder und Python
Wichmann
Technikwissen punktgenau:
Die Einführung in die ArcGIS Geoverarbeitung!
Übersichtlich und informativ wendet sich dieses Werk an den ArcGIS Desktop-Anwender. Zahlreiche Beispiele sowie eine Übersicht aller relevanten Geoverarbeitungswerkzeuge runden die Ausführungen ab.
2017. 322 Seiten
Mit Download
56,– € (Buch/E-Book)
78,40 € (Kombi)
e Book
Preisänderungen und Irrtümer vorbehalten. Das Kombiangebot bestehend aus Buch und E-Book ist ausschließlich auf www.vde-verlag.de erhältlich.
Bestellen Sie jetzt: (030) 34 80 01-222 oder www.vde-verlag.de/161184